Johannes Böhm-Mäder

Am Brunnen der Propheten

Johannes Böhm-Mäder

Am Brunnen der Propheten

Lebendiges Wasser für eine dürstende Welt

Eristes Verlag

Bibliographische Information der Deutschen Nationalbibliothek:
Die Deutsche Nationalbibliothek verzeichnet diese Publikation in der Deutschen Nationalbibliographie; detaillierte bibliographische Daten sind im Internet über dnb.dnb.de abrufbar.

2. Auflage

Herstellung: BoD – Books on Demand, Norderstedt
Umschlagfoto: »Desert gut«, Marokko,

ISBN: 978-3-9072-1800-6

www.eristes.ch

Sehet euch um unter den Völkern und blickt umher:
Werdet starr und staunet!
Denn ein Werk vollführt Er in euren Tagen: –
Ihr werdet es nicht glauben, wenn man es euch erzählt.

(Habakuk 1,5)

Inhalt

Vorwort

Die Heilige Schrift ist Gottes Botschaft. Diese Gewißheit ist tief im Christentum verankert, ganz besonders seit Luthers Grundsatz »sola scriptura«. Neben ihm brachten die Jahrhunderte viele andere christliche und jüdische Schriftgelehrte hervor, mitunter brillante Theologen, Religionsphilosophen und Mystiker. Dennoch scheint uns die Bibel immer noch unlösbare Rätsel aufzugeben. Kein Wunder also, konnte sich im abendländischen Kulturkreis die Ansicht verbreiten: Glaube und Verstand schließen sich aus, stehen sich entgegen.

Dies als Trugschluß zu erkennen, braucht weder hohe Erkenntnistheorie noch Erleuchtung. Schon einfache Beobachtung zeigt: Die Erkenntnis nimmt zwar laufend zu, doch menschlicher Verstand bleibt immer Stückwerk. Die Lücken schließt der Glaube, sei es an Gott, unbewiesene Annahmen oder die Machbarkeit. Glaube ohne Verstehen andererseits ist Blindheit und öffnet finsteren Verführern Tür und Tor. Sektengurus machen es vor. Wer soll nun entscheiden, was eine Sekte ist und was nicht? Der Verstand. Glaube und Verstand bedingen sich gegenseitig. Sie müssen sich ergänzen, sollen sie im Dienste der Wahrheit stehen. Ausnahmslos. Bedingungslos. Verstand ohne Glaube gibt es nicht. Glaube ohne Verstand dient der Lüge.

Diese Erkenntnis hilft aber noch nicht weiter. Die Heilige Schrift ist übersät und durchdrungen von überirdischen Schilderungen, die materieller Logik widersprechen. Vor allem die Propheten muten uns hier einiges zu. Aus rein irdischer Sicht ist die einzige Möglichkeit, die Erzählungen und Visionen mit Verstand einzuordnen, sie in Sage und Legende zu verschieben. Es können nicht reale historische Ereignisse sein, sondern lediglich Glaubenszeugnisse, Geschichten, die Menschen erfanden, um ausweglose Situationen zu bewältigen oder gravierende Verständnislücken behelfsmäßig zu schließen.

Eine der großen Herausforderungen in dieser Beziehung ist die Johannesapokalypse. Das griechische »Apokalypsis« heißt »Entschleierung«. Wie kommt es dann angesichts dieses Titels, daß die Offenbarung oft als »Buch mit sieben Siegeln« bezeichnet wird? Schon Luther gestand um 1530 »mein Geist will sich in dies Buch nicht schicken«[1] und schrieb den ernüchternden Befund: »Es haben wohl Viele sich dran versucht, aber bis auf den heutigen Tag nichts Gewisses aufgebracht, etliche viel ungeschicktes Dinges aus ihrem Kopfe hineingebräuet.« Noch fünf Jahrhunderte danach sollte er Recht behalten. Sucht man auf worldcat.org nach dem Stichwort »Offenbarung des Johannes«, erhält man etwa 4100 Treffer.[2] An fehlenden Deutungsversuchen kann es also nicht liegen. Angesichts dessen unterstellen historisch-kritische Theologen den Apokalyptikern:[3] »Ihre Botschaft verhüllen sie mit dem Schleier des Geheimnisses, damit sie besonders anziehend wirkt und geben die apokalyptischen Bücher unter dem Namen eines großen Frommen der Vergangenheit heraus.« Sind die biblischen Prophezeiungen nun entschleiert oder verhüllt? Ist die Bibel nun das Wort Gottes oder menschlicher Mythos?

Wie viele andere Prophezeiungen kann das »Buch mit sieben Siegeln« offenbar auch nach vielen Jahrhunderten und tausenden Versuchen nicht über mythische oder psychologische Ansätze hinaus interpretiert werden. Dies muß nicht unbedingt daran liegen, daß es grundsätzlich unverständlich wäre. Vielleicht werden ihr unsere Glaubensvorstellungen und Analysemittel nicht gerecht. Wäre das Buch der Offenbarung im einen Sinn geschrieben worden, würde aber in einem völlig anderen Sinn gelesen, so wäre es als hätte Johannes von Patmos Schrauben eingedreht und wir versuchten nun, seine Prophezeiung mit einem Hammer zu öffnen.

Dieser Befund scheint auf andere biblische Prophezeiungen genauso zuzutreffen, denn auch bei ihnen kommt die Theologie kaum über eine Zeitgeistanalyse des Altertums hinaus. Warum verstehen wir zum Beispiel Daniels dreieinhalb Zeiten, wenn überhaupt, dann höchstens in vagen Vermutungen? Gewiß, die Prophezeiungen sind bildhaft. Doch wären sie tatsächlich Botschaften Gottes an uns fehlbare Menschen – wie nicht nur das antike Israel glaubte, sondern einige von uns auch heute noch – so können sie nicht nur abstruses, wirres Zeug enthalten, das die Geistlichen uns im Auftrag Gottes zumuten einfach glauben zu müssen, ohne jede Aussicht, es jemals wirklich verstehen zu können.

Im vorliegenden Werk versuche ich die prophetische Kritik an den Menschenwerken, die großartigen Jenseitsvisionen und die hoffnungsvollen Prophezeiungen des Erlösungswerks Christi mit neuen Ansätzen zu deuten. Im

---

[1] Aus Luthers Vorreden zur Johannesapokalypse (Bornkamm, 1989 S. 220).

[2] Stand März 2018.

[3] Aus der Analyse der Johannesapokalypse von Eduard Lohse (1993) S. 2.

selben Zug sehe ich auch eine große Bedrängnis auf die irdische Schöpfung zukommen. Nach den biblischen Prophezeiungen hängt sie mit der Hinwendung der Menschheit zum Materiellen zusammen, die eines guten Geistes und der Liebe zu allem Geschaffenen sträflich entbehrt. Zeugt das von einem Dogmatiker oder gar verblendeten und verbohrten Fundamentalisten? Gewiß, würde ich nur auf biblische Überlieferungen pochen. Viele gutgemeinte Ansätze zur Deutung der Propheten enden in breiter Ablehnung, da die Verfechter zwar über das Vertrauen in die Schrift, jedoch nicht über einen geeigneten weltlichen Werkzeugkasten zur Argumentation verfügen.

Meine Glaubensgewißheit beruht auf historischen Fakten, naturwissenschaftlichen Erkenntnissen und logischer Analyse. Hierzu benötige ich nicht nur gründliches Verständnis der Gesetze der Materie und der historischen Zusammenhänge, sondern muß überdies drei Dinge tun: Ich muß erstens anerkennen, daß Naturwissenschaft und Technik bei weitem nicht alle Gesetze der Schöpfung erfassen. Zweitens muß ich nicht nur biblische, sondern auch andere christliche Überlieferungen mit neuen Augen ernsthaft und ohne falsche Scheu betrachten und diese Überlieferungen drittens mit den naturwissenschaftlichen Erkenntnissen und historischen Begebenheiten in Beziehung setzen. Sorgfalt und Gründlichkeit sind Pflicht, will ich dem Verdacht auf Dogmatik und Fundamentalismus entgegenhalten.

Eine alte wissenschaftliche Maxime besagt: Diejenige Theorie oder Sichtweise der Welt, die mehr Phänomene einleuchtender und widerspruchsfreier erklären kann, ist die bessere. Der Glaube an eine jenseitige Daseinsform, von der wir herkommen und in die wir dereinst wieder zurückkehren werden, braucht in unserer aufgeklärten Zeit den Mut, sich dem Spott der Klugen auszusetzen. Die Interpretation von prophetischen Visionen in diesem Sinn ist jedoch ganz und gar christlich, denn sie steht nicht im Widerspruch zu den heiligen Überlieferungen, im Gegenteil. Diese Betrachtungsweise löst, wie wir sehen werden, nicht nur zahlreiche Verständnisprobleme des Christenglaubens, sondern ist unter allen dem Verfasser bekannten Glaubensgebäuden auch am besten vereinbar mit den geltenden naturwissenschaftlichen Erkenntnissen. Auch parapsychologische Erfahrungen müssen ernsthaft erwogen werden. Der bahnbrechende Psychologe C. G. Jung hielt in seiner Autobiographie fest:[4]

> *Ich wollte ausprobieren und anfragen, ob andere Leute auch solche Erfahrungen gemacht hätten, oder wollte andeuten, daß es merkwürdige Dinge gäbe, von denen*

---

[4] Jung (1984) S. 47.

> *man nichts wisse. Es ist mir nie gelungen, auch nur eine Spur davon bei anderen aufzufinden. So bekam ich das Gefühl, ausgestoßen oder auserwählt, verflucht oder gesegnet zu sein.*

Auch wenn viel Scharlatanerie die Sicht verstellt – solche naturwissenschaftlich nicht nachvollziehbaren Vorgänge sind Realität, ob wir nun die Augen davor verschließen oder nicht. Im Lichte solcher Betrachtungen erhielten womöglich im selben Zug die biblischen Wundergeschichten und Engelerscheinungen ein neues Gesicht. Was könnten wir mehr erwarten? Jedoch – wir haben einen Preis zu bezahlen: Um diese vielversprechenden Wege zu beschreiten, müssen wir alte Denkmuster und Sichtweisen mutig über den Haufen werfen, einschließlich gewissen mystischen Gedankenguts. Wir müssen unsere Weltsicht erweitern, um die Ahnung eines wahrhaft großartigen Ganzen zu erhaschen. Und wir müssen bis an die Wurzeln zurück schürfen, um den Ursprung unserer Denkfehler zu ergründen.

In diesem Glauben an Jenseitiges gibt es Licht und Finsternis. Da gibt es nicht nur einen himmlischen Vater und einen Erlöser, sondern auch einen Widersacher und Durcheinanderwerfer. In Diskussionen im Freundeskreis über meine Manuskripte fiel die Bemerkung, Satansglaube sei gefährlich. Ich stimme zu. Die Geschichte lehrt uns: Jeder Glaube birgt Gefahren, auch jener an Gott, Jahwe oder Allah, genauso wie das Verleugnen alles Geistigen. Aus dem Gottesglauben von Christen, Juden und Muslimen erwuchs der Welt mehr Leid und Zerstörung, als aus dem Satansglauben. Die materialistische Weltanschauung hat sogar zwei Weltkriege hervorgebracht und bedroht unsere Lebensgrundlagen. Jede einspurige Haltung, die Andersartiges oder fremd Anmutendes ausgrenzt und verleugnet, ist gefährlich. Meine Erfahrung lehrt mich: Es ist absolut gefahrlos, Satans Existenz zumindest ernsthaft zu erwägen und die Überlieferungen in diesem Bewußtsein zu studieren. Schließlich ist der Fürst der Finsternis auch biblisch belegbar. Weit gefährlicher ist es, Satan in falscher Scheu oder durch Indoktrination – sei sie theologisch oder materialistisch – a priori als individuelle, mächtige Wesenheit zu verleugnen.

Als größte Herausforderung der Bibel gilt zu Recht ihr letztes Buch, die Johannesapokalypse. Anhand ihrer Besonderheiten erkennt man gute Gründe für die allgemeinen Interpretationsschwierigkeiten bezüglich aller ermahnenden Prophetie:

- Daß die Offenbarung mitunter in eine ferne Zukunft weist, ist schwer zu bestreiten. Prophezeiung in diesem Sinn wird in der heute verbreiteten materialistischen Weltanschauung nicht für möglich gehalten. So wird unangenehme Prophetie auf einen mythischen Aufschrei in Zeiten der Unterdrückung und Verfolgung reduziert.

- Die alttestamentlichen Ermahnungen betreffen nur die Völker des Altertums, zumindest scheinbar. Dies schafft eine angenehme Distanz: Kritik an fast vergessenen Kulturen ist einfacher als vor der eigenen Haustüre zu kehren. Die Johannesoffenbarung demgegenüber ist ein Aufruf zur Umkehr angesichts einer abgründig düsteren Zukunft. Sie ernsthaft zu studieren braucht den Mut zum schier Undenkbaren. Wenn wir dies aber wagen, finden wir auch eine neue Sicht der alttestamentlichen Prophetie.

- Die Offenbarung entstand in einer uralten Zeit bildhafter Wahrnehmung und muß – glaubt man denn an Zukunftsvisionen – Ereignisse beschreiben, die in einer Zeit rasenden wissenschaftlichen und technischen Fortschritts geschehen. Ihre Interpretation im Sinne des Wahrsagens erfordert also einen dreifachen intellektuellen Spagat: Erstens ist der Glaube an inspirierte Vorausschau erforderlich und zweitens die Fähigkeit, traumartige Gesichter zu interpretieren. Unabdingbar ist aber drittens auch vertieftes Wissen über denkbare Naturphänomene und die aktuelle technische Entwicklung. Diese Anforderungen scheinen sich grundsätzlich auszuschließen: Kann ein naturwissenschaftlich und technisch gebildeter Denker an Prophetie glauben und sich ernsthaft mit scheinbar wirren Bildern überspannter Verfolgter des Altertums befassen?

Ich glaube an Prophetie im Sinn von Visionen künftiger Ereignisse und an eine übergeordnete geistige Welt, losgelöst davon, daß ich rund fünfzehn Jahre erfolgreich als Klimaforscher wirkte und mich seit der Jahrtausendwende in der Computertechnologie speziell mit Verschlüsselungsfragen befasse. Als Pfarrerssohn bin ich tief im christlichen Glauben verwurzelt. Ein starkes privates Interesse an Traumsymbolik und kulturgeschichtlichen Fragen kommt hinzu. Damit glaube ich, über das nötige Rüstzeug zu verfügen, um mit wissenschaftlicher Systematik und Gründlichkeit in die Prophetie einzutauchen.

Die Leserin, der Leser möge Nachsicht üben, wenn ich im folgenden Einiges in Faktenform darstelle, obschon es nur die Meinung eines Auslegers von vielen sein kann. Ich fühle mich allerdings weniger als Exeget, denn vielmehr als Entdecker, als Archäologe, der verschütteten, uralten Wahrheit auf der Spur. Auch wenn ich definitiv kein Seher bin – ich fühle mich durch Gedankeneingaben und Träume von lichten Mächten wunderbar geführt. Begnadete Propheten wie Jesaja oder Johannes kann ich nur bewundern, denn solch großartige Visionen werden nur Menschen mit höchster Reinheit der Gesinnung zuteil. Ich bin bestenfalls ein Überlieferer, der die verschütteten Tonscherben der großen Verkünder mit Kelle, Spatel und Pinsel freilegen, wie ein Puzzle zusammensetzen und in ein neues Licht stellen, ja zu neuem Leben erwecken will. Die Erkenntnisse, die mir an meinem Weg zuteil wurden, sind für mich selbst dermaßen ergreifend (für welchen begeisterten Entdecker wären sie es nicht), daß ich eine gewisse Euphorie nicht vermeiden kann, und dies ist wohl durchaus auch im Sinn und Geist der Propheten. Wenn die vorliegende Analyse die Eine oder den Anderen berührt und zu einem eigenen Weg der Weitersuche anregt, so ist das bescheidene Ziel erreicht.

In der Einführung zeige ich auf, in welcher Krise die heutige Theologie steckt. Eigentlich ist das Christentum eine Offenbarungsreligion, doch die Offenbarungen scheinen vor langer Zeit versiegt zu sein, das Wirken der Propheten antike Geschichte. Wir wissen nicht einmal mehr, was wir unter Prophetie genau verstehen sollen. Die Recherche nach ihren biblischen Hintergründen und Eigenschaften entführt uns in ungewohnte Gefilde, denn, wenn wir die Seher über legendenhafte Mythen hinaus ernst nehmen wollen, so müssen wir nicht nur ihre Zukunftsvisionen anhand von Fakten einzuordnen versuchen, sondern auch ihre Botschaften über Jenseitiges in unser Schöpfungsbild integrieren – in unserem materialistisch geprägten Weltbild eine Herausforderung.

Nach einem historisch-kritischen Kurzportrait der Propheten verlassen wir daher gewohntes Terrain und tauchen in Jenseitsvisionen ein, die ohne den Glauben an eine das Irdische übersteigende Schöpfung unverständlich bleiben müßten. Dieser Sprung in den Brunnen wird dadurch erleichtert, daß lange Zeit ungelöst gebliebene innere Widersprüche im traditionellen Schöpfungsbild beigelegt werden können. Vor diesem übergeordneten Hintergrund lassen sich die nachfolgenden Ausführungen über das Erlösungswerk und die große Trübsal erst befriedigend einordnen.

Als nächstes verfolgen wir eine Reihe von Visionen, die die Welt- und Kirchengeschichte seit der Antike betreffen. Jedes Gesicht für sich alleine wäre kaum stichhaltig zu interpretieren, doch mehrere Prophezeiungen schildern dieselben Sachverhalte von verschiedenen Standpunkten aus in anderen Bildern. In ihrem Zusammenspiel führen sie zu einer überzeugenden Gesamtaussage.

Bevor wir dann zur alles übertreffenden Johannesapokalypse schreiten, betrachten wir vorbereitend noch das Konzert der Endzeitvisionen der anderen Propheten. Das rätselhafte Buch der Offenbarung bildet das Hauptstück der Analyse. Nach allen bisherigen, mehr oder weniger fragwürdigen Interpretationen wird die vorliegende, neuartige Betrachtungsweise so präzise

Übereinstimmungen mit unserem technologischen Zeitalter aufzeigen, daß es wohl schwierig sein wird, sie einfach als Hirngespinst beizulegen. Zum Abschluß wird das visionäre Schöpfungsbild noch einmal kurz ausgerollt und aus weltlich-philosophischer Sicht interpretiert.

Im Text werden verschiedentlich Bibelzitate aufgeführt. Ohne explizite Angaben ist immer die philologisch meist präzise, sprachlich kraftvolle und vor allem auch reich kommentierte Übertragung von Herrmann Menge (1994) gemeint. In einigen Fällen müssen aber andere Übersetzungen verwendet oder verglichen werden, die jeweils ausdrücklich bezeichnet werden. Zahlreiche Übersetzungen sind online verfügbar auf der Web-Seite der Deutschen Bibelgesellschaft oder in Gemeinschaft mit anderen Stiftungen und Gesellschaften bei bibelserver.com – ideal für den direkten Vergleich von Bibelstellen in verschiedenen Übertragungen.[5] Hebräische und griechische Zitate sind der englischen Interlinearübersetzung des »Bible Hub« entnommen.[6] Sie ist online frei verfügbar und bietet auch eine umfangreiche altphilologische Konkordanz.

Dieses Werk hätte nicht zustande kommen können, wäre ich nicht von überaus verdienstvollen Menschen auf meinem Weg unterstützt worden. Es ist wohl kein Zufall, daß es drei Frauen sind, denn Frauen sind gerade in Geistesfragen oft mutiger als Männer. Als erstes darf ich einmal mehr meine geliebte Frau Beatrice erwähnen. Sie ist nicht nur meine erste Lektorin, die meinen rohen Sprachbrocken den ersten Schliff verleiht, Unstimmigkeiten oder Widersprüche offenlegt und mit scharfem Blick Rechtschreibfehler erkennt. Auch für ihre Geduld und Langmut bin ich ihr zu tiefstem Dank verpflichtet, denn als Lebenspartnerin eines daneben voll berufstätigen Autors muß sie oft auf mich als Partner verzichten und meine geistige Abwesenheit aushalten. Inniger Dank gilt auch meinen beiden weiteren Lektorinnen, unserer langjährigen Freundin und Weggefährtin Marianne Baumann und meiner lieben Schwester Elisabeth Böhm. Ich schätze Mariannes sanft-bestimmte Art, mich auf kontraproduktive Spitzen in meinen Aussagen und auf sprachliche Schwächen aufmerksam zu machen. Elisabeth ist meine kostbare Verbindung zu evangelikalen und charismatischen Kreisen, die sie von innen kennt, sich aber durch deren eng gesteckte Grenzen nicht hindern läßt, sich mit Mut und geistiger Offenheit auf ganz neue, unerwartet andersartige Glaubensinhalte einzulassen. Sie alle drei wachen über meine gebührende Rücksicht auf Andersdenkende und Andersglaubende, die der begeisterte Pionier bisweilen missen läßt.

---

[5] Bibelgesellschaft (1812–2013) und Werth, et al. (2012).

[6] Biblos.com (2004–2014).

Einführung in die Prophetie

Der Materialismus und der menschliche Machbarkeitsglaube haben in der abendländischen Philosophie in den letzten Jahrhunderten derart zugenommen, daß sie die Theologie im zwanzigsten Jahrhundert in eine tiefe Krise zu stürzen vermochten. Im ersten nachfolgenden Abschnitt wird aufgezeigt, daß so gut wie alle Konfessionen von dieser Krise betroffen sind. Eine entscheidende Ursache liegt darin, daß die wahre Bedeutung des Begriffs Prophetie vergessen ging. Die Folge ist eine gravierende Einbuße an göttlichen Offenbarungen. Gott scheint verstummt zu sein. Seine Boten wären allerdings sehr wohl noch da. Unsere geistigen Ohren sind es, die taub geworden sind. Um diese Quellen des Geistes wieder zu eröffnen, werden in den nachfolgenden Abschnitten die biblischen Hinweise bezüglich Bedeutung und Charakter der verschiedenen Arten prophetischer Offenbarung zusammengestellt. Sie bilden die Grundlage aller nachfolgenden Analysen.

Die Krise der Theologie

Die Theologie der Moderne steht in einer tiefen Krise. Sehr gut zum Ausdruck kommt dies durch Karl Barth (1886–1968), der die reformierte Kirche in die dialektische Theologie des zwanzigsten Jahrhunderts führte und wohl auch die anderen Konfessionen namhaft beeinflußte. Barth war nicht nur ein Diagnostiker seiner Zeit, denn er wird bisweilen als »Kirchenvater des zwanzigsten Jahrhunderts« bezeichnet – durchaus zu Recht: War Augustinus (354–430) ein bedeutender Kirchenvater der Spätantike, der wesentlich dazu beitrug, die neuplatonische Philosophie ins Christentum einzubringen und Luther (1483–1546) der Vater der Reformation, der mit dem Grundsatz »sola scriptura« die Heilige Schrift als einzig gültige Quelle der Heilsbotschaft postulierte, so war Barth, der sich auf beide bezieht, der Vater der dialektischen Theologie, die die scheinbare Widersprüchlichkeit der biblischen Überlieferungen zu vereinen suchte.

Sollte die Meinung des Autors zutreffen, daß die Quelle der Widersprüche in den uralten Dogmen liegt, so muß dieser Versuch scheitern, solange er im Rahmen ebendieser Dogmen erfolgt. Die Reformation jährte sich vor kurzem zum fünfhundertsten Mal. Sie richtete sich gegen die verkrustete Tyrannei des mittelalterlichen Klerus. In der aktuellen Krise geht es um Grundfesten: um während über 1500 Jahren kaum je in Frage gestellte theologische Indoktrination. Die dringende Erneuerung der christlichen Theologie in ihren *Fundamenten* kann vielleicht von Außenseitern angestoßen werden. Friedlich im Geiste Christi gelingen könnte sie nur von innen.

Wie tief die Krise der Theologie seit dem zwanzigsten Jahrhundert ist, kommt schonungslos zum Ausdruck in Karl Barths erstem und bedeutendstem Werk »Der Römerbrief«. Er schreibt bezüglich der »Heiden, die das Gesetz nicht haben« in starken, einprägsamen Bildern:[1]

> *»Das Gesetz« ist … der von göttlicher Offenbarung hinterlassene Eindruck in der Zeit, … die heilige Schlacke geschehenen Wunders, der ausgebrannte Krater göttlicher Rede, die ernste Erinnerung an die ehrfürchtige und demütige Haltung, in die gewisse Menschen dabei gezwungen wurden, der leere Kanal, in dem zu anderer Zeit unter anderen Umständen für andere Menschen das lebendige Wasser des Glaubens, des vernünftigen Schauens floß, … . Menschen, »die das Gesetz haben«, sind Anwohner dieses Kanals. … Sie haben darin … den Hinweis auf Gott, auf die Krisis unseres Daseins, auf die neue Welt, die die Grenze zu unserer Welt ist.*

Dieser Passus widerspiegelt beispiellos deutlich die Ratlosigkeit der Theologie: Da war in uralten Zeiten ein »lebendiges Wasser des Glaubens«, doch heute ist da nur noch ein »ausgebrannter Krater göttlicher Rede«. »Der leere Kanal« der Offenbarung ist ausgetrocknet, ein felsig-staubiges Wadi, das seit bald zweitausend Jahren nie mehr von Regen geflutet wurde. In dieser Einöde leben wir Christen, die wir »das Gesetz haben«. Doch alles, was diese geistige Wüste noch bietet, ist die »heilige Schlacke geschehenen Wunders«. Was uns bleibt, ist der »zeitliche Eindruck« göttlicher Offenbarung, die »Erinnerung« an die Haltung »gewisser«, das heißt vereinzelter Menschen des Altertums. Und in diese »ehrfürchtige und demütige Haltung« waren sie zudem »gezwungen« – die Wahrheit wurde den Wenigen quasi um die Ohren gehauen.

Doch vielleicht steht ja Karl Barth nur für die Krise der *reformierten* Theologie – aus der Sicht der katholischen Kirche die abgefallene. Wie steht es denn um den Katholizismus? Gemäß Duden heißt der namensrechtlich geschützte

---

[1] Barth (2012) S. 44, zu Röm 2,14.

Begriff *katholisch* mit anderen Worten »sich zu derjenigen christlichen Kirche und ihrem Glauben bekennend, die beansprucht, allein selig machend zu sein, und die das Dogma der Unfehlbarkeit des Papstes, ihres als Stellvertreter Christi eingesetzten Oberhauptes, vertritt«[2]. Ein klarer Anspruch. Jener der orthodoxen Kirchen ist ähnlich ausschließlich. Ebendieser Christus, der seine Jünger und alle Gläubigen der Tat als »meine Brüder und Schwestern« bezeichnete,[3] hinterließ uns in seiner »Schlacke geschehenen Wunders« den Ausspruch:

> *Mt 23,8–12 (Luther): Ihr aber sollt euch nicht Rabbi nennen lassen, denn einer ist euer Meister, ihr alle aber seid Brüder.* **9***Und niemanden auf Erden sollt ihr euren Vater nennen; denn einer ist euer Vater, der im Himmel.* **10***Und ihr sollt euch nicht Lehrer nennen lassen; denn einer ist euer Lehrer, der Christus.* **11***Der Größte unter euch aber soll euer Diener sein.* **12***Wer sich selbst erhöht, wird erniedrigt werden, und wer sich selbst erniedrigt, wird erhöht werden.*

Das hebräische Rabbi (רַבִּי) kommt vom Stamm רַב (rav), »groß, angesehen« und heißt zusammen mit der Possessiv-Endung »-i« wörtlich »mein Großer«. Es bedeutet »mein Lehrer« oder »mein Meister«. Neben Christus soll es gemäß dem genannten deutschen Rechtsschutzeintrag einen stellvertretenden Anführer geben, ein Oberhaupt aller rechtschaffen Gläubigen, den diese mit dem Titel »Heiliger Vater« ehren und der als unfehlbarer Lehrer anerkannt werden muß, um das Seelenheil zu erlangen. Es sei der Leserschaft überlassen, die geschützte Bezeichnung »katholisch« mit dem Matthäusevangelium in Einklang zu bringen. Die Krise der katholischen Kirche ist scheinbar eine ganz andere, als die der reformierten, doch im Kern stellt sie sich als dieselbe heraus. Ein schonungslos scharfzüngiger Kritiker könnte in Anlehnung an Barth behaupten: In absentia Christi wird der Offenbarungskanal mit der heiliggesprochenen Schlacke der kirchlichen Obrigkeit gefüllt; der Papst wird zur neuen Leitfigur, die römische Kurie zum apostolischen Heilsapparat und Kruzifixe sowie Madonnen- und Heiligenbilder zu den neuen Objekten der Verehrung. Es wäre wohl schwierig ihn sachlich vollends zu widerlegen.

Karl Barth scheint also doch im größeren Rahmen recht zu haben: Gott ist zur »Krisis unseres Daseins« geworden; die heutige Theologie der reformierten wie der katholischen Konfession beruft sich nur noch auf eine andere Zeit und andere Umstände. Ihr versteinerter geistiger Abdruck ist quasi die christliche

---

[2] Bundesgerichtshof Deutschland, Urteil vom 24.11.1993, Aktenzeichen XII ZR 51/92: »Die katholische Kirche genießt für die Bezeichnungen römisch-katholisch und katholisch Namensschutz, …«.

[3] Lk 8,21: »Meine Mutter und meine Brüder sind diese da, die das Wort Gottes hören und tun.«

Variante des philosophischen Nihilismus: Gott und Christus sind uns zu Fossilien geworden, und wir stehen auf uns selber gestellt vor dem geistigen Nichts. Kein Wunder also, daß Barth sich verschiedentlich auch auf Nietzsche bezieht. Eine Gegenüberstellung der verblüffenden Parallelen zwischen den beiden, voll intellektuellen Scharfsinns, findet man bei Martin Walser, ein Agnostiker, der immerhin eingesteht »Gott zu vermissen«.[4] Nietzsche und Barth – beides brillante Größen der Geistesgeschichte – bilden gleichsam das philosophische und theologische Extrem geistiger Verlorenheit. Die eigentliche Ursache dieses Debakels finden wir in den Sprüchen Salomos erwähnt:

Spr 29,18a: Wenn keine prophetische Offenbarung da ist, wird das Volk zügellos[5].

Uns Christen der zweiten Jahrtausendwende sind nur noch abgewetzte, mit Patina überzogene fossile Bruchstücke göttlicher Offenbarung übriggeblieben. Wir stehen also gewissermaßen ein zweites Mal vor dem zerstörten Tempel Salomos: Wer nicht ins spirituelle Exil deportiert wurde, findet sich führungslos in einem geistigen Trümmerfeld. Mit der vorliegenden Analyse soll ein Beitrag zum Bau eines neuen Tempels geleistet werden, der diesmal jedoch nicht den Pharisäern anheimfallen soll.

Die Zeichen der Zeit

Im Lauf der Jahrhunderte wurden der Menschheit in mehreren Schüben göttliche Offenbarungen zuteil, die Jenseitiges sowie die Gegenwart und – nach dem Glauben des Verfassers – auch die Zukunft betrafen. Ob die Prophetenworte tatsächlich künftige Ereignisse bildhaft vorwegnahmen, ist bisweilen Gegenstand heftigen Disputs, denn im heute weit verbreiteten, naturwissenschaftlich geprägten Welt- und Menschenbild ist vorausschauende Sehergabe undenkbar.

Die vorchristlichen Prophezeiungen finden wir im Alten Testament, das im wesentlichen den Geschichts- und Prophetenbüchern des Judentums entspricht. Schon gewisse alttestamentliche Prophezeiungen betrafen womöglich den Lauf der irdischen Geschichte weit über Christi Menschwerdung hinaus, zum Beispiel jene im Buch Daniel. Beweisen läßt sich dies nicht, denn die Schilderungen der Propheten sind bildhaft und interpretationsbedürftig. Sie beschreiben nicht konkrete historische Ereignisse. Mit der Niederkunft Jesu, so glauben viele Christen, vor allem aber mit der Erfüllung seines gewaltigen

[4] Walser (2012).

[5] Variante gemäß Einheitsübersetzung: »… verwildert das Volk«.

Auftrags, durfte vieles, was vorher verborgen bleiben mußte, offenbar werden, denn jetzt war nach dem urchristlichen Glauben Satans uneingeschränkte Herrschaft über die Menschheit aufgehoben.

Das Neue Testament führt als prophetisches Buch nur die Johannesapokalypse. Schon im späten Altertum, als die christliche Bibel noch im Entstehen war, gab es aber auch bedeutsame außerbiblische Prophetenbücher, zum Beispiel das Buch »Der Hirt des Hermas«, das etwa Mitte zweites Jahrhundert entstand.[6] Auch in jüngeren Zeiten hat es immer wieder Prophetinnen und Propheten gegeben, im Mittelalter zum Beispiel Hildegard von Bingen. Solche Visionen werden bisweilen mit Verweis auf die Johannesapokalypse verworfen (Offb 22,18f): »Wenn jemand zum Gesagten etwas hinzufügt, so wird Gott auf ihn die Plagen legen, von denen in diesem Buche geschrieben steht; und wenn jemand von den Worten dieses Buches der Weissagung etwas wegnimmt, so wird Gott ihm seinen Anteil am Baume des Lebens und der heiligen Stadt wegnehmen, von denen in diesem Buche geschrieben steht.« Hier ist jedoch nur von »diesem Buch der Weissagung« die Rede, vom Buch der Offenbarung, nicht von der ganzen Bibel. Warum sollte Gott sich selbst das Wort verbieten und alle Verantwortung in die von fehlbaren Menschen überlieferte Schrift legen? Nach dem oben zitierten Spruch Salomos schiene das verantwortungslos.

Prophezeiungen im Sinne einer Vorausschau, wenn dies denn wirklich möglich ist, müssen zur Zeit ihrer Verkündigung unerkannte Bilder bleiben; sonst würden sie den Verlauf des göttlichen Heilsplans stören. Der bekannte Pest-Arzt Nostradamus (1503–1566) ist hier zwar nicht von Interesse, doch kann er uns einen Hinweis auf die Echtheit vorausschauender Prophetie geben. Um den göttlichen Plan zu schützen, verschlüsselte er seine weltlichen Voraussagen mit astrologischen und kabbalistischen Mitteln und kündigte an, der Schlüssel werde erst im Jahre 2055 gefunden, wenn sich seine Prophezeiungen im wesentlichen bereits erfüllt haben.[7] Einzelne seiner Visionen enthalten aber einfach bestimmbare Jahreszahlen, so daß man seine Voraussagen wirklich ernst nehmen sollte. Zum Beispiel sagte er für das Jahr 1632, den Höhepunkt des dreißigjährigen Krieges, voraus: »Es wird sich niemand finden, der sich der Felder annimmt, da es nur noch wenig Menschen gibt.« Durch die Verheerungen sank die Bevölkerungszahl im »Heiligen Reich Deutscher Nation« im Mittel um etwa ein Drittel.[8] Am schlimmsten war die Landbevölkerung

---

[6] Zeller (1918).

[7] Centurio (1966) S. 275.

[8] Schormann (2004) S. 120.

betroffen, die gebietsweise um bis zu 70% dezimiert wurde. Wir sind also eingeladen zu glauben, daß die großen Pfeiler der Weltgeschichte gesetzt sind und echte, vorausschauende Prophetie möglich ist.

Geistig viel tiefgründiger sieht es aus bei den biblischen Propheten oder auch Hildegard von Bingen. Deren Visionen mögen bildhaft und schwierig zu interpretieren sein, doch sie bieten Hinweise über den Lauf der Schöpfung, die uns eine Orientierung in Gegenwart und naher Zukunft erlauben könnten – vorausgesetzt die Auslegung gelänge. Wie dem auch sei, Gott stellt auf jeden Fall sicher, daß die Visionen erst verstanden werden können, wenn die Zeit reif ist. Dann kann für einsichtige Betrachter anhand der realen Begebenheiten offenbar werden, daß sich die Prophezeiungen erfüllten.

Viel wichtiger noch wären jedoch kostbare Hinweise bezüglich der nahen Zukunft, die uns als Ermahnung zu verantwortungsvollem Handeln dienen könnten. Absolute Gewißheit gibt es nicht, denn der Bezug der bildhaften Aussagen zu den Tatsachen läßt eine mathematische Beweisführung nicht zu. Dies war schon im frühen Altertum ein Problem, denn Ezechiel rügte das Volk Israel:

> *Ez 12,22f: Menschensohn, was für eine Redensart ist da bei euch im Lande Israel im Gebrauch, daß man sagt: »Die Zeit zieht sich Tag für Tag hin, und alle Weissagung wird hinfällig«? [23]Darum sage zu ihnen: »So hat Gott der Herr gesprochen: Ich will dieser Redensart ein Ende machen; man soll sie in Israel nicht länger im Munde führen.« Sage ihnen vielmehr: »Nahe herbeigekommen ist die Zeit und die Erfüllung aller Weissagungen!«*

Ezechiel prophezeite nach der historisch-kritischen Datierung im babylonischen Exil zu Beginn des sechsten vorchristlichen Jahrhunderts, genau wie Daniel, wobei diese Schriften wahrscheinlich bis ins zweite Jahrhundert v.Chr. nachredigiert und möglicherweise auch ergänzt wurden.[9] Daniels Visionen betreffen aber nach der vorliegenden Analyse die Jahrhunderte weit über Jesu Wirken hinaus. »Nahe herbeigekommen« muß daher im himmlischen Sinn interpretiert werden, denn »vor dem HERRN sind tausend Jahre wie ein Tag«.[10]

Wir bleiben also immer im Bereich des Glaubens, und das ist gut so. Wären die Aussagen absolut stichhaltig beweisbar, wäre der Mensch nicht mehr frei in seinen Entscheidungen. Die Zeichen können aber an der Schwelle zu ihrer Erfüllung oder hinterher derart überwältigend werden, daß es zur Herausforderung wird, sie *nicht* anzuerkennen. Nach wie vor gibt es wichtige Prophezeiungen, die einer überzeugenden Deutung harren. Sie dürfen erst dann entschlüsselt

---

9 Siehe Kapitel *Kurzportrait der Propheten und Visionen* S.17.

10 Ps 90,4; 2Petr 3,8: »Bei Gott sind tausend Jahre wie ein Tag.«

werden, wenn der Lauf des Heilsplans sich zu erfüllen beginnt. Dies scheint in unseren Tagen der Fall, wie wir im Folgenden aufzeigen wollen.

Was ist Prophetie? – Die biblischen Hinweise

Prophetie wird oft verstanden als Vorhersagen der Zukunft. Dies besagt schon das Wort mit seinen griechischen Wurzeln: Pro (πρό) heißt voraus und pheme (φήμη) Rede, Kunde oder sogar Orakel. Wenn wir die Bibel betrachten, finden wir vor allem im Alten Testament recht detaillierte Hinweise, was wir unter Prophetie verstehen sollen. Die Propheten erscheinen hier meist als Mahner, die Unangenehmes verkünden und das Volk Gottes zurechtweisen. Sie werden vor allem in älteren Zeiten auch als Seher bezeichnet.[11]

Seher der Zukunft und Mahner genügt aber noch nicht als Charakterisierung, denn als Erster wird der Urvater Abraham ausdrücklich als Prophet angeführt, nämlich als Gott Abimelech im Traum warnt, er müsse Abraham seine Frau Sara zurückgeben, da Abimelech sonst sterben werde.[12] Propheten im Sinne der Bibel stehen also unter dem Schutz des Geistes, dem sie dienen. Abraham trat weder als Mahner noch als Seher der Zukunft auf.[13] Propheten des Lichts scheinen also Menschen zu sein, die eine besondere Beziehung zu Gott haben und seinen Schutz genießen. Das griechische »pro« heißt nämlich auch »für« im Sinn von »zum Schutze für etwas«.

Mose wird nicht nur als Prophet, sondern mehr noch als »Mann Gottes« oder »Knecht Gottes« dargestellt, dem »Gottes ganzes Haus anvertraut ist«.[14] Sein Bruder Aaron wird ein Prophet genannt; Aaron war auch der erste Hohepriester Israels.[15] Prophetie scheint also ursprünglich eine priesterliche Eigenschaft oder Fähigkeit; Propheten haben eine geistige Verbindung zu Gott oder den »Göttern«. Mirjam, Aarons und Moses Schwester wird ebenso als Prophetin bezeichnet.[16] Einerseits scheint die Gabe der Prophetie erblich zu sein, wenn sie bevorzugt unter Geschwistern auftritt. Andererseits treten schon im Exodus Frauen als Prophetinnen auf. Daß Mirjam mit anderen Frauen die Pauke schlägt und im Reigen tanzt, ist ein Beispiel der »Verzückung der Propheten«, wie sie

---

[11] 1Sam 9,9b: »Einen Mann, den man heutzutage Prophet heißt, nannte man ehedem Seher.«

[12] 1Mose 20,7: »So gib also jetzt dem Manne seine Frau zurück, denn er ist ein Prophet.«

[13] Wenn man von Gottes Zusage absieht, Abraham solle zu einem großen Volk werden: 1Mose 22,17.

[14] 5Mose 33,1 sowie Jos 14,6 und 4Mose 12,7.

[15] 2Mose 7,1b (vgl. 2Mose 28,1): »Dein Bruder Aaron soll dein Prophet sein.«

[16] 2Mose 15,20: »Darauf nahm die Prophetin Mirjam, Aarons Schwester, die Handpauke …«

auch später im Alten Testament verschiedentlich erwähnt ist, wenn »der Geist auf ihnen ruht« oder wenn »der Herr seinen Geist über sie kommen läßt«.[17]

In den Weisungsbüchern des Mose klärt Gott auch darüber auf, wie Prophetie funktioniert:[18] »Ist jemand unter euch ein Prophet des HERRN, dem will ich mich kundmachen in Gesichten oder will mit ihm reden in Träumen« oder »meine Worte in seinen Mund geben.« Auch im Lukasevangelium finden wir:[19] »Der Heilige Geist wird euch lehren, was ihr sagen sollt.« Hildegard von Bingen (1098–1179), die wohl als größte Prophetin des Mittelalters gewertet werden darf, bezeichnet sich als »Posaune Gottes«.[20] Propheten sprechen also nicht selbst, sondern ein Anderer lehrt sie oder mehr noch: spricht durch sie. Die oben erwähnte Verzückung der Propheten wird synonym als Ekstase bezeichnet (griechisch: ἔκστασις). Dies heißt »Aussersichgeraten« und kommt von ἐξ-ἱστασθαι (ex-histasthai), »aus sich heraustreten«. Der Prophet tritt aus sich heraus und ein Anderer tanzt, lobt, spricht und handelt durch ihn.

Propheten wären demnach viel mehr als Auguren und Mahner. Sie wären Werkzeuge des Geistes in einem kaum geahnten Sinn, von »drüben« in der Form von Visionen oder Träumen mit Bildern bedacht oder gar physisch als Werkzeuge benutzt. Tatsächlich hat die griechische Vorsilbe »pro« auch die Bedeutung »anstatt« oder »im Namen von«. Ein Engel des Herrn oder ein Geist redet anstatt des Propheten. All dies wird in unserer aufgeklärten Welt als Aberglaube belächelt, doch nach dem Einsatz von magischen Mitteln sind Menschen auch schon mal rätselhafte, medizinisch unerklärliche Tode gestorben.[21] Prophetie kann also sehr wohl im Zusammenhang mit Geistern stehen, die unter Umständen sehr mächtig und bei weitem nicht immer lichtvoll sind.

Wahre und falsche Prophetie

Im Deuteronomium (18,10f) wird ein falscher Prophet beschrieben als jemand

- »der seinen Sohn oder seine Tochter als Opfer verbrennen läßt«,
- »der Wahrsagerei, Zeichendeuterei oder Beschwörungskünste und Zauberei treibt« oder

---

[17] 4Mose 11,25 und 11,29.

[18] 4Mose 12,6 und 5Mose 18,18.

[19] Lk 12,12.

[20] Strickerschmidt (2006) S. 10.

[21] Ein gutes Beispiel ist bei Passian (2002) S. 120 dokumentiert.

- »der Geister bannt oder Totengeister beschwört« beziehungsweise »einen Wahrsagegeist befragt oder sich an die Toten wendet«.

Was aber heißt »die Toten befragen«? Ein einprägsames Beispiel hierzu finden wir im ersten Buch Samuel, Kapitel 28: König Saul hatte die Zeichen Gottes nicht beachtet und nach seinem eigenen Gutdünken gehandelt, bis er in Not geriet. »Er befragte daher den HERRN, aber der HERR gab ihm keine Antwort weder durch Träume, noch durch das Priester-Orakel, noch durch die Propheten« (V. 6). Wo einer nie hinhören wollte, haben Gott und seine Boten besseres zu tun, als ihm nachzurennen. Saul ließ sich in seiner aussichtslosen Lage angesichts der siegreichen Philister hinreißen, eine Totenbeschwörerin aufzusuchen, damit sie ihm den Geist des verstorbenen Samuel herbeirufe. Und Samuel erschien tatsächlich – und verkündete Saul den Tod.

Entscheidend ist im Zusammenhang mit Totenbeschwörung: Mit dem »Tod« und den »Toten« in der Bibel ist sehr oft der *geistige* Tod angesprochen, nicht die irdisch Verstorbenen. Dies kommt zum Beispiel im Buch Tobit deutlich zum Ausdruck:

> *Tob 4,10: Allmosengeben rettet vom Tode und verhütet, daß man in das Reich der Finsternis eingeht.*

Wie könnte Allmosengeben vom irdischen Tod erretten? Ein Freigiebiger stirbt genauso, wie ein Geiziger. Die Aussage wäre sinnlos, es sei denn, es wäre der geistige Tod, die geistige Finsternis, der Fall in die Gottferne gemeint. Erst der Zusatz, daß Hilfsbereitschaft für die Ärmsten den Eingang ins Reich der Finsternis verhüte, gibt dem Vers einen faßbaren Sinn.

Wenn echte Prophetie (im Gegensatz zu Scharlatanerie) wirklich mit Geistern zusammenhängt und »die Toten« die *geistig* Toten bezeichnen, so können wir kombinieren, daß wahre Prophetie mit heiligen Geistern des Lichts, mit den Boten Gottes, den Engeln zusammenhängt, falsche Prophetie aber mit dämonischen Geistern der Finsternis. Beim Propheten Micha finden wir ferner den Hinweis, daß Propheten der Finsternis im Gegensatz zu jenen des Lichts den Leuten nach ihren Wünschen reden und sich für ihre Dienste gut bezahlen lassen.[22]

Im Neuen Testament ist uns das Jesuswort überliefert:[23] »Seht euch vor vor den falschen Propheten, die in Schafskleidern zu euch kommen, inwendig aber sind sie reißende Wölfe. An ihren Früchten sollt ihr sie erkennen.« Die

---

[22] Mi 3,5: »... Propheten, die dem, der ihnen nichts in den Mund steckt, den Krieg erklären.«
[23] Mt 7,15f.

Propheten müssen also nicht nur nach ihren Worten, sondern vor allem anhand ihrer Früchte, ihres Lebenswandels beurteilt werden.

Eine erstaunlich offene und aufschlußreiche Beschreibung der Prophetie finden wir im ersten Johannesbrief, der, wie so oft, bei Menge sehr treffend übersetzt ist:

> *1Joh 4,1–3: Geliebte, schenkt nicht jedem Geiste Glauben, sondern prüft die Geister, ob sie aus Gott sind; denn viele falsche Propheten sind in die Welt ausgezogen. ²Daran könnt ihr den Geist Gottes erkennen: Jeder Geist, der da bekennt, daß Jesus der im Fleisch gekommene Christus (d.h. der Messias) ist, der ist aus Gott; ³und jeder Geist, der Jesus nicht so bekennt, ist nicht aus Gott; das ist vielmehr der Geist des Widerchrists, von dessen Kommen ihr gehört habt und der jetzt schon in der Welt ist.*

Und diese Geister, die bekennen, daß Jesus der inkarnierte Christus ist – so schreibt Paulus an die Hebräer – sind »allesamt dienstbare Geister, ausgesandt zum Dienst um derer willen, die das Heil ererben sollen«.[24]

Propheten stehen gemäß den biblischen Zeugnissen also in Verbindung zu Geistern, verkünden deren Botschaften und sind dabei oft buchstäblich außer sich. Propheten der Wahrheit empfangen himmlische Botschaften durch Gottes Boten in Form von Visionen oder Träumen oder sie führen heilige Worte im Mund, über die sie selbst keine Kontrolle haben. Sie verkünden die oft unangenehmen Weisungen Gottes, ohne sich dafür bezahlen zu lassen. Falsche Propheten hingegen wahrsagen und hellsehen für gutes Geld bezüglich Gegenwart und unmittelbarer Zukunft. Sie beschwören Geister und deuten Zeichen zu ihrem eigenen Vorteil oder zu jenem ihrer Auftraggeber – oder sie befragen die geistig toten Boten des Widerchrists. Wahrsagerei und Zeichendeutung zur Befriedigung der Neugier der Menschen, die sich Entscheidungshilfen für ihr unmittelbares materielles Umfeld daraus erhoffen, gehören zur Prophetie der Finsternis.

Überlieferungsprobleme

Prophetie hat wie oben erwähnt mehrere Gesichter und heißt jenseitige Schau oder zurechtweisende Belehrung genauso wie Vorhersage zukünftiger Ereignisse. Jenseitige Schau können wir nicht objektiv überprüfen, und zurechtweisende Belehrung beherrscht auch jeder Schulmeister, sei er gut oder böse.

---

[24] Hebr 1,14.

Als potentieller, objektiv und materiell überprüfbarer Nachweis echter Prophetie bliebe demnach vor allem die Vorausschau.

Viele sogenannte Propheten sagten Dinge voraus und behaupteten Boten Gottes zu sein. Ob ihre Prophezeiungen falsch waren und nicht eintreffen, könnten wir ohne zusätzliche Informationen leider erst wissen, wenn es allenfalls schon zu spät wäre und sie uns irregeführt hätten. Die Propheten des frühen Altertums, die Geschehnisse des späten Altertums vorhersagten, wären theoretisch anhand der Geschichte überprüfbar. Leider sind Überlieferungen nach vielen Jahrhunderten immer mit Unsicherheiten bezüglich ihrer wahren Herkunft belastet. Es liegen meist nur noch Abschriften und Überarbeitungen der x-ten Generation vor. Folglich kann auch immer behauptet werden, die Prophetenworte seien inzwischen manipuliert worden, so daß die Voraussagen sich nur scheinbar bewahrheitet haben.

Eine beliebte Wendung der historisch-kritischen Bibelforschung ist daher *vaticinia ex eventu* – »Weissagung vom Ereignis her«. Da es nach unserem streng materialistischen Weltbild Prophetie im Sinne von Zukunftsschau gar nicht geben kann, beziehungsweise darf, müssen prophetische Texte grundsätzlich erst nach den Ereignissen verfaßt oder verändert worden sein. Das hieße, daß alle Prophetie legendenhaft verzerrt sein müßte. Der Wunsch würde zum Vater der Weissagung. Solche Manipulationsversuche müßten aber mit enormer Umsicht erfolgt und alle Originale und Parallelüberlieferungen vernichtet worden sein, denn es sind durchaus Fälle bekannt, in denen nachträgliche Manipulationen entlarvt werden konnten, zum Beispiel an inneren Widersprüchen und Unstimmigkeiten, an falschen Bezügen oder anhand von Zitaten in fremden Schriften. Lügen haben kurze Beine.

So scheint es auf den ersten Blick kaum möglich, die Echtheit von Prophetie sachlich schlüssig nachzuweisen. Über die ohnehin schon problematische Überlieferung hinaus kommt noch hinzu, daß Prophetenworte sehr bildhaft und dicht sind. Jedes einzelne Detail kann ein entscheidender Hinweis sein. Nehmen wir aber einmal an, man könnte überzeugende, neue Interpretationen von Prophetenworten finden, die in den vergangenen Jahrhunderten noch nie jemand in dieser Form beschrieb. Beträfen sie zudem geschichtlich nachweisliche Ereignisse, die lange nach der historisch-kritisch belegten, spätest möglichen Verfassungszeit der Prophetenworte liegen, dann hätten wir die schmerzlich vermißten Belege. Hinsichtlich der neuen Interpretationen hätten die Prophezeiungen unmöglich manipuliert werden können, da sie seit ihrer Aufzeichnung gar niemand auf diese Weise betrachtet hätte. Einen solchen wagemutigen Versuch wollen wir im Folgenden riskieren.

Die Prüfung der Geister

Glauben wir trotz der oben beschriebenen Manipulationsrisiken sowohl an Möglichkeit und Sinn der Prophetie, wie auch an die Gerechtigkeit Gottes, so müssen wir notwendig davon ausgehen, daß es bei den Propheten und ihren Botschaften Erkennungszeichen zur Trennung von Licht und Finsternis gibt. Und sind ihre Gesetze allgemeingültig, so muß es Prophetie - wahre und falsche - unabhängig vom Zeitalter geben, bis auf den heutigen Tag.

Zur schlüssigen Unterscheidung von wahrer gegenüber falscher Prophetie haben uns die klassische Theologie und die kanonische Überlieferung leider nicht viel zu bieten. Alles was wir aus der Bibel wissen, ist das oben aufgezeigte: Falsche Prophetie hat mit »Wahrsagerei«, »Zauberkünsten« und »Totenbefragungen« zu tun, dient eigennützigen Zwecken und verleugnet den menschgewordenen Christus - erschreckend schwammige Hinweise, wenn wir daran glauben, daß solche Prophetenworte über ewiges Leben oder geistigen Tod entscheiden könnten. Wenn wir nur dies als Orientierungshilfe hätten, ließen wir wahrlich besser die Finger von allem, was mit Prophetie zu tun hat. Das einzige, halbwegs verläßlich Scheinende ist seit der Niederkunft des Erlösers das Lob Christi. Ob der Geist, der den Propheten belehrte, Christus bekannte, können wir nicht ohne weiteres ergründen, wenn wir die Worte nur noch aus zweiter oder dritter Hand vernehmen. Hier hilft uns die Heilige Schrift also nicht weiter. Wir müssen andere Quellen heranziehen.

Hinweise zu wahrer gegenüber falscher Prophetie, wie auch eine Bestätigung ihrer allgemeinen Charakterisierung finden wir im apokryphen Buch »Der Hirt des Hermas«[25]. Es ist in diesem Zusammenhang eine wichtige Quelle und steht dem Neuen Testament sehr nahe, ist aber heute kein Teil davon. Der Hirt des Hermas ist ein umfangreiches urchristlich-liturgisches Buch mit Visionen, Geboten und Gleichnissen, entstanden etwa Mitte zweites Jahrhundert. Es wurde im Kanon Muratori, dem ältesten erhaltenen Bibelverzeichnis (um ca. 200 n.Chr.) als Zusatz zu den heiligen Büchern empfohlen und sogar noch im sechsten Jahrhundert im Codex Claromontanus zum Neuen Testament gerechnet.[26] Im Bibelkanon des Athanasius, der sich im vierten Jahrhundert durchsetzte, hat es keinen Eingang gefunden. Nach dem elften Gebot des Hirten des Hermas »Über die wahren und falschen Propheten« wird ein gottgesandter

---

[25] Wir verwenden Franz Zellers Übersetzung aus der »Bibliothek der Kirchenväter« (Zeller, 1918).

[26] Mur. Frag. 75–77; D^{P} S. 469; s. Helmut Kösters *Einführung in das Neue Testament* (1980 S. 6).

Geist niemals nur der Erbauung oder Neugier des Menschen dienen, sondern nur zur Unterweisung oder Belehrung:[27]

> *Vers 5: Kein von Gott gegebener Geist läßt sich befragen, sondern im Besitze göttlicher Kraft gibt er von selbst jegliche Auskunft, da er von oben ist, von der Kraft des göttlichen Geistes.*
>
> *Vers 6: Ein Geist, der entsprechend den Wünschen der Menschen redet, ist von der Erde, oberflächlich und ohne Kraft; er redet überhaupt nicht, außer wenn er vorher befragt wird.*
>
> *Vers 7: … Nach seinem Leben erprobe den Menschen, der den göttlichen Geist besitzt.*
>
> *Vers 8: Fürs erste ist der Mensch, der den Geist von oben besitzt, milde, ruhig, demütig, frei von jeder Schlechtigkeit und von jeder eitlen Begierde nach dieser Welt, er macht sich geringer als alle Menschen, nie … redet er im verborgenen für sich …*
>
> *Vers 9: … Der Engel des prophetischen Geistes erfüllt den Menschen, bei dem er wohnt, und vom Heiligen Geist erfüllt, redet der Mensch zu der Menge, so wie der* HERR *es wünscht.*

Vers 5 ist zum Erkennen von wahrer Prophetie im Hier und Jetzt sehr wichtig: Ein Geist Gottes redet nur, wenn es ihm von oben geboten ist und dient niemals der Neugier der Menschen, sei sie alltagsbezogen oder wissenschaftlich.

Vers 7 finden wir sinngemäß im Neuen Testament:[28] »An ihren Früchten sollt ihr sie erkennen.« Nach diesen Worten gibt es einen einzigen sicheren Weg, der ins Licht führt und vor finsteren Mächten schützt: Tägliches Bitten um göttliche Führung sowie Danken im Gebet und vor allem der gewissenhafte Tatbeweis. Durch sein alltägliches Verhalten, mit seiner wahren inneren Geisteshaltung ruft der Prophet die ihm verwandten Geister, denn »wie die Vögel sich zu ihresgleichen gesellen, so wird auch die Wahrheit zu denen kommen, die sie üben«[29]. Bemüht der Mensch sich um selbstlose Solidarität, Hingabe, Fürsorge und Reinheit in allem, was er den Geringsten unter Menschen und anderen Wesen tut, so ruft er heilige, heilbringende Kräfte.

Ein weiteres, äußerst wichtiges Erkennungszeichen klingt im obigen Vers 6 beiläufig leicht an, kommt hier aber nicht klar zum Ausdruck: Ein Geist der

---

[27] Hermas, Mand. II,11.5–9 (Zeller, 1918 S. 221).

[28] Mt 7,16.

[29] Sir 27,9.

Finsternis ist ohne Kraft. Was genau soll das heißen? Um dies in seiner vollen Tiefe zu ergründen, müssen wir jüngere außerbiblische Quellen bemühen. Der katholische Theologe Johannes Greber (1874–1944) wurde nach rund zwanzig Jahren als bescheidener, selbstlos wohltätiger Dorfpfarrer durch äußere Begebenheiten auf einen neuen spirituellen Weg geführt. Trotz anfänglicher Ängste und Bedenken setzte er seine ganze Existenz aufs Spiel und ließ sich fortan im Sinne des Hirten des Hermas von guten Geistern führen. Er vermittelt uns eine entscheidende Information über die Lebenskraft im Zusammenhang mit der Prophetie:[30] »Wenn ihr … euch dem Schutze Gottes unterstellt und ihn liebt und stets das Gute wollt, so wird euch diese Verbindung mit der Geisterwelt nie schaden. Ihr werdet im Gegenteil dadurch körperlich und seelisch gestärkt. … Durch die bösen Geister … wird … die Gesundheit … sehr geschwächt und nach und nach vollständig zugrunde gerichtet.«

Derselbe Prophet kann als Bote Gottes, wie auch als Werkzeug von Lügengeistern auftreten. Geht er gestärkt aus seinen Visionen hervor, so waren Engel Gottes am Werk. Fühlt er sich danach geschwächt oder gar krank, so waren es Geister der Lüge. Ein biblisches Beispiel dieses Sachverhalts werden wir im Rahmen von Daniels Kurzportrait weiter unten kennenlernen.[31]

Schreibe dies auf als ewiges Zeugnis

In der vorliegenden Analyse wird im hinteren Teil ausgiebig von sehr unheilvollen Ankündigungen der Endzeit die Rede sein. Der Autor legt größten Wert darauf unmißverständlich klarzustellen: Dies ist keine Panikmache oder Schwarzmalerei. Man soll es aber so lesen, wie es geschrieben steht. Das Credo eines Wissenschaftlers lautet, alle Indizien unvoreingenommen, vorbehaltlos und kritisch zu prüfen und alles daran zu setzen, sie zu einem widerspruchsfreien Gesamtbild zusammenzufügen. Wenn man die Prophezeiungen im Bewußtsein einer übergeordneten Wirklichkeit betrachtet und auf den Allmächtigen vertraut, so findet man sie voller Zuversicht, denn da ist nicht nur Vernichtung, sondern auch und vor allem die hoffnungsvolle Zusage, daß alle Herausforderungen und alle Trümmer am Ende für uns sinnhaft zu Gold werden. Diesen Grundsatz hatten die Alchimisten durchaus richtig gedeutet; nur mit ihren Methoden fischten sie im Trüben und verfolgten zweifelhafte, materielle Ziele.

---

[30] Greber, (1983) S. 133f.

[31] Abschnitt *Daniel – der verkannte große Seher* S. 25.

Zur Einordnung der Verdrängung unheilvoller Prophezeiungen betrachten wir vorab ein Wort Jesajas, Sohn des Amoz, aus dem achten Jahrhundert vor unserer Zeitrechnung.[32] Vor über zweitausendsiebenhundert Jahren dokumentierte der Seher, weshalb er aufgefordert wurde, seine Visionen für die Nachwelt aufzuzeichnen:

> *Jes 30,8–11: Gehe jetzt heim, schreibe es vor ihren Augen auf eine Tafel und trage es in ein Buch ein, damit es für künftige Zeiten als ein ewiges Zeugnis diene. 9Denn ein widerspenstiges Volk ist es, mißratene Kinder, Söhne, die den Weisungen des HERRN nicht gehorchen wollen, 10die zu den Sehern sagen: »Ihr sollt nicht sehen!« und zu den Propheten: »Ihr sollt uns nicht die Wahrheit prophezeien! Verkündet uns angenehme Dinge, prophezeiet uns Täuschungen! 11Weicht vom rechten Wege ab, verlaßt den rechten Pfad! Laßt uns mit dem Heiligen Israels in Ruhe!«*

Die Aufforderung »schreibe dies auf« gilt letztlich für alle Propheten, doch wird hier zusätzlich ausdrücklich erwähnt, daß die Prophezeiungen ein ewiges Zeugnis für künftige Zeiten sein sollen und daß das »widerspenstige Volk« es lieber nicht hören will. Wenn wir dieses »widerspenstige Volk« heute ausschließlich auf das antike Israel beziehen, ist das ein gravierender Fehler. Als bekennende Christen stehen wir alle in der Nachfolge Davids, des Urvaters Jesu und damit unter der Prophezeiung Jesajas. Jesus war ganz und gar Jude, und wir sollen und wollen ihm als sein Volk nachfolgen. »Ihr sollt uns nicht die Wahrheit prophezeien!« und »laßt uns mit dem Heiligen Israels in Ruhe!« trifft auch zu, wenn wir all die Unheilsankündigungen nur mythisch oder tiefenpsychologisch auffassen oder getrost glauben wollen, sie hätten sich schon im Altertum erfüllt und seien um die zweite Jahrtausendwende ohne Belang. Damit trifft uns auch Jesajas Bannspruch, der gleich danach folgt:

> *Jes 30,12–14: Darum hat der Heilige Israels so gesprochen: »Weil ihr mein Wort verwerft und euer Vertrauen auf Gewalttätigkeit und Schleichwege setzt und euch darauf verlaßt, 13darum soll euch diese Verschuldung gleich einem sturzdrohenden Riß sein, wie eine Ausbauchung an einer hochragenden Mauer, deren Einsturz plötzlich, in einem Augenblick erfolgt, 14indem er sie zertrümmert, wie man einen Töpferkrug zertrümmert, den man schonungslos zusammenschlägt, so daß sich unter seinen Trümmern keine Scherbe mehr findet, um in ihr etwas Glut vom Feuerherd zu holen oder etwas Wasser aus einer Wasserlache zu schöpfen.«*

Der Heilige Israels soll also die hochragenden Mauern der Menschheit zertrümmern. Dies ist offenbar beschlossene Sache, denn der Allmächtige kennt nach

[32] Kapitel 30 gehört zum sog. Protojesaja, vgl. Abschnitt *Jesaja – der Verkünder des Heils* S. 20.

den Worten Jesajas die abtrünnigen Wege seines »widerspenstigen Volks« »ewige Zeiten« im voraus. Daß diese Mauern heute bereits sehr rissig sind, erkennen wir nicht nur an den allgegenwärtigen Umweltkatastrophen und der Mißachtung von Menschenrechten, sondern auch an den fortgesetzten weltweiten Finanzkrisen. Unser hochgelobter Kapitalismus kommt an seine Grenzen.

Wie im Folgenden aufgezeigt wird, sind die Indizien erdrückend: Die Prophezeiungen im Buch der Offenbarung stimmen naturwissenschaftlich erklärbar in jeder Einzelheit mit den unten beschriebenen Naturphänomenen überein, die die Erde treffen könnten und voraussichtlich auch treffen werden. Und dies obschon die Propheten vor zweitausend und mehr Jahren unmöglich über die Kenntnisse der neuzeitlichen Naturwissenschaft und Technik verfügen konnten. Die Übereinstimmungen sind so deutlich und vielfältig, daß es an Blindheit grenzt, sie ignorieren oder verleugnen zu wollen. Sollten die Propheten Recht behalten, so können wir die angekündigten Ereignisse nicht verhindern, namentlich da die Mehrheit der Menschen genau dem Menschenbild entspricht, das sie anprangerten.

Was wir aber unternehmen können, ist der ernsthafte Versuch die Prophezeiungen zu verstehen, um uns daran orientieren zu können und Vertrauen aufzubauen. Damit dürfen wir uns unter den Schutz des Allmächtigen und seines Sohnes, unseres Erlösers begeben, so wir wollen. Denn es steht auch geschrieben:

> *Ps 23,4: Müßt' ich auch wandern in finsterm Tal: ich fürchte kein Unglück, denn du bist bei mir: dein Hirtenstab und dein Stecken, die sind mein Trost.*

> *Ps 91,4–12: Mit seinen Fittichen deckt er dich, und unter seinen Flügeln bist du geborgen, Schild und Panzer ist seine Treue. [5]Du brauchst dich nicht zu fürchten vor nächtlichem Schrecken, vor dem Pfeil, der bei Tage daherfliegt, [6]nicht vor der Pest, die im Finstern schleicht, vor der Seuche, die mittags wütet. [7]Ob tausend dir zur Seite fallen, zehntausend zu deiner Rechten: an dich kommt's nicht heran; … [11]denn seine Engel wird er für dich entbieten, daß sie dich behüten auf all deinen Wegen; [12]auf den Armen werden sie dich tragen, damit dein Fuß nicht stoße an einen Stein.*

Kurzportrait der Propheten und Visionen

Die Propheten sind Mahner des Volks und Bereiter des Erlösungsplans. Die alttestamentlichen Prophetenbücher Jesaja, Jeremia, Daniel und Ezechiel wie auch die Bücher der zwölf kleinen Propheten entstanden im Zeitraum zwischen dem achten und zweiten Jahrhundert vor unserer Zeitrechnung; dies ist allgemeiner Konsens unter den historisch-kritischen Altertumsforschern. Die vielbeachteten Schriftrollen und Textfragmente, die Mitte zwanzigstes Jahrhundert in Qumran am Toten Meer gefunden wurden, werden zum Teil bis auf das zweite vorchristliche Jahrhundert zurück datiert. Sie belegen, daß insbesondere das Buch Jesaja und Teile der kleinen Propheten zurück bis dahin authentisch überliefert sind.[1]

Die Bücher wurden jedoch bis zum Ende dieser Periode noch nachbearbeitet und möglicherweise ergänzt. »Man kann diese anonymen Propheten, die über die Jahrhunderte hinweg die Botschaft der namentlich bekannten ›Schriftpropheten‹ überlieferten, als literarische Propheten oder Tradenten-Propheten bezeichnen.«[2] Wenn die Bücher überarbeitet wurden, so wohl vor allem zur Harmonisierung:[3] »Nach dem Verständnis der Tradentenpropheten kann beispielsweise Jeremia im wesentlichen nichts anderes sagen als Jesaja. Prophetische Prophetenauslegung richtet sich damit – im Rahmen ihrer innerbiblischen Entwicklung – an der Rekonstruktion des einen Willen Gottes aus, der aus dem Gesamtzeugnis der biblischen Prophetenbücher erhoben wird.« Der Verfasser dieser Zeilen kann nur beipflichten und legt noch eins drauf: Die Propheten können zwar Verschiedenes sagen, doch Prophetie der Wahrheit muß sich ergänzen. Sie kann sich nicht widersprechen. Sollte ein Verkünder dem andern

---

[1] Eine Auslegeordnung der Qumran-Schriften findet sich in der Einleitung zur Jesaja-Exegese von Christian Metzenthin (Metzenthin, 2010 S. 1ff).

[2] Zitat aus Zengers (2008) Einleitung in das Alte Testament S. 421; Tradent: Überlieferer.

[3] Nach Metzenthin (2010) S. 47.

entgegenstehen, so sind wir gehalten zu ergründen, wo unser Denkfehler oder wo die Lüge steckt.

Die Forscher bestimmen den mutmaßlichen Zeitraum der Entstehung einzelner Passagen anhand von Stilmerkmalen, aus dem Zusammenhang des Textes selbst und vor allem aus seinen Bezügen zu historischem Geschehen. Wahre, seherische Weissagung wird für unmöglich gehalten, da die Zukunft dem reinen Zufall unterliege und somit dem Menschen grundsätzlich verborgen sei, und so wird die Entstehung eines Textes eben rückblickend anhand der anderweitig abgestützten historischen Ereignisse festgelegt. Dies scheint auch gerechtfertigt, da die biblischen Bücher wohl tatsächlich nachträglich noch überarbeitet wurden.

Treten wir nun einen Schritt zurück und analysieren wir die Exegeten der prophetischen Schriften mit ihren eigenen Mitteln, aber mit umgekehrten Vorzeichen. Warum wird zum Beispiel die umstrittene Jesaja-Apokalypse oft dem zweiten Jahrhundert v.Chr. zugeordnet, obschon sie mitten im ersten Teil steht, der allgemein rund 550 Jahre früher datiert wird?[4] Die historisch-kritischen Ausleger ordnen die Schriften dem Zeitalter zu, das zur politischen und sozialen Stimmung der Aussagen paßt. So argumentiert man, wenn man Propheten als sensible Träumer oder überspannte Phantasten betrachtet. Oder noch schlimmer: als berechnende Dogmatiker. Wenn man Prophezeiungen als Botschaften Gottes ernst nähme, so müßte man umgekehrt argumentieren: Wo die Katastrophe schon vorliegt, gibt es keinen Anlaß, Mahnworte an das Volk zu richten. Ein liebender Vater schilt sein Kind nicht, wenn es verletzt und in Tränen aufgelöst ist. Propheten müssen als Mahner auftreten, wenn das Volk wie die Made im Speck liegt und sich in Freundschaft mit seinen götzendienerischen Nachbarn dem Baalsdienst hingibt. Ob dann bereits eine äußere Bedrohung am Horizont steht, darf keine Rolle spielen oder müßte vielmehr sogar ausgeschlossen werden.

Dennoch kann nicht in Abrede gestellt werden, daß die prophetischen Aussagen womöglich nachträglich manipuliert wurden. Ob also zum Beispiel das babylonische Exil, beziehungsweise sein Ende von Jesaja wirklich geweissagt worden war[5] oder erst im nachhinein als Prophezeiung dargestellt wurde, bleibt eine Frage des Glaubens. Die Kapitel gehören zum Deuterojesaja, der von den historisch-kritischen Forschern ans Ende des babylonischen Exils gelegt wird. In der vorliegenden Analyse sind jedoch vor allem Aussagen von Belang, die

---

[4] Vgl. Abschnitt *Jesaja – der Verkünder des Heils* unten.

[5] Jes 43,6b: »Bringe meine Söhne aus der Ferne heim und meine Töchter vom Ende der Erde.«

die Erlösungstat Christi und Gottes Heilsplan danach betreffen, Begebenheiten, die Jahrhunderte nach Redaktionsschluß der Propheten geschahen oder sogar immer noch einer Erfüllung harren. Prophezeiungen des Lichts sprechen immer aus sich selbst, unabhängig vom Boten, der sie überbringt. Große Namen sind sogar eher verdächtig, denn »den Weisen und Klugen hat er es verborgen, den Unmündigen aber offenbart«.[6] Insofern täte es absolut keinen Abbruch, wären Weissagungen tatsächlich später anonym hinzugefügt worden. Hier genügt das Fazit, daß die hier diskutierten alttestamentlichen Schriften nach allgemeinem Konsens wohl spätestens etwa hundertfünfzig Jahre vor der Geburt Jesu ihren Abschluß fanden.

Jesaja, Jeremia und die Zwölf enthalten neben vielen Mahnworten und Unheilsbotschaften an das Volk Israel und seine antiken Nachbarvölker auch Verheißungen des kommenden Messias' und Ankündigungen von Katastrophen mit einem Ausmaß, das mit historischem Kriegsgeschehen nicht mehr erklärbar ist. Diese Passagen des Unheils werden darum meist mythisch oder tiefenpsychologisch aufgefaßt. Die Messias-Prophezeiungen beziehen sich ohnehin nur für Christen auf Jesus, nicht aber für die klassische jüdische Gemeinschaft. Sie akzeptiert Jesus nur als Propheten und nicht als Messias. Dies mag mitunter an Überlieferungen wie der folgenden liegen:

> *Jes 11,12–14: Da wird er den Heidenvölkern ein Banner aufpflanzen und die verstoßenen Israeliten sammeln und das, was von Juda zerstreut ist, zusammenbringen von den vier Säumen der Erde. … **14**sie werden den Philistern im Westen auf die Schulter fliegen, werden vereint die Bewohner des Ostens plündern; von Edom und Moab werden sie Besitz ergreifen, und die Ammoniter werden ihnen untertan sein.*

Solche Schriftstellen bewogen wohl viele Juden am Beginn unserer Zeitrechnung, einen Herrscher mit weltlicher Macht zu erwarten und Jesus als Messias zu verwerfen. Für Christen jedoch gehört Jesus als der Christus, der Gesalbte Gottes in allen Konfessionen fundamental zum Glaubensbekenntnis. Aus christlicher Sicht muß Jesajas obige Vision in die Zeit der Wiederkunft Christi verlegt werden. Dann sollen die weltlichen Mächte besiegt werden und das tausendjährige Reich unter seiner weisen Führung beginnen.

Wenn wir Christen die Weissagungen bezüglich des Erlösers richtig verstehen, so haben sie sich vor zweitausend Jahren erfüllt, jedoch nur zum Teil. Die Visionen eines endzeitlichen Unheils über die ganze Menschheit haben sich

---

[6] Mt 11,25; Lk 10,21; vgl. Mt 21,16 und Ps 8,3.

mit Sicherheit noch nicht bewahrheitet. Vor allem diese beiden Aspekte - die Weissagungen des Erlösungswerks und die Endzeitvisionen wollen wir in der vorliegenden Analyse zu deuten versuchen. Im Folgenden werden die Botschaften nicht streng nach Prophet getrennt behandelt, sondern mehr nach den prophezeiten Inhalten. Dies ist naheliegend, da dieselbe Prophezeiung oft verschiedene Begebenheiten betrifft und die Prophetenworte bezüglich derselben Ereignisse sich gegenseitig ergänzen und bestätigen. Natürlich kann man argumentieren, die späteren Propheten hätten die Aussagen der früheren gekannt und seien somit beeinflußt gewesen. Dies ist sicher nicht grundsätzlich in Abrede zu stellen, doch wenn eine alte Vision in der ganzen theologischen Geschichte noch gar nie stichhaltig interpretiert werden konnte und ein späterer Visionär denselben Sachverhalt in völlig neuer Form prophezeite, so kann wohl kaum der eine dem anderen abgeschrieben haben.

Jesaja - der Verkünder des Heils

Jesaja, Sohn des Amoz, wirkte in der zweiten Hälfte des achten Jahrhunderts v.Chr. als Angehöriger der städtischen Oberschicht Jerusalems. Das Buch Jesaja ist jedoch nach der historisch-kritischen Forschung nicht aus einem Guß. Es wird grob in drei Teile gegliedert, die in verschiedenen Zeiträumen verfaßt wurden:[7] Kapitel 1–39 bilden den Protojesaja, der im Zeitraum zwischen 740 und 701 v.Chr. entstand. Daß diese Worte tatsächlich vom Propheten Jesaja ben Amoz stammen, ist weitgehender Konsens. Der Deuterojesaja in Kapitel 40–55 wird der Spätzeit des babylonischen Exils zugeordnet, etwa dem Zeitraum 550–539 v.Chr. Kapitel 56–66 bilden den Tritojesaja, der nach 538 v.Chr., das heißt nach dem babylonischen Exil entstanden sein soll (s. Abbildung 1). Auch im Protojesaja gibt es Teile, die meist später datiert werden, zum Beispiel die bereits erwähnte Jesaja-Apokalypse in Kapitel 24–27.[8] Sie gilt als nicht sicher datierbar. Otto Kaiser kommt zu einer wahrscheinlichen Entstehung im ersten Drittel des zweiten Jahrhunderts, spätestens um etwa 165 v.Chr.[9]

Jesajas Prophezeiungen über die Mahnworte an seine Zeitgenossen hinaus betreffen die Niederkunft Christi oder passen recht gut zur Zerstörung Jerusalems 70 n.Chr. Verschiedentlich scheint jedoch ein großes Gericht über die ganze Menschheit hindurch, so zum Beispiel bei der Vision der Belagerung

---

[7] Nach Lukas Bormanns »Bibelkunde« (Bormann, 2013 S. 138).

[8] Vgl. Kritik der historisch-kritischen Methoden in der Einleitung zum Kapitel.

[9] Teil von Kaisers historisch-kritischer Analyse des ganzen Protojesaja (Kaiser, 1983 S. 145).

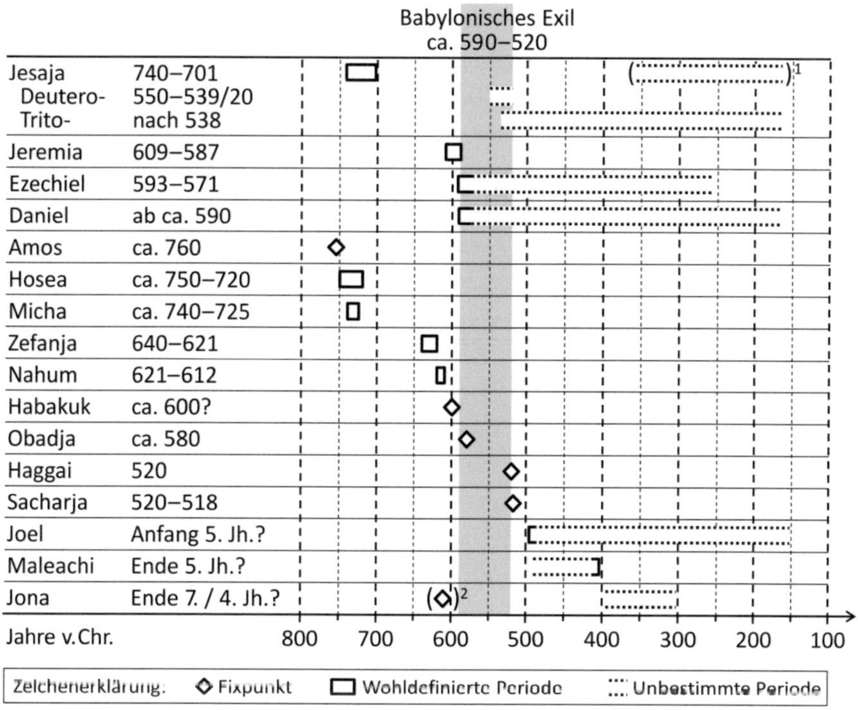

Abbildung 1: Zeittafel der alttestamentlichen Prophetenbücher gemäß breitem Konsens der historisch-kritischen Forschung (Datierung: Guthrie, 2003).

1 Die Jesaja-Apokalypse gilt als schwer datierbar, hier nach Kaiser (1983).

2 Prophezeiung gegen Ninive, 612 v.Chr. zerstört, Abfassungszeit nach linguistischen Kriterien: 4. Jh. v.Chr.

Jerusalems, wo die Heimsuchung plötzlich kommt »unter Donner und Erdbeben und mächtigem Krachen, unter Sturmwind und Unwetter und Flammen verzehrenden Feuers« – oder beim Gericht über Assyrien, wo der Arm des Herrn »niederfährt bei schnaubendem Zorn und mit verzehrender Feuerflamme, unter Wolkenbruch und Wetterguß und Hagelsteinen« – oder beim Gericht über Edom, das besagt, es werde »der Himmel sich zusammenrollen wie eine Schriftrolle«.[10] Das Motiv der sich einrollenden Schriftrolle erscheint bei verschiedenen Propheten, unter anderem bei Johannes von Patmos. Wie erwähnt, könnte grundsätzlich ein Prophet beim andern abgeschrieben haben.

Jesajas Gericht ergeht scheinbar nur über das alte Volk Israel und seine Nachbarvölker, namentlich die Assyrer, und er verkündet das Reich des ewigen Heils

10 Jes 29,6; 30,30 und 34,4.

für jene, die sich von den antiken Götzen lossagen. Die großen Weissagungen zum Messias runden das Buch als Lobrede unseres Christenglaubens ab. Die Zornesreden scheinen das frühe Altertum zu betreffen, während die langen Erlösungshymnen uns eine goldene Zukunft prophezeien. Die heutigen Christen glauben, die antiken Götzen längst überwunden zu haben und fühlen sich des Heils sicher. Angesichts dessen ist es nicht überraschend, daß Jesaja weitherum als der größte aller Propheten gewertet wird.

Jeremia - Mahner und Tröster Israels

Jeremia wirkte von etwa 609 v.Chr. bis zur ersten Eroberung Jerusalems durch Nebukadnezar 597 v.Chr., das heißt bis zur Deportierung des Volkes Juda ins babylonische Exil.[11] Auch wenn er einer der großen Propheten ist - für die vorliegende Betrachtung ist Jeremia nur von untergeordneter Bedeutung, da er vorwiegend Ermahnungen an Juda und die umgebenden Völker im Zusammenhang mit Eroberung, Exil und Rückkehr des Volkes Israel bietet. Jeremia richtet Mahnworte über Mahnworte an Israel und Juda, unterbrochen nur durch kurze Heilsrufe. Er verkündet den Untergang Jerusalems und die Deportierung des Volkes Juda Jahrzehnte voraus, wie auch die siebzigjährige Gefangenschaft unter den Königen von Babylon.[12]

Solche Prophezeiungen des Altertums stehen bei historisch-kritischen Exegeten natürlich immer im Verdacht, später ergänzt oder hinzugefügt worden zu sein. Wir wollen nicht allzu großen Wert darauf legen - man mag es glauben oder nicht. Die meisten von Jeremias Prophezeiungen betreffen einen Zeitraum von höchstens einigen Jahrzehnten und haben vergleichsweise wenig Aussagekraft hinsichtlich unserer geistigen Orientierung im dritten Jahrtausend unserer Zeitrechnung. Für die vorliegende Betrachtung sind nur Texte von Belang, die ihre Bedeutung bis in unsere Gegenwart nicht verloren haben. Dies sind vereinzelte zeitlose Mahnworte, vor allem aber seine Trostworte an Israel, die auf den zweiten Blick eher die ferne als die unmittelbare Zukunft des Gottesvolkes betreffen.

---

[11] Nach Lukas Bormanns Bibelkunde (Bormann, 2013 S. 153ff).

[12] Heilsrufe z.B. in Jer 16,14–20; Deportierung 6,11; 20,4f; 70 Jahre Exil 25,11f.

Ezechiel – der Himmelsvisionär

Ezechiel (oder: Hesekiel) war Priester oder allenfalls Sohn eines Priesters.[13] Anders als andere Propheten redet Ezechiel sehr viel in Gleichnissen und vollführt auch Gleichnis-Handlungen. Was für alle alttestamentlichen Prophetenbücher gilt, gilt auch und ganz besonders für Ezechiel: Die Meinungen der Forscher über Datierung und Charakter des Buches gehen weit auseinander.[14] Als einigermaßen gesichert gilt, daß er Anfang sechstes Jahrhundert v.Chr. ins babylonische Exil deportiert wurde, ob eher in babylonfreundlicher Haltung oder als Aufrührer ist umstritten. Die einen sehen Ezechiels Wirken tatsächlich im babylonischen Exil, während andere mindestens Teile des Buchs im vierten vorchristlichen Jahrhundert ansiedeln oder gar anderen Autoren bis ins dritte Jahrhundert v.Chr. zuschreiben.

Für die vorliegende Betrachtung Ezechiels gilt Ähnliches wie für Jeremia: Ob der Prophet wirklich im Exil wirkte oder ob die Visionen später entstanden, ist hier gar nicht so wichtig. In der vorliegenden Analyse sind bei Ezechiel vor allem Visionen von Interesse, die Jenseitiges sowie Entstehung, Lauf und Wandlung der Schöpfung betreffen. Die Vision des himmlischen Thronwagens weist zum Beispiel große Ähnlichkeiten mit jener des Himmelssaals im Buch der Offenbarung auf.

Ezechiel bietet uns neben seinen Jenseitsvisionen zudem eine Aussage zur Erbsünde, die für den Christenglauben absolut zentral ist. Als wichtiges Element der Prophetie, das aber nicht direkt den hier betrachteten Verlauf des Schöpfungs- und Erlösungswerks betrifft, greifen wir es dennoch vorab kurz auf. Die biblische Basis für das kirchliche Dogma der Erbsünde liegt im Exodus:

> *2Mose 20,5f: … Denn ich, der HERR, dein Gott, bin ein eifriger Gott, der die Verschuldung der Väter heimsucht an den Kindern, an den Enkeln und Urenkeln bei denen, die mich hassen, 6der aber Gnade erweist ins tausendste Geschlecht derer, die mich lieben und meine Gebote halten.*

Dieselbe Aussage findet sich sinngemäß noch einmal in Kapitel 34 (V. 6f). Meist bleibt nur in Erinnerung, daß Gott die Sünden der Väter bis ins dritte und vierte Glied der Nachkommen rächt, und es geht ganz vergessen, das die Gnade sich

---

[13] Ez 1,3: »Da erging das Wort des HERRN an den Priester Hesekiel, den Sohn Busis, …«

[14] Theodor Busink macht in seinem epochalen Werk über den Jerusalemer Tempel auch detaillierte Angaben zur Datierung des Buchs Ezechiel mit der Tempelbeschreibung (Busink, 1970 S. 701ff).

demgegenüber bis ins *tausendste Geschlecht* erstreckt (nicht nur auf Tausende, wie in gewissen Übersetzungen).

Dennoch, – folgen wir dem allgemein verbreiteten kirchlichen Glauben, die Seele werde mit der Zeugung des Menschen geschaffen, so haben wir mit dem ersten Teil ein ernstes Gerechtigkeitsproblem, das alle anderen Fragen nach Gottes Gerechtigkeit überschattet: Wie kann ein gerechter Gott die Sünde der Väter an frisch geschaffenen und damit unschuldigen Neugeborenen heimsuchen? Der darauf bauende Turm von Widersprüchen gipfelt in der uralten, nach wie vor ungelösten Frage der Theodizee: Wie kann ein gerechter, liebender Gott all das Leiden und die Ungerechtigkeit in der Welt zulassen? Das Dogma der Erbsünde erweist sich als eine der höchsten und dicksten Mauern vor lichter Spiritualität und Religio (Rückverbindung).

Obschon sich im Deuteronomium eine der Erbsünde entgegen stehende Aussage findet,[15] bestand dieses Lügengebäude schon im antiken Volk Gottes und wurde im babylonischen Exil von Ezechiel, das heißt von seinen Himmelsboten thematisiert:

> *Ez 18,20–25: Ein jeder, der Sünde tut, der soll sterben; aber der Sohn soll die Schuld seines Vaters nicht mittragen und der Vater nicht die Schuld seines Sohnes; nein, dem Gerechten soll der Lohn für seine Gerechtigkeit zuteil werden und ebenso dem Gottlosen die Strafe für seine Gottlosigkeit! …* 23*Habe ich etwa Wohlgefallen am Tode des Gottlosen? – so lautet der Ausspruch Gottes des* HERRN *– und nicht vielmehr daran, daß er sich von seinem bösen Wandel bekehrt und am Leben bleibt? …*
> 25*Wenn ihr nun sagt: »Das Verfahren des* HERRN *ist nicht das richtige!«, so hört doch, ihr vom Hause Israel! Sollte wirklich mein Verfahren nicht das richtige sein? Ist nicht vielmehr euer Verfahren unrichtig?*

Dieselben Aussagen werden in Kapitel 33 nochmals im Detail wiederholt (V. 10–20). Diese Weissagung widerspricht dem Begriff der Erbsünde diametral: Wie sollte gerecht sein, daß sich die Sünde Adams auf die ganze nachfolgende Menschheit überträgt, ohne eigene Schuld der späteren Generationen? Mit der Lehre der Erbsünde bezichtigen wir Gott der Willkür und Ungerechtigkeit. In Wahrheit trägt jeder seine eigene Schuld. Doch wie sollte dies möglich sein, wenn unschuldig neugeschaffene Seelen in ganz unterschiedlich herausgeforderte Lebenswege geboren würden? Der Widerspruch läßt sich nur auflösen, wenn die Seelen bei ihrer irdischen Geburt schon eine Geschichte mitbringen. Diese Prophezeiung stützt die Präexistenz der Seele, die schon

15 5Mose 24,16 (2Kön 14,6): »… Kinder sollen nicht wegen (einer Schuld) ihrer Väter sterben.«

die Kirchenväter Origenes und Arius postulierten.[16] Die Seelen wurden lange vor ihrer irdischen Geburt geschaffen, und wo hinein sie geboren werden, ist weder zufällig noch willkürlich, sondern Gottes weiser Plan.

Die Aussage in Vers 23 widerspricht der ewigen Verdammnis für die Gottlosen. Der alliebende Vater hat kein Wohlgefallen daran, irgendeines seiner Kinder in Ewigkeit zu verdammen, sondern vielmehr an jedem das umkehrt und aus dem geistigen Tod ins ewige Leben zurückfindet. Und wenn wir glauben, er sei allmächtig, so dürfen wir ihm getrost auch zutrauen, daß er alle seine Kinder dereinst wieder heimführen kann. Dieser zweite fundamentale Sachverhalt soll im Zusammenhang mit Jesajas Visionen des Erlösers nochmals aufgegriffen werden.[17]

Daniel – der verkannte große Seher

Im Buch Daniel sind uns verschiedene bedeutsame Prophezeiungen überliefert. Nach dem Buch selbst wurde er kurz nach der sechsten vorchristlichen Jahrhundertwende ins babylonische Exil deportiert.[18] Leider besteht gerade hier der Verdacht der »Weissagung vom Ereignis her«. Gemäß der biblischen Darstellung wirkte Daniel im sechsten Jahrhundert vor Christus und sagte anhand verschiedener Träume und Visionen Blüte und Untergang von vier nachfolgenden Weltreichen voraus.

Die historisch-kritische Forschung will dagegen rekonstruiert haben, daß das Buch Daniel aus verschiedenen Stücken über Jahrhunderte entstand und erst kurz vor 164 v.Chr. fertig zusammengestellt wurde, mitunter da die Ausleger nicht glauben können, eine echte Vorausschau künftiger Ereignisse sei möglich. Hartmut Gese sieht zum Beispiel im letzten der vier Weltreiche aus Daniels Kapitel 7 die assyrischen Seleukiden unter Antiochus Epiphanes (215–164 v.Chr.) und unterstellt, »daß das Verständnis des danielischen Geschichtssystems einfach so verschoben [wurde] ..., daß das vierte Reich zum römischen wurde«[19]. Mag sein, daß die Zusammenstellung des Buchs Daniel in seiner vorliegenden Form erst in der ersten Hälfte des zweiten Jahrhunderts vor Christus erfolgte. – Die Beschreibung des vierten Reichs der Vision Daniels paßt

---

[16] Siehe Einleitung zum Werk »Die Früchte der Mystik« des Autors (Böhm-Mäder, 2016 S. 11). Die Schüler und Nachfolger des Arius, die Arianer spielten bis ins 6. Jh. eine wichtige Rolle.

[17] Abschnitt *Durchbohrt um unserer Missetaten willen* S. 80.

[18] Dan 1,2.6: Er brachte sie nach Babylonien ... Unter ihnen befanden sich die Judäer Daniel, ...

[19] Gese (1991) S. 199.

dennoch hervorragend auf Rom. Um so sportlicher sind die Klimmzüge, die der historisch-kritische Altertumsforscher Gese vollführt, um anhand seines »Geschichtssystems« zu bestreiten, Daniel oder die Autoren des Buchs Daniel hätten tatsächlich das römische Reich Jahrhunderte vorausgesehen.

Der prophetische Teil des Buchs Daniel beginnt in Kapitel 7 mit der Vision der vier Tiere. Wir werden nicht noch einmal Für und Wider der schon vielfach analysierten Vier-Reiche-Lehre im Detail diskutieren, sondern beschränken uns im Kapitel *Daniels vier Tiere und der Traum Nebukadnezars* auf eine kurze Schilderung der klassischen Interpretation. Dann widmen wir uns weiteren Details der Traumvision, die über all die Jahrhunderte kaum je ernsthaft beachtet wurden und daher bis heute nebulös blieben. Hier bietet sich eine gute Gelegenheit, einen deutlichen Hinweis auf echte, zukunftsschauende Prophetie zu erbringen.

Im achten Kapitel beschreibt Daniel die Vision des Widders und des schwebenden Ziegenbocks, die danach von seinem Boten auch ausgelegt wird. Die Vision bleibt dennoch widersprüchlich und kaum am historischen Weltgeschehen interpretierbar. Daniel bietet hier ein Anschauungsbeispiel des Sachverhalts, der in Vers 6 des Hirten des Hermas anklingt und im Abschnitt *Die Prüfung der Geister* oben besprochen wurde. Die entscheidende Information folgt beiläufig im letzten Vers des Kapitels: »Hierauf war ich, Daniel, ganz erschöpft und lag einige Tage krank.« Dies ist ein deutlicher Hinweis, daß die Vision von einem Lügengeist stammt. Wir können sie also getrost stehenlassen und müssen uns nicht die Mühe nehmen, sie im Detail zu ergründen. Wäre Daniel im Zuge seiner Vision kraftlos zu Boden gefallen, wäre das noch unverdächtig gewesen. Solches wird oft beschrieben, wenn Geistkräfte sich eines Sehers bemächtigen, zum Beispiel am Anfang des Zehnten Kapitels (V. 8b). Der Unterschied ist, daß Daniel in Kapitel 10 danach durch den Himmelsboten gestärkt wird und keinen gesundheitlichen Schaden nimmt. Diese beiden Kapitel sind eine beachtenswerte Quelle, die die geistigen Vorgänge bei der Vermittlung prophetischer Botschaften näherbringt. In der vorliegenden Untersuchung liegt der Fokus jedoch auf dem Nachweis wahrer Prophetie und auf der Interpretation prophetischer Botschaften. Für die Vorgänge und Gesetze prophetischer Offenbarungen sei auf andere Quellen verwiesen.[20]

In Kapitel 9 des Buchs Daniel findet man die Prophezeiung der siebzig Jahrwochen, die wiederum eine gute Gelegenheit ist, den Nachweis zukunftsschauender Prophetie zu erbringen. Sie wird im Kapitel *Prophezeiungen des Erlösungswerks* im Detail analysiert (S. 86). Das nachfolgende Kapitel 10 wird

---

[20] Insbes. Johannes Grebers *Verkehr mit der Geisterwelt Gottes* (Greber, 1983).

hier nicht ausführlich betrachtet, denn es enthält weder Jenseitsvisionen noch Voraussagen. Es schildert die Erscheinung des in Leinen gekleideten, riesigen Engels, der dem Propheten ein Gesicht auf ferne Tage ankündigt (V. 14). Zum Verständnis der Gesetze prophetischer Visionen ist es sehr aufschlußreich, doch dies ist hier wie erwähnt von nachrangigem Interesse.

Die eigentlichen Botschaften dieses Engels werden in den nachfolgenden beiden Kapiteln über Schöpfung und Erlösungswerk beschrieben. Daniels Kapitel 11 ist eine anfangs noch recht verläßlich interpretierbare, im Verlauf jedoch zunehmend schwer verständliche Darstellung von Aufstieg und Fall der persischen, assyrischen und griechischen Königreiche bis hin zum Römerreich, das schließlich Palästina und Ägypten eroberte. Die Schilderungen sind so bildhaft, daß es sehr schwierig ist, sie historisch verläßlich einzuordnen. Das kurze Kapitel 12 birgt dann nochmals Hinweise auf ferne Tage, die hier im Abschnitt *Daniel – »die größte Trübsal aller Zeiten«* als Zeichen für unsere Gegenwart und nahe Zukunft berücksichtigt werden.

Die kleinen Zwölf - größer als man denkt

Die zwölf kleinen Propheten sind in der jüdischen Tradition in einem einzigen Zwölfprophetenbuch zusammengefaßt. Sie wirkten vor, während und nach dem babylonischen Exil. Die Bücher wurden jedoch gemäß der historisch-kritischen Forschung in den folgenden Jahrhunderten noch redigiert.

Die Bücher Joel, Obadja, Jona, Nahum und Habakuk wurden nach und nach zwei älteren Sammlungen von Prophetenschriften von Hosea, Amos, Micha und Zefanja sowie von Haggai und Sacharja hinzugefügt.[21] Die ältesten Teile der Schriften waren im achten vorchristlichen Jahrhundert entstanden, durch die Hand der frühen Propheten Hosea, Amos und Micha. Die zwölf Schriften wurden aber wahrscheinlich noch bis zum dritten und zweiten Jahrhundert v.Chr. nachbearbeitet, bis zur Zeit der Hellenisierung während der makedonischen Herrschaft. Spätestens seit dem zweiten Jahrhundert v.Chr. gilt das Zwölfprophetenbuch allgemein als abgeschlossen.

Die speziellen Schilderungen des kurzen Buchs Jona können der Analyse des Weltenlaufs kaum dienen. Seine Schiffbruchs-Erzählung erlangte jedoch in belletristisch verzeichneter Form als »Jona im Bauch des Wals« Berühmtheit. So beeindruckte sie Generationen von Kindern und gab die Prophetie der

[21] Einen guten Einblick in die Entstehung des Zwölfprophetenbuches bietet Martin Roth (2005): Übersicht S. 10 und die hier verwendeten Datierungen S. 28, 172 und 194.

Lächerlichkeit preis. Deshalb soll sie hier dennoch kurz behandelt werden. Das eigentliche Schiffbruchs-Erlebnis in Kapitel 2 wird in der Form eines Gebets geschildert:

> *Jona 2,3–7: Gerufen habe ich aus meiner Bedrängnis zum HERRN, da hat er mich erhört; aus dem Schoß der Unterwelt habe ich um Hilfe geschrien, da hast du mein Rufen vernommen. 4Denn du hattest mich in die Tiefe geschleudert, mitten ins Meer hinein, so daß die Fluten mich umschlossen; alle deine Wogen und Wellen fuhren über mich dahin. 5Schon dachte ich: »Verstoßen bin ich, hinweg von deinem Angesicht: Wie könnte ich je wieder nach deinem heiligen Tempel schauen?« 6Die Wasser umgaben mich und gingen mir bis an die Seele; die Tiefe umfing mich, Seegras hatte sich mir ums Haupt geschlungen; 7zu den Wurzeln der Berge war ich hinabgefahren; die Riegel der Erde hatten sich auf ewig hinter mir geschlossen: – Da hast du mein Leben aus der Grube heraufgeholt, HERR, mein Gott!*

Dieses Gebet ist in die hauchdünne Rahmenhandlung mit dem Fisch eingebettet, die fremd und aufgesetzt wirkt, als wäre sie in Ermangelung einer guten Erklärung hinzugefügt worden (V. 1, 2 und 11).[22] Als reale irdische Begebenheit macht das Überleben des Jona in einem Fisch keinen Sinn. Außerdem ist nicht nur von Fluten die Rede, sondern auch von den Wurzeln der Berge und den Riegeln der Erde. Dieses Gebet wird daher oft tiefenpsychologisch ausgelegt.

Läßt man die eigentümliche Rahmenhandlung weg, kann es ohne geistige Klimmzüge als negatives Nahtoderlebnis interpretiert werden, wie es zum Beispiel Raymond A. Moody erforschte.[23] Jona ist aus dem Schiff ins offene Meer geworfen worden und ist da den mächtigen Elementen ausgeliefert, dem Tode geweiht. Er macht ein Sterbeerlebnis durch und sieht sich in die Unterwelt geworfen. Er befürchtet, den geistigen Tod erlitten zu haben und für immer vom himmlischen Tempel getrennt zu sein, denn er hat in Ninive Gottes unmißverständlichen Auftrag eigenmächtig verworfen und ist geflohen - eine Todsünde (1,2f). Er sieht sich in der Grube, hinter die Riegel der Unterwelt verbannt, und es bedrängen ihn deren Wasser - die dem geistigen Tod verfallenen, ziellos umherirrenden Seelen[24] - und das Seegras - die schlingenden Wirrnisse des Reiches der Finsternis. Sie gehen ihm »bis an die Seele«. Nun schreit er reumütig

---

22 Die weggelassenen Verse 8-10 enthalten nur die Erklärung des Hebräers Jona, der vor dem Auftrag Gottes floh.

23 Reymond Moody ist ein Pionier der Nahtodforschung und hat zahlreiche Werke publiziert (z.B. Moody, 1977; 1978; 2011).

24 Für die Deutung des Wassers als Seelen vgl. Abschnitt *Einführung in ein symbolisches Kunstwerk* im Kapitel *Johannesapokalypse – Königin der Prophezeiungen*, S. 224.

um Hilfe. Er wird schließlich erhört und aus dem geistigen Tod gerettet. Wie durch ein Wunder überlebt er seine Odyssee und wird vom Meer wieder ans Land ausgespuckt – ob tatsächlich erst nach drei Tagen spielt eine untergeordnete Rolle (2,11). Er erhält eine zweite Chance seinen Auftrag zu erfüllen.

Johannes von Patmos – stiller König der Propheten

Seit dem zweiten Jahrhundert wurde im Altertum mehrheitlich angenommen, Johannes von Patmos sei der Apostel Johannes, »der an der Brust Jesu gelegen habe«, zum Beispiel von Origenes.[25] Heute wird Johannes von Patmos mehrheitlich als frühchristlicher Verkünder aufgefaßt, der zu einer Gruppe von Propheten gehört, schreibt er doch von seinen »Brüdern, den Propheten« (22,9). Die Insel Patmos in der östlichen Ägäis war in altrömischer Zeit ein Ort der Verbannung. Der Autor der Offenbarung schreibt, daß er auf der Insel Patmos vor Ephesus in der Verbannung lebe (1,9). Hier empfing er seine Visionen.

Über die mutmaßliche Verfassungszeit der Offenbarung des Johannes besteht keine Einigkeit. Es gibt gute Gründe für die späten Sechzigerjahre unserer Zeitrechnung wie auch für den Zeitraum 81–96. Jüngere Analysen erwägen auch eine spätere Datierung bis in die Jahre 117–138, der Regierungszeit Hadrians.[26] Für die vorliegende Betrachtung genügt es, daß die Johannesapokalypse in der zweiten Hälfte des ersten Jahrhunderts oder wenig später entstand.

Hildegard von Bingen – das fehlende Glied

Hildegard von Bingen (1098–1179) ist die einzige außerbiblische Prophetin, die hier Eingang findet. Ihr Nachlaß wird oftmals abgelehnt, da einige Visionen in ihrem ersten und bekanntesten Werk Liber Scivias deutlich als Loblied der mächtigen mittelalterlichen Kurie erkennbar sind.[27] Wer deshalb Hildegards ganze Botschaft verwirft, schüttet das Kind mit dem Bade aus. Für den aufmerksamen Betrachter sind die finsteren Schmeichelbilder nämlich anhand ihrer widersprüchlichen Farb- und Formsymbolik klar zu erkennen, retteten aber Hildegard vor der Inquisition. Als deutlich gekennzeichnete Lügenbilder werden sie damit zum gottgewollten Schutz der Botin und können emotionslos beiseite gelegt werden. Nach Abwerfen des schützenden Ballastes bleiben

---

[25] Nach einem Kommentar des Eusebius von Cesarea (Hist. Eccl. VI.25 – Häuser, 1932) .

[26] Nach der Analyse der Johannesapokalypse von Silvia Pellegrini (2016) S. 205f.

[27] Details siehe Böhm-Mäder (2016 S. 29ff).

das erste Viertel des Liber Scivias und die beiden späteren Visionswerke. Sie machen Hildegard zum fehlenden Glied in der Kette der Offenbarungen. Um zu prüfen, ob sie eine Botin des Herrn ist, betrachten wir kurz ihre Vita und ihr Wirken.

Hildegard wurde 1098 als zehntes Kind einer freien Familie geboren.[28] Schon als Kleinkind hatte sie Lichtvisionen und visuelle Eingebungen. Mit vierzehn Jahren wurde sie mit zwei anderen Mädchen in eine eigens für sie eingerichtete Frauenklause des Benediktinerklosters auf dem Disibodenberg gegeben, wo Hildegard mit Achtunddreißig Äbtissin wurde. Etwa vier Jahre danach eröffnete ihr eine äußerst starke Vision »die Bedeutung der Schriftauslegung … sowohl des Alten als auch des Neuen Testaments«.[29] Sie war jedoch sehr unsicher bezüglich deren Herkunft und schob die Aufzeichnung vor sich her, denn die Botschaften entsprachen nur sehr bedingt der erlernten Dogmatik ihrer Kirche, der sie treu ergeben war. Erst als sie schwerkrank darnieder geworfen wurde, ließ sie sich dazu bewegen, ihre Visionen zu dokumentieren. Die Seherin bezeichnete sich selbst immer wieder als ungebildet. Sie war aber trotz ihrer mangelhaften Bildung nicht nur eine bedeutende und einflußreiche Theologin, sondern zudem eine gesegnete Naturheilerin und Menschenkennerin. Als erste Nonne predigte Hildegard öffentlich dem Volk die Umkehr zu Gott und ging mit den Klerikern bisweilen hart ins Gericht.[30]

Die Äbtissin hinterläßt uns neben anthropologischen, naturkundlichen und musikalischen Werken[31] eine Trilogie von Visionswerken: *Wisse die Wege* (Liber Scivias), das *Buch der Lebensverdienste* (Liber Vitae Meritorum, LVM) und das *Buch vom Wirken Gottes* (Liber Divinorum Operum, LDO).[32]

---

[28] Abstammung aus niederem Adel und Eckdaten von Hildegards Werdegang nach der *Vita Hildegardis* (Embrach, et al., 2013 S. 21f). Ihre Visionen schon als Kleinkind sind vielfach belegt, z.B. im Prolog des *Liber Scivias,* Teil I (Heieck, 2012b S. 16) oder in Briefen, insbes. in ihrem ersten Bittbrief an Bernhard von Clairvaux (Storch, 2012 S. 17).

[29] Prolog des *Liber Scivias,* Teil I (Heieck, 2012b S. 15f).

[30] Zum Beispiel in einer Predigt in Köln. Die Predigt selbst ist nicht erhalten, doch Hildegard faßte sie in einem Brief an den Domdekan zusammen (Gössmann, 1989). Die Angriffe werden in der Regel etwa wie folgt rekonstruiert: (z.B. Newman, 1995 S. 169f): »Ihr seid eine Nacht, die Finsternis aushaucht, und wie ein Volk, das nicht arbeitet … Ihr seid zu Boden geworfen und seid kein Halt für die Kirche, sondern flieht in die Höhle eurer Lust. Und wegen eures ekelhaften Reichtums und Geizes sowie anderer Eitelkeiten unterweist ihr eure Untergebenen nicht …«

[31] Physica – Natürliche Wirkkraft der Dinge (Riha, 2012); Causae et Curae – Ursprung und Behandlung der Krankheiten (Riha, 2012b); Symphoniae – Lieder (Stühlmeyer, 2012d).

[32] LSc: Heieck (2012b); LVM: Schipperges (1972); LDO: Heieck (2012).

Hildegards zahlreiche Jenseitsgesichter wurden vom Autor anderweitig schon im Detail behandelt.[33] Hier werden sie nur als Ergänzung zu den biblischen Himmelsvisionen in stark geraffter Form aufgezeigt. Drei von Hildegards diesseitig orientierten Visionen sind hier jedoch von vorrangigem Interesse: jene Aspekte ihres Werks, die historische Aussagekraft haben und als erhellende Ergänzungen zum Buch Daniel und zur Johannesapokalypse sehr bedeutsam sind. Zwei Schlüsselbotschaften entstammen dem »Buch vom Wirken Gottes«, das Hildegards letztes Werk ihres großen Opus ist. Es besteht ähnlich wie ihr Hauptwerk »Wisse die Wege« aus Visionen und deren Erläuterung. Die dritte findet sich im »Buch der Lebensverdienste«. Der umfangreiche Abschnitt *Der Richter mit königlichem Namen*[34] eröffnet einen neuen Zugang zu einigen Aussagen bei Daniel und Johannes von Patmos. Der Abschnitt *Hildegards Wissenschaftskritik*[35] enthält eine erstaunlich weitsichtige Kritik der neuzeitlichen Naturwissenschaft. *Die vier Weltzeitalter* bieten die entscheidende Erklärung der ansonsten schwer verständlichen apokalyptischen Pferde in der Offenbarung des Johannes.[36]

---

33 Böhm-Mäder (2016).

34 Siehe Kapitel *Die große Trübsal* ab S. 149.

35 Siehe Kapitel *Die große Trübsal* ab S. 162.

36 Siehe Abschnitt *Die apokalyptischen Pferde und die vier Weltzeitalter* im Kapitel *Johannesapokalypse – Königin der Prophezeiungen* S. 258.

Entstehung der Schöpfung und Jenseitsvisionen

Die folgende Betrachtung einiger biblischer Prophezeiungen, bestätigt und ergänzt durch Hildegards Visionen, bringt uns Ursprung, Sinn und Ziel der Schöpfung näher und dient mitunter auch als Vorbereitung der Botschaften über die Erlösung der Menschheit, die Zeit der Trübsal und die Endzeit. Nur vor diesem jenseitigen, umfassenden Hintergrund lassen sich die Zukunftsvisionen der Propheten glaubhaft einordnen.

Vorab betrachten wir biblische Indizien für eine Schöpfung, die der materiellen Welt vorausging. Sie sind weit verstreut über die Bücher Mose, Psalter, Sprüche und die Propheten. In der Heiligen Schrift finden wir zwar verschiedene Hinweise, doch sie bleiben lückenhafte Indizien. Deswegen wohl sandte Gott im Mittelalter zur Klärung Hildegard von Bingen als seine Verkünderin. Ihre Visionen bestätigen die biblischen Prophetenworte und ergänzen sie.

Nach den Hinweisen auf eine jenseitige Schöpfungsform widmen wir uns dem großen Fall der Engel, den auch Jesus beiläufig erwähnt.[1] Hier bieten Propheten und Psalter viel klarere Aussagen, die aber meist in den Mythos verdrängt und nicht im wahren Sinn des Wortes gelesen werden. Zum Schluß des Kapitels betrachten wir die biblischen Himmelsvisionen, die bisweilen nur schwer von Visionen des tausendjährigen Reichs nach der großen Trübsal zu unterscheiden sind.

Urschöpfung und Himmelreich im Alten Testament

Der biblische Schöpfungsbericht der Genesis wird aus heutiger, aufgeklärter Sicht meist nicht als ernst zu nehmende Botschaft Gottes aufgefaßt. Vielleicht liegt dies daran, daß er im Lauf der Jahrhunderte durch den »Lügengriffel der

---

[1] Lk 10,18: »Ich sah den Satan wie einen Blitz aus dem Himmel herabgestürzt.«

Abschreiber«[2] aufgrund von Mißverständnissen verfremdet wurde, so daß er nur noch als mythische Überlieferung eingeordnet werden kann.

Der erste Schöpfungsbericht scheint recht gut zur irdischen Evolution zu passen. Dennoch führt diese Betrachtungsweise zu gravierenden Unstimmigkeiten. Gott weist am Ende dem Menschen die samentragenden Pflanzen und Bäume zur Nahrung an, allen Tieren aber nur grünes Kraut. Dem naturverbundenen Nomadenvolk Israel mußte doch aufgefallen sein, daß dies weit jenseits der irdischen Realität liegt, wo ein Tier das andere frißt und der Mensch schon seit Kain und Abel auch Viehzüchter ist und sich völlig selbstverständlich unter anderem von Fleisch ernährt, sogar nach göttlichem Gebot. Nähmen wir den ersten Schöpfungsbericht wirklich ernst, so müßten wir einräumen, daß er womöglich nicht die irdische Schöpfung beschreibt.

Der aufmerksame Leser findet in der Bibel weitere vereinzelte, verstreute, ganz beiläufige Hinweise auf ein übergeordnetes, abgestuftes Himmelreich und auf eine jenseits der Materie liegende Urschöpfung. Im Deuteronomium steht zum Beispiel eine Andeutung, daß Himmel nicht einfach Himmel ist, sondern daß es deren verschiedene gibt:

> *5Mose 10,14: Bedenke wohl: Dem HERRN, deinem Gott, gehört der Himmel und zwar der innerste Himmel (oder: bis zum obersten Himmel hin), die Erde und alles, was auf ihr ist.*

> *Neh 9,6: Du bist es, der das ist, HERR, du allein! Du bist es, der den Himmel und den obersten (oder: innersten) Himmel samt ihrem ganzen Heer geschaffen hat, …*

Es gibt also nicht nur einen Himmel. Da gibt es obere und untere beziehungsweise äußere und innere Sphären. Bei Paulus erfahren wir, es seien mindestens deren drei.[3]

Noch schwieriger zu fassen ist der Befund bezüglich einer Urschöpfung, die der materiellen Schöpfung vorausging. Ein vager Hinweis findet sich im Psalter:

> *Ps 68,33f: Ihr Königreiche der Erde, singet Gott, lobsinget dem Allherrn, **34**ihm, der einherfährt im höchsten (oder innersten) Himmel der Urzeit! Horch! Er läßt seine Stimme erschallen, den rollenden Donner!*

---

[2] Jer 8,8: »… zur Lüge hat es [das göttl. Gesetz] der Lügengriffel der Abschreiber verdreht.«

[3] 2Kor 12,2: »Ich weiß von einem Menschen[, der] … bis zum dritten Himmel entrückt wurde.«

Wiederum sehen wir einen strukturierten Himmel, doch darüber hinaus einen »höchsten Himmel der Urzeit«. Sollen denn die »Väter der Urzeit«[4] einen anderen Himmel gehabt haben als David und seine Zeitgenossen? Wohl kaum. Es keimt der Verdacht, daß es im Himmel noch eine andere Urzeit gab, als jene des Volks Israel, und daß der »höchste« oder »innerste Himmel« vielleicht urzeitlicher ist, als die unteren oder äußeren und wohl auch urzeitlicher als die irdischen »Väter der Urzeit«. Das hieße, er ist älter als die irdische Schöpfung.

Eine Urzeit vor dem Anfang der Welt erwähnt auch Salomo in seinem Lob der Weisheit:

Spr 8,22f: »Der HERR hat mich geschaffen als das früheste seiner Werke der Urzeit. 23 Von Ewigkeit her bin ich gebildet, von Anbeginn an, vor den Uranfängen der Erde (oder: Welt).

Die frühesten Werke der Urzeit liegen demnach vor den Uranfängen der materiellen Schöpfung. Weitere Indizien bieten uns die Propheten. Ein Beispiel findet sich in Ezechiels Klagelied über den König von Tyrus, das weiter unten noch genauer diskutiert wird:

Ez 28,13f: In Eden, dem Garten Gottes, befandest du dich … am Tage deiner Erschaffung … 14 Du warst ein gesalbter schirmender Cherub … auf dem heiligen Götterberge …

Anfangs des Kapitels[5] wird der Fürst ausdrücklich als Mensch bezeichnet, auf Erden ein Sterblicher wie wir alle. Am Tage seiner Erschaffung jedoch war er ein gesalbter Cherub, ein hohes, sehr mächtiges Engelwesen im Garten Gottes auf dem heiligen Götterberg. Sollte der gottlose irdische König von Tyrus grundsätzlich anders geschaffen worden sein als alle anderen Menschen?

In der Heiligen Schrift findet man zudem verschiedentlich Schilderungen von Himmelsszenen der Beratung von Gott mit seinen Engeln. Als die Könige Ahab von Israel und Josaphat von Juda gemeinsam gegen Ramoth ziehen wollen, prophezeien vierhundert Heidenpriester Israels dem Unternehmen Glück. Da wird noch Micha von Juda gerufen, der Prophet des Herrn. Im Zuge seiner Prophezeiung gegen Ahab beschreibt er eine Himmelszene der Beratung Gottes mit seinen Engelsheeren:

---

[4] Die »Väter der Urzeit« (Noah, Abraham, Isaak und Jakob) sind im Buch Tobit erwähnt (4,12). Eine Urzeit finden wir bei verschiedenen Propheten (z.B. Jes 24,5; 44,7; 46,9; Mi 5,1; Hab 3,6) oder anderweitig im Psalter (25,6), doch könnte auch dort durchaus die Vorzeit des Volks Israel gemeint sein.

[5] Ez 28,2: »… Weil dein Sinn hoch hinaus wollte … während du doch nur ein Mensch bist …«

> *1Kön 22,19–22 (2Chr 18,18–21): Ich habe den HERRN auf seinem Throne sitzen sehen, während das ganze himmlische Heer zur Rechten und zur Linken neben ihm stand. 20Und der HERR fragte: »Wer will Ahab betören, daß er zu Felde ziehe und bei Ramoth in Gilead falle?« Da erwiderte der eine dies, der andere das, 21bis endlich ein Geist vortrat und sich vor den HERRN stellte und sagte: »Ich will ihn betören.« Der HERR fragte ihn: »Auf welche Weise?« 22Da antwortete er: »Ich will hingehen und zum Lügengeist im Munde aller seiner Propheten werden.« Da sagte der HERR: »Du sollst ihn betören, und es wird dir auch gelingen: gehe hin und mache es so.«*

Müßig zu betonen, daß Micha fürs erste ins Gefängnis geworfen wurde und Ahab in jener Schlacht fiel. Interessant in unserem Zusammenhang ist vor allem die Schilderung der Beratung, wie sie in der Heiligen Schrift anderweitig ähnlich geschildert wird, zum Beispiel am Beginn des Buchs Hiob:

> *Hiob 1,6f: Nun begab es sich eines Tages, daß die Gottessöhne kamen, um sich vor Gott, den HERRN zu stellen; und unter ihnen erschien auch der Satan. 7Da fragte der HERR den Satan: »Woher kommst du?« Der Satan gab dem HERRN zur Antwort: »Ich bin auf der Erde umhergestreift und habe eine Wanderung auf ihr vorgenommen.« …*

Die Unterhaltung zwischen Gott und Satan verläuft bis zu Vers 12 und führt schließlich dazu, daß Hiob zur Probe von Satan aufs Äußerste bedrängt wird. Auch Sacharja beschreibt eine himmlische Beratungsszene, in der Satan als der große Ankläger auftritt:

> *Sach 3,1f: Hierauf ließ der HERR mich den Hohenpriester Josua schauen, wie er vor dem Engel des HERRN stand, während der Satan sich zu seiner Rechten stellte, um ihn anzuklagen. 2Da sagte der Engel des HERRN zum Satan: »Der HERR wolle dich schelten, Satan! Ja, der HERR, der sich Jerusalem erwählt hat, möge dir Schweigen gebieten! Ist dieser nicht ein aus dem Feuer gerettetes Brandscheit?«*

Eine weitere himmlische Gerichtsszene finden wir in der Johannesapokalypse, die unten im Detail betrachtet wird.[6] Zum einen zeigen all diese Stellen, daß der Himmel nach der biblischen Schilderung eine für menschliche Augen unsichtbare aber reich belebte Welt mit göttlichem Gericht und Heerscharen von Engeln ist. Gott berät sich mit seinen hohen Engeln, unter denen auch Satan, der große Widersacher auftritt.

---

[6] Siehe Abschnitte *Der himmlische Thronsaal* S. 252 und *Die versiegelte Buchrolle* S. 255.

Die aus dem ersten Buch der Könige zitierte Vision Michas sagt uns darüber hinaus etwas Wichtiges über Prophetie: Jenseitige Geistwesen sind es, die durch auserwählte Menschen sprechen – seien sie nach Gottes Willen entsandt oder nicht. Meist ist es auch nicht Gott selbst, der das »Wort des HERRN« durch den Mund von Propheten spricht, sondern seine Boten in seinem Auftrag. An vielen Stellen im Alten Testament wird vom »Engel des Herrn« berichtet, der als Abgesandter Gottes vor Menschen erscheint[7] oder von Scharen von Engeln, die das Volk Israel schützen oder richten[8]. Auch bei Mose erscheint im Dornbusch vorab »der Engel des Herrn«, und der »Engel Gottes« begleitet das Volk Israel in der Wolkensäule, nicht Gott selbst, wie einige Bibelstellen belegen.[9]

Diese Schlaglichter aus dem Gesetz, den poetischen Büchern und den Propheten könnte man wohl auch anders interpretieren, zum Beispiel, indem man sie nicht als Botschaft Gottes auffaßt, sondern als menschlicher Mythos. Bei gewissen Visionen Hildegards von Bingen ist das nicht mehr so einfach. Hier scheiden sich die Geister. Die einen verwerfen die Visionen als abgründige Phantasie, ohne sie eingehend zu würdigen und die Spreu vom Weizen zu trennen. Andere verehren sie als mystische Eingebungen und lassen sie stehen, ohne sie wirklich zu ergründen. Wir wollen im folgenden aufzeigen, daß Hildegard die biblischen Indizien in sehr aufschlußreichen Visionen bestätigt und ergänzt.

Schöpfung im Geist bei Hildegard

Hildegards bekanntestes Werk *Liber Scivias* bietet im ersten Viertel Bilder der Schöpfung im Geist, die starke Bezüge zu biblischen Quellen aufweisen. Nach der dezidierten Meinung des Autors dieser Zeilen wurden sie in all den Jahrhunderten seit ihrem Wirken nie im eigentlichen Sinn der Botschaft aufgefaßt. Dies muß nicht sehr erstaunen, da selbst die Prophetin von ihren eigenen Visionen überfordert war und sie kaum einordnen konnte. Nicht umsonst bezeichnet sie sich selbst als ungebildet und als »Posaune Gottes«.

---

7 Zum Beispiel vor der verzweifelten Hagar (1Mose 16,7–11; 21,17f), bei Abraham und Isaak (1Mose 22,11–18), in der Geschichte von Bileam und seinem Esel (4Mose 22,22–35), bei den Richtern vor dem ganzen Volk Israel (Ri 2,1–4), vor Gideon (Ri 6,11f, 6,20–23), vor Simsons Eltern (Ri 13,3–21), beim Strafgericht wegen der Volkszählung Davids (2Sam 24,16f), vor Elia (1Kön 19,5–7; 2Kön 1,3.15), bei der Verheerung im Lager der Assyrer (2Kön 19,35; 2Chr 32,21; Jes 37,36) und in Daniels Visionen des Widders und der 70 Jahrwochen (Dan 8,13; 9,21–23).

8 Zum Beispiel nach Jakobs Abschied v. Laban (1Mose 32,1f) oder Ps 34,8; 35,5f; 78,49; 103,20f.

9 Mose am Dornbusch: 2Mose 3,2; Wolkensäule: 2Mose 14,19; 23,20.23; 32,34 (Menge schreibt hier »nur der Engel«, doch das »nur« ist vom Übersetzer hinzugefügt); 4Mose 20,16.

Hildegards Visionen sind bildhaft und symbolgeladen, denn Himmlisches ist für den irdisch beschränkten Menschengeist kaum zu erhaschen. Ihre Bilder sind jedoch sprechend genug, daß wir einen Eindruck der Vorgänge gewinnen können, soweit uns dies zu irdischen Lebzeiten überhaupt möglich ist. Die Leserin, der Leser möge die beiden im folgenden kurz beschriebenen überirdischen Visionen vorerst einfach nehmen wie sie sind und sich nicht daran aufreiben. Einleuchtend und aufschlußreich werden sie erst im Chor mit allen anderen Prophezeiungen. Diese Gesichte einer jenseitigen Schöpfung wurden andernorts schon ausführlich erläutert.[10] Hier soll ein zusammenfassender, die biblischen Überlieferungen ergänzender Auszug genügen.

Der zweite Teil ihres größten Visionswerks beginnt in der ersten Schau mit einer Szenerie, die Anklänge an den Beginn des Johannesevangeliums hat und von der irdischen, materiellen Welt völlig losgelöst ist:

> *Scivias Vis. II.1a: Und ich … sah … ein helleuchtendes Feuer, das unbegreiflich, unauslöschlich, ganz lebendig und als Ganzes das Leben war. Es trug in sich eine himmelblaue Flamme, die in sanftem Wehen glühend brannte, die so untrennbar in diesem leuchtenden Feuer war, wie es die Eingeweide im Menschen sind. Und ich sah, wie dieselbe Flamme aufblitzte und weißglühend wurde. Und siehe, da entstand plötzlich ein dunkles, rundes Gebilde aus Luft von gewaltiger Größe, dem diese Flamme mehrmals entgegenschlug und so oft einen Funken aus ihm zog, bis dieses Gebilde vollendet war; und so strahlten Himmel und Erde in vollständiger Gestaltung. Dann streckte sich diese Flamme, die inmitten des Feuers und der Glut brannte, auch zu einem kleinen Lehmklumpen hin, der auf dem Grund dieses Gebildes aus Luft lag, und erwärmte ihn, sodaß daraus Fleisch und Blut wurden, und sie hauchte ihn an, sodaß er als lebendiger Mensch aufgerichtet wurde. …*

Das helleuchtende, unbegreifliche, lebendige Feuer ist der ewige, allmächtige Schöpfer. In sich trägt er eine himmelblaue, sanft wehende Flamme, die Geistkraft, den Urquell allen Lebens. Wenn man Christus nicht als Gott selbst, sondern als sein erstes Geschöpf anerkennt[11], ist er nicht ewig, sondern wurde viel eher geschaffen im Aufblitzen der blauen Flamme. Durch die nun in Reinheit weißglühende, in loderndem Schöpfungswillen erhitzte Flamme – den Sohn in Verbindung zum Vater – entstand ein großes Gebilde, das dunkel war – die noch unbelebte Urschöpfung im Geist, mit den Worten der Genesis noch »wüst

---

[10] Siehe das Werk *Die Früchte der Mystik* des Verfassers (Böhm-Mäder, 2016 S. 29ff).

[11] Vgl. die nachfolgende Analyse zu Kol 1,15f. Aussagen in der Johannesapokalypse stehen der Homousie (Nicänisches Bekenntnis von 325: »… wahrer Gott aus wahrem Gott, gezeugt, nicht geschaffen …«) klar entgegen: Offb 22,9.13; s. Abschnitt *Das neue Jerusalem* S. 323.

und leer« (1,2). Diesem Gebilde schlug die Flamme immer wieder entgegen und entzog ihm jeweils einen lebendigen Funken, ein aus dem Vater durch Christus geschaffenes Geschöpf. Dies geschah solange, bis »diese Geschöpfe in ihrer Vollkommenheit erstrahlten«[12]. In dieser Vollendung ist auch der Mensch erschaffen und aufgerichtet.

Daß hier von »Himmel und Erde« die Rede ist, kann wohl nicht heißen, die irdisch-materielle Schöpfung wäre schon errichtet, denn bei aller Schönheit ist hier doch ein Fressen und Gefressenwerden von alters her. Diese Erde erstrahlt ganz und gar nicht in solch vollkommener Harmonie. Damit ist auch der aus dem »kleinen Lehmklumpen« aufgerichtete Mensch kaum der irdische. Vor allem aufgrund des weiteren Verlaufs der Vision, die den großen Abfall beschreibt,[13] liegt es nahe, dieses »Fleisch und Blut« als geistige Beschaffenheit in den Himmelssphären zu betrachten. Die Beschreibung als Lehmklumpen nimmt Bezug zur Genesis und bringt zum Ausdruck, daß der Mensch ein vergleichsweise geringes unter allen vernunftbegabten Geschöpfen ist.[14] Daß diese erste Schöpfung nicht die irdische ist, kommt besonders gut zum Ausdruck in Hildegards Buch vom Wirken Gottes, wo sie die Erschaffung des Menschen im Garten Eden beschreibt.[15]

Die bekannteste Bibelstelle, die diese Sachverhalte vage bestätigt, ist der Beginn des Johannesevangeliums, allerdings in sehr verklausulierter, hochabstrakter Form (1,1–3). Ganz offen und ohne Umschweife belegt ist dies hingegen im Kolosserbrief:

> *Kol 1,15–17: Er ist ja das Ebenbild des unsichtbaren Gottes, der Erstgeborene aller Schöpfung;* **16***denn durch ihn als Ausführender*[16] *ist alles geschaffen worden, was im Himmel und auf der Erde ist, das Sichtbare wie das Unsichtbare, mögen es Throne*

[12] Scivias II.1,6.

[13] Siehe Abschnitt *Versuchung und Abfall bei Hildegard* S. 50.

[14] Für Details bzgl. dieses Lehmklumpens s. Böhm-Mäder (2016), S. 42.

[15] Siehe Abschnitt *Der Garten Eden nach Hildegard* S. 61.

[16] Nicht *in ihm,* wie als erste Übersetzungsvariante Menges oder auch z.B. bei Luther. Ἐν muß hier auf αὐτῷ als instrumentaler Dativ bezogen werden: Ἐν αὐτῷ ἐκτίσθη τὰ πάντα – Mittels seiner bzw. mit Hilfe von ihm wurde alles geschaffen. Analog bedeutet z.B. »ἔργον ἐν κύβοις Ἄρης κρινεῖ« nicht »Ares entscheidet den Kampf in den Würfeln«, sondern »mittels Würfeln«. Auch die Übersetzung »*durch* ihn« ist ohne Präzisierung irreführend, da sie Christus eher als Urheber denn als Mittler suggeriert. Christus bezeichnet sich selbst nie als Schöpfergott, sondern vielmehr als Bruder der Gläubigen (Mt 12,50) und Mitknecht der Propheten (Offb 22,9.13; vgl. Abschnitt *Das neue Jerusalem* S. 323). Der biblischen Zeugnisse sind viele, z.B. Mt 12,18; Apg 3,13; 3,26; 4,27; vgl. auch Joh 15,15.

oder Herrschaften, Mächte oder Gewalten sein: alles ist durch ihn und für ihn geschaffen worden, 17und er steht über allem, und alles hat in ihm seinen Bestand.

Christus ist der Erstgeborene (πρωτότοκος) aller Schöpfung[17], und alles was im Himmel und auf Erden ist, ist ausgeführt durch ihn als Werkzeug des Vaters. Wenn wir diese Worte Pauli nicht verwerfen wollen, so müssen wir einräumen, daß Christus der erste, als einziger direkt aus Gott geschaffene Sohn ist, erstes Geschöpf und Mitschöpfer im Auftrag und in der Kraft des Allmächtigen, jedoch nicht der Schöpfergott selbst.

Im ersten Teil des Liber Scivias beginnt Hildegards Werk mit einer Vision der bereits gewordenen Schöpfung, wiederum jenseits der irdischen, materiellen Welt. Auch wenn es am Beginn ihres Werks steht – in der zeitlichen Abfolge der Ereignisse muß es nach der obigen Vision des zweiten Teils liegen:

Scivias Vis. I.1: Ich sah gleichsam einen großen, eisenfarbenen Berg und auf ihm Einen von solcher Herrlichkeit sitzen, daß sein Glanz meine Augen blendete. Von seinen beiden Seiten erhob sich ein sanfter Schatten wie Flügel von erstaunlicher Breite und Länge. Und vor ihm am Fuß dieses Berges stand ein Wesen, über und über mit Augen bedeckt. Wegen dieser Augen konnte ich an ihm keine menschliche Gestalt erkennen, und vor ihm eine andere Gestalt im Kindesalter mit mattfarbenem Gewand, doch mit weißen Schuhen. Auf ihr Haupt fiel von dem, der auf dem Berg saß, ein so heller Glanz, daß ich ihr Antlitz nicht anzuschauen vermochte. Doch von dem, der auf dem Berg saß, gingen viele lebendige Funken aus, die diese beiden Gestalten mit großer Anmut umflogen. In dem Berg selbst aber waren viele kleine Fenster zu sehen, in denen teils bleiche, teils weiße Köpfe von Menschen erschienen.

In dieser Vision kann man die ursprüngliche, vollendete Schöpfung im reinen Geist erkennen. Der eisenfarbenen Berg ist der Götterberg, den Ezechiel im Klagelied über den König von Tyrus erwähnt, wie im vorangehenden Abschnitt aufgezeigt. Die mit Augen bedeckte Gestalt, die Hildegard als »Furcht des Herrn« bezeichnet, scheint nach heutigem Sprachverständnis treffender aufgefaßt als »Achtsamkeit vor dem Herrn«, denn »Furcht« hat mithin auch die Bedeutung von Ehrfurcht und Respekt. Für den wahrhaft Gläubigen ist da keine Furcht, sondern nur Vertrauen und dankbare Hingabe. Furcht im ängstlichen Sinn kennt nur das Böse – und der Zweifel:[18] »In der Welt habt ihr Angst.« Hier ist die Schöpfung aber noch gar nicht in die Welt gefallen.

---

[17] Nicht »*vor* aller Schöpfung«, wie z.B. bei Luther.

[18] Joh 16,33: »In der Welt habt ihr Angst; doch seid getrost: Ich habe die Welt überwunden!«

In der Kindesgestalt kommen die geschaffenen Menschenwesen in den Anfängen der Schöpfung zum Ausdruck, die in ihrem Zusammenspiel einen Leib bilden.[19] Das mattfarbene Gewand deutet auf die noch unvollendete Demut und Einfachheit der Seelen hin, die weißen Schuhe auf die unverdorbene Reinheit und Unschuld. Die Kindsgestalt steht noch ohne eigenen Glanz im blendenden Widerschein der Vollkommenheit Gottes, ihres Vaters und Herrn. Die vom Herrn ausgehenden, lebendigen Funken kann man als die Menschenseelen auffassen, als die frisch geschaffenen Geistfunken, die in ihrem Zusammenspiel die Achtsamkeit vor dem Herrn und die Kindsgestalt bilden.

Die Menschenköpfe in den Öffnungen im Berg zeigen gewisse Unterschiede: Die weißen Köpfe stehen ganz in der Reinheit und Hingabe an Gottes Reich, während die bleichen Köpfe die Schwäche der Unentschlossenheit zeigen.

Die himmlische Herrlichkeit bei Ezechiel

Einen Eindruck der himmlischen Vollkommenheit vermittelt uns Ezechiel. Er beginnt mit einer Vision des himmlischen Thronwagens, die in leicht abgewandelter Form im zehnten Kapitel noch einmal aufgefrischt wird. Sie weist Ähnlichkeiten mit jener des Himmelssaals im Buch der Offenbarung auf. Statt den ganzen, sich mehrfach wiederholenden Text des ersten und zehnten Kapitels zu zitieren, fassen wir die wichtigsten Attribute zusammen:

Ezechiel sieht im Kreis angeordnet vier Cherubim als lebende Wesen in Menschengestalt mit je vier Flügeln und vier Gesichtern, nämlich vorn das eines Menschen, rechts eines Löwen, links eines Stiers und hinten beziehungsweise innen das eines Adlers. Je ein Flügelpaar dieser Cherubim ist nach oben ausgespannt, so daß sie sich gegenseitig berühren, das andere bedeckt die jeweilige Gestalt. Unter den Flügeln befinden sich Menschenhände. Die Beine stehen gerade, doch die Fußsohlen gleichen denen eines Kalbes und glänzen wie Kupfer. Neben jeder Gestalt findet sich ein grün schimmerndes Rad, wobei die Räder ineinander zu stehen scheinen. Die Räder wie auch die Gestalten sind ringsum voller Augen. Mitten zwischen den Wesen ist eine Art bewegte, brennende Kohle, aus der Blitze hervorgehen. Über den Häuptern der Cherubim spannt sich ein Himmelsgewölbe wie Bergkristall (1,22) oder Saphir (10,1), und darüber steht etwas Thronartiges aus tiefblauem Saphir, mit einer Gestalt darauf, die wie ein Mann aussieht. Der Thronwagen geht ohne Abweichung geradeaus, immer in die Richtung, in die der Geist ihn gerade befiehlt. Über dem Gewölbe

[19] Vgl. Röm 12,5: »So bilden auch wir trotz unserer Vielheit einen einzigen Leib in Christus.«

dröhnt die furchterregende Stimme Gottes wie ein mächtiges Rauschen oder wie Kriegsgerassel.

Cherubim sind hohe Engelswesen des Himmels. Daß es hier deren vier sind, hat symbolische Bedeutung: Vier ist die biblische Zahl der Schöpfung und der Ordnung sowie der zyklischen Vollendung.[20] Diese Vier wiederholt sich mehrfach, unter anderem in der Zahl der Flügel. Die Flügel sind nicht Mittel der himmlischen Fortbewegung, sondern stehen zum Beispiel bei Hildegard für die »Sehnsucht, die aus der Tiefe der Erkenntnis aufsteigt«[21]. Sie sind aber wohl auch ein Zeichen des Schützens und Bewahrens, denn Ezechiel nennt den König von Tyrus als Himmelswesen einen »schirmenden Cherub«[22]. Daß die Flügel mit Händen übersät sind, weist auf Handlungsbereitschaft hin, und die unzähligen Augen stehen für große Achtsamkeit, wie im Rahmen von Hildegards Schöpfungsvision im vorangehenden Abschnitt aufgezeigt wurde.

Jedes der Wesen hat wiederum vier Gesichter, die in der neutestamentlichen Tradition als die vier Evangelisten aufgefaßt werden, doch ihre Bedeutung geht tiefer, beziehungsweise zielt höher. Schon ihre Ausrichtung ist nicht zufällig. Das Menschengesicht steht für die bewußte Beziehungsfähigkeit und Liebe und weist im Sinn der Zuwendung nach vorne. Das Löwengesicht ist nach rechts gewendet, zur Seite der Macht. Der Löwe gilt als König der Steppe und als mächtigster Jäger der Savanne und ist ein Symbol starken Willens. Das Stiergesicht weist nach links, auf die gefühlsbetonte, intuitive Seite. Der Stier steht als tonnenschweres, kraftstrotzendes Muskelpaket für schwer zu bändigende Stärke. Das Adlergesicht trägt das tierische Zeichen von Scharfblick und Weitsicht und ist nach innen gerichtet, nach der Seite des Geistes.

Die Fußsohlen weisen auf das Symbol des Kalbes, das in der Traumsymbolik in spiritueller Deutung für unschuldige Liebe steht. Ihr kupferner Glanz wird im biblischen Zusammenhang mit Gerechtigkeit und gerechtem Richten verbunden.[23] Die vier mächtigen Räder haben mehrfache Aussagekraft: Grün

---

20 Nach den kabbalistischen Studien des jüdisch-chassidischen Schriftstellers Friedrich Weinreb (1994 S. 31ff und 143).

21 Scivias I.6,2.

22 Ez 28,14.16; s. Abschnitt *Ezechiels Klagelied über den König von Tyrus* S. 47; vgl. ihre oben erwähnte Flügelstellung.

23 Vgl. die Erscheinung Christi in Offb 1,15 und 2,18, mit »Füßen wie Golderz« nach den meisten deutschen Übersetzungen. Der dort verwendete Begriff χαλκὸς (χαλκολιβάνῳ) heißt Kupfer oder Bronze, genau wie נְחֹשֶׁת bei Ezechiel. Kupfer und Bronze wurden im Altertum nur unzulänglich unterschieden (Pauly-Wissowa, 1893-1980 S. 2194). Neben Gold und Silber wurde im israelitischen Opferdienst auch Kupfer als äußerst hochwertig geachtet. Das

ist die Farbe der Hoffnung, wie auch von Natürlichkeit und Wachstum. Das Rad steht nicht nur für Beweglichkeit, sondern als in sich geschlossener Kreis für Ewigkeit und Vollkommenheit. Daß die Räder ineinander zu stehen scheinen, deutet darauf hin, daß alle Beweglichkeit und alles Werden in der himmlischen Vollkommenheit im Einklang erfolgen, in ein und demselben Geist.

Auf dem kristallenen Gewölbe über den Häuptern steht etwas wie ein Thron aus Saphir. Der Saphir ist einer der härtesten Edelsteine und zeugt damit von Beständigkeit. Sein Blau ist die Farbe des Geistes. Die bewegte, blitzende Glut im Innern ist die unversiegliche Quelle der Liebeskraft Gottes, die alles Geschaffene von innen bildet und nährt.

Die Vision soll gemäß allen gängigen Übersetzungen von Ezechiel selbst als »Erscheinung der Herrlichkeit Gottes« verstanden worden sein. Es steht aber geschrieben, daß selbst Mose die Herrlichkeit des Herrn nicht direkt sehen durfte, da kein Mensch leben wird, der Gott sieht.[24] Wenn wir dem Exodus Glauben schenken, kann Ezechiel nicht die Herrlichkeit Jahwes vor Augen gehabt haben, sondern nur »die Erscheinung von *so etwas wie* die Herrlichkeit Jahwes«, wie der abschließende Vers des ersten Kapitels genaugenommen heißt.[25] Allein schon die schöpfungsbezogene Vierersymbolik aller Elemente der Vision zeigt: Der Thronwagen bezieht sich nicht auf die himmlische Vollkommenheit des Schöpfers, sondern des Geschaffenen. Dieser streben alle Geschöpfe wie auch das Reich Gottes als Ganzes entgegen. Die Erscheinung des Thronwagens zeigt die Vollendung, die der Allherr in all seinen Geschöpfen im Keim angelegt hat. Deren vollkommenstes und Gott ebenbildlichstes Abbild ist Christus. Wenn die Vision tatsächlich »die Erscheinung des HERRN« darstellt, dann ist es das höchste Geschöpf, der Gesalbte des Allmächtigen.

Jede und jeder von uns soll diesem vollkommenen Ideal entgegenstreben:[26] »Folge mir nach!« Unbändige Kraft balanciert von eisernem Willen, ganz und gar in menschlicher Liebe zugewandt auf das Mitgeschöpf und die ganze

---

Buch Esra berichtet von »feinem Kupfer (נְחֹשֶׁת) kostbar wie Gold« (8,27), was hier in deutschen Übersetzungen wiederum meist irreführend mit »Golderz« übertragen wird, im Widerspruch zu 2Mose 25,3, wo z.B. Menge denselben Begriff נְחֹשֶׁת mit »Kupfer« übersetzt. In der Stiftshütte waren alle metallischen Gerätschaften aus reinem Gold, Silber und v.a. Kupfer (2Mose Kap. 25–27). Aus Kupfer bestanden insbesondere alle metallischen Bestandteile des Altars mit allem Zubehör und allen Gerätschaften für den Brandopferdienst sowie insbes. die *Füße* oder Fußgestelle für die Ständer des Vorhangs zum Offenbarungszelt und des Umhangs um den Vorhof.

24 2Mose 33,20: »… kein Mensch, der mich schaut, bleibt am Leben.«

25 מַרְאֵה דְּמוּת כְּבוֹד: Die Erscheinung – von so etwas wie – die Herrlichkeit …

26 Mt 19,21 u.v.a.

Schöpfung, den scharfsinnigen und weitsichtigen Blick nach innen, auf das Geistige gerichtet. Dies alles steht in der schöpferischen Ordnung der Vier und ist gekrönt vom Willen Gottes, der über dem kristallenen Firmament thront und mit dem der eigene Wille ganz Eins ist. Das um den Leib gelegte Flügelpaar ist der Brustharnisch von Glauben und Liebe,[27] das nach oben ausgebreitete die Sehnsucht nach Vollendung »die aus der Tiefe der Erkenntnis aufsteigt«[28]. Liebe und Sehnsucht stehen ganz in hingebender Handlungsbereitschaft und die ganze Gestalt in großer Achtsamkeit. Das Streben in der himmlischen Herrlichkeit geht geradlinig und ohne Schwenker nach der Richtung, die der Geist des Vaters vorgibt. Die großen, alles bewegenden Räder schimmern von Hoffnung, Wachstum und Natürlichkeit. Ezechiel beschreibt, der Geist oder Lebensodem[29] der Wesen sei in den Rädern: Der individuelle Geist ist das Bewegende, das Agierende des lebendigen Bewußtseins. Dessen vier Antriebe: Liebe, Wille, Kraft und Scharfsinn stehen ineinander, in vollkommenem Einklang. Derweil schwelt in der Mitte die lohende Glut des alliebenden, göttlichen Lebensgeistes, der seine Blitze zum Austausch mit anderen Geschöpfen aussendet.

Der große Sturz von Engeln und Menschen

Den Sturz Satans und seines Gefolges, den Jesus bei Lukas beiläufig erwähnt, findet man im Neuen Testament ansonsten nur noch in der Johannesapokalypse angedeutet:[30] Hier fegt der rote Drache einen Drittel der Sterne vom Himmel. Der Drache wird ausdrücklich als Satan bezeichnet, doch die Sterne als die mit ihm gefallenen Engel und Seelen zu deuten, liegt schon im Bereich der Interpretation.

Zwei Himmelsvisionen im Alten Testament jedoch, die auf den ersten Blick nichts damit zu tun zu haben scheinen, beschreiben genau diesen Fall Satans und seines Gefolges: Jesajas »Spottlied über den König von Babylon« und Ezechiels »Klagelied über den König von Tyrus«. Sie bieten absolut zentrale Hinweise auf den Schöpfungsverlauf und die Ursünde. Danach betrachten wir einige Passagen des Psalters, die wohl sogar aufmerksamen Leserinnen und Lesern ohne Bewußtsein des großen Abfalls ziemlich rätselhaft bleiben müßten. Bevor wir schließlich die biblischen Befunde anhand der sehr aufschlußreichen

---

27 1Thess 5,8: »Wir aber … bleiben angetan mit dem Panzer des Glaubens und der Liebe …«

28 Hildegard von Bingen; s.o.

29 רוּחַ - Ruach.

30 Lk 10,18 (s. Fußnote 1 S. 33); Offb 12,3f.

Schilderungen Hildegards von Bingen bestätigen, betrachten wir noch eine Stelle bei Hosea, die in der traditionellen Exegese Fragen offenläßt.

Jesajas Spottlied über den König von Babylon

Das Spottlied über den König von Babylon finden wir im ursprünglichen Protojesaja aus dem achten vorchristlichen Jahrhundert:

> *Jes 14,4b–17: O wie ist still geworden der Zwingherr, zur Ruhe gekommen die Mißhandlung! [5]Zerbrochen hat der HERR den Stecken der Frevler, den Herrscherstab der Gewaltherren, [6]der da Völker im Grimm schlug mit Schlägen ohne Unterlaß, der im Zorn Völkerschaften niedertrat mit erbarmungsloser Knechtschaft. [7]Nun hat Ruhe, hat Rast die ganze Erdbevölkerung: Alles bricht in Jubel aus! [8]Sogar die Zypressen freuen sich über dich, die Zedern des Libanons: »Seitdem du dich schlafen gelegt hast, steigt niemand mehr herauf zu uns, um uns abzuhauen!«*
>
> *[9]Das Totenreich drunten gerät in Aufregung um deinetwillen, in Erwartung deiner Ankunft: es stört die Totengeister deinetwegen auf, alle, die vordem die Fürsten der Erde waren, und macht von ihren Thronsesseln aufstehen alle Könige der Völkerschaften. [10]Sie alle heben an und rufen dir zu: »Auch du bist ohnmächtig geworden wie wir, bist uns gleichgemacht worden! [11]Hinabgestürzt ins Totenreich ist dein Prunk, das Getön deiner Harfen! Maden bilden das Lager unter dir, und Würmer sind deine Decke!«*
>
> *[12]O wie bist du vom Himmel gefallen, du Glanzgestirn, Sohn der Morgenröte! Wie bist du zu Boden geschmettert, du Besieger der Völker, [13]der du dachtest in deinem Sinn: »In den Himmel will ich hinaufsteigen, hoch über den Sternen Gottes meinen Thron aufrichten, will auf dem Berge der Zusammenkunft (dem Götterberge) mich niederlassen im äußersten Norden! [14]Ich will über die Wolkenhöhen hinauffahren, will mich dem Höchsten gleich machen!« [15]Nun aber bist du ins Totenreich hinabgestürzt, in den hintersten Winkel der Grube! [16]Wer dich einst gesehen hat, betrachtet dich nun, schaut dich nachdenklich an: »Ist dies der Mann, der die Erde in Beben versetzte und Königreiche zittern machte? [17]Der den Erdkreis in eine Wüste verwandelte und die Städte darauf zerstörte? Der seine Gefangenen nicht in die Heimat entließ?«*

In den Versen 4–8 besingt Jesaja scheinbar nur die Entmachtung des Zwingherrn von Babylon, selbst wenn er merkwürdigerweise zwischen der Einzahl eines einzigen Herrschers in Vers 4 und 6 auf die Mehrzahl der Frevler und Gewalthaber in Vers 5 wechselt. Auch in den Versen 9–11 scheint immer noch lediglich der Sturz des Königs von Babylon von der Erde ins Totenreich besungen zu werden. Doch dann ändert mit einem Mal das Bild: Das vom Himmel gefallene

Glanzgestirn ist nicht der König von Babylon, sondern offensichtlich Satan, der Herrscher der Welt, wie ein aufmerksamer Betrachter unschwer feststellen kann: Dies offenbart sich daran, daß der Besungene sich »dem Höchsten gleich machen« wollte.

Wie so oft sind die Details der Formulierung wichtig und die Bilder von Äonen ineinander vermischt. Die Morgenröte ist Christus, der Erstgeschaffene. Der »Sohn der Morgenröte« ist der Zweite der Schöpfung, aus Gott durch Christus entstanden.[31] Gott ist für all seine Geschöpfe unerreichbar. Hätte Luzifer, das heißt der Lichtträger, das »Glanzgestirn« sich über den Allmächtigen erhöhen wollen, wäre er entweder ein Dummkopf gewesen oder der Allmächtige machtlos. Er wollte »über den Sternen Gottes seinen Thron aufrichten« und »sich dem Höchsten gleich machen«. Dieser Höchste ist Christus. Es gibt wohl kein unumstößliches Gesetz, das den Erstgeborenen Christus a priori zum Herrscher bestimmt, und so hätte Gott die Führung grundsätzlich auch einem anderen Himmelsgeist überlassen können. Satan wollte sich über den angestammten Gesalbten Gottes und dessen Himmelsregierung – die Sterne – erheben und selber herrschen.

Als die erste Entscheidung fiel, stürzte dieses Glanzgestirn vom Himmel, gemäß Jesus »wie ein Blitz«.[32] Damit war der lichte Sohn der Morgenröte zu Satan, zum großen Ankläger geworden, zum »Besieger der Völker, der seine Gefangenen nicht in die Heimat entließ«. Durch Christi Leidenssieg der Hingabe am Kreuz wurden sie dann wieder frei heimzukehren, so sie es wirklich aus innerstem Herzen wollen. Satan ist aber immer noch der Herrscher dieser Welt, bis auf den heutigen Tag, wie wir unschwer erkennen können. Niemand soll sagen, daß er um die zweite Jahrtausendwende schon im »hintersten Winkel der Grube« liege: Soll es denn Gott sein, der junge Frauen foltert und Kinder verhungern läßt? »Ins Totenreich hinabgestürzt« wird Satan nach der Johannesapokalypse bei der Wiederkunft Christi, am Tag der ersten Abrechnung. Erst danach werden die Totengeister, »die vordem Fürsten der Erde waren«, ihm zurufen er sei »zu Boden geschmettert«.

---

[31] Vgl. Kol 1,15–17, zitiert S. 39.

[32] Lk 10,18; s. Fußnote 1 S. 33.

Ezechiels Klagelied über den König von Tyrus

Ezechiels Klagelied über den König von Tyrus ist hinsichtlich Satans Sturz mit den ihm verbündeten Engelsfürsten ähnlich aufschlußreich wie Jesajas Spottlied. Auch wenn Luthers Übertragung im allgemeinen nicht mit philologischer Präzision glänzt, so zieht der Autor sie in einem wichtigen Detail den anderen vor:

Ez 28,12b–19 (Luther): … Du warst das Abbild der Vollkommenheit, voller Weisheit und über die Massen schön.
13*In Eden warst du, im Garten Gottes, geschmückt mit Edelsteinen jeder Art, mit Sarder, Topas, Diamant, Türkis, Onyx, Jaspis, Saphir, Malachit, Smaragd. Von Gold war die Arbeit deiner Ohrringe und des Perlenschmucks, den du trugst; am Tag, als du geschaffen wurdest, wurden sie bereitet.*
14*Du warst ein glänzender, schirmender Cherub, und auf den heiligen Berg hatte ich dich gesetzt; ein Gott warst du und wandeltest inmitten der feurigen Steine.*
15*Du warst ohne Tadel in deinem Tun von dem Tage an, als du geschaffen wurdest, bis an dir Missetat gefunden wurde.*
16*Durch deinen großen Handel wurdest du voll Frevels und hast dich versündigt. Da verstieß ich dich vom Berge Gottes und tilgte dich, du schirmender Cherub, hinweg aus der Mitte der feurigen Steine.*
17*Weil sich dein Herz erhob, daß du so schön warst, und du deine Weisheit verdorben hast in all deinem Glanz, darum habe ich dich zu Boden gestürzt und ein Schauspiel aus dir gemacht vor den Königen.*
18*Weil du mit deiner großen Missetat durch unrechten Handel dein Heiligtum entweiht hast, darum habe ich ein Feuer aus dir hervorbrechen lassen, das dich verzehrte und zu Asche gemacht hat auf der Erde vor aller Augen.*
19*Alle, die dich kannten unter den Völkern, haben sich über dich entsetzt, daß du so plötzlich untergegangen bist und nicht mehr aufkommen kannst.*

Das Ende des Klagelieds wird meist übersetzt: »Du bist dahin für immer«. Der hier verwendete hebräische Begriff עוֹלָם (owlam) wird sehr unterschiedlich übertragen, zum Beispiel oft mit »dauerhaft«, »fortwährend« oder »beständig«. Die Wendung »für immer« ist also theologische Interpretation und könnte statt dessen auch als »du bist dauerhaft dahin« gelesen werden. Luthers Variante läßt offen, daß der Gestürzte beständig liegenbleibt und nicht mehr aus eigener Kraft, sondern nur noch durch Gnade aufkommen kann.[33]

Auch wenn dieses Klagelied direkt nur den König von Tyrus anspricht, betrifft es die ganze Menschheit. Der König, auf Erden im Altertum ein Sterblicher

---

[33] Vgl. Ps 36,13: »Einst werden die Übeltäter gefallen sein, niedergestürzt und können nicht wieder aufstehn.«

wie wir alle, war einst als Cherub, als ein hohes Engelwesen erschaffen worden. Lange vor seiner irdischen Geburt war er ein »Abbild der Vollkommenheit im Garten Gottes« gewesen, ein Schirmherr, das heißt der Führer und Beschützer der ihm anvertrauten Lichtwesen. Dann wurde aber »Missetat an ihm gefunden«, da er mit dem Verführer einen »großen Handel« eingegangen war. Er hatte »sein Herz ob seiner Schönheit und Weisheit erhoben« und wurde in der Folge von Gott »zu Boden«, das heißt auf die Erde gestürzt. Weil er durch seinen »unrechten Handel sein Heiligtum entweiht« hatte, das heißt seiner Verantwortung nicht gerecht worden war, hatte Gott ein »verzehrendes Feuer« aus ihm hervorbrechen lassen, das seine himmlische Lichtgestalt zu irdischer »Asche« verbrannte. Er ging aus dem Himmel unter und kann sich seither nicht mehr aus eigener Kraft erheben.

Dies ist die ausführlichste Schilderung des Abfalls der Menschheit, die die Zensur der Jahrtausende überdauerte und nicht durch den »Lügengriffel der Abschreiber«[34] ausgemerzt oder verfremdet wurde. Daß sie uns erhalten blieb, kann eigentlich nur daran liegen, daß Gott sie in ihrer vollen Tragweite vor den religiösen Machthabern und ihren Schriftgelehrten zu verschleiern wußte, denn es widerspricht allen traditionellen theologischen Lehren. Einmal mehr ist jedes Detail von Bedeutung:

Es gibt keinen grundsätzlichen Unterschied zwischen Engeln und Menschen außer der ursprünglichen Todsünde des Abfalls, die uns alle aus dem Himmelreich stürzte. Satan war der erste Anstifter, da er vom Zweiten der Schöpfung zum Gesamtherrscher, vom Lichtträger zum Gesalbten werden wollte. Himmlische Anführer wie der spätere König von Tyrus, einst »Abbilder der Vollkommenheit und ohne Tadel in ihrem Tun«, huldigten einer falsch verstandenen Freiheit im Sinn von selbstsüchtigem Eigenwillen. Sie ließen sich zur Missetat des Machtstrebens verleiten und gingen auf den »großen Handel« mit Luzifer alias Satan ein.[35] Daß sie »ihr Herz erhoben« ließ ein Feuer aus ihnen selbst hervorbrechen: Macht macht süchtig. So stürzten sie vom heiligen Berg der Zusammenkunft und wurden zu »Asche« – zu totem Staub der Finsternis.[36] Aus diesem Untergang konnten sie mit all den andern nicht mehr aufkommen. Sie waren gehindert durch die große, unüberwindliche Kluft zwischen dem Reich Gottes und dem Reich der Finsternis.[37]

---

[34] Jer 8,8: »… zur Lüge hat es [das göttl. Gesetz] der Lügengriffel der Abschreiber verdreht.«

[35] Vgl. den Sturz des Drachen, Offb 12,7–9; s. Abschnitt *Die Frau und der Drache* S. 274.

[36] Vgl. Jes 9,17–19; 10,13–16.

[37] Lk 16,26: »Und zu alledem ist zwischen uns und euch eine große Kluft festgelegt, …«

Ein ähnlicher Befund gilt für den Sturz des Pharaos in Kapitel 31. Der ägyptische Herrscher wird symbolisch als große himmlische Zeder *im Garten Gottes* (V. 8) beschrieben, die aufgrund ihres Hochmutes gefällt wird. Die Zeichen sind hier aber noch bildhafter. Bedeutsam ist hier vor allem die abschließende Beschreibung des Falles, nach der die Helfer des Pharaos mit ihren Völkern gleichwohl zu den Menschen und in den geistigen Tod hinabstürzten.[38]

> *Ez 31,14b–17: … denn sie sind alle dem Tode geweiht und müssen in das unterirdische Land hinab, mitten unter die anderen Menschenkinder, zu denen hin, die in die Grube hinabgefahren sind. 15So hat Gott der HERR gesprochen: »An dem Tage, als sie [die Zeder] in das Totenreich hinabfuhr, ließ ich die unterirdische Flut sich in Trauer um sie hüllen und hielt ihre Strömung zurück, so daß die reichlichen Wasser gehemmt wurden; den Libanon hüllte ich ihretwegen in ein Trauergewand, und alle Bäume des Gefildes wurden ihretwegen mit Finsternis bedeckt. 16Durch das Gedröhn ihres Sturzes machte ich die Völker erzittern, als ich sie in das Totenreich hinabsinken ließ zu den in die Grube Hinabgefahrenen; da trösteten sich im unterirdischen Lande alle Bäume Edens, die erlesensten und schönsten auf dem Libanon, alle, die vom Wasser getränkt wurden. 17Auch sie mußten mit ihr in das Totenreich hinabfahren zu den vom Schwert Durchbohrten, die vordem als ihre Helfer in ihrem Schatten gewohnt hatten inmitten der Völker.«*

Die bildhafte Sprache und der angesprochene »Libanon« sollen nicht darüber hinwegtäuschen: »Die anderen Menschenkinder«, die »in die Grube hinabgefahren sind«, sind wir alle, die wir von Gottes Willen abfielen und aus dem lichten Himmelreich in die materielle Welt, die finstere Grube gefallen sind. Der Name Libanon heißt »der Weiße«. Der heilige Weiße Berg des Himmels hüllte sich in Trauer, wie auch die »unterirdische Flut«, die Geistkraft Gottes, die alles von innen nährt und bewahrt und nun durch ihre Trauer gehemmt wurde. Die Völker des Himmels erzitterten angesichts der Katastrophe, daß so viele Seelen geistig »vom Schwert durchbohrt« worden waren und von Finsternis bedeckt wurden, zusammen mit den »Bäumen des Gefildes«, ihren verantwortlichen Fürsten, in deren Schatten sie gelebt hatten.

Kapitel 32 bringt dann noch einmal denselben Befund, mit dem Pharao dargestellt als Krokodil. In Bezug auf den großen Abfall ist es weniger aufschlußreich, doch enthält es endzeitliche Motive, die weiter unten besprochen werden.[39]

---

[38] Vgl. Offb 12,4a, s. Abschnitt *Die Frau und der Drache* S. 274.

[39] Abschnitt *Ezechiel – »Finsternis über dem Land«* S. 189.

Aufstand der Könige im Psalter

Zwar kann David als Verfasser von Psalmen nicht nachgewiesen werden, gibt es doch Exegeten, die ihn sogar komplett als mythische Figur erachten. Dennoch wollen wir die ihm zugeschriebenen Hymnen so lesen, als wären sie von David geschrieben worden. In einigen Psalmen finden sich Verse, ja ganze Passagen, die wie rätselhafte, mythische Formeln erscheinen, und so werden sie notgedrungen meistens auch aufgefaßt. Das vermeintliche Rätsel bahnt sich schon im zweiten Psalm an:

> *Ps 2,2f: Die Könige der Erde rotten sich zusammen, und die Fürsten halten Rat miteinander gegen den HERRN und den von ihm Gesalbten: ³»Laßt uns zerreißen ihre Bande und von uns werfen ihre Fesseln!«*

Werden solche Verse nicht irdisch aufgefaßt, sondern im Bewußtsein des Falls in die Finsternis gelesen, wie er durch die Propheten offenbart wurde, so erhalten sie eine neue, einleuchtende Bedeutung. Die »Könige der Erde« können hier als Könige der Schöpfung gelesen werden, denn das hebräische אֶרֶץ (eres) wird mehrheitlich als »Land« übersetzt, bei Hiob auch als »Land der Finsternis«[40]. Die Könige der Schöpfung entschieden sich also, »die Bande zu zerreißen und rotteten sich zusammen«, um »gegen den Gesalbten Gottes Rat zu halten«. Die Fortsetzung der Szenerie folgt in Psalm 14:

> *Ps 14,2–5: Der HERR schaut hernieder vom Himmel aus nach den Menschensöhnen[41], um zu sehn, ob da sei ein Verständiger, einer der nach Gott fragt. ³Doch alle sind abgefallen, insgesamt entartet; da ist keiner der Gutes tut, auch nicht einer. … ⁵Damals [als Gott das Strafgericht vollzog] gerieten sie in Angst und Schrecken, denn Gott war mit dem gerechten Geschlecht.*

Die ganze Rotte der Aufrührer war »insgesamt entartet« zu hinterhältigen Verführern und Verleumdern.[42] So ereilte sie der Tag der Entscheidung, und »sie gerieten in Angst und Schrecken«. »Gott vollzog das Strafgericht«, durch das sie alle aus dem Himmel vertrieben wurden:

---

40 אֶרֶץ חֹשֶׁךְ – z.B. Hiob 10,21.

41 Menge übersetzt hier »Menschenkinder«, wie auch Franz Eugen Schlachter. Andere Übersetzer schreiben »Menschen«. בְּנֵי־ אָדָם (bene adam) heißt jedoch wörtlich »Menschensöhne« und kann auch als »Mensch gewordene Gottessöhne« aufgefaßt werden.

42 Vgl. Ps 58,2–5a: »Sprecht in Wahrheit ihr Recht, ihr Götter [wörtl.: Menschensöhne, oft übersetzt: Mächtige]? Richtet ihr die Menschen gerecht? ³Ach nein, im Herzen schmiedet ihr Frevel, im Lande wägen eure Hände Gewalttat dar. ⁴Abtrünnig sind die Gottlosen schon von Geburt an, schon vom Mutterleib an gehn die Lügenredner irre. ⁵Gift haben sie in sich wie Schlangengift.«

Ps 68,12–18: Der Allherr ließ Siegesruf erschallen … 15»Als Könige dort der Allmächtige zerstreute, da fand ein Schneegestöber statt auf dem Zalmon.« 16Du Gottesberg, Basansberg, du gipfelreicher Berg, Basansberg: – 17Warum blickt ihr neidisch, ihr gipfelreichen Berge, auf den Berg, den Gott zum Wohnsitz erkoren? Ja, ewig wird der HERR dort wohnen. 18Der Kriegswagen Gottes sind vieltausendmal tausend; der Allherr ist unter ihnen, ein Sinai an Heiligkeit.

Der Berg Zalmon, das heißt »Schwarzwald«, ist in Richter 9,48 erwähnt, doch über eine Schlacht daselbst ist nichts überliefert. Noch weniger klar ist der vielgipflige Basansberg.[43] Die Schwierigkeiten Schlacht und Berge irdisch zuzuweisen, wie auch der Bezug zu einem rätselhaften »Schneegestöber« legen nahe, diese Gipfel symbolisch als Mächte aufzufassen. »Neidisch blickten« sie, die »Könige der Schöpfung«, die »gipfelreichen Berge«, auf den einen »Berg, den Gott zum Wohnsitz erkoren«, auf den Herrn und seinen Gesalbten. Als sie sich erhoben, »ließ der Allherr Siegesruf erschallen«. Die Aufrührer wurden gleichsam in einem großen »Schneegestöber« vom »Schwarzwald«, ihrem Berg der finsteren, selbstbezogenen Macht vertrieben. Vergleichbare Aussagen finden wir in Psalm 48:

Ps 48,3–8: Herrlich ragt empor, die Wonne des ganzen Landes, der Zionsberg, der entfernteste Nordsitz (der wahre Gottesberg), die Stadt des großen Königs. 4Gott hat ihren Palästen sich kundgetan als eine feste Burg. 5Denn siehe, die Könige hatten sich versammelt, vereint herangezogen; 6doch als sie's sahen, waren sie sprachlos, erschraken, flohen bestürzt davon; 7Zittern erfaßte sie dort, Angst wie ein Weib in Wehen. 8Durch einen Oststurm zertrummertest du die stolzen Tharsisschiffe.[44]

Zion heißt Fels oder Schirmburg. Der Zionsberg hat seit sehr alten Zeiten eine starke übertragene Bedeutung, die von der historisch-kritischen Exegese allzu weltlich ausgelegt wird. Hier, im 48. Psalm finden wir einen klaren Beleg, daß damit nicht ein Berg bei Jerusalem gemeint ist, sondern der himmlische Götterberg »im äußersten Norden«[45], der Wahre Wohnsitz des Herrn. Der Begriff taucht an vielen Stellen im Psalter und bei den Propheten auf und soll immer auch mit geistigen Augen als der jenseitige Götterberg gelesen werden. Daß

---

43 Es könnte der Hermon (»Heilige Berg«) sein, die nördliche Begrenzung Baschans, der biblischen Landschaft zwischen Syrien und Palästina oder auch der Berg Tabor in Galiläa im alten Nordreich (Pfeiffer, 2005 S. 229).

44 Die Tharsisschiffe fuhren von Phönizien nach Tarsis auf der iberischen Halbinsel und waren wegen ihrer Größe berühmt.

45 Vgl. *Jesajas Spottlied über den König von Babylon* S. 45, insbes. Jes 14,13.

der Sturm aus Osten kommt, ist kein Zufall: Osten ist der Aufgang, die Quelle des Lichts und bedeutet symbolisch den Himmel. Erinnern wir uns daran, daß das hebräische Ruach (רוח) zugleich Wind, wie auch Geist bedeutet. Jesaja erweitert die Vertreibung durch einen rauhen Ostwind auf das ganze Volk Israel und seine Verstoßung und Wegführung, wobei hier nach der Meinung des Autors nicht das babylonische Exil gemeint ist:

> *Jes 27,8: Durch ihre Verstoßung, durch ihre Wegführung hast du deine Sache mit ihnen geführt: durch seinen schweren Sturm hat er sie hinweggetrieben am Tage des Ostwindes.*

Israel wurde wie alle anderen irdischen Völker am Tag des großen Abfalls durch ein mächtiges Brausen des Geistes weggeführt aus dem Paradies auf die Erde. Hier wurde es dann zum auserwählten Volk, durch das die Verstoßenen wieder heimgeführt werden sollen.

In der Unterweisung oder Betrachtung des 88. Psalms schaut der Esrahit Heman (V. 1) die Situation der nun Abgefallenen, zu denen wir alle gehören:[46]

> *Ps 88,6–15: Unter den Toten hab' ich mein Lager gleichwie Erschlagene, die im Grabe liegen, deren du nicht mehr gedenkst: Sie sind ja deiner Hand entrückt. 7Du hast mich in die Grube der Unterwelt versetzt, in finstre Nacht, in die Tiefe; 8auf mir lastet schwer dein Grimm, und mit all deinen Wogen drückst du mich nieder. 9Meine Bekannten hast du mir entfremdet, hast mich ihnen zum Abscheu gemacht; eingeschlossen bin ich und kann nicht hinaus: 10Mein Auge erlischt vor Elend. Ich rufe zu dir, o HERR, jeden Tag, ich breite zu dir meine Hände aus: 11»Kannst an den Toten du Wunder tun, oder werden Schatten aufstehn, um dich zu preisen? … 15»Warum, o HERR, verwirfst du meine Seele, verbirgst du dein Antlitz vor mir?«*

Der Psalmist ahnt seine (unsere) einstige himmlische Herrlichkeit und erkennt, wie wir »eingeschlossen« sind in die Materie, »unter den [geistig] Toten«, dem »Grimm des Allherrn« ausgesetzt. Wir »sind seiner Hand entrückt«, Gott scheint uns in unserer »finsteren Nacht« vergessen zu haben. Unsere einstigen »Bekannten sind uns entfremdet«. Sie verblieben in der lichten Herrlichkeit, und »Abscheu« befällt sie angesichts unseres bedauerlichen »Elends« im finsteren Staub der Materie. Aus ihrer hohen Warte erscheint die materielle Welt wie ein »vergessenes Grab«, eine »finstere Grube der Unterwelt«. Unsere Seelen sind verworfen, unser geistiges »Auge erloschen«; wir können das »Antlitz des HERRN« nicht mehr schauen.

---

[46] Sehr ähnliche Motive finden sich in Psalm 69, der David selbst zugeschrieben wird, doch Psalm 88 ist aussagekräftiger.

Doch der Seher ruft den Herrn an, ob es nicht Mittel und Wege gäbe, uns irdische »Schatten aufstehn« zu lassen, um unsere Rückkehr in die einstige Herrlichkeit zu ermöglichen. Der weiter oben zitierte Psalm 68 über das Strafgericht erweist diese Hoffnung Hemans als berechtigt, denn David schaut in der Folge auch die kommende Errettung aus Gericht und Gefangenschaft:

Ps 68,19: Du bist zur Höhe aufgefahren, hast Gefangene weggeführt, hast Gaben unter den Menschen empfangen; ja auch die Widerstrebenden müssen wohnen bei Gott dem HERRN.

Der »unter den Menschen« weilte (Christus) hat in der Gemeinschaft mit uns »Gaben empfangen« (bzw. durch seine Erlösungstat errungen), ist in der Folge als Erster wieder »zur Höhe aufgefahren« und hat viele »Gefangene weggeführt«. In diesem Vers sehen wir außerdem einen der vielen, über die Heilige Schrift verstreuten Hinweise auf die Allerlösung: »Auch die Widerstrebenden müssen [nach der Erfüllung aller Prophezeiungen wieder] wohnen bei Gott«. Im Psalter ist dies nicht der einzige Hinweis. In einem »Gebet Davids« ist es noch deutlicher festgehalten:

*Ps 86,9: Alle Völker, die du geschaffen, werden kommen und vor dir anbeten, o Allherr, und deinen Namen ehren. … **13**denn deine Gnade ist groß gegen mich gewesen: Du hast meine Seele errettet aus der Tiefe des Totenreichs. **14**O Gott! Vermessene haben sich gegen mich erhoben, eine Rotte von Schreckensmännern steht mir nach dem Leben: Sie haben dich nicht vor Augen.*

Die Fortsetzung nimmt einmal mehr das Motiv der Errettung der Seele von der Verfolgung durch »eine Rotte von Schreckensmännern« auf, die sich nach dem vorangehenden Vers nicht auf irdische Feinde bezieht, sondern allein auf die »Tiefe des Totenreichs«.

Im langen Psalm 119, dem »goldenen Alphabet« finden sich verstreute Aussagen zur Situation der Abgefallenen unter der Macht der Verführer, die den Menschen auflauern:

*Ps 119,19–119: Ich bin nur ein Gast auf Erden: Verbirg deine Gebote nicht vor mir. … **25**Am Staube klebt meine Seele: Belebe mich wieder nach deiner Verheißung. … **55**In der Nacht[47] gedenke ich deines Namens, o HERR, und befolge dein Gesetz. … **62**In der Mitte der Nacht stehe ich auf, um dir zu danken für die Verordnungen*

[47] Menge fügt ein »sogar« hinzu, das in anderen Übersetzungen wie im hebräischen Text fehlt. Dies ist irreführend, da es die Aussage verfälscht und suggeriert, daß es auch am Tage geschehe. Der Psalmist spricht ausschließlich von der Nacht.

> *deiner Gerechtigkeit. … 69Lügen haben die Stolzen gegen mich erdichtet; ich aber befolge deine Befehle mit ganzem Herzen. … 87Fast hätten sie mich auf Erden[48] umgebracht; doch ich verlasse deine Befehle nicht. … 95Gottlose lauern mir auf, um mich umzubringen; ich aber achte auf deine Zeugnisse. … 119Wie Schlacken räumst du alle Gottlosen der Erde[49] hinweg; darum liebe ich deine Zeugnisse. …*

Wir sind »nur Gäste auf Erden«, und unsere »Seele klebt am Staub der Erde«. Könnte dies anders aufgefaßt werden, als daß wir vor unserer irdischen Geburt schon erschaffen wurden, hier auf Erden nur vorübergehend im geistigen Tod an die Materie gebunden sind und bei unserem irdischen Tod »nach Gottes Verheißung wieder belebt« werden in eine jenseitige, lichtere Schöpfungsform? Der Psalmist schildert, er stehe auf in der Nacht, um Gottes Namen zu gedenken und ihm für seine Verheißungen zu danken. Warum sollte dies nur in der Nacht zwischen Abend und Morgen tun und nicht auch tagsüber? Diese Nacht bezieht sich wohl auf die geistige Finsternis in der Welt im Vergleich zu unserer lichten, unbeschwerten Heimat im Himmel. Die Stolzen, die abgefallenen Gottessöhne haben Lügen über uns erdichtet und uns durch ihre Verführungskünste zu Fall gebracht. Sie sollen uns – so wir dem Bösen abgeschworen haben, Gottes Weisungen befolgen und auf seine Zeugnisse achten – nicht erneut umbringen, das heißt in den geistigen Tod reißen können. Doch am Ende des Zeitalters räumt der Herr schließlich alle Gottlosen der Erde hinweg.

Drei aufeinanderfolgende Psalmen, die ebenfalls David selbst zugeschrieben werden, beschreiben gleichermaßen die Situation der Menschen unter der bedrohlichen Macht der gefallenen Engel, die uns alle in ihrer Gewalt gefangenzuhalten trachten:

> *Ps 142,4b–6: Auf dem Wege, den ich gehen muß, hat man mir heimlich ein Fangnetz ausgespannt.[50] 5Blick' ich nach rechts und halte Umschau: ach, da ist keiner, der mich versteht! Verschlossen ist mir jede Zuflucht: niemand fragt nach mir! 6Ich schreie, HERR, zu dir, ich sage: »Du bist meine Zuflucht, mein Anteil im Lande der Lebenden!«*

---

[48] Nach Menge: »im Lande«. Andere übersetzen »auf Erden«. Eigentlich heißt es wohl »in der Schöpfung«; vgl. die Ausführungen zu Psalm 2,2f oben (S. 50).

[49] Nach Menge: »des Landes«; vgl. Fußnote 48 oben.

[50] Vgl. Ps 35,7: »Denn ohn' Ursach haben sie heimlich ihr Netz mir gestellt, meinem Leben ohn' Ursach eine Grube begraben.« sowie Ps 57,7: »Sie haben meinen Füssen ein Netz gestellt; meine Seele ist gebeugt; eine Grube haben sie mir gegraben; sie selbst sind mitten hineingestürzt.«

Ps 143,2–7: Geh nicht ins Gericht mit deinem Knecht! Denn vor dir ist kein Lebender gerecht. ³Ach, der Feind verfolgt meine Seele, hat mein Leben zu Boden geschlagen, versetzt mich in Nacht wie die längst schon Toten. ⁴Nun will mein Geist in mir verzagen, mein Herz erstarrt mir in der Brust. ⁵Ich gedenke der früheren Zeiten, rufe all deine Taten mir ins Gedächtnis, denke über dein ganzes Walten nach; ⁶ich breite meine Hände aus nach dir: meine Seele dürstet nach dir wie lechzendes Land. ⁷Eile, mich zu erhören, o Herr: mein Geist verzagt! Verhülle dein Angesicht nicht vor mir, sonst werde ich denen gleich, die ins Totenreich gefahren.

Ps 144,7f: Strecke deine Hände aus der Höhe herab, reiß mich heraus und rette mich aus gewaltigen Fluten, aus der Hand der Söhne der Fremde, ⁸deren Lippen Lügen reden und deren Rechte mit Täuschung umgeht.[51]

David ruft den Herrn als seine »Zuflucht im Lande der Lebenden« an, er sei »versetzt in die Nacht wie die längst schon Toten« und würde »jenen gleich werden, die ins Totenreich gefahren«, sollte der Herr »sein Angesicht verhüllen«. In ähnlichem Sinn stellt Hiob das »Land der Lebenden« neben die »Tiefe«, das Himmelreich neben den Scheol.[52] Diese Äußerungen sind Indizien, daß David nie zu den geistig Toten gehörte, daß er ein »Mann Gottes« war, zu uns Menschen gesandt als ein nicht Abgefallener, um uns zu führen, ähnlich zum Beispiel Mose oder Elia.[53]

David erinnert sich der »früheren Zeiten« in der himmlischen Herrlichkeit und des »ganzen Waltens Gottes«. Die »Söhne der Fremde«, die Fürsten der Finsternis, haben ihm »heimlich ein Fangnetz ausgespannt«, um ihn in ihre Gewalt zu bringen. Unter den geistig Toten ist »keiner, der ihn versteht«, denn

---

[51] Vgl. Ps 18,5–7; 31,4–6; 35,4–8 und 15–17; 55; 58; 59; 64; 69.

[52] Hiob 28,13–14a (Schlachter): »Der Sterbliche kennt ihren [der Weisheit] Wert nicht, und im Land der Lebendigen wird sie nicht gefunden. ¹⁴Die Tiefe spricht: ›Sie ist nicht in mir!‹« Weder unter den Menschen, noch im Lande der Lebenden – im Himmel –, noch in der Tiefe – dem Scheol – ist die Weisheit zu finden, sondern allein bei Gott.

[53] 5Mose 33,1 bzw. 1Kön 17,18. David ist nicht ohne Sünde, doch in Psalm 59 bezeichnet er sich als »Schuldlosen« (4f): »… Starke rotten sich gegen mich zusammen ohne mein Verschulden, o Herr, und ohne daß ich gefehlt. Gegen einen Schuldlosen stürmen sie an …« Demgegenüber nennt er seine Feinde »Blutmenschen« (V. 3). Nach dem Deuteronomium ist das Blut der Sitz der Seele (12,23). An vielen Stellen im AT ist von Blutschuld die Rede (דָּם – dam = Blut, Blutschuld, Blutvergießen, Mord). Biblische Blutschuld ist oft nicht physisches Blutvergießen, sondern Mord der Seele, Verleitung zum Abfall von Gott, Verursachen des geistigen Todes. Am klarsten ist dies in Spr 1,10–18 ersichtlich, recht deutlich aber auch in 2Sam 16,7f; Ps 9,13f; 26,9; 51,16; 55,24; 59,3–8; 139,19f; Spr 12,5f; 29,10; Jes 1,15; 59,2f; Kla 4,13; Ez 3,18–20; 22,2–12; Hos 4,2 u.a. Zum Blut als Träger der Seele s.a. Greber (1983), insbes. S. 82.

David gehört zum »Lande der Lebenden«. Daß er – Mann Gottes in Ehren – ganz Mensch war, allen menschlichen Versuchungen ausgesetzt, zeigt beispielhaft, daß er Batseba in blindem Begehren in den Ehebruch zerrte und danach ihren Ehemann Uria in den sicheren Tod schickte.[54] Kein Wunder fleht er zum Herrn, er möge »seine Hände aus der Höhe herab strecken« und ihn »retten aus der Hand der Söhne der Fremde«, der Finsternis. Und Gott hat seine Bitten erhört – David dankt in einem Loblied für seine Errettung aus den Fängen der abgefallenen Feinde im »Reich des Todes«:

> *Ps 30,2–4: Ich will dich erheben, o HERR, denn du hast aus der Tiefe mich gezogen und meinen Feinden die Freude über mich vereitelt. 3O HERR, mein Gott, ich schrie zu dir (um Hilfe), da hast du mir Heilung geschafft. 4O HERR, du hast meine Seele aus dem Totenreich heraufgeführt, hinweg aus der Zahl der in die Grube Hinabfahrenden.*

Die ersten zwei Verse könnte man wohl noch als Triumph Davids über seine irdischen Feinde interpretieren, auch wenn er sich schon hier als »aus der Tiefe gezogen« bezeichnet. Daß Gott »seine Seele aus dem Totenreich heraufgeführt« habe, ist in dieser Auffassung aber nur noch schwer einzuordnen. Dies wird erst verständlich, wenn der Psalmist aus dem Fangnetz der Mächte der Finsternis errettet und vor seinem endgültigen Sturz in den geistigen Tod bewahrt wurde.

Ähnliche Motive der Gefangenschaft im geistigen Tod und der Lösung der Fesseln finden sich in Psalm 116:

> *Ps 116,3.16: Umschlungen hatten mich des Todes Netze und die Ängste der Unterwelt mich befallen; in Drangsal und Kummer war ich geraten. … 16Ach, HERR, ich bin ja dein Knecht, ich bin dein Knecht, der Sohn deiner Magd; meine Bande hast du gelöst.*

Natürlich könnte man all diese Passagen auch als mythische Gebete mit der Bitte um Schutz vor irdischen Feinden lesen. Mit den Prophezeiungen über den großen Abfall von Gottes Willen eröffnet sich jedoch ein neuer Zugang, und so werden diese Psalmen vom metaphorischen Rätsel zur trefflichen Bestätigung.

Adams Übertretung des Bundes bei Hosea

Im Alten Testament gibt es weitere Hinweise, die aber interpretationsbedürftig sind. Ein Beispiel findet sich bei Hosea zwischen den Klagen über Israels

54 2Sam Kap. 11; vgl. Ps 51.

Götzendienst. Im vorliegenden Fall hilft die Elberfelder-Übersetzung, da sie die nötigen Übersetzungsvarianten und Kommentare enthält.

> *Hos 6,5–7 (Elberfelder): Was soll ich dir tun, Ephraim? Was soll ich dir tun, Juda, da eure Güte wie die Morgenwolke ist und wie der Tau, der früh verschwindet? 5Darum habe ich sie durch die Propheten ausgehauen, habe sie erschlagen durch die Worte meines Mundes; und deine Gerichte sind Licht, das hervortritt.*[55] *6Denn an Güte habe ich Gefallen, nicht an Schlachtopfern, und an der Erkenntnis Gottes mehr als an Brandopfern. 7Sie aber haben den Bund übertreten wie Adam, haben damals treulos gegen mich gehandelt.*

Zwar spricht Hosea mit den Stämmen Ephraim und Juda bezüglich Propheten und Opfer das irdische Volk des alten Bundes an. Um diesen Eindruck zu wahren beziehen die Exegeten den Begriff »Adam« in Vers 7 in aller Regel auf die biblische Stadt Adama. Doch warum sollte Hosea die Stadt hier als »Adam« ansprechen, in 11,8 aber als Adama, wie sie eigentlich heißt?[56] Das hebräische כְּאָדָם heißt wörtlich »wie Adam« und hat keinen klaren Bezug zum Ort im Jordantal. Damit wird diese Stelle zum Gleichnis und erhält eine neue, übertragene Bedeutung: Adam im Schöpfungsbericht der Genesis wird zum Stellvertreter für uns Menschenseelen im jenseitigen Paradies, die wir uns von Satan zu selbstsüchtigem Eigenwillen verführen ließen. Auch dort sandte Gott seine Belehrungen, wie dem Volk Israel durch die Propheten. Da wir jedoch nicht auf sie hören wollten, wurden sie uns zum Fallstrick. »Wie Adam haben wir damals treulos gehandelt« und sind von Gottes Willen abgefallen. Selbstsüchtig verwarfen wir »unsere Güte« gegenüber den Mitgeschöpfen und bemühten uns nicht um die »Erkenntnis Gottes«, das heißt um seine Gesetze der harmonischen Koexistenz. Da wir »die Worte des Mundes Gottes« durch seine Boten empfangen hatten, blieb uns keine Ausrede. Das aus Gott »hervortretende Licht« wurde unserer finsteren Gesinnung zum »Gericht«. Wir wurden aus dem Paradies »ausgehauen« und »erschlagen«, das heißt in die Finsternis des geistigen Todes verstoßen.

Fortgeführt und bestätigt wird diese Auffassung durch das Buch der Weisheit. Die Schilderung des Waltens der Weisheit in den Geschicken der Erzväter beginnt mit Adam:

---

55 Nach dem hebräisch-masoretischen Text, der als ursprünglicher betrachtet wird, als die griechische Septuaginta.

56 Adama (אֲדָמָה) s. z.B. 5Mose 29,23; Jos 19,36; Hos 11,8.

> *Weish 10,1f: Sie [die Weisheit] ist es gewesen, die den erstgeschaffenen Vater der Menschheit, als er noch allein geschaffen war, behütet und ihn aus seinem Fall wieder errettet hat; ²sie verlieh ihm auch die Kraft, sich alles untertan zu machen.*

Wie kommt der Autor dazu, der erstgeschaffene Vater der Menschheit sei aus seinem Fall wieder errettet worden, auf daß er sich in der Folge alles untertan mache? In der Genesis ist nirgends auch nur ansatzweise von einer Errettung Adams die Rede, sondern nur von seiner Vertreibung aus dem Paradies durch seinen Ungehorsam. Die einzige erkennbare Möglichkeit, dieser Aussage einen Sinn beizumessen ist, daß Adam wie wir alle im jenseitigen Paradies als schon lange existierende Seele zum Ungehorsam verführt wurde. Aus seinem darauffolgenden Fall in die Finsternis wurde er errettet, indem Gott ihn in Fleisch und Blut kleidete und auf die Erde setzte, auf daß er sich hier bewähre.

Versuchung und Abfall bei Hildegard

Für die aufschlußreichste Schilderung des großen Falls der Engel verlassen wir die biblischen Offenbarungen und betrachten abschließend das Visionswerk Hildegards, das, obschon prophetisch bildhaft, klare Hinweise gibt. Die erste Vision des zweiten Teils des *Liber Scivias* beginnt mit einer Beschreibung der Schöpfung im Geist und wurde oben diskutiert.[57] Die Fortsetzung schildert den großen Abfall der Menschheit:

> *Scivias Vis. II.1b: … Als das geschehen [d.h. der lebendige Mensch aufgerichtet] war, reichte dieses leuchtende Feuer durch die Flamme, die mit sanftem Hauch glühend brannte, diesem Menschen eine blendendweiße Blüte, die an dieser Flamme hing, wie Tau an einem Grashalm hängt. Der Mensch spürte zwar ihren Duft mit der Nase, doch er kostete ihren Geschmack nicht mit dem Mund und berührte sie nicht mit den Händen, denn er wandte sich davon ab und stürzte in die dichteste Finsternis, aus der er sich nicht mehr zu erheben vermochte. Diese Finsternis aber wuchs an, wobei sie sich in diesem Luftgebilde mehr und mehr ausbreitete.*

Die duftende, blendendweiße Blüte ist das Gebot der reinen, allumfassenden Liebe, der Agape (ἀγάπη). Sie wird dem Menschen vom leuchtenden Feuer, das heißt von Gott, durch die Flamme, das heißt durch Christus dargeboten. Er riecht zwar den köstlichen Duft, doch er spricht und handelt nicht danach und wendet sich von ihr ab, und so stürzt er in die Finsternis, die sich in der Folge ausbreitet.

---

57 Abschnitt *Schöpfung im Geist bei Hildegard* S. 37.

Auch die zweite Vision des ersten Teils bietet eine Beschreibung der Versuchung des Menschen, vor allem aber seines Abfalls vom Willen Gottes:

> *Scivias Vis. I.2: Dann sah ich gleichsam eine große Anzahl lebendiger Leuchten, die viel Helligkeit in sich hatten. Sie empfingen ein leuchtendes Feuer und erreichten so einen heiteren Glanz. Und siehe es erschien eine Grube von großer Breite und Tiefe; sie hatte eine Öffnung wie ein Brunnenschacht und stieß feurigen Qualm mit viel Gestank aus. Daraus verbreitete sich ein abscheulicher Nebel, der etwas wie eine Ader berührte, die ein verführerisches Aussehen hatte. Durch diese hauchte er in einer lichtvollen Region auf eine strahlendweiße Wolke, die von einer schönen Menschengestalt ausgegangen war und unzählige Sterne in sich trug.*

Zu Beginn der Vision gibt es nur reine Geistwesen, die viel Helligkeit in sich haben. Die lebendigen Leuchten mag man mit Hildegard als Engel bezeichnen, doch ebensogut kann man sie einfach Geister des Himmels nennen. Das altgriechische »Aggelos« (αγγελος) heißt Bote, wie das lateinische »Angelus«. Engel sind Geister des Himmels, die als Boten zu uns kommen. Diese Himmelsgeister wären vielleicht gar nicht so sehr verschieden von uns – wären wir denn nicht abgefallen.

Hildegard anerkennt in ihrer Deutung keine im Himmelreich verbliebenen Menschengeister. Im ersten Punkt ihrer Auslegung erwähnt sie jedoch als Engel jene, die »jeglichen Staub der Ungerechtigkeit verachteten«, und in Punkt 15 zitiert sie das Buch der Weisheit:[58] »Die Seelen der Gerechten sind in Gottes Hand, und die Qual des Todes wird sie nicht berühren.« Vom Tod unberührte Seelen sind solche, die nie von Gottes Willen abfielen. Damit zeigt die Prophetin selbst auf, daß es wohl gerechte Menschengeister geben muß, die wie die Engel dem Abfall, das heißt der Finsternis, dem geistigen Tod nie verfielen – die weißen Köpfe im Berg.[59]

Als Ursache der Unruhe im Himmel nennt Hildegard in ihrer Auslegung wiederum Luzifer, den Lichtträger, den Zweiten der Schöpfung, der der Überheblichkeit verfiel. Unter anderem schildert sie auch ein Gleichnis einer Perle, die in den Schmutz fiel und die Gott danach »mit größerem Glanz an ihren vorherigen Ehrenplatz zurück« setzt.[60] Anschließend schreibt sie: »Die Liebe verachtet weder Zöllner noch Sünder, sondern ringt darum, daß alle gerettet werden.« Alle geschaffenen Geister waren im Anfang Perlen und fielen höchstens in den Schmutz, das heißt in die materielle Welt. Doch sie werden an

---

[58] Scivias I.2,1 sowie Scivias I.2,15 zu Weish 3,1.

[59] Im Gegensatz zu den bleichen Köpfen, siehe Abschnitt *Schöpfung im Geist bei Hildegard* S. 37.

[60] Scivias I.2,32.

ihren Platz zurückgesetzt werden und dann heller leuchten als vor ihrem Sturz. Das ist nicht nur die Präexistenz der Seele, sondern auch die Allerlösung, entsprechend dem Gleichnis vom verlorenen Schaf:[61] »Ebenso ist es auch der Wille eures himmlischen Vaters, daß keiner von diesen Kleinen verlorengehen soll.« Wenn wirklich »alle gerettet werden« sollen, wird selbst Luzifer am Ende – nach langer Läuterung im Leid – wieder bereit sein seinen »vorherigen Ehrenplatz« einnehmen zu können.

Im Zusammenhang mit dem Stolz Luzifers zitiert Hildegard dessen Ausspruch:[62] »Ich will dort glänzen wie dieser hier!« Und seine Streitmacht ruft: »Was du willst, das wollen auch wir!« Gemäß Hildegard wollte Luzifer glänzen wie Gott. Es ist jedoch vielmehr Christus, der Statthalter Gottes, dem er sich entgegenstellte.[63] Er sah die eigene Pracht und Macht, doch das genügte ihm nicht. Eigentlich wäre Stolz im Sinne gesunden Selbstbewußtseins noch nicht verwerflich, wenn es nur reine Freude wäre, wie schön und mit welch wunderbarer, verantwortungsvoller Aufgabe Gott Luzifer geschaffen hatte. »Liebe dich selbst« ist ein Teil des höchsten Gebots.[64] Verwerflich war nur der *Neid* auf seinen älteren Bruder und Regenten, dessen Stelle er einnehmen wollte. Danach schildert Hildegard, wie sich der »Eifer des Herrn in feuriger Schwärze« verbreitete und Luzifer »mit seiner ganzen Gefolgschaft hinabstieß, sodaß sie statt ihres Glanzes glühend wurden.« Dies erinnert an die Vision Ezechiels, die oben besprochen wurde.[65]

Die Grube, die sich dann öffnete, ist durch Luzifer selbst verursacht. Erst seine Selbstüberhebung schuf den Abgrund des Geistes, die Hölle, wie Hildegard in ihrem Punkt 6 aufzeigt. Die verführerische Ader, die sich durch die Schöpfung zieht, steht für den Stolz und die Erhebung Luzifers und seiner Rädelsführer, die sich gegen Gottes Ordnung mit Christus als Kopf erhoben. Vor allem aber steht sie für den Geist zu herrschen und zu konsumieren, statt dem Ganzen zu dienen. Der Nebel ist die von Luzifer ausströmende, sich unter den Himmelsgeistern verbreitende Trübung der Reinheit.

Die schöne Menschengestalt steht für all jene unentschlossenen Geister, die schließlich zu irdischen Menschen werden sollten – die im Abschnitt *Schöpfung im Geist bei Hildegard* erwähnten bleichen Köpfe im Berg.[66] Diese Kindsgestalt

---

[61] Mt 18,14.

[62] Scivias I.2,2.

[63] Vgl. Abschnitt *Jesajas Spottlied über den »König von Babylon«* S. 45.

[64] Mt 22,39; Mk 12,31; Lk 10,27: »Liebe Gott über alles ... und deinen Nächsten wie dich selbst.«

[65] Ez 28,12–19; s. Abschnitt *Ezechiels Klagelied über den König von Tyrus* S. 47.

[66] Im Gegensatz zu den weißen, vgl. Abschnitt *Schöpfung im Geist bei Hildegard* S. 37.

enthält unzählige Sterne – die vorerst noch reinen Menschengeister. Mit seiner Verführungskunst hauchte Luzifer das Verderben gegen die Wolke der geistigen Reinheit. Die Menschen fielen aber nicht in den Abgrund Luzifers und seiner Anführer, denn sie trifft eine kleinere Schuld. Sie waren ja nur Mitläufer gewesen.

Der Garten Eden

Anhand von Jesaja, Ezechiel, dem Psalter und Hildegard wurden oben Anhaltspunkte zu einem großen Fall vieler selbstverantwortlicher Geschöpfe aus der ursprünglichen Himmelsschöpfung im Geist aufgezeigt. Bei Hildegard gehen die Hinweise aber deutlich darüber hinaus. Die Fortsetzung der oben diskutierten Vision des Abfalls von Gottes Willen beschreibt dessen Konsequenzen für die Menschenseelen:

> *Scivias Vis. I.2: … Und so vertrieb der Nebel die Gestalt aus diesem Gebiet. Danach umgab ein helleuchtender Glanz diese Region und so gerieten alle Elemente des Weltalls, die bisher in tiefer Ruhe verharrt hatten, in größte Unruhe und boten einen schrecklichen Anblick.*

Das neue Gebiet liegt immer noch im Jenseitigen, denn nach der vorliegenden Deutung existierte die irdische Schöpfung noch gar nicht. Durch die Schuld der Abgefallenen drohte die ganze Himmelsschöpfung aus dem Lichtreich zu fallen, was sie in Unruhe versetzte. Im Gebiet, wohin die Menschen vertrieben wurden, kann man den Garten Eden erkennen, die zweite Schöpfung zur Bewährung für die Menschenseelen. Dies wird im zweiten biblischen Schöpfungsbericht indirekt angedeutet:

> *1Mose 2,5–7: Und alle die Sträucher auf dem Felde waren noch nicht auf Erden, und all das Kraut auf dem Felde war noch nicht gewachsen; denn Gott der HERR hatte noch nicht regnen lassen auf Erden, und kein Mensch war da, der das Land bebaute; 6aber ein Nebel stieg auf von der Erde und feuchtete alles Land. 7Da machte Gott der HERR den Menschen aus Erde vom Acker und blies ihm den Odem des Lebens in seine Nase. Und so ward der Mensch ein lebendiges Wesen.*

Es wird postuliert, es habe »auf der Erde« noch keine Pflanzen gegeben. Nur wenn hier die irdische Schöpfung als Ganzes noch gar nicht existiert, kann der Widerspruch zum ersten Schöpfungsbericht der sieben Tage aufgelöst werden, denn dort wird der Mensch als letztes, erst lange nach den Pflanzen erschaffen. Im Garten Eden regnet es auch nicht, wie in der irdischen Welt schon seit

Anbeginn. Die »Erde« wird gleichsam durch Tau getränkt. Paradiesschöpfung und irdische Schöpfung passen nicht zusammen. Der durch Hildegard beschriebene »helleuchtende Glanz um die lichte Region« ist wohl der Schutzring des Himmelreichs, der dieses gegen ein Eindringen der Abgefallenen sichert: die Cherubim mit dem flammenden, blitzenden Schwert.[67]

Besonders gut zum Ausdruck kommt die Jenseitigkeit dieser ersten Neuschöpfung in Hildegards Buch vom Wirken Gottes, wo sie die Erschaffung des Menschen im Garten Eden beschreibt:

> *LDO II.1,15: Dann schuf Gott im Licht Seiner Kraft den Menschen und setzte ihn in das unauslöschliche Licht des Paradieses, das mit seinen Früchten unverweslich bleibt. … Aber der Mensch griff gierig nach dem Ungehorsam … Und so wurden sie in eine elende Heimatlosigkeit hinaus gestoßen und mit den anderen Früchten der Erde verweslich. Bei ihrem Fall und Auszug wurden alle Geschöpfe der Erde verdunkelt, wie wenn ein Sonnenstrahl durch eine dichte Wolke hindurch leuchtet.*

Ihre Vision zeigt wiederum auf, daß das Paradies nicht irdisch, sondern »unverweslich«, mit anderen Worten jenseitig feinstofflich ist. Unauslöschlich könnte es sein, sofern es ewig wäre, doch da es nicht der himmlischen Heimat entspricht, muß es wohl zeitlich sein. Damit ist es viel eher unauslöschlich, da es nicht Tag und Nacht kennt wie die Erde. Es wird in der Vision auch von der ersten Schöpfung getrennt behandelt, also im Sinne einer eigenen Daseinsform. Das einzige was bei Hildegard fehlt, ist der Hinweis, daß die Menschengeister schon unter den Engeln geschaffen wurden und nach dem ersten Abfall im Paradies nur einen neugeschaffenen feinstofflichen Leib erhielten. Die Erde als verwesliche Daseinsform des Lebens wurde erst durch den neuerlichen Ungehorsam des Menschen geschaffen. Sie ist die »verdunkelte« dritte Schöpfung von noch höherer Dichte, »wie durch eine dichte Wolke«.

Nach dem einleitenden Zitat dieses Abschnitts aus dem *Liber Scivias* geriet durch den Abfall von Engelsfürsten und Menschengeistern die ganze Himmelsschöpfung »in größte Unruhe«, denn durch die Schuld der Abgefallenen drohte sie mit ihnen aus dem Lichtreich zu stürzen. Diesen Sachverhalt erklärt Paulus anders herum, aus der Sicht der bereits gefallenen Schöpfung:

> *Röm 8,19–23: Denn das sehnsüchtige Verlangen der ganzen Schöpfung wartet auf das Offenbarwerden der Herrlichkeit der Kinder Gottes.* **20***Denn der Vergänglichkeit ist die ganze Schöpfung unterworfen worden – allerdings nicht durch eigene Schuld, sondern um dessen willen, der ihre Unterwerfung bewirkt hat –, jedoch*

[67] 1Mose 3,24: »… Cherube sich lagern und die Flamme des kreisenden Schwertes.«

auf die Hoffnung hin, [21]dass auch sie selbst, die Schöpfung, von der Knechtschaft der Vergänglichkeit befreit werden wird zur Teilnahme an der Freiheit, welche die Kinder Gottes im Stande der Verherrlichung besitzen werden. [22]Wir wissen ja, daß die gesamte Schöpfung bis jetzt noch überall seufzt und mit Schmerzen einer Neugeburt harrt. [23]Und nicht sie allein, sondern auch wir selbst, die wir doch den Geist als Erstlingsgabe bereits besitzen, seufzen gleichfalls in unserm Inneren beim Warten auf das Offenbarwerden der Sohnschaft, nämlich auf die Erlösung unseres Leibes.

Die ganze Schöpfung ist schuldlos der schmerzerfüllten Vergänglichkeit unterworfen durch den Willen des Widersachers und durch unsere Mitschuld, die wir ihm verantwortungslos, selbstsüchtig oder neugierig nachfolgten. Allein für uns sind die anderen Geschöpfe im Materiellen gefangen und hoffen mit uns auf ihre Rettung. Diese Hoffnung der Schöpfung finden wir auch im Psalter in einem Lobpreis Gottes nach dem Weltgericht:

Ps 96,11–13: Des freue sich der Himmel, die Erde jauchze, es brause das Meer und was darin wimmelt! [12]Es jauchze die Flur und was auf ihr wächst! Dann werden auch jubeln alle Bäume des Waldes [13]vor dem HERRN, wenn er kommt, wenn er kommt, zu richten die Erde. Richten wird er den Erdkreis mit Gerechtigkeit und die Völker mit seiner Treue.

Nur indem wir Menschen unsere Kindschaft Gottes wiederfinden, können auch die Mitgeschöpfe erlöst werden. Im Gegensatz zu ihnen haben wir, die wir für unsere Handlungen verantwortlich sind, den individuellen, selbstbewußten Geist bereits als »Erstlingsgabe« erhalten, als wir im Himmelreich als reine Geistwesen erschaffen wurden. Alle Elemente der Schöpfung existierten schon im geistigen Beginn, wie Hildegard in ihrer Auslegung bestätigt.[68] Noch klarer wiederholt ihr Bote diese Aussage in Bezug auf sie selbst:[69]

Was meinst du, daß du gewesen bist, als du noch nicht Leib und Seele warst? Du weißt ja nicht, wie du selbst geschaffen wurdest.

Diese Andeutung ist noch klarer, als die Rede Gottes an Hiob, er habe die Wohnung des Lichts und die Heimstätte der Finsternis gesehen, denn damals (bei ihrer Erschaffung) sei er geboren worden.[70] Die Aussage im Buch Hiob könnte vielleicht noch als Sarkasmus gedeutet werden, jene bei Hildegard kaum.

---

[68] Scivias I.2,27.

[69] Scivias I.2,30.

[70] Hiob 38,19–21.

Damit widersprechen Hiob und Hildegard den etablierten Kirchen, die behaupten, die Seele werde mit der Empfängnis erschaffen.

Hildegards Auslegung der Scivias-Vision stellt dann einen Bezug zwischen dem Paradies und der irdischen Schöpfung her:[71] »Der trockenen Erde gibt es [das Paradies] nährende Feuchtigkeit, wie auch die Seele dem Leib Kräfte verleiht.« Das Paradies ist also gleichsam die Seele der irdischen Schöpfung, deren feinstoffliche Ergänzung beziehungsweise Grundlage. Es verleiht der trockenen Erde Lebenskraft. »Trocken« bedeutet hier in sich selbst geist- und seelenlos. Die ganze Erde hat ihre lebensvermittelnde, mit den irdischen Elementen und Wesen verbundene Entsprechung im Jenseits. Himmelreich, Paradies und materielle Welt stehen zueinander wie Geist, Seele und Körper. Dann erwähnt Hildegard die Stufen der Prüfung des Menschen: Paradies, Erde und Unterwelt. Das Paradies ist eine höhere, lichtere Prüfungsstufe, die auf dem Heimweg wieder durchlaufen werden muß. Es ist nicht das eigentliche Himmelreich.

Die große Kluft

Als Resultat des großen Abfalls ist die Schöpfung für Äonen in einem gespaltenen Zustand. Diese »große Kluft« zwischen dem Himmel und dem Reich der Abgefallenen ist im Lukasevangelium belegt:

> *Lk 16,26: Und überdies besteht zwischen uns und euch eine große Kluft, daß niemand, der von hier zu euch hinüber will, dorthin kommen kann und auch niemand von dort zu uns herüber.*

Auch Paulus schreibt an die Epheser:

> *Eph 2,14: Denn Er ist unser Friede, der aus beiden eines gemacht hat und den Zaun abgebrochen hat, der dazwischen war, nämlich die Feindschaft.*

Dennoch ist im Buch Hiob beschrieben, wie die »Gottessöhne« kamen und vor Gott traten, unter ihnen auch Satan (1,6). Wie hätte Satan zu Gott kommen können, wenn zwischen seinem Reich und dem Himmelreich Gottes eine absolut unüberwindliche Kluft geherrscht hätte? Die Lösung liegt in der Unterscheidung zwischen Gott und Christus, zwischen Schöpfer und höchstem Geschöpf. Satan hatte durch die Verführung unzähliger Seelen sein Reich der Finsternis errungen. Das verbliebene Himmelreich stand weiterhin unter der Herrschaft

[71] Scivias I.2,28.

Christi. Gott jedoch bleibt allezeit der uneingeschränkte Herrscher über alles Geschaffene. Nach Hildegard ist ja auch die Hölle nur Werkstatt Gottes und gehört selbstverständlich zur von ihm beherrschten gesamten Schöpfung mit dazu:

> *LVM V,1: Dieser Abgrund existiert als die Werkstätte des höchsten Werkmeisters, in der sich alle Werkstücke dieses Meisters befinden. Wie eine Werkstatt nämlich glühende und nicht glühende Dinge enthält, kurzum alles, was seiner Natur nach zu bearbeiten ist, und wie der Schmied, der diese Stoffe bearbeitet, sein Werk nach dieser oder jener Richtung hin je nach seiner eigenen Vorstellung schmelzt und führt, so ist auch der Abgrund gleichsam die Werkstatt des Weltenschöpfers.*

Daraus könnte man vielleicht schließen, daß Gott ein gefühlloser Quälgeist sein müsse. Genau das Gegenteil ist der Fall, wie anhand der im nachfolgenden Kapitel besprochenen Erlösungsvisionen geklärt werden soll. Als »Gottessohn«, einer der höchsten Erstgeschaffenen, konnte Satan also durchaus vor Gottvater treten.

Wenn Gott allmächtig ist und sein Gesetz gegen Satan durchsetzen kann, warum hat er denn dessen Reich nicht einfach aufgehoben? Das hätte er grundsätzlich sicher gekonnt, doch nach der irdisch unvollkommenen Auffassung des Autors wollte er es nicht.[72] Das hätte seiner vollkommenen Gerechtigkeit widersprochen. Er hatte all seinen Kindern ihren freien Willen gegeben,[73] und Satan konnte sehr wohl wissen, daß Gott seine ehernen Gesetze nicht einfach über den Haufen werfen würde. Er dachte wohl, er könne sie für seine persönlichen Ziele mißbrauchen. Satans Macht und Klugheit waren vielleicht groß, aber dennoch beschränkt. In seiner begrenzten Weisheit rechnete er nicht mit der unerreichbaren Größe und Gerechtigkeit Gottes. Deshalb konnte er diese Gesetze zwar für sehr lange Zeit, aber nicht ewig für seine Zwecke einspannen.

Die Finsternis

Die Finsternis, die geistige Nacht, vielfach ist sie in der Heiligen Schrift erwähnt. Wie soll man sie sich vorstellen? Wer schon einmal ein undurchdringliches

[72] Dieser Sachverhalt soll in der Schlußbetrachtung, nach der Analyse biblischen Schöpfungsbildes, noch einmal aufgegriffen und geklärt werden (Abschnitt *Philosophisches* im *Epilog* S. 333).

[73] Sir 15,14f: »Gott hat den Menschen im Anbeginn geschaffen und ihn seiner eigenen Willensentscheidung überlassen. Wenn du willst, kannst du die Gebote halten, und Treue zu beweisen hängt von deinem freien Willen ab.«

Dunkel erlebte, in dem wirklich auch die letzten Reste jeglichen Lichts verschlungen waren, der weiß, wie drückend nur schon vollständige Abwesenheit von irdischem Licht wirken kann, sogar für einen Menschen mit einem starken Urvertrauen. Die Finsternis der vollständigen Gottferne jedoch, sie geht weit über ein solches Erlebnis hinaus.

Eine eindrückliche, sehr poetische Darstellung dieser geistigen Nacht findet sich im Buch der Weisheit, einer späten alttestamentlichen Schrift, die leider in vielen heutigen Bibelausgaben fehlt. Sie entstand wahrscheinlich um die Mitte des ersten Jahrhunderts in Alexandria. Der Verfasser stand offensichtlich in der jüdischen Tradition seiner Zeit, schrieb aber in Griechisch und beherrschte die Elemente der hellenistischen Erzählkunst und Rhetorik. Das betreffende Kapitel ist so aufschlußreich, daß wir es in voller Länge zitieren wollen:

> *Weish 17,1–20: Groß sind deine [Gottes] Gerichte und unerforschlich; darum sind unerleuchtete Seelen in Irrtum verfallen. 2Denn die Gottlosen, die da gedacht hatten, das heilige Volk in Knechtschaft halten zu können, mußten sich selbst in ihren Häusern einschließen, waren in Finsternis gefangen und von langer Nacht umstrickt und lagen da, von der ewigen Vorsehung ausgeschlossen. 3Während sie nämlich wähnten, bei ihren geheimen Sünden verborgen zu sein unter dem dunklen Schleier der Vergessenheit, wurden sie in der Finsternis entsetzlich geängstigt und durch Trugbilder erschreckt. 4Denn nicht einmal der Winkel, der sie umfing, erhielt sie frei von Furcht; erschreckende Töne wurden ringsum sie laut, und düstere Gestalten mit scheußlichen Gesichtern erschienen ihnen. 5Keines Feuers Kraft war stark genug, Helligkeit zu schaffen, und auch die strahlenden Lichter der Sterne vermochten jene schaurige Nacht nicht zu erhellen. 6Es erschien ihnen nur eine selbstentzündete Feuerflamme voller Furchtbarkeit, und durch diesen noch niemals gesehenen Anblick mit Entsetzen erfüllt, hielten sie das Geschaute für noch schlimmer, als es war. 7Die Gaukeleien ihrer Zauberkunst erwiesen sich als machtlos dagegen, und die Prüfung ihrer prahlerischen Weisheit fiel schmachvoll für sie aus; 8denn sie, die da versprachen, die Schrecken und Ängste der kranken Seelen zu bannen, erkrankten selbst an lächerlicher Furcht. 9Denn auch dann, wenn nichts Furchtbares sie schreckte, wurden sie doch durch das Vorüberkriechen des Gewürms und das Zischen der Schlangen aufgeschreckt und kamen vor Angst um; sie weigerten sich sogar, in die Luft zu schauen, der man sich doch nimmermehr entziehen kann. 10Denn feige ist die durch ihr eigenes Zeugnis verurteilte Bosheit, und immer vom bösen Gewissen gedrängt, macht sie sich auf das Schlimmste gefaßt. 11Denn die Furcht ist nichts anderes als ein Preisgeben der von der Überlegung dargebotenen Hilfsmittel; 12und wenn die Zuversicht im Inneren geschwächt*

ist, so hält sie die Ratlosigkeit für ein größeres Übel als die Ursache, welche die
Qual veranlaßt. [13]*Als jene nun die an und für sich ohnmächtige Nacht, die aus den*
Tiefen der ebenfalls ohnmächtigen Unterwelt heraufgestiegen war, in dem gewöhn-
lichen Schlafe zubringen wollten, [14]*wurden sie teils durch Gespenstererscheinun-*
gen umhergetrieben, teils durch das Aufgeben alles Selbstvertrauens gelähmt: denn
eine plötzliche und unerwartete Furcht befiel sie. [15]*So wurde also jeder, der sich*
dort befand, wenn er niederfiel, gefangen gehalten, indem er in einen Kerker ohne
Eisenfesseln eingeschlossen war. [16]*Mochte jemand ein Ackersmann sein oder ein*
Hirt oder ein mit mühsamer Arbeit in der Wüste beschäftigter Tagelöhner: von der
Finsternis überrascht, mußte er die unentrinnbare Notlage über sich ergehen lassen;
denn alle waren mit der nämlichen Kette der Dunkelheit gefesselt. [17]*Ob säuselnder*
Windhauch es war, oder lieblicher Vogelsang in dichtbelaubten Zweigen, oder das
Rauschen des mit Macht daherströmenden Wassers, [18]*oder das schauerliche Kra-*
chen herabstürzender Felsen, oder das unsichtbare Laufen hüpfender Wesen, oder
das Geheul der grausigsten Tiere, oder der aus den Höhlen des Gebirges zurückge-
worfene Widerhall: – alle diese Schrecknisse lähmten sie. [19]*Denn die ganze übrige*
Welt erglänzte in strahlendem Licht, und jeder konnte ungehindert seine Geschäfte
betreiben; [20]*nur über jene war tiefe Nacht ausgebreitet, ein Vorbild der Finsternis,*
die sie einst aufnehmen sollte; sich selber aber waren sie eine noch drückendere
Last, als die Finsternis es war.

Diese Schilderung folgt auf eine Zusammenfassung der Plagen vor dem Auszug aus Ägypten. Ferner nimmt sie einleitend Bezug auf »die Gottlosen, die da gedacht hatten, das heilige Volk in Knechtschaft halten zu können«. Auch in den ersten Versen des nachfolgenden Kapitels werden die Ägypter nochmals erwähnt. Danach wird der Exodus weitergeführt. So wird denn diese Stelle in der Regel ausschließlich auf Ägypten bezogen. Diese Sichtweise greift allerdings viel zu kurz und mißachtet die jenseitigen Schöpfungsformen von Licht und Finsternis. Die Schilderung ist in die Würdigung des Exodus eingebettet und bezieht sich wohl mitunter auch auf die Unterdrücker des alten Ägyptens, doch nach den ersten zwei Versen handelt sie nur noch von Trugbildern, scheußlichen Gesichtern, schauriger Nacht, bösem Gewissen, ohnmächtiger Unterwelt, Ratlosigkeit, von Lähmung durch Aufgeben alles Selbstvertrauens, unentrinnbarer Notlage, Ketten der Dunkelheit oder grausigsten Tieren. All dies verweist auf geistige Dimensionen, die weit über die ägyptische Knechtschaft oder die mosaischen Plagen hinausreichen. Auch nachträgliche Heimsuchungen des zurückgebliebenen Volks der Ägypter kommen hier wohl kaum in Frage.

Demgegenüber steht das ganze Buch der Weisheit im Zeichen der Belehrung über den überaus fruchtbaren Wert der Gottesfurcht gegenüber dem schlimmen Ende der Gottlosen, die die Gerechten und Schwachen unterdrücken und ausnützen. Diese von Gottes Willen Abgefallenen, die denken, das »heilige Volk in Knechtschaft halten zu können«, sind nicht nur die Ägypter, sondern alle Mächtigen aller Zeiten im Dienst Satans, die Trug verbreiten und die Gerechten und Schwachen rücksichtslos bedrängen und ausbeuten. Sie sind »von der ewigen Vorsehung ausgeschlossen«. Daß sie »sich selbst in ihren Häusern einschließen müssen« bedeutet, daß sie ganz auf sich alleine gestellt sind und sich am liebsten verbergen wollten. Da ist keine Hilfe, keine Schonung, keine Gnade der bedrohlichen Schemen, die sie umwimmeln, und sogar zum »Aufgeben alles Selbstvertrauens« ist die Seele gezwungen. Ihre eigene Widerstandskraft ist gänzlich entschwunden. Blind, wehrlos und vor Angst gelähmt erwartet sie Qualen in »plötzlicher und unerwarteter Furcht«. Die kleinste Regung um sie herum kann Schlimmes bedeuten.

Diese Art der Finsternis ist es, in der nicht nur die altägyptischen, sondern alle hartnäckigen, genußsüchtigen Ausbeuter geläutert werden müssen, bevor schließlich auch sie wieder zu Gott heimkehren können.

Tausendjähriges Reich oder Himmelsvision?

Bei verschiedenen Propheten wird ein Friedensreich beschrieben, das mystische Züge hat und kaum irdisch aufgefaßt werden kann. Die Schwierigkeit ist mitunter, daß nicht klar unterschieden wird. Da sind drei Reiche oder Zeitalter: Die Herrlichkeit der Urschöpfung im Geist, das irdische tausendjährige Reich des Friedens und das himmlische Friedensreich nach der Heimkehr der Seelen. Vor allem tausendjähriges Reich und ewiges himmlisches Friedensreich finden wir in den Visionen gemischt. Wir müssen die Passagen anhand von Indizien im Text auseinanderhalten. Einzig in der Johannesapokalypse wird klar getrennt: das tausendjährige Reich in Kapitel 20 (V. 4–6) und das ewige Jerusalem in Kapitel 21 und 22. Im Folgenden werden die Friedensreichs-Visionen zweier großer alttestamentlicher Propheten betrachtet: Jesaja und Ezechiel, ergänzt und bestätigt durch Aussagen anderer Propheten.

Wo Wölfe bei den Lämmern wohnen

Im Buch Jesaja sind vor allem Deutero- und Tritojesaja voll des Lobpreises der künftigen Herrlichkeit Zions und Jerusalems und des Volkes Gottes in der unüberwindlichen Kraft des Messias'. Gerade Jesaja unterscheidet nicht klar zwischen tausendjährigem Reich und ewigem Himmelreich. Die Verwirrung beginnt schon im ursprünglichen Protojesaja:

> *Jes 11,6–11: Dann wird der Wolf als Gast bei dem Lamm weilen und der Panther sich neben dem Böcklein lagern; das Kalb, der junge Löwe und der Mastochs werden vereint weiden, und ein kleiner Knabe wird Treiber bei ihnen sein; [7]Kuh und Bärin werden miteinander weiden, ihre Jungen sich zusammen lagern, und der Löwe wird Stroh fressen wie das Rind. [8]Der Säugling wird am Schlupfloch der Otter spielen und das eben entwöhnte Kind seine Hand nach dem Feuerauge des Basilisken ausstrecken. [9]Man wird nichts Böses mehr tun und nicht unrecht handeln auf meinem ganzen heiligen Bergland; denn das Land wird voll von der Erkenntnis des HERRN sein gleich den Wassern, die den Meeresgrund bedecken.*
>
> *[10]Und an jenem Tage wird es geschehen: da werden die Heidenvölker den Wurzelsproß Isais aufsuchen, der als Panier für die Völker dasteht, und seine Wohnstätte wird voller Herrlichkeit sein. [11]Und an jenem Tage wird es geschehen: da wird der Allherr seine Hand zum zweitenmal ausstrecken, um den Rest seines Volkes, der noch übriggeblieben ist, loszukaufen aus Assyrien und Unterägypten, aus Oberägypten und Äthiopien, aus Persien und Babylonien, aus Hamath und den Küstenländern des Meeres.*

Der erste Absatz dieses Zitats muß sich auf das ewige Himmelreich beziehen. Das sieht man nicht nur am vagen Bezug auf »mein heiliges Bergland«. Daß irdische Raubtiere, wie sie in unseren Zeiten leben, friedlich mit ihrer Beute lagern und zu Pflanzenfressern werden, ist im Ökosystem Erde kaum denkbar. Auch wenn es nach der Heimsuchung in neuem Kleid wieder erschaffen wird, bleibt es doch unter den Gesetzen der Materie. Wir rufen uns in Erinnerung, daß im ersten Schöpfungsbericht der Genesis geschrieben steht (1,30): »Aber allen Tieren auf Erden und allen Vögeln unter dem Himmel habe ich alles grüne Kraut zur Nahrung gegeben.« Grünes Kraut für alle Tiere. Dieser Schöpfungsbericht kann nicht (nur) die irdische Schöpfung betreffen, denn hier ist ein Fressen und Gefressenwerden seit paläontologischen Zeiten. Daß Löwen Stroh oder grünes Kraut fressen, muß eine Eigenschaft des Himmelreichs sein.

Die Verse 10 und 11 beziehen sich dagegen auf das Ende der Trübsal bei der Wiederkehr des Erlösers. Das erste Mal streckte Christus seine Hand aus, nachdem er gekreuzigt worden war und zur Hölle fuhr, um die dort hoffnungslos gefangenen aber erlösungsbereiten Seelen zu befreien, wie weiter unten erörtert wird.[74] Das zweite Mal wird er die Hand ausstrecken bei der Ernte vor dem

---

[74] Siehe Abschnitt *Erlösungstat, Höllenfahrt und Auferstehung* S. 112.

tausendjährigen Reich. Isai ist der irdische Vater Davids,[75] das »Reis aus der Wurzel Isais« also ein Sproß Davids. Die Heiden werden nach dem Messias fragen, die Juden aber nicht. Sie warten auf seine Wiederkehr am Tag der Abrechnung und fühlen sich führungslos:[76] »Zion hat geklagt: ›Der HERR hat mich verlassen, und der Allherr hat meiner vergessen!‹« Dies ist verständlich und folgerichtig, denn seit bald zweitausend Jahren liegt der Tempel zu Jerusalem zum zweiten Mal in Trümmern, und das Volk Israel bleibt in seiner separatistischen Kultur verfolgt und ausgegrenzt. Die Aufzählung der vielen antiken Heidenvölker, erweitert durch »die Küstenländer des Meeres« steht als Zeichen für alle Völker der Welt. Dies wird weiter hinten im Protojesaja nochmals angedeutet und im Deuterojesaja bestätigt:

Jes 27,6: In den kommenden Tagen wird Jakob Wurzel schlagen, wird Israel blühen und sprossen, und sie werden den ganzen Erdkreis mit Gedeihen erfüllen.

Jes 49,6: Er [Jahwe] hat gesagt: »Es genügt mir nicht, daß du mein Knecht sein sollst, nur damit ich die Stämme Jakobs wiederherstelle und die geretteten Angehörigen Israels zurückführe; nein, ich bestimme dich auch zum Licht der Heidenvölker, damit mein Heil bis ans Ende der Erde reiche.«

Das Heil des Erlösers gilt nicht nur dem Volk Israel, sondern allen Völkern, dem ganzen Erdkreis. Die Aussage »bis ans Ende der Erde« kann als Hinweis auf die Allerlösung gedeutet werden. Entsprechende Worte finden wir auch bei den späteren Propheten Sacharja und Maleachi:

Sach 2,15a: Da werden sich dann an jenem Tage viele Völker an den Herrn anschließen und mir als Volk angehören; und ich werde in deiner Mitte Wohnung nehmen.

Mal 1,11: Denn vom Aufgang der Sonne bis zu ihrem Niedergang ist mein Name groß unter den Völkern, und überall werden meinem Namen Weihrauch und Opfer dargebracht, und zwar reine Gaben; denn groß ist mein Name unter den Völkern – so spricht der HERR der Heerscharen.

Noch deutlicher ist es in den Klageliedern Jeremias festgehalten:

Kla 3,31–33: Denn nicht auf ewig verstößt der HERR, 32sondern, wenn er Trübsal verhängt hat, erbarmt er sich auch wieder nach seiner großen Güte; 33denn nicht aus Lust plagt und betrübt er die Menschenkinder.

---

75 1Sam 16,11f.

76 Jes 49,14.

Gott verstößt nicht auf ewig. Alle Trübsal hat irgendwann ein Ende. Die Güte des Herrn läßt seine Kinder darben für deren eigene Entwicklung, läßt aber nicht zu, daß irgendeines auf ewig verdammt bleibt.

In Kapitel 60 des Buchs Jesaja ist dann vom ewigen Jerusalem die Rede. Das zeigt die Aussage »Sonne und Mond sollen dir nicht mehr leuchten, denn der HERR wird dein ewiges Licht sein« (V. 19). Eine irdische Welt ist undenkbar vor allem ohne die Sonne, die Energielieferantin. Außerdem »werden sie das Land ewiglich besitzen« (V. 21). Ewiglich gibt es nur in der Ewigkeit.

In Kapitel 65 sind wiederum tausendjähriges und ewiges Reich nahtlos aneinandergefügt:

Jes 65,17–25: Denn wisset wohl: ich werde einen neuen Himmel und eine neue Erde schaffen, so daß man der früheren Zustände nicht mehr gedenken wird und sie keinem mehr in den Sinn kommen sollen.
18Nein, freuet euch und jubelt immerdar über das, was ich schaffe; denn wisset wohl: ich will Jerusalem umschaffen zum Jubel und das Volk darin zum Frohlocken;
19und ich will selbst über Jerusalem jubeln und über mein Volk frohlocken, und es soll hinfort kein Laut des Weinens und kein Laut des Wehgeschreis in ihm vernommen werden.
20Es soll dort alsdann keinen Säugling von nur wenigen Tagen und keinen Greis mehr geben, der seine Tage nicht voll auslebt; sondern als Jüngster wird der Hundertjährige sterben und wer nur hundert Jahre alt wird, als ein vom Fluch getroffener Sünder gelten.
21Wenn sie Häuser bauen, werden sie auch darin wohnen und, wenn sie Weinberge anlegen, auch deren Ertrag genießen;
22sie werden nicht bauen, daß ein anderer darin wohne, und werden nicht pflanzen, daß ein anderer die Früchte genieße; nein, gleich der Lebenszeit der Bäume soll auch die Lebenszeit meines Volkes sein, und was ihre Hände erarbeitet haben, sollen meine Erwählten auch selbst verbrauchen.
23Nicht vergeblich sollen sie sich abmühen und nicht Kinder für jähen Tod zeugen; nein, sie werden ein Geschlecht der vom HERRN Gesegneten sein und ihre Sprößlinge ihnen erhalten bleiben.

24Und geschehen wird es: ehe sie rufen, will ich schon antworten, und während sie noch reden, will ich sie schon erhören.
25Wolf und Lamm werden beisammen weiden, und der Löwe wird Stroh fressen wie ein Rind und die Schlange sich von Staub nähren: sie werden nichts Böses mehr verüben und kein Unheil mehr anrichten in meinem ganzen heiligen Berglande: der HERR hat es verheißen!

Bis zu Vers 23 handelt die Prophezeiung vom irdischen Millennium des Friedens, denn es wird ein langes Leben versprochen und geweissagt, daß »als Knabe gilt, wer hundert Jahre alt stirbt« (V. 20). Im Himmelreich des ewigen

Lebens kann es kein irdisches Sterben mehr geben. In Vers 24 folgt dann eine kleine Zäsur, indem der Prophet neu anhebt »Und geschehen wird es …«. Der nachfolgende letzte Vers frischt die strohfressenden Löwen und das heilige Bergland aus Kapitel 49 auf, die wiederum dem ewigen Himmelreich zuzuordnen sind.

Zwischen den Verheißungen des Himmelreichs erklingen Aufrufe zur Wachsamkeit:

Jes 51,4: Horcht auf mich, du mein Volk, und schenkt mir Gehör, ihr meine Volksgemeinde! denn Belehrung wird von mir ausgehen, und mein Recht will ich zur Erleuchtung der Völker feststellen.

Jes 55,6: Suchet den HERRN, solange er sich finden läßt; ruft ihn an, solange er nahe ist!

Im ersten Zitat finden wir in der Übersetzung Luthers »mein Recht will ich *gar bald* zum Licht der Völker machen«. Dies ist ein Beispiel der häufig angetroffenen prophetischen Aussage »gar bald«, die viele Ungläubige und Gläubige in Zweifel führt, da die Menschheit schon so viele Jahrhunderte auf die Erfüllung wartet. Dies führt dazu, daß »Spötter kommen ... und sagen: Wo bleibt die Verheißung seines Kommens? Denn nachdem die Väter entschlafen sind, bleibt ja alles, wie es von Anfang der Schöpfung gewesen ist«.[77] In diesem Fall muß dieser Zusatz »gar bald« schlicht verworfen werden, denn er ist von Luther frei erfunden. In der hebräischen Vorlage fehlt er genauso wie in anderen Übersetzungen.

Eine Mischung von verschiedenen Zeitaltern finden wir auch bei Amos:

Am 9,11–13: An jenem Tage will ich die zerfallene Hütte Davids wieder aufrichten und ihre Risse vermauern, will ihre Trümmer wieder herstellen und sie neu erstehen lassen, wie sie in den Tagen der Vorzeit war, 12damit sie in Besitz nehmen, was von Edom noch übrig ist und alle Völker, die jemals zu meinem Herrschaftsgebiet gehört haben! … 13Wisset wohl: es kommen Tage …, da wird der Pflüger sich unmittelbar an den Schnitter anschließen und der Traubenkelterer an den Sämann; da werden die Berge von Most triefen und alle Hügel zerfließen.

Die wieder aufgerichtete Hütte Davids ist die Wiederherstellung des Volkes Gottes im Zuge des tausendjährigen Friedensreichs, doch die Mühelosigkeit von Aussaat und Ernte paßt besser zum Himmelreich, als zur irdischen Sphäre, wo

---

[77] 2Petr 3,3f.

der Mensch »im Schweiße seines Angesichts sein Brot ißt«[78]. Ein deutliches Zeichen ist auch, daß alle Hügel zerfließen werden. Dieses Motiv finden wir auch bei Sacharja, wo »lebendiges Wasser von Jerusalem ausgehen« und gleichzeitig das »ganze Land sich zur Ebene umwandeln« wird.[79] Sacharjas Aussagen sind dem ewigen Himmelreich zuzuordnen (s. nächster Abschnitt).

Visionen des ewigen Jerusalems

In Kapitel 40–46 beschreibt Ezechiel den Tempel der künftigen Gottesstadt. Dieser hat deutliche Anklänge an den Zweiten Tempel, der nach dem Exil neu erbaut und 70 n.Chr. wieder zerstört wurde. Ob der irdische Tempel für die Vision Ezechiels Pate stand oder vielmehr umgekehrt der Tempel der himmlischen Vollkommenheit als Grundlage der Pläne für das irdische Bauwerk diente, bleibt eine Frage des Glaubens. Der Tempel wird im Detail ausgemessen und die Ordnungen für die Priester beschrieben, ähnlich dem Exodus. Am Anfang von Kapitel 47 finden wir dann die Schilderung eines aus dem Tempel fließenden Stroms von Lebenswasser, der keine irdischen Züge mehr hat. Damit ist wohl der himmlische Strom ewiger Lebenskraft gemeint. Am Ende des Kapitels beginnt schließlich die Zuteilung des Landes an die Stämme, vergleichbar dem Einzug in Kanaan im Exodus. Auch hier ist wohl vom Himmelreich die Rede, vielleicht aber auch vom tausendjährigen Friedensreich. Der Beschrieb des künftigen Reichs Israel scheint auch bei Ezechiel eine Mischung verschiedener Zeitalter und Sphären zu sein, ist aber kaum schlüssig zuzuordnen.

Recht klar auf das ewige Himmelreich bezogen sind die Visionen des künftigen Israels, die uns Joel und Sacharja überliefern:

> *Joel 4,18: Und dann, an jenem Tage, wird es geschehen: da werden die Berge von Most triefen und die Hügel von Milch überfließen und alle Rinnsale Judas voll Wassers strömen; und ein Quell wird aus dem Hause des* HERRN *hervorbrechen und das Akazienta1 bewässern.*

> *Sach 14,6–11: An jenem Tage aber, da wird keine Kälte und kein Frost und Eis sein; 7es wird ein ununterbrochener Tag sein – er ist dem Herrn wohlbekannt – ohne Wechsel von Tag und Nacht, und auch zur Abendzeit wird Licht sein. 8Da wird dann an jenem Tage lebendiges Wasser von Jerusalem ausgehen, zur Hälfte nach dem östlichen Meer und zur Hälfte nach dem westlichen Meer; im Sommer wie im Winter wird das so sein. 9Der* HERR *wird dann König sein über die ganze Erde; an*

---

[78] 1Mose 3,19: »Im Schweiße deines Angesichts sollst du dein Brot essen.«

[79] Sach 14,10.

jenem Tage wird der HERR der alleinige sein und sein Name »der Einzige«. [10]*Das ganze Land wird sich zur Ebene umwandeln von Geba bis nach Rimmon südlich von Jerusalem; dieses aber wird hoch ragen und an seiner Stätte bleiben vom Benjamintor an bis zu der Stelle des vormaligen Tores, bis hin zum Ecktor, und vom Turm Hananel an bis zu den Königskeltern.* [11]*Man wird dann darin wohnen, ohne daß fortan ein Bannfluch verhängt wird, und Jerusalem wird in Sicherheit bewohnt werden.*

Zwar ist bei Sacharja von der »ganzen Erde« die Rede, doch eine Welt ohne Tag und Nacht und ohne Jahreszeiten kann nicht im Irdischen sein. Unser Planet wird sich gewiß weiterdrehen, solange er bewohnbar bleibt, welche Katastrophen auch immer ihn heimsuchen mögen. Mit »über die ganze Erde« ist wohl »über die ganze Schöpfung« gemeint. Bei beiden Propheten sehen wir wieder den Strom »lebendigen Wassers«, der bei Joel wie bei Ezechiel vom Tempel ausgeht, bei Sacharja aber von Jerusalem. Doch das schließt sich nicht aus, wenn der Tempel in der Gottesstadt liegt. Außerdem gäbe es nach dem tausendjährigen Friedensreich entgegen Sacharjas Vers 11 sehr wohl nochmals einen Bannfluch: Das Weltgericht der Johannesapokalypse (20,11–15).

Prophezeiungen des Erlösungswerks

Der kommende Messias wird von einigen Propheten des Alten Testaments verkündet, von jedem in seiner eigenen, unterschiedlichen Form. Als umfangreichster und damit wichtigster Verkünder des Gesalbten Gottes wird in der Regel Jesaja gewertet. Unter den anderen Propheten finden wir vor allem bei Daniel Worte, die auf den Erlöser hinweisen, doch auch die sogenannt kleinen Propheten sind beachtenswert. Gerade Daniels Ankündigungen sind zwar schwieriger zu deuten als jene Jesajas, doch die nachfolgende Analyse soll sie als aufschlußreicher erweisen.

Wir betrachten die Visionen jeweils im Rahmen von thematisch gegliederten Abschnitten und erst in zweiter Linie entlang des Laufs der Geschichte, soweit die historisch-kritische Forschung ihn rekonstruiert. Messias-Prophezeiungen finden sich zum Teil schon im Protojesaja des achten Jahrhunderts v.Chr. und bei seinen Zeitgenossen, vor allem aber im Deuterojesaja, der dem Ende des babylonischen Exils zugeordnet wird. Für Christen, die die Worte Jesajas und Michas auf Jesus beziehen, sahen die Propheten das Auftreten des Erlösers also fünfeinhalb bis sieben Jahrhunderte voraus. Für die jüdische Glaubensgemeinschaft haben sie sich auch nach mehr als zweieinhalb Jahrtausenden noch nicht erfüllt.

Der König auf dem Eselsfüllen

Bei Jesaja erscheint der Erlöser nicht nur als Friedensfürst, sondern in viel größerem Zusammenhang, auch als leidensbereiter Mensch, weiser Hirt und Gottesheld. Die anderen Propheten sehen den Erlöser als König des Volkes Israel, zum Beispiel der vorexilische Jeremia:

> *Jer 23,5 (analog 33,14f): Wisset wohl: es kommt die Zeit – so lautet der Ausspruch des* HERRN *–, da will ich dem David einen Sproß der Gerechtigkeit erwecken: der*

> *wird als König herrschen und mit Weisheit handeln und Recht und Gerechtigkeit im Lande walten lassen!*

Die Aussage »der wird als König herrschen« scheint sich nur auf Israel zu beziehen, daß diese Herrschaft eine viel umfassendere sei, ist aber nicht auszuschließen. Von Micha, der über hundert Jahre früher zur Zeit Jesajas lebte, erfahren wir zudem, der große König werde aus dem kleinen, unbedeutenden Betlehem erstehen:

> *Mi 5,1: Du aber, Bethlehem-Ephrath, bist zwar zu klein, als daß du zu den Hauptorten Judas gehörtest, aber aus dir wird mir der hervorgehen, der in Israel Herrscher sein soll und dessen Ursprung der Vergangenheit, den Tagen der Urzeit, angehört.*

Der Messias hat einen Ursprung. Der liegt in den »Tagen der Urzeit«, das heißt im Urbeginn der Himmelsschöpfung. Dies ist ein deutlicher Hinweis, daß Christus nicht Gott, der Ewige ist, sondern seinen Anfang hat, als erstes Geschöpf Gottes.[1]

Sacharja, der im babylonischen Exil wirkte, bringt Christi Bescheidenheit dadurch zum Ausdruck, daß er ihn nicht hoch zu Roß, sondern auf einem Eselsfüllen reiten läßt:

> *Sach 9,9: Frohlocke laut, Tochter (Bewohnerschaft von) Zion! Brich in Jubel aus, Tochter Jerusalem! Siehe, dein König kommt zu dir; gerecht und ein sieghafter Retter ist er, demütig, und reitet auf einem Esel, auf einem Füllen, dem Jungen einer Eselin.*

Ob dies eine konkrete Prophezeiung von Jesu Einzug in Jerusalem ist, bleibt eine Frage des Glaubens, denn Jesus kannte die Prophetenworte und könnte das Eselsfüllen auch deshalb gewählt haben. Auch die kleineren Propheten besingen den Erlöser also nicht nur als großen Friedensfürsten und sieghaften Retter, sondern auch als bescheidenen Anführer unter Seinesgleichen.

---

[1] Weiter unten werden hierfür weitere, unzweifelhafte biblische Belege erbracht. Im Widerspruch steht einzig 1Joh 5,20: »Wir wissen aber, daß der Sohn Gottes gekommen ist und uns Einsicht verliehen hat, damit wir den Wahrhaftigen erkennen; und wir sind in dem Wahrhaftigen, in seinem Sohne Jesus Christus. *Dieser ist der wahrhaftige Gott* und ewiges Leben.« Das ursprüngliche Ende des 1. Johannesbriefs ist die abschließende Wendung 5,13. Die Verse 14–21 nehmen neue Themen wie die Unterscheidung der Sünde zum Tode und die Warnung vor Götzen auf, die nicht in den Zusammenhang des Briefes passen. Sie werden deshalb von verschiedenen Forschern als späterer Nachtrag identifiziert. Da er im Widerspruch nicht nur zum Brief selbst, sondern zur ganzen Heiligen Schrift steht, kann diesem Nachtrag keine wegweisende Bedeutung beigemessen werden.

Jesajas Visionen des Erlösers

Als der größte Visionär des Kommens Christi wird zu Recht Jesaja betrachtet. Die entscheidenden Aussagen sind über alle Teile des Buchs verstreut, werden also zumindest teilweise von der historisch-kritischen Exegese nicht dem Sohn des Amoz selbst zugeschrieben. Das mindert jedoch wie bereits erwähnt nicht ihre Glaubhaftigkeit. Wie wir im folgenden sehen werden, liefert das Buch Jesaja uns deutliche Hinweise bezüglich einer ganzen Reihe traditioneller Irrlehren.

Die junge Frau wird guter Hoffnung werden

Wir beginnen unsere Betrachtung von Jesajas Messias-Worten mit der denkwürdigen Stelle zur Jungfrauengeburt:

> *Jes 7,14–16: Seht, die junge Frau wird guter Hoffnung werden und einen Sohn gebären, dem sie den Namen Immanuel geben wird.* 15 *Von Dickmilch und Honig wird er leben zu der Zeit, wo er das Böse zu verwerfen und das Gute zu erwählen versteht;* 16 *denn ehe noch der Knabe das Böse zu verwerfen und das Gute zu erwählen versteht, wird zwar das Land verlassen sein, vor dessen beiden Königen du Grauen empfindest.*

Die Stelle war schon in der antiken, altgriechischen Septuaginta falsch übersetzt. Kein Wunder hält sich die Irrlehre der Jungfrauengeburt hartnäckig bis auf den heutigen Tag. Kirchliche Traditionen von Jahrhunderten bauen darauf. Nur so ist erklärbar, daß sogar die hebräisch-englische Interlinearübersetzung auf biblos.com sich im Sog der kirchlichen Dogmatik noch immer hinreißen läßt, das hebräische Alma (עַלְמָה) als »Jungfrau« zu übersetzen, obschon die zugehörige Konkordanz sechs andere Stellen im Alten Testament ausweist, die ausnahmslos mit »Mädchen« oder »junge Frau« übersetzt werden. Wäre eine Jungfrau im Sinn einer Unberührten gemeint, so müßte Betula (בְּתוּלָה) stehen, wie zum Beispiel in der Genesis bezüglich Rebekka (24,16).

Auch wenn bei Gott alles möglich ist – für alle Aspekte der Weihnachtsgeschichte, die für die »unbefleckte Empfängnis« herangezogen werden, gibt es überzeugende andere Interpretationen – sofern man an die Realität jenseitiger Sphären glaubt.[2] Nach der vorliegenden Auffassung des Erlösungswerks *mußte* Jesus auf ganz normalem Weg als einer von uns geboren werden, denn sonst wäre er als Erlöser gar nicht in Frage gekommen.[3]

---

[2] Details siehe Böhm-Mäder (2016) S. 5ff.

[3] Siehe insbes. Abschnitt *Erlösungstat, Höllenfahrt und Auferstehung* S. 112 und v.a. *Die versiegelte Buchrolle* S. 255.

Die »beiden Könige vor denen du Grauen empfindest« in Vers 16 sind nicht leicht einzuordnen, zumal »das Land verlassen sein« wird. Wahrscheinlich sind das persische Seleukidenreich und Ägypten gemeint, die die jüdischen Kleinkönigreiche in Palästina all die Jahrhunderte von Jesaja bis zur Machtentfaltung Roms immer wieder bedrohten. Die Reste des Seleukidenreichs wurden 63 v.Chr. und Ägypten 30 v.Chr. zu römischen Provinzen. Damit waren diese Länder von ihren eigenen Herrschern verlassen. Mit dem Sieg Octavians über seinen mit Ägypten verbündeten Rivalen Marcus Antonius erreichte gleichzeitig das Römische Reich seine volle Ausdehnung um das ganze Mittelmeer und wurde zum Weltreich unter dem ersten großen Kaiser Augustus Octavian, unter dessen Herrschaft Jesus geboren wurde.

Der Starke mit uns

Dem Erlöser wird der Name Immanuel (עִמָּנוּאֵל) zugewiesen[4], was landläufig als »Gott mit uns« übersetzt wird. Die Endsilbe »-el« bezieht sich auf das hebräische »Elohim« (אֱלֹהִים), das nur bedingt mit »Gott« übersetzt werden kann. Im Alten Testament steht es zwar in sieben von acht Fällen für Gott, den Allmächtigen, wird aber auch an über hundert Stellen für »Götter« im Sinn von falschen Götzen eingesetzt. Einmal bezeichnet Elohim das »Götterwesen« des verstorbenen Samuel, das Saul erscheint und im Exodus sogar den irdischen Menschen Mose als Beauftragten Gottes.[5] Im achten Psalm wird es nicht nur als »Gott«, sondern bisweilen auch als »Engel« übersetzt, zum Beispiel in der Schlachter-Bibel (V. 6). Ein aufschlußreicher Fall ist der kurze Psalm 82. Im ersten Vers steht Gott (Elohim) in der Gottesversammlung (בַּעֲדַת־אֵל – in der Versammlung des El) inmitten der Götter (Elohim). Einige namhafte Übersetzer beziehen das zweite Elohim auf irdische Mächtige, allerdings unter Preisgabe der einleuchtenden Aussage.[6]

Elohim bedeutete ursprünglich die vielen Götter des Polytheismus, die schließlich zu den vielen Namen und Eigenschaften des einen Gottes wurden.[7] Es ist die Mehrzahl von Eloah (אֱלוֹהַּ) und geht zurück auf das semitische El, das »stark« heißt. Melchisedek nennt Gott »El Eljon« (אֵל עֶלְיוֹן), das heißt »Gott, der Höchste« oder eben »der Starke, Höchste«.[8]

---

[4] Jes 7,14; oben zitiert (S. 77).

[5] 1Sam 28,13 und 2Mose 4,16.

[6] Detaillierte Auslegung im Abschnitt *Gericht und Friedensherrschaft im Psalter* S. 218.

[7] Die Analyse der semitischen Wurzeln des Begriffs Elohim folgt dem religionswissenschaftlichen Essay von Max Müller (Müller, 1879 S. 355f).

[8] 1Mose 14,18–20.

Eloah kann als »Mächtiger« oder »Starker« übertragen werden und ist wohl die älteste Bezeichnung für eine Gottheit aus sehr frühen semitischen Zeiten. Die Einzahl kommt im Alten Testament nur selten vor und wenn, dann nur in den Teilen, die den Spätschriften aus der Zeit des Zweiten Tempels zugewiesen werden. Die Mehrzahl Elohim ist kaum ein *Pluralis majestatis,* denn dieser wurde erst in der Spätantike gebräuchlich.[9] Beachten wir nun, daß in der Offenbarung des Johannes von sieben Geistern Gottes die Rede ist (1,4), so kann das spätantike Dogma der Trinität als Grund für die Bezeichnung von Gott in einer Mehrzahl getrost fallengelassen werden. Der unfaßbare Allvater wirkte nur einmal direkt aus sich selbst, als er den Erstgeborenen schuf. Seither wirkt er in der Schöpfung immer durch seinen Statthalter Christus und die erstgeschaffenen Erzengel, durch die »sieben Söhne Gottes«[10], die seinen höchsten Hofstaat bilden.

Während Jahwe (יְהֹוָה) »Ich Bin Da« bedeutet und den Schöpfer als ungeschaffenes, hingebendes Sein bezeichnet, heißt Elohim also im Alten Testament »vielzähliger Mächtiger« oder »die Mächtigen« und wird bei weitem nicht nur für Gott, den Allvater eingesetzt, sondern auch für Menschen und Geistwesen als Beauftragte und Ebenbilder Gottes oder auch für Engel, die Geistboten Gottes. Immanuel kann also nicht nur im Sinne von »Gott mit uns« übertragen werden, sondern sehr wohl auch als »der Starke mit uns« oder »der Geist Gottes« beziehungsweise sogar »die Geister Gottes mit uns«.

Der Name Immanuel hat symbolische Bedeutung. Hätte Jeremia den Namen Jesus beziehungsweise die ursprüngliche hebräische Form Jehoschua (יְהוֹשֻׁעַ) prophezeit, wäre es zu direkt gewesen und hätte das Erlösungswerk ungünstig beeinflußt. Man bedenke, daß zum Beispiel im deutschen Sprachraum (anders als im spanischen) kaum ein Junge mit dem Rufnamen Jesus getauft wird, denn an Christus scheiden sich die Geister. Die christliche Ehrfurcht vor dem Erlöser oder dessen Ablehnung machen diesen Namen fast undenkbar. Ähnlich wäre in der altjüdischen Kultur nach Jesaja wohl kaum jemand so dreist gewesen,

---

9 Schon in hellenistischer Zeit gab es die erste Person Mehrzahl in Berichten, Briefen oder Reden, doch hier handelt es sich nicht um einen *Pluralis majestatis* zum Ausdruck besonderer Macht oder Hoheit, sondern um einen *Pluralis societivus,* mit dem andere Personen mitgedacht werden. Ein wirklicher Pluralis majestatis kam erst im erst im 2. Jh. auf und gewinnt im 4. Jh. weite Verbreitung (Ruf, 2011 S. 56f).

10 Sie sind z.B. in der alttestamentlichen Apokryphe Tobit erwähnt (Tob 12,15 Gute Nachricht): »Ich bin Raphael, einer der sieben Engel, die vor Gottes Thron stehen und seiner strahlenden Herrlichkeit nahe kommen dürfen«. Raphael gilt mit Michael, Gabriel und Luzifer als einer der höchsten Erzengel der ersten Generation.

ein Kind Immanuel zu nennen und damit quasi zu suggerieren, der eigene Sohn sei der Messias.

Jesus ist die gräzisierte[11] Form des hebräischen Jeschua (יֵשׁוּעַ), der am Beginn unserer Zeitrechnung gebräuchlichen Kurzform des ursprünglichen Jehoschua, das etymologisch nicht eindeutig zugeordnet werden kann. Traditionell wird es interpretiert als Kombination aus Jeho- (יְהוֹ), einer in Namen verwendeten Silbe für Jahwe (יְהוָה), und -schawa (שָׁוַע), das mit »um Hilfe rufen« übersetzt wird.[12] Jehoschua hieße demnach wörtlich »Gott ist ein Hilferuf«.

Durchbohrt um unserer Missetaten willen

Nach den oben besprochenen Passagen des siebten Kapitels greift Jesaja zu Beginn des neunten und elften Kapitels die Ankündigung der Geburt des Erlösers wieder auf:

> *Jes 9,3–5: Das Joch, das schwer auf ihnen lastete, und die Stäbe auf ihrem Nacken, den Stecken ihres Treibers zerbrichst du … 5Denn ein Kind wird uns geboren, ein Sohn uns geschenkt werden, auf dessen Schulter die Herrschaft ruhen wird; und sein Name lautet »Wunderrat, Gottheld, Ewigvater, Friedefürst.«*

> *Jes 11,1f: Sodann wird ein Reis aus dem Stumpfe Isais hervorgehen und ein Schößling aus seinen Wurzeln Frucht tragen; 2und der Geist des HERRN wird auf ihm ruhen: der Geist der Weisheit und der Einsicht, der Geist des Rates und der Heldenkraft, der Geist der Erkenntnis und der Furcht des HERRN.*

Die Herkunft der Verse 9,1–6 ist umstritten. Möglicherweise gehören sie nicht zum ursprünglichen Protojesaja. Zudem bringen die obigen Verse außer dem Lob des Erlösers nicht viel neues Fleisch an den Knochen.

Die eigentliche Messias-Prophezeiung Jesajas ist die wohlbekannte Passage am Ende des Deuterojesajas. Sie geht also vielleicht nicht auf Jesaja ben Amoz selbst zurück, ist aber spätestens kurz nach der Mitte des sechsten Jahrhunderts v.Chr. entstanden. Auch so liegt noch mehr als ein halbes Jahrtausend zwischen Weissagung und Ereignis. Wir geben die Prophezeiung Stück für Stück im vollen Wortlaut in der weitgehend wortgetreuen Übertragung Herrmann Menges wieder, da sie viele Hinweise auf die Ursünde und das Erlösungswerk gibt, die leider so oft verkannt werden:

---

[11] Ins Altgriechische übertragen.

[12] Nach dem althebräischen Lexikon von Marcus Jastrow (1903/1926 S. 1538).

> *Jes 53,2–12: Er wuchs ja vor ihm auf wie ein Schößling und wie ein Wurzelsproß aus dürrem Erdreich; er hatte keine Gestalt und keine Schönheit, daß wir ihn hätten ansehen mögen, und keine Erscheinung, daß wir Gefallen an ihm gehabt hätten;*
> *3nein, er war verachtet und gemieden von den hochstehenden Menschen, ein Mann der Schmerzen und mit Leiden vertraut, ja wie einer, vor dem man das Angesicht verhüllt, verachtet, so daß wir ihn für nichts ansahen. …*

Der Knecht Gottes »wuchs auf aus dürrem Erdreich«, das heißt aus dem irdischen, abtrünnigen und fast gänzlich geistlos gewordenen Volk Israel. Er kam nicht in seiner himmlischen Herrlichkeit in den Staub der Erde, sondern als einer von uns, »verachtet und gemieden von den Hochstehenden«.

> *… 4Jedoch unsere Leiden waren es, die er getragen hat, und unsere Schmerzen hatte er sich aufgeladen, während wir ihn für einen Gebrandmarkten, von Gott Geschlagenen und Gemarterten hielten. 5Und doch war er durchbohrt um unserer Missetaten willen und zerschlagen infolge unserer Verschuldungen: die Strafe war auf ihn gelegt zu unserm Frieden, und durch seine Striemen ist uns Heilung zuteil geworden. 6Wir gingen alle in der Irre wie Schafe, ein jeder wandte sich seinem selbsterwählten Wege zu; der HERR aber hat unser aller Schuld auf ihn fallen lassen. …*

Ganz zu Unrecht »halten wir ihn für einen von Gott Geschlagenen und Gemarterten«. Er mußte nämlich ins Irdische kommen und leiden, nicht weil Gott es von Beginn an so gewollt hätte, sondern »um unserer Missetaten willen«. Denn »wir gingen alle in der Irre wie Schafe, ein jeder wandte sich seinem selbsterwählten Wege zu«. Jede und jeder von uns, die wir einst im Himmel erschaffen wurden, hatte die Wege des Herrn verlassen und war dem Verführer gefolgt. Der Erlöser wurde »zerschlagen infolge unserer Verschuldungen«, um uns wieder »Frieden und Heilung« zu bringen.

> *… 7Als er mißhandelt wurde, ergab er sich willig darein und tat seinen Mund nicht auf wie ein Lamm, das zur Schlachtung geführt wird, und wie ein Mutterschaf, das vor seinen Scherern stumm bleibt; er tat seinen Mund nicht auf. 8Aus der Drangsal und dem Gericht ist er hinweggenommen worden, doch wer unter seinen Zeitgenossen bedachte es, daß er aus dem Lande hinweggerissen war? Wegen der Verschuldung meines Volkes hat die Strafe ihn getroffen. 9Und man wies ihm sein Grab bei Gottlosen an und bei Missetätern seine Gruft, wiewohl er keine Gewalttat verübt hatte und kein Betrug in seinem Munde gewesen war. …*

Obwohl Jesus schuldlos hingerichtet wurde und in seiner Schuldlosigkeit bis zuletzt standhaft blieb, war ihm »sein Grab bei den Gottlosen und Missetätern«, das heißt unter den geistig Toten in der Finsternis zugewiesen worden.

Christus hatte sich aber willig und selbstlos in die Marter hingegeben, duldsam und still wie ein Lamm und wurde darum »aus der Drangsal und dem Gericht hinweggenommen«; das heißt, er fiel nicht wie wir Abgefallenen in die Jahrtausende lange Trübsal der Menschheit und auch nicht unter das Gericht Gottes über den Verführer und seine Henkersknechte. Er ist der erste Auferstandene aus der »Gruft der Gottlosen«, aus dem finsteren Reich des geistigen Todes.

> … [10]*Doch dem HERRN hatte es gefallen, ihn mit Leiden zu zerschlagen; wenn er sein Leben als Schuldopfer einsetzen wird, soll er Samen sehen und lange Tage leben und der Heilsplan des HERRN durch ihn zur Ausführung gelangen.* [11]*Infolge seiner Seelenqual wird er Frucht erwachsen sehen und satt werden; durch seine Erkenntnis wird als Gerechter mein Knecht den Vielen zur Gerechtigkeit verhelfen, indem er ihre Verschuldungen auf sich lädt. …*

»Dem Herrn hatte es gefallen, ihn mit Leiden zu zerschlagen« will um Himmels Willen nicht heißen, der Allmächtige hätte Genugtuung an der Marter gehabt, sondern daß dies nach seiner unermeßlichen Weisheit die einzige Möglichkeit war, uns alle zu retten, ohne den freien Willen irgendeines seiner Geschöpfe opfern zu müssen. Indem Christus »sein Leben als Schuldopfer eingesetzt« hat, »verhalf er den Vielen zur Gerechtigkeit« und wird unermeßliche »Frucht erwachsen sehen«, da »der Heilsplan des Herrn durch ihn zur Ausführung gelangen« wird.

> … [12]*Darum will ich ihm die Vielen zuteilen, und mit Starken soll er Beute teilen zum Lohn dafür, daß er sein Leben in den Tod hingegeben hat und unter die Übeltäter gezählt worden ist, während er doch die Sünde der Vielen getragen hat und für die Übeltäter als Mittler eingetreten ist.*

Als himmlischer Schuldloser wurde er einer von uns Abgefallenen und ist »unter die Übeltäter gezählt worden«. Er hat »die Sünde der Vielen getragen«, die wir selbst niemals hätten bewältigen können und ist für uns, »für die Übeltäter als Mittler eingetreten«.

Wir sind nämlich aus eigenem Verschulden in diese Welt gefallen, wie im Deuterojesaja weiter vorne schon erwähnt:

> *Jes 50,1: Wo ist denn der Scheidebrief eurer Mutter, durch den ich sie verstoßen hätte? Oder wo ist einer unter meinen Gläubigern, an den ich euch verkauft hätte? Nein, um eurer Verschuldungen willen seid ihr verkauft worden, und wegen eurer Übertretungen ist eure Mutter entlassen worden!*

Einen weiteren Hinweis über die Ursachen unserer Schuld finden wir schon im Protojesaja, der allgemein dem Sohn des Amoz selbst zugeschrieben wird:

> *Jes 28,17b.18a: … der Hagel wird das Schirmdach der Lüge wegreißen, und die Wasserfluten sollen die Bergungsstätte wegschwemmen.* **18***Dann wird euer Bund mit dem Tode hinfällig werden und euer Abkommen mit dem Totenreich abgetan sein: Wenn die Geißel mit ihrer Sturmflut hereinbricht, werdet ihr von ihr zermalmt werden.*

Den Motiven von Hagel und Wasser und von weggeschwemmtem Schutz werden wir in den Endzeitvisionen unten wieder begegnen. Hier ist entscheidend: Da gibt es einen Bund, einen Vertrag mit dem Totenreich, mit dem Reich der geistig Toten. Dessen Herrscher ist Satan, der »wie ein Blitz« aus dem Himmel stürzte.[13] Diesen gültigen Vertrag nach Gottes Gesetzen erwähnt auch Paulus in seinem Brief an die Kolosser:

> *Kol 2,13f: Auch euch, die ihr durch eure Übertretungen … tot waret, auch euch hat Gott zusammen mit ihm [Christus] lebendig gemacht, indem er uns alle Übertretungen aus Gnaden vergeben hat,* **14***dadurch, daß er den durch seine Satzungen gegen uns lautenden Schuldschein, der für unser Heil ein Hindernis bildete, ausgelöscht und ihn weggeschafft hat, indem er ihn ans Kreuz heftete.*

Nach dem obigen Zitat aus dem Deuterojesaja sind wir um unserer eigenen Abtrünnigkeit willen verkauft und haben unseren geistigen Tod selber zu verantworten. Wir haben uns freiwillig auf den Bund mit dem Herrn der Finsternis eingelassen. Aus dem Teufelskreis der Schuld und der damit einhergehenden Bindung an den diabolischen Sklavenhalter hätten wir uns nie selber befreien können.[14] Nicht umsonst bedeutet der hebräische Name Satan (שָׂטָן) mitunter »Ankläger«: In unserer unüberwindlichen Schuld, auf die wir immer neue Schuld türmen, konnte er uns im Rahmen von Gottes unfehlbarer Gerechtigkeit immer neu anklagen und so in seiner Macht gefangenhalten.

Ohne Lärm und ungebrochen

In Kapitel 42 bringt Jesaja[15] weitere Aspekte seiner Messias-Prophezeiungen ins Spiel:

---

[13] Lk 10,18: s. Fußnote 1 S. 33.

[14] Genauer erklärt unter *Erlösungstat, Höllenfahrt und Auferstehung* S. 112 und *Das Buch mit den sieben Siegeln* S. 255.

[15] Oder die Autoren des Deuterojesaja.

Jes 42,1–4: Siehe da, mein Knecht, an dem ich festhalte, mein Erwählter, an dem mein Herz Wohlgefallen hat: Ich habe meinen Geist auf ihn gelegt, damit er die Wahrheit zu den Völkern hinaustrage. ²Er wird nicht schreien noch lärmen und seine Stimme nicht auf der Straße hören lassen; ³ein geknicktes Rohr wird er nicht abbrechen und einen glimmenden Docht nicht auslöschen; getreulich wird er die Wahrheit kundtun. ⁴Er selbst wird nicht verglimmen und nicht zusammenbrechen, bis er das Recht auf Erden fest gegründet hat; die Meeresländer harren schon auf seine Weisung.

Christus ist Gottes erwählter Statthalter seit Anbeginn, an dem der Allmächtige festhält. Der Sohn trägt den Geist der Wahrheit zu den Völkern hinaus, die der Lüge des Verführers verfallen sind. Er zieht nicht triumphierend mit Pauken und Trompeten durch die Straßen, um mit viel Lärm Kundenwerbung zu machen, sondern predigt denen, die ihn suchen. Wer Ohren hat, der höre. Für stolz Erhabene und geistig Tote ist jede Werbung verlorene Liebesmühe, solange sie nicht wachgerüttelt sind. Die Geknickten aber wird er aufrichten, und jene, die noch ein wenig geistige Glut an ihrem Docht aufweisen, wird er anfachen.

Der Schöpfer kennt seine Geschöpfe. Daß Christus den Herausforderungen standhalten *kann,* mußte Gott wissen. Er durfte vertrauensvoll davon ausgehen, daß der Messias »nicht verglimmen und nicht zusammenbrechen« wird, auch wenn es Christi freier Wille ist, seine Last zu tragen. Die Meeresländer schließlich sind die Heerscharen der Seelen aus allen Völkern, die auf die Erlösung hoffen.

Der Leuchter und die Olivenbäume

Der nachexilische Prophet Sacharja überliefert uns sehr abstrakte Himmelsvisionen, die nicht leicht zu interpretieren sind. Für ein tieferes Verständnis anderer Prophezeiungen, namentlich des Buchs der Offenbarung sind sie jedoch wichtig. Aufgrund verbreiteter Interpretationsschwierigkeiten weichen die Übersetzungen erheblich voneinander ab:

Sach 4,2b–3: Ich sehe, da steht ein Leuchter ganz von Gold, und ein Ölbehälter befindet sich oben darauf, und sieben Lampen sind an ihm und sieben Gießröhren für die Lampen, die sich an ihm befinden; ³und neben ihm stehen zwei Ölbäume, einer zu seiner Rechten und einer links von ihm.

Sach 4,2b–3 (Einheitsübersetzung): Da stand ein Leuchter, ganz aus Gold, darauf eine Schale und auf ihr sieben Lampen mit je sieben Schnäbeln für die Flammen auf den Lampen. ³Zwei Ölbäume standen daneben, der eine rechts, der andere links von der Schale.

Vers 3 wird häufig im Sinn übertragen, daß die Ölbäume neben dem Leuchter stehen, so auch von Hermann Menge. Nach dem hebräischen Urtext ist hier die Form der Einheitsübersetzung treffender. Allerdings setzt sie die Lampen auf die Schale und spricht von Schnäbeln für die Flammen, wo anhand des hebräischen מוּצָקוֹת (musakowt) Menges »Gießröhren« viel besser passen. Eine konsolidierte deutsche Form nach beiden Übersetzungen unter Berücksichtigung des althebräischen Texts wäre demnach:

> *Sach 4,2b–3: Ich sehe, da steht ein Leuchter ganz von Gold, und darauf eine Schale als Ölbehälter, und sieben Lampen sind an ihm und sieben Gießröhren für die Lampen; **3**und neben der Schale stehen zwei Ölbäume, einer zu ihrer Rechten und einer links von ihr.*

Der siebenflammige Leuchter ist die Menora, eines der wichtigsten Symbole des Judentums und ein prominenter Teil der alten Stiftshütte für die Geistverbindung zu Gott.[16] Im selben Kapitel kommt Sacharja nochmals auf Lampen und Ölbäume zurück:

> *Sach 4,10–14: … Diese sieben Lampen aber sind die Augen des Herrn, die über die ganze Erde schweifen. **11**Hierauf richtete ich die Frage an ihn: »Was bedeuten denn diese beiden Ölbäume rechts und links auf[17] dem Leuchter?« **12**Und … »was haben die beiden Olivenzweige zu bedeuten, die sich neben den beiden goldenen Röhren befinden, welche das Gold(öl) von oben herableiten?« … **14**»Das sind die beiden Söhne des Öls (d.h. die beiden Gesalbten: Fürst und Priester), die (als Diener) vor dem Herrn der ganzen Erde stehen.«*

Da sind nicht nur sieben Gießröhren, die von der Schale zu den Lampen führen, sondern wiederum zwei Goldröhren, die das Goldöl von oben herableiten. Der hebräische Begriff בְּיַד (bejad) in Vers 12 mit den Olivenzweigen wird hier allgemein mit »daneben befinden« übersetzt – ein Unikum, denn eigentlich heißt dies »Hand« und wird in allen rund 280 anderen Fällen des Alten Testaments in diesem Sinn übersetzt, mehrheitlich übertragen mit »durch die Hand« oder »in der Hand« in Bezug auf eine Person oder Macht. Die beiden Röhren werden also vielmehr durch die Ölzweige gehalten oder geführt.

Der Herr der ganzen Erde ist Christus im Auftrag Gottes, die Ölschale oben drauf, aus der beziehungsweise durch die das kostbare Goldöl des Lebens über

---

[16] Siehe 2Mose 25,31–40; 37,17–24.

[17] Nach Menge: »… rechts und links von dem Leuchter.« Der hebräische Text lautet: עַל־ יְמִין הַמְּנוֹרָה וְעַל־ שְׂמֹאולָהּ – Wort für Wort übersetzt: auf/über – der Rechten – des Leuchters – und auf/über – der Linken.

den Leuchter hinunter fließt. Als seine Sekundanten stehen neben ihm die zwei »Söhne des Öls« des Lebens. Anstelle von »Fürst und Priester« im allgemeinen passen hier viel besser die entsprechenden konkreten, größten geistigen Leitgestalten des Alten Testaments: Der Führer Mose und der Prophet Elia, die sich auch in Jesu Verklärung auf dem Berg mit dem Erlöser berieten.[18] Sie sind die beiden Söhne des Lichts, die Männer Gottes, die selber Ölbäume, Geschöpfe des Öls sind und die das Goldöl des Lebens auf das Volk Gottes herabführen.

Der Leuchter als Zeichen des Tempels oder der Stiftshütte Israels kann kaum für Gott selbst stehen, wie man voreilig meinen könnte. Sollen denn die Ölbäume Mose und Elia auf Gott »oben darauf« stehen? Genausowenig paßt das Volk Israel, denn dieses war mehrheitlich alles andere als lauteres Gold. Der Leuchter mit sieben eindringlichen Augen, der von oben durch goldenes Lebensöl gespiesen wird, steht vielmehr für den Hofstaat Gottes, die Heerscharen von Söhnen und Töchtern des Herrn, die im Auftrag von Gott und Christus über das Volk Israel wachen und es führen. Nicht umsonst werden Mose und Elia »Männer Gottes« genannt. Sieben ist die symbolische Zahl geistiger Vollkommenheit und himmlischer Macht. Die »Augen des Herrn« sind die Beauftragten des Herrn. Dieser himmlische Hofstaat ging mit der Niederkunft Christi vom alten Bund des Gesetzes in den neuen Bund der Erlösung über, und so gewinnt er seither laufend viele neue Helferseelen hinzu.[19]

Daniels siebzig Jahrwochen

Eine überragende Prophezeiung bezüglich des Erlösers wird neben dem als bedeutend wahrgenommenen Jesaja zu wenig beachtet: Daniels siebzig Jahrwochen. Vielleicht liegt das an der mangelnden Sorgfalt der bisherigen Auslegungen. Diese Vision ist aber nicht nur ein herausragender Beleg für Jesus als der Erlöser der Menschheit, sondern auch für die Echtheit wahrer vorausschauender Prophetie. Daniel lebte etwa sechshundert Jahre vor Christi Geburt[20], und für die Christenheit bezieht sich die Vision der siebzig Jahrwochen am Ende des neunten Kapitels des Buchs Daniel auf das Auftreten von Christus Jesus:

---

[18] Mt 17,1–9; Mk 9,2–10; Lk 9,28–36.

[19] Vgl. Abschnitt *Die Braut Christi* S. 120.

[20] Wobei das Buch Daniel gemäß einigen historisch-kritischen Forschern erst im 2. Jh. v.Chr. fertig zusammengestellt wurde, vgl. Abschnitt *Daniel – der verkannte große Seher* S. 25.

Dan 9,24–27: Siebzig Jahrwochen[21] *sind über dein Volk und über deine heilige Stadt bestimmt, um den Frevel zum Abschluß zu bringen und das Maß der Sünde voll zu machen, um die Verschuldung zu sühnen und ewige Gerechtigkeit herbeizuführen und das Gesicht und den Propheten zu bestätigen und ein Hochheiliges zu salben.* **25***Wisse also und verstehe, vom Ausgang des Wortes inbetreff der Wiederherstellung und Neugründung Jerusalems bis zum Gesalbten, einem Fürsten, sind zweiundsechzig und eine halbe Jahrwoche*[22]*, und die Marktplätze und Gräben werden wieder aufgebaut sein, allerdings in drangsalsreichen Zeiten.* **26***Und nach zweiundsechzig Jahrwochen wird ein Gesalbter ums Leben gebracht werden ohne Richterspruch; und die Stadt samt dem Heiligtum wird das Kriegsvolk eines Fürsten zerstören, der heranzieht, wobei das Ende*[23] *aber durch eine Sturmflut eintritt; und bis zum Ende wird Krieg stattfinden, festbeschlossene Verwüstungen.* **27***Und er wird einen festen Bund mit der Volksmenge eine Jahrwoche lang schließen und nach der Hälfte*[24] *der Jahrwoche Schlacht- und Speisopfer abschaffen; und an ihrer Stelle wird der Greuel der Verwüstung aufgestellt sein, und zwar so lange, bis die festbeschlossene Vernichtung sich über die Verwüstung ergießt.*

Um Daniels Prophezeiung auf Jesus beziehen zu können, müssen wir die wichtigsten Eckpunkte um die Vision historisch festlegen. Verwirrend ist allein schon, daß von drei ähnlichen aber doch verschiedenen Zeitmaßen die Rede ist, die sich auf dieselbe oder auf verschiedene Begebenheiten beziehen könnten. Bevor wir also im Detail auf die betreffenden Verse eingehen, müssen wir versuchen, das mangelhaft und durchaus widersprüchlich aufgezeichnete Leben Jesu zeitlich einzuordnen. Das wurde schon verschiedentlich angegangen, denn es ist sehr schwierig, da uns außer den sehr spärlichen, historisch nur bedingt

---

[21] Wörtlich: »Perioden von Sieben«, was Tage oder Jahre betreffen kann; die Interpretation als Jahrwochen, wie z.B. auch in der Zürcher Bibel, gründet auf 3Mose 25,8 bzgl. des Sabbatjahres sowie auf 4Mose 14,34 und Ez 4,6.

[22] In der Regel wird hier »7 und 62 Jahrwochen« übersetzt, vielleicht um die Zahl in die Nähe der ersten Zahl 70 zu bringen. Der Urtext von Vers 25 ist gemäß Menges Erklärung verderbt und läßt keine sichere Übersetzung zu. Nach der Angabe des frühen Kirchenlehrers Tertullian (ca. 150-220 n.Chr.) ist statt dessen 62½ Jahrwochen zu lesen (*Adv. Iud.* VIII – Kellner, 1912 S. 319).

[23] Korrigiert als gleichberechtigte Übertragung gemäß Interlinearübersetzung; Menge schreibt »dessen Ende …« anstelle von »wobei das Ende …« und bezieht die Sturmflut damit auf das Kriegsvolk des Fürsten. Auch Schlachter, z.B., bezieht die Flut in Vers 26 auf die Stadt: »die Stadt aber samt dem Heiligtum wird das Volk des zukünftigen Fürsten zerstören, und sie geht unter in der überströmenden Flut.«

[24] Nach Menge: »während der Hälfte«. Wörtlich »zur Hälfte« (וַחֲצִי), d.h. wenn die erste Hälfte vorbei ist. Fast alle anderen dem Autor bekannten Übersetzer schreiben »in der Mitte« oder »nach der Hälfte«.

verwertbaren biblischen Zeugnissen kaum etwas überliefert ist. Wir wollen dennoch oder gerade deswegen anhand der bisher verfügbaren Studien einen neuen Versuch wagen.

Ziemlich sicher rekonstruierbar ist einzig, daß Jesus schon einige Jahre vor Beginn unserer Zeitrechnung geboren wurde und daß er etwa um das Jahr 30 herum wirkte. Eine Jahrwoche im Sinne Daniels entspricht sieben Jahren, zweiundsechzig bis siebzig Jahrwochen also 434 bis 490 Jahren. Das wirft uns zurück in die Zeit des Aufbaus nach dem babylonischen Exil. Um die Prophezeiung verstehen zu lernen, müssen wir also bei den Ereignissen der Nachexilszeit beginnen. Nach der Einordnung auch des Lebens und Sterbens Jesu können wir schließlich im Abschnitt *Die Prophezeiung und ihre Einordnung* daran gehen, Daniels Zeitangaben zu überprüfen.

Die Nachexilszeit - Wiederaufbau Jerusalems

Unsere Betrachtung beginnt mit dem alten Trauma des Volks Israel. Im August 587 v.Chr. war Jerusalem von Nebukadnezar II. nach nur zehn Jahren das zweite Mal erobert, Jerusalem und der Tempel Salomos zerstört und ein wesentlicher Teil des Volks Israel nach Babylon deportiert worden.[25] Karl-Friedrich Pohlmann interpretiert dieses Trauma des Untergangs wie folgt:[26] Die Krise markiert »das Ende der göttlichen Gegenwart im Tempel«; »Jahwe wohnt nicht mehr direkt auf dem Zion, ... sondern nur noch sein Name«. Vor allem mit dem Verlust der Bundeslade war die bisherige geistige Führung des Volks Gottes vernichtet, denn die kostbare Lade war seit Mose die alles bestimmende Verbindung zum himmlischen Herrn gewesen. Eine Zeittafel der wichtigsten im Folgenden beschriebenen Begebenheiten um das babylonische Exil ist in Abbildung 2 dargestellt.

Jeremia erwähnt drei Deportierungen im Zuge der beiden Eroberungen Jerusalems.[27] Die Rückkehr der Verschleppten nach Juda begann rund fünfzig Jahre danach[28], in mehreren Schüben, nachdem der Perser Kyros der Große den Thron Babylons erobert hatte. Weitere rund zwanzig Jahre später wurde ein neuer Tempel erbaut, der »Zweite Tempel«. Der persische Statthalter Serubbabel vollendete ihn im Jahr 516 v.Chr.[29] Gewisse Ausleger betrachten die Zeit

---

[25] Albertz (2002) S. 31; Herrschaft Nebukadnezars II.: 604–562 v.Chr.

[26] Pohlmann (2002 S.46f) beschreibt diese immense Krise der jüdischen Religion sehr eindringlich.

[27] In den Jahren 597, 586 und 582 v.Chr.

[28] Ab 538 v.Chr.

[29] Busink (1970) S. 842.

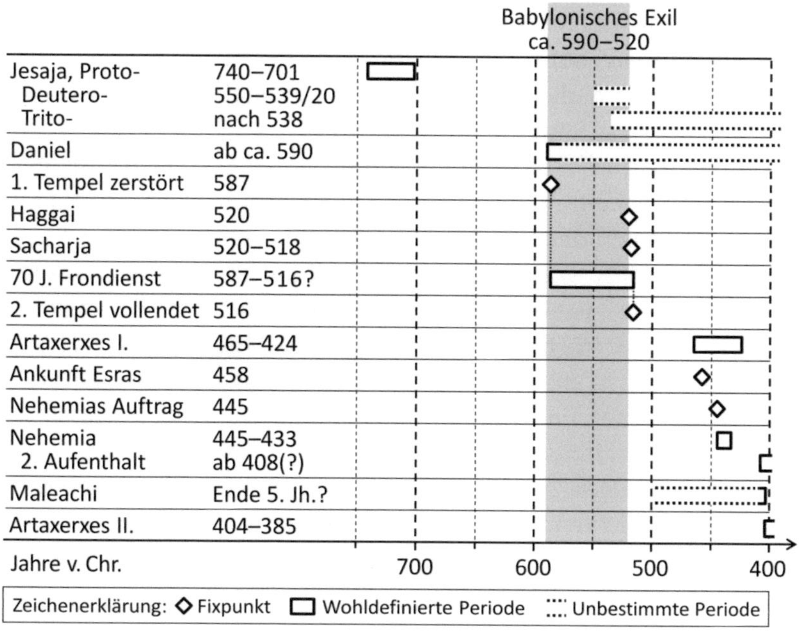

Abbildung 2: Zeittafel der Begebenheiten um das babylonische Exil.

von der zweiten Deportierung her (586 v.Chr.) als die siebzig Jahre der Einöde Judas und des Frondienstes in Babylon, die von Jeremia Jahrzehnte im voraus prophezeit wurde (25,11). Danach wurde der Tempel nur noch erweitert und ausgeschmückt.

In der Zeit nach dem Exil und beim Wiederaufbau des neuen Judentums wirkten fünf wichtige biblische Gestalten in Jerusalem: Die drei letzten alttestamentlichen Propheten Haggai, Sacharja und Maleachi sowie der Statthalter Nehemia und der Priester Esra. Um Anhaltspunkte für die Interpretation der Vision Daniels zu gewinnen, müssen wir diese Figuren historisch möglichst präzise einordnen.

Die vier Reden Haggais werden durch die Geschichtsschreiber auf den Tag genau datiert und fanden im Sommer 520 v.Chr. statt. Er war der erste nachexilische Prophet. Sacharjas Wirken begann im selben Jahr nur etwa zwei Monate danach und dauerte etwa zwei Jahre.[30] Maleachi gilt allgemein als der letzte alttestamentliche Prophet und wirkte höchstwahrscheinlich im Jahrhundert danach. Die historischen Zeugnisse aus diesem fünften Jahrhundert sind äußerst dünn, und so kann Maleachi fast nur anhand der beiden biblischen

[30] Bis Ende 518 v.Chr. (Reventlow, 1993 S. 2).

Geschichtsbücher Esra und Nehemia im Vergleich zum Buch Maleachi selbst sowie an allgemeinen politischen Verhältnissen eingeordnet werden. Viele Historiker datieren sein Wirken auf etwa Mitte bis Ende des Jahrhunderts. Er soll im Alter von höchstens zwanzig Jahren verstorben sein.[31]

Nehemia wirkte in Jerusalem von 445 bis 433 v.Chr. als Stadthalter von Juda.[32] Er stand im Auftrag des babylonischen Herrschers Artaxerxes I. (465–424 v.Chr.). Entgegen der suggestiven Formulierung im zweiten Buch der Makkabäer, »als Nehemia nach Erbauung des Tempels und des Altars wieder ein Opfer darbrachte«, baute Nehemia nicht am Tempel, sondern an der Stadtmauer von Jerusalem, wie das Buch Jesus Sirach bestätigt.[33] Nehemia hatte den Auftrag Jerusalem neu zu befestigen. »Erst nach längerer Zeit« kam er noch einmal zurück.[34] Franz Ludwig Zahn rekonstruiert, Nehemia müsse seinen zweiten Aufenthalt in Jerusalem erst im Jahr 408 v.Chr. angetreten haben.[35]

Mit einem ganz anderen Auftrag als Nehemia kam der Priester Esra in die Heilige Stadt, »im siebten Regierungsjahr des Königs Artaxerxes«[36]. Der unqualifizierte Herrschername wird klassisch als Artaxerxes I. verstanden, womit Esra um 458 v.Chr. eingezogen wäre.[37] Esra kam nach Jerusalem, um Streitigkeiten im Sinne des persischen Königs zu ordnen. Er bekräftigte die jüdische Isolation mit dem Verbot von Mischehen (Kap. 9) und brachte die neuen jüdischen Gesetze mit, die in Babylon von den judäischen Priestern entwickelt worden waren. »Esra, ... der von Artaxerxes die Vollmacht erhielt, das Gesetz in Jerusalem einzuführen, ist der Gründer des Judentums.«[38] Mit Esra fing

---

31 Schwemer (1996) S. 189.

32 Neh 5,14: »Außerdem habe ich ... vom 20. bis zum 32. Jahre der Regierung des Königs Arthasastha keinen Anspruch auf den Unterhalt des Statthalters gemacht.« Im Alten Testament wird Artaxerxes (griechisch) unter dem altpersischen Namen Arthasastha geführt.

33 2Makk 1,18; Sir 49,13; s. Busink (1970) S. 845.

34 Neh 13,6f: »Als ich dann nach einiger Zeit ... wieder nach Jerusalem gekommen war ...«

35 Gemäß Zahn erst nach 24 Jahren Pause, d.h. etwa im fünfzehnten Regierungsjahr des Darius Nothus. Die dramatische Zunahme der Mißbräuche im Volk (Neh 13,10–31) brauchte Zeit. Daß die Hälfte der Kinder aus den neugeschlossenen Mischehen gar kein Jüdisch mehr sprachen (Neh 13,24), spricht für etwa eine Generation. Nach Neh 13,4–7 war der Priester Eljasib nicht mehr am Leben, und der starb gemäß Alexandrinischer Chronik 412 v.Chr. (Zahn, 1830 S. 393).

36 Esra 7,7: »So zog den mit ihm ein Teil... im 7. Regierungsjahre des Königs... nach Jerusalem.«

37 Gewisse Historiker erachten ein Erscheinen Esras vor Nehemia als problematisch und schließen, daß es sich um Artaxerxes II. (Herrscher 404–385 v.Chr.) handeln müsse (Busink, 1970 S. 848). Die Argumentation scheint aber aufgrund der dünnen Beweislage nicht überzeugender.

38 Zitat Busink (1970) S. 851; nach Busink Artaxerxes II. Der Autor hält die klassische Auslegung als Artaxerxes I. für stichhaltig.

eine neue Rechts- und Religionsperiode des jüdischen Volkes an, die Zeit des »Zweiten Tempels«.

Die zeitliche Einordnung Maleachis ist Gegenstand wiederkehrender Diskussion. Gewisse Historiker monieren, Maleachi müsse nach Nehemia und Esra prophezeit haben, da er weder bei Nehemia noch bei Esra aufgeführt ist, während Esra doch die Propheten Haggai und Sacharja erwähnt (5,1). Nach rabbinischer Tradition wird Maleachi sogar als Beiname Esras betrachtet.[39] Linguistische Indizien verweisen für die ursprüngliche Verfasserschaft auf das fünfte Jahrhundert v.Chr. Die Historiker präsentieren eine breite Palette von Vorschlägen über das ganze Jahrhundert hinweg.[40] Nach Sichtung aller Analysen erachtet der Autor dieser Zeilen die Argumentation von Franz Ludwig Zahn als am überzeugendsten. Demnach wäre Maleachi nach der Rückkehr Nehemias, gegen das Ende des Jahrhunderts in Jerusalem aufgetreten.

Die Zeit des Zweiten Tempels

Die Ära des »Zweiten Tempels« fing wie oben erwähnt damit an, daß Esra die neuen jüdischen Gesetze nach Jerusalem brachte. Schriftgelehrte und Pharisäer wurden in diesen rund fünf Jahrhunderten zu religiösen und politischen Herrschern und erlangten zunehmenden Reichtum. Im mosaischen Gesetz hatte der Zehnte den Leviten zugestanden, doch diese nahmen an Zahl und Einfluß ab; die Hohenpriester und Pharisäer beanspruchten fortan den Löwenanteil.[41] Die Hohenpriester waren in die Reichsregierung mit eingebunden und führten bisweilen sogar die Reichsverwaltung.

Drehte sich der Kult im alten Israel um die Befragung Gottes im Tempel, so war »die Herrschaft der Thora ein wesentliches Kennzeichen … des Judentums der zweiten Tempelperiode. … [Daneben] war die Halacha die mündliche Tradition, die die [jüdische] Bibel zur Thora umformte, zu jener Lehre, die sämtliche Lebensbereiche und die Zukunftserwartungen des jüdischen Volkes

---

39 Gemäß Schwemer (1996) S. 178.

40 Die frühesten Schätzungen liegen um 500 v.Chr. (Schmitt, 1996 S. 242). Henning Reventlow sieht sein Wirken kurz vor Nehemia um 450-460 v.Chr. (Reventlow, 1993 S. 130), Pieter Verhoef kurz nach 433 v.Chr., nach Nehemia als Statthalter Jerusalems aber noch vor seiner späteren Rückkehr (Verhoef, 1987 S. 160). Carl Friedrich Keil kommt zum Schluß, Maleachi habe während der zweiten Aufenthaltszeit Nehemias gewirkt, deren Beginn er 432 v.Chr. ansiedelt (Keil, 1985 S. 683). Franz Ludwig Zahn (1830) schließlich schreibt bezüglich Maleachi ebenfalls, daß er »ohne Zweifel in seiner [Nehemias] zweiten Statthalterschaft um 400 v.Chr.« aufgetreten sei, die er anders als Verhoef erst ab 408 v.Chr. rekonstruiert.

41 Für die Angaben zur Zeit des Zweiten Tempels s. Menahem Stern (2007), insbes. für den Übergang von Leviten zu Pharisäern S. 242 und 294.

durchdrang. ... Das Thorastudium begann schon sehr früh ... [, so] daß alle jüdischen Kinder lesen lernten und im religiösen Brauchtum und in der Geschichte der Vorväter unterwiesen wurden.«[42]

Doch nicht nur die Befragung Gottes mittels der Bundeslade gehörte der Vergangenheit an. Zudem begannen die Jahrhunderte des prophetischen Schweigens, und Gott wurde zunehmend ins Abstrakte entrückt:[43] »Die palästinische Literatur nach dem 5. Jahrhundert v.Chr. bezeichnete das Ende des visionären Prophetentums und die beginnende Konsolidierung der Heiligen Schrift. ... Der jüdische Monotheismus in der Zeit des Zweiten Tempels war ausgesprochen abstrakt ... Als die Propheten verstummten ...[,] begannen die Juden ... sich zunehmend auf ihren Verstand zu verlassen.« Am Ende ging sogar der Glaube an den Abfall von Gott als Ursache der ersten Tempelzerstörung und der Deportation ins babylonische Exil verloren: »Selbst die radikalsten Ankläger [im palästinensischen Judentum] zählten die Abgötterei nicht zu den Sünden, für welche die Juden mit der Zerstörung des Tempels gezüchtigt wurden.« So wurde der geistige Boden bereitet zur zweiten Tempelzerstörung im Jahr 70 n.Chr.

Der Stern von Bethlehem

Der »Stern von Bethlehem« kündigte nach dem Matthäusevangelium die Geburt Jesu an. Diese kann anhand des Todesjahres des Herodes auf spätestens 4 v.Chr. datiert werden, denn es ist allgemein anerkannt, daß Herodes bei Jesu Geburt noch lebte, wie die Evangelien berichten.[44] Daß es sich dabei um Herodes den Großen handelt, wird ebenfalls kaum in Frage gestellt.[45]

Die bisher überzeugendste, schon von Kepler (1571–1630) vertretene Interpretation dieses »Sterns« ist die dreifache Konjunktion von Jupiter und Saturn, die 7 v.Chr. im Sternbild Fische auftrat. Sie wurde von Konradin Ferrari-D'Occhieppo vortrefflich ausgeführt.[46] Die Indikationen für diese Hypothese sind vielfältig: Wäre der »Stern von Bethlehem« ein auffälliges Ereignis am

---

42 Ebd. 348f.

43 Ebd. 456f - inkl. nachfolgendes Zitat.

44 Mt 2,1: »Als nun Jesus ... in den Tagen des Königs Herodes geboren war«; vgl. Lk 1,5.

45 Die hier verwendeten Eckdaten des Wirkens Jesu basieren vorwiegend auf der chronologischen Analyse des Historikers Paul Maier (Maier, 1989).

46 Das stärkste Moment Ferrari-D'Occhieppos (1989) Analyse liegt in der sehr überzeugenden Kombination der beiden im folgenden diskutierten Himmelsphänomene bei stichhaltigen Ausschluß anderer astronomischer Möglichkeiten. Die Schwäche liegt in der ungenügenden Berücksichtigung soziokultureller Begebenheiten der Antike.

Nachthimmel gewesen, so müßten andere antike Quellen auch davon berichten. Das tun sie aber nicht. Eine Supernova oder ein Komet kommen daher nicht in Frage. Erstere fällt auch außer Betracht, weil ihre zurückbleibenden Gaswolken heute noch sichtbar sein müßten. Ein Komet andererseits wäre in der Antike nicht als Königsbote, sondern als Unheilszeichen aufgefaßt worden.

In der Untersuchung zum »Stern von Bethlehem« spielen zwei Himmelsphänomene eine wichtige Rolle: Die Planetenbewegungen und das Zodiakallicht. Planeten sind »Wandelsterne«, die über den Fixsternhimmel wandern. Aufgrund der Erdrotation bewegt sich der Sternenhimmel allnächtlich über uns nach Westen. Jeder Planet zieht jedoch zusätzlich eine eigene, sehr langsame Bahn auf diesem bewegten Hintergrund, jeder mit seiner individuellen Langsamkeit: Sie verschieben sich allmählich zwischen den Fixsternen in entgegengesetzte Richtung, stehen also jede Nacht ein klein wenig weiter östlich zwischen den Sternen. Aufgrund der scheibenförmigen Geometrie des gesamten Sonnensystems wandern sie alle auf einer ähnlichen Bahn über das Firmament, ungefähr jene der Sonne. Dabei ziehen sie von der Erde her gesehen bisweilen geometrisch erklärbare Schleifen am Himmel und bewegen sich vorübergehend wieder westwärts zwischen den Fixsternen. So kann es vorkommen, daß sich die Leuchtpunkte zweier Planeten innert einiger Wochen oder Monate dreimal nahe begegnen, da einer von ihnen eine Schleife zieht.[47] Diese Erscheinung ist in Abbildung 3 illustriert. Wandern im Zuge der Annäherung zugleich beide Planeten rückläufig, so können sie während Monaten nahe beieinander bleiben und sich dreimal parallel, das heißt miteinander laufend begegnen – ein äußerst seltenes Ereignis.

Das Zodiakallicht[48] ist ein diffuser Lichtstreifen oder -kegel, der vor allem in der späten Dämmerung erscheint. Es hat etwa die Helligkeit der Milchstraße, ist aber anders als diese sehr homogen. Der helle Streifen steht am Himmel gegenüber der Bahn der Planeten abgewinkelt und ist besonders gut sichtbar im Frühling und Herbst, wenn die Dämmerung rasch hereinbricht.

Die Astronomie war in Babylon schon lange vor dem Beginn unserer Zeitrechnung eine hochentwickelte Wissenschaft. Die chaldäischen Weisen, wie die babylonischen Astronomen auch genannt wurden, konnten den Lauf der Planeten Jahrzehnte und Jahrhunderte voraus berechnen. Sterne und Planeten

---

[47] Selbstverständlich bewegen sich die Planeten immer vorwärts auf ihrer tatsächlichen Bahn im Raum und scheinen nur umzukehren, von der Erde her gesehen. Dies kommt daher, daß auch die Erde sich bewegt, auf der wir als Betrachter stehen.

[48] Streulicht von interplanetarem Staub in der Ebene des Umlaufs der Planeten um die Sonne, sichtbar nur in Abwesenheit von irdischem Streulicht, was 7 v.Chr. bestens erfüllt war.

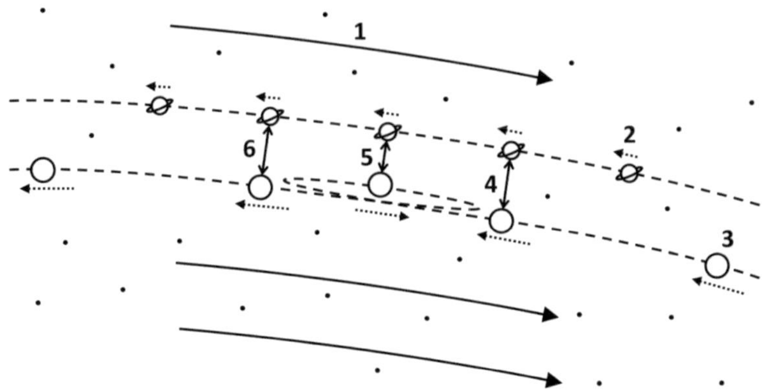

Abbildung 3: Dreifache Konjunktion: Der Fixsternhimmel bewegt sich westwärts (1). Die Planeten wandern innerhalb eines schmalen Bandes langsam ostwärts auf dem bewegten Hintergrund, weiter entfernte wie Saturn (2) gemächlicher, nähere wie Jupiter (3) rascher. Da auch die Erde sich im All bewegt, kehren die Planeten am Firmament bisweilen vorübergehend um. Wird Saturn von Jupiter überholt, so nennt man dies eine Konjunktion (4). Wendet Jupiter bald danach, so begegnet er Saturn noch einmal (5), die zweite Konjunktion. Nach seiner erneuten Umkehr holt Jupiter Saturn wieder ein, die dritte Konjunktion (6).

hatten ihren Bezug zu Göttern und Herrschern; der ganze Nachthimmel entsprach symbolisch den fruchtbaren Regionen von Mesopotamien bis nach Nordafrika. Der mittlere Bereich im heutigen Sternbild Fische stand unter anderem für Palästina.[49] Jupiter galt in Babylon als der Glücks- und Königsstern des höchsten Gottes Marduk. Saturn war der Stern des Großkönigs, des Vertreters Marduks auf Erden und entsprach zudem Sakkut, einem kriegerischen Fruchtbarkeitsgott aus Assyrien, der auch mit dem Volk Israel verbunden wurde und dort Kewan hieß.[50] Nordisrael war im achten vorchristlichen Jahrhundert durch den Propheten Amos gerügt worden, sie trieben Götzendienste an Kewan. In der Folge war der Norden Israels erobert und die priesterliche Elite nach Babylon deportiert worden.[51]

Nun war aber Juda um den Beginn unserer Zeitrechnung ein ziemlich unbedeutendes Volk und daher Saturn beileibe nicht ausschließlich mit ihm verbunden. Zudem waren dreifache Konjunktionen in der babylonischen Sterndeutung nicht überaus bedeutsam, denn sie wurden nur selten dokumentiert.

---

[49] Franz Boll zählt die Regionen der zwölf Sternzeichen vollständig auf. Das Zeichen Fische stand für die Region um das Rote Meer aber gleichzeitig auch für Indien (Boll, 2013 S. 64).

[50] Nach der historisch-astronomischen Analyse des Sterns von Bethlehem von Prof. Theodor Schmidt-Kaler von der Universität Ulm (Schmidt-Kaler, 2005 S. 12).

[51] Am 5,26f; Deportierung 722 v.Chr.; s. z.B. Brouwer (2014) S. 112.

Wie konnten die babylonischen Astronomen angesichts dieses Ereignisses glauben, aus diesem unbedeutenden Volk erstehe ein so mächtiger König, daß sie zur Ehrung des Neugeborenen monatelang rund tausend Kilometer weit nach Jerusalem pilgerten? Dreifache Begegnungen von Jupiter und Saturn gibt es gar nicht so selten, zum Beispiel jene um 146–145 v.Chr., die noch näher und in dieser Beziehung spektakulärer gewesen wäre.[52] Sie geschah zwar nicht im Sternbild Fische und hatte daher nicht dieselbe symbolische Bedeutung, doch scheint dies als Argument für eine kostspielige, beschwerliche Reise nicht zu genügen, sogar wenn eine ähnlich große, miteinanderlaufende Konjunktion seit vielen Jahrhunderten erstmals geschah (s.u.). Diesen Zweifel äußert auch Ferrari-D'Occhieppo (S. 46). Was war 7 v.Chr. so anders?

Zum einen war da die dreifache Konjunktion von Jupiter und Saturn im Jahr 126 v.Chr. im Sternbild Fische gewesen, jedoch mit wesentlich größerer Distanz und nicht gleich-, sondern gegenläufig. Nur Jupiter lief den Sternen vorübergehend voraus, wie in Abbildung 3 dargestellt. In diesem Jahr war Alexander Jannäus geboren worden, der erste judäische König aus der Dynastie der Hasmonäer (später Makkabäer), die in der Folge ein gutes Jahrhundert lang einen selbständigen Staat gebildet hatten. Wenn diese schwache planetare Konstellation aus dem Nichts einen starken König über ein neues, unabhängiges Juda hervorgebracht hatte, welch außerordentlichen Herrscher versprach die kommende große Konjunktion, wo doch die Herrschaft des Herodes schon gut etabliert war!

Für die Chaldäer waren nicht die Begegnungen der Planeten entscheidend, sondern vor allem ihre umgekehrte Marschrichtung, den Sternen voran. Sie glaubten, das verleihe den Planeten größere Kraft. Besonders in dieser Beziehung war das Ereignis absolut einmalig in der Weltgeschichte, noch länger und schöner als das ähnliche 854 Jahre zuvor:[53] Ab etwa Mitte September wanderten beide Planeten drei Monate lang fast vollkommen parallel rückläufig, das heißt etwas schneller als der Fixsternhimmel – ein gemeinsamer Sturm der Planeten. Mitte November erreichten sie ihren zweiten Umkehrpunkt und blieben im

---

52 Mark Kidger führt alle dreifachen Konjunktionen des ersten Jahrtausends vor unserer Zeitrechnung auf und identifiziert jene vom Winter 146–145 v.Chr. als die nächste und in diesem Sinn spektakulärste (Kidger, 1999 S. 206).

53 Alle Datumsangaben im folgenden julianisch, wie für das Altertum üblich. Erste Konjunktion am 29. Mai 7 v.Chr., erste Wende Saturns am 7. Juli, jene Jupiters am 17. Juli; zweite, parallel rückläufige Konjunktion am 1. Oktober, dritte am 5. Dezember. Annäherung jeweils auf ca. 1 Winkelgrad, d.h. knapp 2 Monddurchmesser, nicht nur einer, wie Ferrari D'Occhieppo behauptet. Das ist nicht spektakulär nahe. Einmalig ist vor allem die außerordentlich lange, fast perfekt parallel rückläufige Phase ab ca. Mitte September.

Sternenmeer stehen, als wären sie selber Fixsterne, um fortan wieder hinter den übrigen Sternen zurückzubleiben.

Die beste Erklärung für die Reise der Magier aus dem Osten ist jedoch über die Konjunktion hinaus die schon seit Jahrhunderten bestehende jüdische Gemeinde in Babylon.[54] Die intelligenten und geschäftstüchtigen jüdischen Untertanen hätten auch in ihrer Stellung als Sklaven im Dienst des babylonischen Hofes Astronomie betreiben können.[55] Schon im sechsten Jahrhundert v.Chr. war Daniel unter Nebukadnezar zum Chaldäer ausgebildet worden.[56] Wenn die Sterndeuter also eine Reise von etwa tausend Kilometer auf sich nahmen, so waren sie höchstwahrscheinlich Nachfahren babylonischer Exiljuden und kannten somit auch die Prophetenworte, namentlich jene von Daniel. Das entscheidende Moment für ihren Aufbruch war wohl Daniels Prophezeiung der siebzig Jahrwochen. Wenn der erste und größte der jüdischen Chaldäer das Erscheinen eines überaus großen Gesalbten im Jahr 7 v.Chr. vorausgesagt hatte und die Himmelszeichen genau damit übereinstimmten, werden die jüdisch-babylonischen »Weisen« kaum gezögert haben. Diese Hypothese wird in der abschließenden Interpretation der Prophezeiung genauer ausgeführt.

Da war das gut hundert Jahre vorangegangene Zeichen einer vergleichsweise unbedeutenden Konjunktion von Jupiter und Saturn im Sternbild Fische, das mit der Geburt des regional erfolgreichen judäischen Herrschers Jannäus

---

[54] Seit dem babylonischen Exil, d.h. rund 500 Jahre. Ferrari-D'Occhieppo vermutet einen Synkretismus des alten babylonischen Kultes mit dem persischen Zoroastrismus und dem jüdischen Glauben. Eine Vermischung dieser Glaubensformen ist jedoch sehr zweifelhaft: Sklaven und Anhänger von Jahwe wären kaum in die hohen babylonischen Mysterien eingeweiht worden. Andererseits schildern das Gesetz und die Propheten von Mose bis zu den Makkabäern, wie sich das Volk Israel entweder zu Gott bekannte oder aber für die Verehrung fremder Götzen bestraft wurde. Gläubige Juden hätten nie fremde Götter verehrt. Die Astronomie war jedoch nicht streng mit religiösen Inhalten verbunden, sondern wurde als eigene wissenschaftliche Disziplin gepflegt.

[55] Die Exiljuden waren auch als Sklaven so gut in die babylonische Bevölkerung integriert, daß sie jede rechtliche Stellung und erheblichen Wohlstand erlangen konnten. Dies ist z.B. belegt durch eine Empfangsbescheinigung für die Jahresmiete eines halben Feldes und eines Pferdestalls, die 426-425 v.Chr. einem Sklaven mit dem jüdischen Namen *Ardiia* von seinem eigenen Herrn verpachtet wurden (Hilprecht, et al., 1898).

[56] Dan 1,4-6. Genaugenommen wären Magier (μάγοι) und Chaldäer (χαλδαίοι) zu unterscheiden. Ersteres waren zoroastrische Traumdeuter und Seher, letzteres babylonische Astronomen und Astrologen. Im griechischen Neuen Testament werden die »Weisen aus dem Morgenland« als Magier bezeichnet, doch um die Zeitenwende, als die Astrologie unter Augustus Octavian im Römischen Reich salonfähig wurde und weite Verbreitung fand, waren die zwei Begriffe bereits völlig vermischt (Schmid, 2005 S. 189f). Mit »Magier« können folglich ebensogut Chaldäer gemeint sein.

einherging. Nun war da diese einmalige Konstellation der beiden Planeten in Übereinstimmung mit jahrhundertealten Prophezeiungen aus Babylon. Diese Zeichen waren womöglich stark genug, daß sie den dort herrschenden König Phraates IV. (38-2 v.Chr.) bewogen, die Chaldäer als Botschafter in seinem Namen zu entsenden, um gute Beziehungen mit dem judäischen Königshaus einzuleiten und mehr über allfällige bedeutende Entwicklungen zu erfahren. Ein starker Emporkömmling als Verbündeter im Vorgarten Roms, des brandgefährlichen Rivalen um die Macht im Osten, wäre wohl sehr willkommen gewesen.[57]

Die Sterndeuter erwarteten, der Emporkömmling werde im Zuge der planetaren Konstellation geboren. So mußten sie an deren Ende in Palästina sein, um sicher zu gehen, daß er schon geboren ist, das heißt etwa Mitte November. Bei Matthäus steht im Altgriechischen wörtlich:[58] »Der Stern, den sie gesehen hatten im Osten, ging voraus vor ihnen.« Dies muß nicht zwingend heißen, daß der »Stern« vor ihnen herging. Es kann auch bedeuten, daß die Planeten während der Reise mit den Chaldäern westwärts vorauseilten, während sie normalerweise hinter den Sternen zurückbleiben.

Natürlich gingen die drei zuerst nach Jerusalem zu Herodes, da sie die Geburt eines großen neuen Herrschers seiner Dynastie vermuteten.[59] Sie wurden enttäuscht. Der Prophet Micha hatte jedoch über 700 Jahre zuvor prophezeit, aus Bethlehem werde der große, ewige Friedensfürst hervorgehen.[60] Wenn die Sterndeuter, wie Ferrari D'Occhieppo postuliert, am Abend des 12. November nach etwa 20 Uhr die rund 10 Kilometer von Jerusalem Richtung Süden ritten, so stand der helle Königsstern hoch am Südhimmel über dem Schein des Zodiakallichts, der schräg nach unten in Richtung Bethlehem leuchtete, als käme er von Jupiter her. In diesem Herbst standen Jupiter und Saturn beide nahe der

---

[57] Die Situation am Euphrat war schon seit Jahrzehnten labil: Im Jahr 53 v.Chr. erlitten römische Streitkräfte bei Carrhae eine schlimme Niederlage gegen die Parther (Smith, 1916). Um 40/39 v.Chr. griffen die Parther Syrien an (Schalit, 2001 S. 74, 759ff), und 36 v.Chr. führte Marcus Antonius einen großen Feldzug gegen Phraates IV., scheiterte aber erneut mit großen Verlusten (Kaltwasser, 1806, Antonius, 37-52). Augustus Octavians Bemühungen 30 v.Chr. um eine diplomatische Einigung blieben erfolglos. Erst im Jahr 20 v.Chr. gelang ihm ein neuer Friedensvertrag, wohl mitunter aufgrund des Druckmittels eines römischen Heers in Ostanatolien (Marek, et al., 2010 S. 406). Dieser Vertrag sollte 134 Jahre lang halten (Schmidt-Kaler, 2005 S. 14), doch das Machtgefüge im Osten blieb weiterhin fragil. Unter späteren Kaisern gab es neue Kriege.

[58] Mt 2,9: … ὁ ἀστὴρ, ὃν εἶδον ἐν τῇ ἀνατολῇ, προῆγεν αὐτούς, …

[59] Mt 2,1f: »… nach Jerusalem und fragten: Wo ist der neugeborene König der Juden? …«.

[60] Mi 5,1; zitiert S. 76.

Erde. Besonders der Königsplanet leuchtete daher außerordentlich hell, zumal dieser Abend mondlos war.[61]

Wenn Matthäus berichtet, daß der Stern »über dem Ort stehen blieb«, so kann dies zweierlei bedeuten: Erstens stand Jupiter an diesem Abend am Fixsternhimmel still, da er seinen zweiten Umkehrpunkt erreicht hatte. Zudem war da der sich langsam drehende, diffuse Schein des Zodiakallichts. Wenn die Chaldäer nordöstlich vor Bethlehem ihr Nachtlager vorbereiteten, schien das Zodiakallicht vom sich mit dem Firmament bewegenden, sehr hellen Jupiter auszugehen und leuchtete während zwei, drei Stunden in Richtung derselben Stelle auf den Hügeln von Bethlehem (siehe Abbildung 4). Daß der Lichtstreifen auf Bethlehem gerichtet blieb, muß die Astronomen sehr beeindruckt haben, denn dies hatten sie nicht voraussehen können.[62]

Mit der Festlegung auf den Zeitpunkt der Umkehr Jupiters schränkt Ferrari D'Occhieppo den Besuch der Weisen vielleicht jedoch stärker ein, als statthaft, auch wenn das Stillstehen des Königssterns Jupiter für die Sterndeuter sicher eine große Bedeutung hatte. Die Wende des Planetenpaars könnte eventuell auch auf 20. November gelegt werden, als der nachrückende Saturn stehenblieb – oder irgendwo dazwischen. Die Abende von 12. bis 24. November waren mondlos, die Bedingungen für den Zodiakallicht-Effekt also gut.

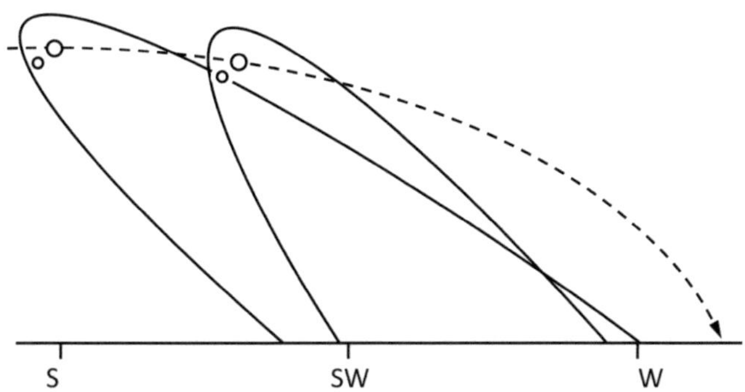

Abbildung 4: Schematische Darstellung des Sterns von Bethlehem nach Ferrari-D'Occhieppo (1989). Am 12. November 7 v.Chr. zwischen 19:45 und 21:45 standen Jupiter und Saturn nahe der Obergrenze des Zodiakallichtkegels. Aufgrund der Geometrie der Planetenbahnen wirkte es, als scheine das Zodiakallicht während Stunden von Jupiter her an dieselbe Stelle in Richtung Bethlehem.

---

61 Der Mond ging erst gut vier Stunden nach Sonnenuntergang auf – ideal auch für das Zodiakallicht.

62 Stehenbleibender Stern und Staunen der »Weisen« s. Mt 2,9f.

Lukas überliefert in seiner Weihnachtsgeschichte, Maria und Josef hätten in Bethlehem keinen Platz in der Herberge gefunden.[63] Als einleitende Begründung ihrer mehrtätigen Reise[64] zieht er die Volkszählung zur Zeit des syrischen Statthalters Quirinius heran, was nicht zutreffen kann.[65] Man könnte diese Weihnachtserzählung nun komplett in die Legende verweisen, doch wir wollen erwägen, der Rest der Geschichte habe einen gewissen Wahrheitskern.

Für gläubige Juden gab es in dieser Jahreszeit einen anderen Beweggrund für eine Reise gegen Jerusalem, der sehr gut zu einer Verknappung von Herbergen passen würde: Jom Kippur, der Versöhnungstag ist das höchste jüdische Fest und fand 7 v.Chr. am 4. Oktober statt.[66] Nur fünf Tage danach beginnt jeweils das einwöchige Laubhüttenfest »Sukkot«, das besonders in der Spätzeit des Zweiten Tempels ein Anlaß zur Wallfahrt nach Jerusalem war.[67] Unmittelbar anschließend wird zudem »Simchat Tora« gefeiert (Freude des Gesetzes), insgesamt genau zwei Wochen, bis 17. Oktober. Zu solch hohen Festzeiten pilgerten unzählige Juden nach Jerusalem.[68] Wie hätten all diese Gäste in der Stadt untergebracht werden können? Viele fanden wohl nicht einmal in den umliegenden Orten eine geregelte Herberge. Für Maria und Josef wäre die nur knapp 10 Kilometer entfernte Heimatstadt Bethlehem auf der Hand gelegen, denn da gab es wohl Verwandte, die sie zumindest im Stall notdürftig unterbringen konnten. So hätten sie zudem die Festzeit mit Angehörigen verbringen können.

Wir wollen nun das erwiesenermaßen falsche Motiv der Volkszählung bei Lukas durch jenes der hohen Herbstfeiertage ersetzen und die übrigen Indizien

---

[63] Lk 2,7: »… in eine Krippe legte, weil es sonst keinen Platz in der Herberge für sie gab.«

[64] Lk 2,4f; die Wegdistanz Nazareth-Bethlehem beträgt rund 130 km, zu Fuß oder mit einem einfachen Reittier mindestens vier, wenn nicht eher sechs bis sieben Tage, besonders mit einer hochschwangeren Frau.

[65] Sie erfolgte erst 6 n.Chr. - neun Jahre nach dem Tod des Herodes, dem für die Geburt Jesu spätesten möglichen Zeitpunkt.

[66] Der erste Neumond um das Herbst-Äquinoktium war 7 v.Chr. in Jerusalem am Donnerstag 23. September gegen 23 Uhr lokaler Zeit, nach jüdischer Zeitrechnung also am Folgetag etwa zur fünften Stunde, denn der jüdische Tag beginnt schon am Vorabend, wenn die Sterne erscheinen, d.h. Ende September etwa um 18 Uhr. Das »Neulicht des Tischri« - die neu erscheinende Mondsichel, die den Jahresbeginn bestimmt - erschien also an einem Freitag. Damit wird die Adu-Regel angewandt und Rosh ha-Schana, der Neujahrstag, um einen Tag verschoben. Das jüdische Jahr 3755 begann folglich am Samstag, 25. September 7 v.Chr. (1. Tischri). Jom Kippur findet am 10. Tischri statt, 7 v.Chr. also am 4. Oktober.

[67] Zu den Wallfahrtsbräuchen in der Zeit des Zweiten Tempels siehe Oliver Dyma (2009).

[68] Vgl. die Überlieferungen zum Pessach 70 n.Chr., Abschnitt *Der jüdische Krieg und die Zerstörung Jerusalems* S. 104.

aus den beiden Weihnachtserzählungen zusammenführen, als wären sie Tatsachen aus verläßlichen, historisch verwertbaren Quellen:

- Maria kam während des Aufenthalts in Bethlehem nieder (Lk 2,6), das heißt am 4. Oktober oder später, frühestens ein, zwei Tage vorher.
- Danach blieb eine Jüdin sieben Tage unrein und mußte nachfolgend für ihre Reinigung noch daheim bleiben, insgesamt vierzig Tage. Die Heilige Familie mußte also mindestens bis zu den bei Lukas erwähnten Opferritualen am vierzigsten Tag in Bethlehem geblieben sein.[69]
- Als die Chaldäer aus Babylon zu Herodes kamen, erkannte dieser im prophezeiten Gesalbten eine Gefahr für sich und das Jerusalemer Establishment und beauftragte die Schriftgelehrten, dessen Aufenthaltsort ausfindig zu machen (Mt 2,3f).
- Die Priester und Schriftgelehrten waren es, die anhand des Propheten Micha Bethlehem als Geburtsort erkannten und dies Herodes eröffneten (Mt 2,4–6).
- Herodes bat die Chaldäer, sie sollten ihm den genauen Aufenthaltsort des Kindes mitteilen, damit auch er es ehren könne, doch insgeheim wollte er den Störenfried umgehend aus dem Weg schaffen lassen (Mt 2,8.13b).
- Aufgrund einer Warnung im Traum kehrten die Chaldäer nicht mehr zu Herodes zurück und umgingen Jerusalem. Desgleichen wurde Josef gewarnt, er müsse mit Frau und Kind nach Ägypten fliehen. Noch in derselben Nacht zog die Heilige Familie los (Mt 2,12–14).

Wegen der von Herodes ausgehenden Gefahr mußten Marias Opfer des vierzigsten Tages bei der Ehrung durch die Chaldäer bereits vorüber sein, denn die Heilige Familie machte sich unmittelbar danach auf. Der Tyrann wartete wohl kaum einen Tag, bis er seine Häscher nach Bethlehem sandte. Die Ehrung kann aber auch nicht wesentlich später stattgefunden haben, denn sonst wäre die Heilige Familie bereits auf dem Weg gewesen, sei es nach Nazareth oder Richtung Ägypten. Zwischen den Festwochen im Oktober und den in Frage

---

[69] Nach dem Gesetz für die Wöchnerinnen im Levitikus. Lukas erwähnt in 2,21–24 die Beschneidung am achten Tag gemäß 3Mose 12,3 (vgl. 1Mose 17,12) sowie die Weihe- und Opferrituale am vierzigsten Tag gemäß 3Mose 12,2–8 (vgl. 2Mose 13,2–12). Für die Rituale gibt er ausdrücklich Jerusalem als Standort an. Da die Opfer im Tempel dargebracht wurden, bleibt daran kein Zweifel.

kommenden Novemberabenden lagen genau vierzig Tage. Jesus müßte also in der ersten Oktoberhälfte, astronomisch gesehen eher noch vor Sukkot (vor 9. Oktober) geboren worden sein, und die Weisen aus dem Morgenland hätten Jesus um Mitte November im Alter von ziemlich genau sechs Wochen besucht.

Welche symbolische Bedeutung haben denn die beiden in Frage kommenden Festzeiten? Sukkot ist ein Erntedankfest, das auch in Erinnerung an den Exodus gefeiert wird. Jom Kippur ist der große Versöhnungstag, der einzige Tag des Jahres, an dem der Hohepriester - und nur er - das Allerheiligste des Tempels in Jerusalem betreten durfte, um stellvertretend für das ganze Volk Entsühnung und Reinigung von allen Sünden zu empfangen. Nach dem Levitikus[70] wurde von zwei Ziegenböcken einer durch das Los für den Herrn bestimmt, der zweite für Asasel, einen Wüstengeist oder Feldteufel. Der erste wurde als Sündopfer geschlachtet. Letzterem legte der Hohepriester beide Hände fest auf den Kopf, um die Sünden des Volkes auf ihn zu übertragen. Dann wurde er an abgelegenem Ort in der Wüste freigesetzt.

Für die Ankunft des Erlösers und großen Versöhners der abgefallenen Menschheit mit Gott paßt symbolisch weitaus am besten Jom Kippur: Jesus kommt am Versöhnungstag als der gesalbte Hohepriester Gottes aus dem himmlischen Allerheiligsten, um die Verschuldung der Menschheit zu sühnen. Durch sein Wirken unter uns richtet er sich selbst als Sündopfer her. Nach seiner Schlachtung an Karfreitag nimmt er als der Sündenbock unsere Verfehlungen mit in die äußerste Finsternis zu den Feldteufeln. Der vierzigste Tag nach Jom Kippur ist der 12. November, die Wende Jupiters, astronomisch gesehen ebenfalls der wahrscheinlichste Zeitpunkt. Demnach wäre Jesus am ehesten am 4. Oktober geboren worden.

Damit lösen sich die scheinbaren Ungereimtheiten in den beiden Weihnachtserzählungen auf. Um all deren Aspekte mit den astronomischen, historischen und soziokulturellen Befunden in Einklang zu bringen, muß einzig die Volkszählung bei Lukas korrigiert werden. Für den Geburtstag Jesu bleibt ein Zeitfenster von höchstens ein bis zwei Wochen. Astronomisch und symbolisch am plausibelsten wäre der 4. Oktober im Jahr 7 vor unserer Zeitrechnung.

Eine ganz andere Darstellung des Sterns findet man im Brief des Ignatius, des Bischofs von Antiochien an die Epheser:[71]

»Ein Stern strahlte auf am Himmel, heller als alle Sterne, und sein Licht war unbeschreiblich, und seine Neuheit rief Staunen hervor; alle übrigen Sterne aber

---

70 3Mose Kap. 16.

71 IgnEph. 19.1 (Zeller, 1918 S. 124f).

samt Sonne und Mond führten einen Reigen auf vor diesem Sterne, und sein Licht überstrahlte alle; und es herrschte Bestürzung darüber, woher diese unter ihnen neue Erscheinung sei.«

Zwar wird Ignatius bisweilen als Kunstfigur betrachtet.[72] Seine Briefe gelten jedoch allgemein als echt und werden klassisch Anfang erstes Jahrhundert, in der jüngeren Forschung zum Teil bis 180 n.Chr. datiert.[73] Auch wenn man die hymnische Überhöhung mit dem Reigen von Sonne und Mond wegläßt, paßt diese Beschreibung nicht zur astronomischen Konstellation. Ignatius bringt ein hohes Überraschungsmoment zum Ausdruck, das über die Planeten und das Zodiakallicht hinauszugehen scheint. Matthäus berichtet, die Chaldäer hätten angesichts des Sterns »gejubelt mit äußerst großer, Freude«.[74] Sein Begriff σφόδρα (sphodra) deutet ebenfalls etwas Heftiges, Unerwartetes an.

Diese Worte sprechen für ein plötzliches, spektakuläres Ereignis am Nachthimmel, zum Beispiel eine sehr große Sternschnuppe, die mit taghellem Blitz und Donnergrollen verglüht, wie am 6. April 2002 über Tirol und Oberbayern.[75] Solche Meteore treten zwar nur selten auf und sind zweitausend Jahre danach nicht mehr nachweisbar. Dennoch könnte es durchaus so geschehen sein. Die Geminiden sind der weltweit dichteste Meteorstrom. Sie hatten 7 v.Chr. vom 10.–17. November ihr Maximum,[76] genau in der Periode, als die Chaldäer nach Bethlehem unterwegs gewesen sein mußten. Die Geminiden sind in Palästina gut sichtbar und erscheinen schon am frühen Abend.

Die Planetenkonstellation und eine mächtige Sternschnuppe schließen sich nicht aus, sondern ergänzen sich, so daß alle namhaften Überlieferungen gebührend gewürdigt werden können.

Karfreitag

Um Daniels siebzig Jahrwochen auf die prophezeiten Ereignisse beziehen zu können, müssen wir auch versuchen, den Werdegang Jesu historisch zu rekonstruieren, insbesondere seine Hinrichtung. Die einzige einigermaßen schlüssige Jahresangabe für eine zeitliche Einordnung des Wirkens Jesu finden wir bei Lukas in Bezug auf Johannes den Täufer (3,1f): »Im fünfzehnten Regierungsjahre des Kaisers Tiberius … da erging das Wort Gottes an Johannes, den Sohn

---

[72] Zwierlein (2014) S. 347.

[73] Schnelle (2016) S. 536.

[74] Ἐχάρησαν χαρὰν μεγάλην σφόδρα.

[75] Schmidt-Kaler (2005) S. 18.

[76] Ebd.

des Zacharias, in der Wüste.« Tiberius trat seine Regierung am 18. September des Jahres 14 unserer Zeitrechnung an. Johannes wirkte demnach höchstwahrscheinlich ab dem Jahr 29, frühestens Ende 28.[77] Alle anderen Schlüsse bezüglich seines Wirkens und seines Todes sind indirekt konstruiert und insofern mit größeren Unsicherheiten behaftet. Jesus wurde also wahrscheinlich im Laufe des Jahres 29 von Johannes getauft.[78] Hier begann Jesu Auftrag.

Die scheinbar widersprüchliche Aussage in Lukas 3,23, Jesus sei beim Beginn seines Wirkens »etwa dreißig Jahre alt« gewesen, löst Paul Maier, indem er die wörtliche Angabe »ungefähr« (griechisch: ὡσεὶ) in ihrem damals und heute gültigen Sinn auffaßt, daß Jesus durchaus auch Anfang Dreißig gewesen sein kann. Damit Jesus im Jahr 29 nicht allzuweit über Dreißig ist, nimmt Maier an, er sei erst gegen Ende 5 v.Chr. geboren worden.[79] Dies widerspricht aber den obigen Betrachtungen zum Stern von Bethlehem, die unter allen gängigen Hypothesen am meisten zu überzeugen vermag. Im Jahr 5 v.Chr. gab es keine starken astronomischen Zeichen, die die Weisen aus dem Morgenland hätten zu einer beschwerlichen Reise mobilisieren können. Wenn nun aber Jesus im Herbst 7 v.Chr. geboren wurde, so hatte er zur Zeit seiner Taufe durch Johannes seinen vierunddreißigsten Geburtstag hinter sich.[80] Wir wollen auch das

---

[77] Zwar gibt es Schätzungen des Auftretens Johannes des Täufers bis zurück ins Jahr 26, doch der Autor erachtet die Angabe im Lukasevangelium und den Bezug auf den Regierungsantritt des Tiberius als glaubhaft. Josef Ernst z.B. läßt die vier Begegnungsberichte von Jesus und Johannes in den Evangelien nicht als Tatsachenberichte gelten, sondern nur als Bekenntnisse; zu widersprüchlich und lückenhaft seien die vier Schilderungen (Ernst, 1989 S. 273). Auch wenn eine solche Terminangabe in einem reinen Bekenntnis eher unangebracht und fremd scheint – dieser Einwand kann nicht ganz ausgeräumt werden, obschon die übrigen historisch verwertbaren Hinweise bzgl. der Zeit des Wirkens Jesu bis zu seiner Hinrichtung die These des Jahrs 29 stützen.

[78] Mt 3,13; Mk 1,9; Lk 3,21: »Damals kam Jesus … zu Johannes, um sich … taufen zu lassen.«

[79] Im Zuge des Arguments »ungefähr« will Maier (1989 S. 121f) dieses entlasten, indem die astrologische Konstellation zwei Jahre vor der Geburt Jesu ansetzt und damit den »Stern« als Zeichen entkräftet (S. 119). Nach dem damals wie heute herrschenden astrologischen Glauben hat einzig die Planetenstellung zum Zeitpunkt der Geburt bestimmenden Einfluß auf das Leben eines Menschen, während eine zwei Jahre zuvor aufgetretene Konstellation für absolut bedeutungslos gehalten wird. Mit der Vermutung, der Stern müsse als nur sekundäre oder gar tertiäre Evidenz für die Geburtschronologie Jesu betrachtet werden, projiziert Maier die neuzeitlich-naturwissenschaftliche Perspektive zwei Jahrtausende zurück. Dies zeugt von wenig Einfühlsamkeit in die Kulturen der Antike. Astrologische Konstellationen und Wahrsagekunst bestimmten damals die Entscheidungen der größten Herrscher.

[80] Jesus wurde Vierunddreißig in der ersten Oktoberhälfte 28. Ein Jahr fällt weg, da unsere Zeitrechnung von 1 v.Chr. direkt auf 1 n.Chr. wechselt; vgl. Abschnitt *Die Prophezeiung und ihre Einordnung* S. 106.

Alter Vierunddreißig noch als »ungefähr dreißig Jahre alt« gelten lassen, zumal die Evangelisten über den Zeitpunkt der Geburt Jesu offenbar nur unzulänglich informiert waren und bisweilen sogar nachweislich falsche Angaben machten.[81]

Für die Datierung der Hinrichtung Jesu gibt es verschiedene indirekte Hinweise. Der Evangelist Johannes erwähnt drei Pessach-Feste während Jesu Wirken[82], also müßte die Hinrichtung beim vierten Pessach geschehen sein, das heißt nicht vor 32, am ehesten im Frühjahr 33. Die vier Evangelien bieten weitere wichtige aber widersprüchliche Hinweise. Sie sind sich einig, daß Jesus vor dem Pessach-Fest am »Rüsttag« im Monat Nisan des jüdischen Kalenders hingerichtet wurde. Die Mehrheit der Ausleger stimmt überein, dies müsse ein Freitag gewesen sein. Die Synoptiker (Matthäus, Markus, Lukas), die in wesentlichen Teilen auf dieselben Quellen zurückgehen, nennen als Todestag den 15., Johannes hingegen den 14. Nisan. Die Frage ist wichtig, da der 14. oder 15. Nisan bei weitem nicht in jedem Jahr auf einen Freitag fällt. Auch wenn gewisse Exegeten Argumente für das Jahr 30 finden[83] – die von Maier aufgeführten Indizien[84] führen zur gut qualifizierten Hypothese, daß Jesus am Freitag, 3. April, am 14. Nisan des Jahres 33 unserer Zeitrechnung gekreuzigt wurde.

Der jüdische Krieg und die Zerstörung Jerusalems

Die wichtigste Quelle für den jüdischen Krieg, der zur endgültigen Zerstörung des Tempels zu Jerusalem führte, ist das Werk des jüdischen Geschichtsschreibers Flavius Josephus, das auch die Vorgeschichte der zwei vorangehenden Jahrhunderte schildert.[85] Das Volk der Juden war schon seit der Zeit der Makkabäerherrschaft über Juda (165–63 v.Chr.) ein aufständisches Volk gewesen. Gerade in den ersten Jahrzehnten unserer Zeitrechnung hatte es sich wieder und wieder mit der römischen Besatzung überworfen. Im Jahr 64 wurde Gessius Florus Prokurator von Jerusalem, der von Josephus als ruchloser und

---

[81] Insbes. die Volkszählung unter Quirinius zur Geburtszeit Jesu (vgl. Fußnote 65 auf S. 99).

[82] Erwähnt in Joh 2,13; 6,4; 11,55.

[83] Gerhard Bellinger führt mögliche Gründe an, wie Kalenderstreitigkeiten zwischen Pharisäern und Sadduzäern zum Widerspruch zwischen den Evangelien hätten geführt haben können (Bellinger, 2009 S. 216). Damit würde das Jahr 30 plausibel, in dem der 15. Nisan auf einen Freitag fiel. Paul Maier führt jedoch verschiedene Belege dafür an, daß Jesus tatsächlich im Jahr 29 zu wirken begann (Maier, 1989 S. 120ff). Bei drei- bis vierjähriger Wirkungszeit ist das Jahr 30 klar zu früh.

[84] Meier (1989) S. 124.

[85] Wir folgen hier fast ausschließlich Josephus' Ausführungen (Clementz, 1900).

habgieriger Herrscher bezeichnet wird, der sich schamlos bereicherte und das Volk mit Absicht zum Aufstand aufhetzte, um von seinen Machenschaften abzulenken.[86]

Im Mai 66 n.Chr. ließ Florus 17 Talente (334 kg) Silber aus dem Tempelschatz entfernen, »unter dem Vorwand, der Cäsar habe das Geld nötig«.[87] Dies brachte das jüdische Volk dermaßen auf, daß die militanten Exponenten enormen Zulauf erhielten. Jerusalem geriet außer Kontrolle. Der Aufstand griff auf ganz Palästina über. Im selben Herbst zog die XII. Legion in der Stärke von einigen Tausend Soldaten mit 30'000 Mann Hilfstruppen gegen Jerusalem, doch sie konnten die Stadt nicht bezwingen. Auf dem Rückweg gerieten sie in einen Hinterhalt und wurden im November vernichtend geschlagen, etwa 6000 römische Soldaten fielen.[88] Dies gilt als die schwerste römische Niederlage gegen eine aufständische Provinz.

Dieser Sieg brachte die Kriegstreiber Palästinas endgültig an die Macht. Die verschiedenen Exponenten des Aufstands waren aber zerstritten und bekämpften sich gegenseitig:[89] »Die Verteidiger Jerusalems ... blieben hoffnungslos in ihre Zwistigkeiten verstrickt. ... Die Jerusalemer Zeloten wollten das Kommando übernehmen und ... die anderen Anführer ausschalten. Erst mit der Unterstützung einer mehrtausendköpfigen Streitmacht aus Idumäa ... rissen [sie] die Macht in der Stadt an sich.«

Im Jahr 67 marschierten dann zehntausende Legionäre unter dem Feldherrn Vespasian von Syrien her und gleichzeitig dessen Sohn Titus von Ägypten her in Palästina ein.[90] Auf dem Land wurde der Aufstand sofort blutig niedergeschlagen. Viele Städte und Festungen fielen rasch, doch einige hielten sich noch jahrelang.

Im Frühjahr 70, zur Zeit des Pessach-Festes, begann Titus die Belagerung Jerusalems.[91] In dieser Festzeit befand sich fast das ganze jüdische Palästina in

---

[86] Josephus Bell II 14,2 (ebd. 235f).

[87] Josephus Bell. II 14,6 (ebd. 238); im 12. Regierungsjahr Neros im syro-makedonischen Monat Artemisios, der dem Mai entspricht. 334 kg = 17 Talente: Talmudisches Talent = 60 Litra bzw. Minen = 60 römische Librae = 60 x 327.5 g = 19.65 kg.

[88] Hinterhalt im ersten römischen Angriff auf Jerusalem s. Josephus Bell II 19,7–9 (ebd. 281ff).

[89] Zitat Stern (2007) S. 372.

[90] Angriff durch Vespasian und Titus s. Josephus Bell. III 1,3–2,4 (Clementz, 1900 S. 304ff). Vespasian wurde Kaiser 69–79, Titus 79–81.

[91] Beginn der Belagerung s. Josephus Bell. V 2,6; VI 9,3 (ebd. S. 474; 612); Umstände der Festzeit II 14,3; VI 9,3f (S. 236; 612f); Krankheit und Hunger V 10,2f; 12,1 (S. 529ff; 540).

der Stadt, schätzungsweise drei Millionen Juden, ein Vielfaches der städtischen Bevölkerung. Die Pest und vor allem die rasch zunehmende Hungersnot streckten schon bald viele nieder. Die innere Stadt und das mächtig gemauerte Tempelgebäude hielten bis Ende Juli stand. Als Anfang August dann der innere Tempel in Brand geriet - nach Josephus mehr ein Unfall als die Absicht der Römer - sank vielen unter den Verteidigern der Mut.

Die unverbesserlichen Aufrührer jedoch glaubten auch in aussichtsloser Lage noch an einen Erfolg und hielten Übergabewillige mit Gewalt zurück. Als zum Beispiel die Anführer des Stamms der Idumäer, die den Zeloten zur Macht verholfen hatten, von ihren Friedensverhandlungen mit den Römern zurückkehrten, wurden sie getötet und die übrigen Idumäer streng bewacht, damit sie nicht flöhen. Anfang September 70 fiel schließlich auch die obere Stadt in die Hand der Römer. Wenige konnten durch geheime Gänge noch fliehen, die meisten starben. Die römischen Legionäre durchzogen die Metropole und brannten und metzelten nieder was noch aufrecht stand.

Durch diesen Krieg starben in Jerusalem gemäß Josephus über eine Million Menschen, fast alles Juden. Die relativ rasche Eroberung der Stadt lag nicht nur an der Übermacht und Kriegskunst der Römer, sondern auch an der erwähnten Uneinigkeit der Verteidiger, die sich als Messiasse gebärdeten und das Volk zum Teil durch falsche Propheten aufhetzen ließen. Die völlige Zerstörung Jerusalems und vor allem die Vernichtung des Tempels hätten wohl verhindert werden können, hätten die Verteidiger zusammengehalten und halbwegs menschliches Maß gezeigt. Dies war aber offenbar nicht Gottes Wille, denn Daniel hatte den Untergang schon Jahrhunderte zuvor prophezeit (s.u.).

Der jüdische Krieg gilt mit dem Fall Jerusalems als besiegelt, doch verschiedene kleinere Städte und Festungen hielten noch eine Zeitlang stand. Sein endgültiges Ende fand er mit der Einnahme Masadas, der letzten Festung der Aufständischen, Anfang April 74.[92]

Die Prophezeiung und ihre Einordnung

Für die Einordnung von Daniels Prophezeiung der siebzig Jahrwochen wurden in den obigen Ausführungen anhand der verfügbaren historischen und astronomischen Hinweise folgende Fixpunkte rekonstruiert:

---

[92] Nach Flavius Josephus am 15. des syro-makedonischen Monats Xanthikos (5. April) 73 (Josephus Bell. VII 10,1; ebd. 668). Andere historische Belege stützen jedoch klar die These, die Masada sei erst im April 74 gefallen (Eck, 1969).

- Mit dem Fall Judäas und der Zerstörung Jerusalems im August 587 v.Chr. und mit der Deportierung des Volks Israel - vor allem aber mit der Schleifung des Tempels und dem Verlust der Bundeslade - war das alte Israel mit seiner unmittelbaren Gottesführung vernichtet.

- Der nach rund 70 Jahren in Trümmern wieder aufgebaute Zweite Tempel von 516 v.Chr. sollte der eines neuen Zeitalters werden und eine andere geistige Bedeutung haben als der Tempel Salomos.

- Im Jahr 458 v.Chr. brachte der Priester Esra die neuen jüdischen Gesetze von Babylon nach Jerusalem. Auch wenn der Tempel schon seit 516 v.Chr. neu errichtet war - hier begann eine neue Rechts- und Religionsperiode des jüdischen Volkes, das neue Judentum des »Zweiten Tempels«, jenes der Schriftgelehrten und Pharisäer.

- Dreizehn Jahre danach erhielt Nehemia von Artaxerxes I. aufgrund der unruhigen politischen Lage um Ägypten und Palästina den Auftrag, die 587 v.Chr. geschliffenen Jerusalemer Stadtmauern wieder aufzubauen (445 v.Chr.).

- Gegen Ende des fünften Jahrhunderts wirkte der letzte alttestamentliche Prophet Maleachi, vermutlich ein paar Jahre vor 400 v.Chr., wann genau läßt sich nicht rekonstruieren. Eine über vierhundertjährige Periode prophetischen Schweigens begann.

- Im Jahr 7 vor unserer Zeitrechnung wurde Jesus in Bethlehem geboren, wahrscheinlich in der ersten Oktoberhälfte, am ehesten an Jom Kippur, am 4. Oktober.

- Vom Jahr 1 v.Chr. wechselt unser Kalender direkt auf das Jahr 1 n.Chr., ein Jahr Null fehlt. 7 v.Chr. entspricht also dem Jahr –6 und 458 v.Chr. dem Jahr –457, beziehungsweise: Perioden über den Beginn unserer Zeitrechnung hinweg sind um ein Jahr verkürzt.

- Anfang April 33 n.Chr. wurde Jesus nach drei- bis vierjährigem öffentlichem Wirken gekreuzigt.

- Im Mai 66 brach der jüdische Krieg aus, und Anfang 67 begann die Zerschlagung des jüdischen Widerstandes durch die römischen Legionen unter Vespasian und Titus.

- Im April 70 n.Chr. begann die Belagerung Jerusalems. Schon Anfang August brannte der Tempel nieder und im September wurde die ganze Stadt mit über einer Million an jüdischer Bevölkerung buchstäblich vernichtet – innert einiger Wochen! Eines der größten Massaker der Weltgeschichte.

- Anfang April 74 fiel die letzte jüdische Festung der Aufständischen, die Masada.

Wir zitieren nun die Prophezeiung der siebzig Jahrwochen Vers um Vers nach der philologisch präzisen und reich kommentierten Übersetzung Menges.

> *Dan 9,24: Siebzig Jahrwochen sind über dein Volk und über deine heilige Stadt bestimmt, um den Frevel zum Abschluß zu bringen und das Maß der Sünde voll zu machen, um die Verschuldung zu sühnen und ewige Gerechtigkeit herbeizuführen und das Gesicht und den Propheten zu bestätigen und ein Hochheiliges zu salben.*

Der nachfolgend zitierte Vers 25 legt nahe, daß mit diesen siebzig Jahrwochen das neue Judentum angesprochen ist, die »Neugründung Jerusalems«, der »heiligen Stadt«. Diese Zeit des Zweiten Tempels begann 458 v.Chr. durch Esra. Genau 490 (70 x 7) Jahre danach, im April 33 n.Chr., vollbrachte Jesus seine Erlösungstat am Kreuz (–458 + 1 + 490 = 33). Er wurde nach dem Willen der religiösen jüdischen Machthaber, durch das Establishment des Zweiten Tempels hingerichtet. Damit war das »Maß der Sünde [des Zeitalters] voll« geworden.

Durch seine Hingabe in das Leiden am Kreuz vollbrachte Jesus die große Erlösungstat und »sühnte die Verschuldung« der Ursünde der Menschheit. Damit hatte er den mächtigen Widersacher und Durcheinanderwerfer (Diabolos), den Ankläger und Verleumder (Satan) besiegt und wurde als der heiligste Heilsbringer, als Gesalbter Gottes, das heißt als der rechtmäßige Herrscher des Himmelreichs bestätigt – im April 33 wurde »ein Hochheiliges gesalbt«. Nach dem Christenglauben war damit auch wieder »ewige Gerechtigkeit herbeigeführt«, indem die zur Umkehr bereiten Menschenseelen seither aus der irdischen Verbannung heimkehren können ins Licht.

> *Dan 9,25: Wisse also und verstehe, vom Ausgang des Wortes inbetreff der Wiederherstellung und Neugründung Jerusalems bis zum Gesalbten, einem Fürsten, sind zweiundsechzig und eine halbe Jahrwoche*[93]*, und die Marktplätze und Gräben werden wieder aufgebaut sein, allerdings in drangsalsreichen Zeiten.*

---

[93] In der Regel wird hier »7 und 62 Jahrwochen« übersetzt, doch nach Tertullian (ca. 150–220 n.Chr.) ist statt dessen 62½ Jahrwochen zu lesen, vgl. Fußnote 22 auf S. 87.

Im Jahr 445 v.Chr. kam Nehemia nach Jerusalem mit dem königlichen Auftrag die Stadtmauern wieder aufzubauen. Von dieser »Neugründung Jerusalems« bis zum Auftreten des »Gesalbten, eines Fürsten« prophezeite Daniel 62½ Jahrwochen. Runden wir diese 437½ Jahre nach den damals und heute üblichen mathematischen Regeln auf die nächste ganze Zahl auf, so landen wir im Jahr 7 v.Chr. (445 - 438 = 7). Im Herbst 7 v.Chr. wurde aller Wahrscheinlichkeit nach Jesus geboren. Diese vier Jahrhunderte waren tatsächlich drangsalsreich, wie zum Beispiel die Makkabäer-Kriege im zweiten und ersten vorchristlichen Jahrhundert lebhaft vor Augen führen.

> *Dan 9,26: Und nach zweiundsechzig Jahrwochen wird ein Gesalbter ums Leben gebracht werden ohne Richterspruch; und die Stadt samt dem Heiligtum wird das Kriegsvolk eines Fürsten zerstören, der heranzieht, wobei das Ende*[94] *aber durch eine Sturmflut eintritt; und bis zum Ende wird Krieg stattfinden, festbeschlossene Verwüstungen.*

Dieser Vers wird meist in Zusammenhang mit dem vorangehenden Vers 25 betrachtet, doch Zeitangabe und vor allem die prophezeiten Begebenheiten passen nicht zusammen, auch wenn die zweiundsechzig Jahrwochen nahezu der vorherigen Zeitangabe entsprechen. Nach der ersten Aussage in Vers 26 müssen wir von der Hinrichtung des Gesalbten 434 Jahre zurückrechnen. Damit landen wir im Jahr 402 v.Chr., einer möglichen Zeit des Wirkens Maleachis, des letzten alttestamentlichen Propheten. Maleachi starb möglicherweise im Jahr 402 v.Chr.[95] - und mit ihm die alttestamentliche Prophetie.

Vers 26 ist im Vergleich zu den vorangehenden beiden zeitlich unbestimmt, doch er bezieht sich wohl auf die Zeit des prophetischen Schweigens, in der das jüdische Volk ganz auf sich selbst gestellt war, ohne geistige Führung aus dem Jenseits, nur mit den mehr oder minder geistreichen menschlichen Anführern aus ihrem Volk. In dieser offenbarungslosen Zeit sollte sich zeigen, wes Geistes das Volk Israel aus dem innersten Herzen wirklich ist. Der Vers stützt indirekt die Einordnung Maleachis am Ende des fünften vorchristlichen Jahrhunderts. Was er im zweiten Teil definitiv anspricht, ist die Zerstörung Jerusalems im Jahr 70 n.Chr., die »durch eine Sturmflut« eintreten soll. Doch ist über eine Million Tote innert einiger Wochen nicht eine Flut von Blut, im Sturm vergossen?

> *Dan 9,27: Und er wird einen festen Bund mit der Volksmenge eine Jahrwoche lang schließen und nach der Hälfte*[96] *der Jahrwoche Schlacht- und Speisopfer abschaffen;*

---

[94] Nach Menge: »dessen Ende«; Begründung der Korrektur s. Fußnote 23 auf S. 87.

[95] Vgl. Fußnote 40 auf S. 91.

[96] Nach Menge: »während der Hälfte«, vgl. Fußnote 24 auf S. 87.

und an ihrer Stelle wird der Greuel der Verwüstung aufgestellt sein, und zwar so lange, bis die festbeschlossene Vernichtung sich über die Verwüstung ergießt.

Dieser Vers bezieht sich wieder auf den vorhergehenden und spricht die Zerstörung Jerusalems an. Daß die Römer in der Mitte der Jahrwoche die Schlacht- und Speisopfer abschafften, können wir sehr gut nachvollziehen, denn die Belagerung Jerusalems mit der unwiederbringlichen Zerstörung des Tempels – der Grundlage für diese Opfer – erfolgte ziemlich genau dreieinhalb Jahre nach dem ersten Einfall der römischen Legionen.

Daß Titus mit seinem Kriegsvolk jedoch einen siebenjährigen Bund mit den Aufständischen geschlossen habe, läßt sich nicht sinnvoll einordnen. Neben Menge ziehen auch Schlachter oder die »Gute Nachricht« die obige direkte Übersetzung im Sinne von »einen Bund schließen« vor. Menge erwähnt jedoch in einer Fußnote, die letzten Verse 25–27 des neunten Kapitels ließen keine sichere Übersetzung zu, da der Urtext verderbt sei. Die vokallose althebräische Schrift kann schon in ihrer reinen Form oft kaum eindeutig übertragen werden. Wenn sie zudem noch schlecht erhalten ist, wird die Interpretation zur wahren Herausforderung. Da der heute allgemein verwendete hebräische Text sachlich schwer einzuordnen ist, legen andere Übersetzer den Anfang des Verses durchaus unterschiedlich und flexibel aus, zum Beispiel:

Einheitsübersetzung, sinngemäß Luther: Vielen macht er den Bund schwer …

Hoffnung für Alle: Der Machthaber wird vielen Menschen einen Bund aufzwingen …

Zürcher Bibel, sinngemäß Elberfelder: Und einen Bund für die Vielen wird er stark machen …

Neues Leben: Dieser Fürst wird … der Mehrheit des Volkes seine Beschlüsse aufzwingen.

Was entsprechend der hebräischen Vorlage überall auftaucht, ist der Begriff Bund oder Abkommen im Zusammenhang mit der Eigenschaft stark, schwer oder mächtig. Bisweilen wird dies auch flexibel im Sinne »Beschlüsse aufzwingen« interpretiert. Da Menge anspricht, der hebräische Text sei verderbt, liegt es nahe, anstelle des allgemein eingesetzten Begriffs בְּרִית (berīt), der »Bund« im Sinne eines Abkommens bedeutet, einen sehr ähnlich aussehenden Schriftzug zu suchen. Ein bezüglich Herkunft und Schriftbild sehr nahe verwandter Begriff ist בְּרִיחַ (berīach). Er bezeichnet einen Riegel im Sinne des schweren

Balkens, der ein Stadttor verschließt. Beim Propheten Amos lesen wir (1,5): »Ich will den Riegel von Damaskus zerbrechen« (וְשָֽׁבַרְתִּי֙ בְּרִ֣יחַ דַּמֶּ֔שֶׂק וְהִכְרַתִּ֤י). Ersetzen wir im hebräischen Schriftzug »וְהִגְבִּ֥יר בְּרִ֛ית לָֽרַבִּ֖ים« (er wird einen festen Bund mit der Volksmenge machen) בְּרִ֛ית durch בְּרִ֛יחַ, so müßte der oben zitierte Text etwa wie folgt übertragen werden:

Dan 9,27a: Er wird der Volksmenge einen mächtigen Riegel setzen eine Jahrwoche lang und nach der Hälfte der Jahrwoche Schlacht und Speisopfer abschaffen.

Die Niederschlagung des jüdischen Aufstands zwischen 67 und 74 n.Chr. war quasi eine einzige Belagerung von Städten und Festungen, ziemlich genau sieben Jahre lang. Das Umland war sehr rasch unter römischer Kontrolle, doch die befestigten Anlagen hielten noch lange Stand. In der römischen Belagerungstechnik wurden nicht nur Wälle und Palisaden zum Schutz der Angreifer und Belagerungsgeräte aufgebaut, sondern im Fall von Jerusalem sogar eine Mauer um die Stadt gezogen, um alle Versorgung zu unterbinden und die unkontrollierte Flucht aus der Festung zu verhindern – ein mächtiger Riegel. Da der althebräische Text in seiner heute allgemein verwendeten Form völlig unverständlich ist und erst mit der vorliegenden Korrektur aussagekräftig wird, käme angesichts der Ähnlichkeit von Taw (ת) und Chet (ח) sogar ein Abschreibfehler in der Zeit des Zweiten Tempels in Frage.

Und wie oben erwähnt wurde etwa in der Mitte der Jahrwoche Jerusalem mit dem Tempel zerstört und damit die rituellen Opfer abgeschafft. An ihrer Stelle ist nun der Greuel der Verwüstung aufgestellt. Übrig bleibt nur die Klagemauer, die schon bald zwei Jahrtausende an das vernichtende Ende des Zweiten Tempels erinnert. So soll dieser Rest auch als Mahnmal stehenbleiben bis zum Ende des aktuellen Zeitalters, wenn »die festbeschlossene Vernichtung sich über die Verwüstung ergießt«.

Daniel war nicht der erste Prophet, der die Belagerung Jerusalems und seinen vernichtenden Untergang in einem gewaltigen Blutbad erwähnte. Schon im Protojesaja aus dem achten vorchristlichen Jahrhundert finden wir deutliche Worte:

Jes 29,2b–3: Dann wird es (Jerusalem) mir ein richtiger Gottesherd sein. Ja ich will ein Lager rings um dich aufschlagen und dich mit einer Wagenburg eng einschließen und Belagerungswerke gegen dich aufführen.

Der Gottesherd ist der Opferaltar. Daß Jerusalem damit gleichgesetzt wird, bedeutet ein großes Schlachten mit sehr viel vergossenem und versprengtem Blut.

Erlösungstat, Höllenfahrt und Auferstehung

Den Glauben an eine Höllenfahrt Christi gibt es seit der Antike, doch die biblischen Grundlagen dafür sind recht dünn. Es gibt nur verstreute Hinweise. Beachtenswert für ein tieferes Verständnis des Höllenfahrtglaubens und damit des ganzen Erlösungswerks ist zum Beispiel Jesajas Lob des Erlösers in Kapitel 42 und 49, das in Kapitel 61 nochmals präzisiert wird:

> *Jes 42,6f: Ich, der HERR, habe dich berufen in Gerechtigkeit und dich bei der Hand gefaßt und habe dich behütet und dich zum Volksbund gemacht, zum Licht für die Völker, 7um blinde Augen zu öffnen, um Gefangene aus dem Kerker hinauszuführen und aus dem Gefängnis die, welche in der Finsternis sitzen.*

> *Jes 49,8f: … In der Zeit der Gnade habe ich dich erhört und am Tage des Heils dir geholfen und habe dich behütet und dich zum Volksbund gemacht, um das Land wieder aufzurichten, um die verwüsteten Erbgüter wieder als Erbe auszuteilen, 9um den Gefangenen zuzurufen: »Tretet heraus!« und zu den in Finsternis Wohnenden: »Kommt ans Licht!« …*

> *Jes 61,1: Der Geist Gottes des HERRN … hat mich gesandt, um die, welche gebrochenen Herzens sind, zu verbinden, den Gefangenen die Freilassung anzukündigen und den Gebundenen die Entfesselung.*

Sehr ähnliche Aussagen über eine Befreiung von Gefangenen finden wir beim nachexilischen Propheten Sacharja und im Psalter:

> *Sach 9,11f: Auch will ich, was dich betrifft, um des Blutbundes willen, den ich mit dir geschlossen habe, deine Gefangenen in Freiheit setzen aus der wasserleeren Grube. 12Kehret zu einem festen Wohnsitz zurück, ihr Gefangenen, die ihr noch hoffen dürft! …*

> *Ps 102,20f: … daß der HERR geblickt hat vom Himmel zur Erde, 21um das Seufzen der Gefangnen zu hören und die dem Tode Geweihten frei zu machen.*

> *Ps 107,10–20: Die da saßen in Finsternis und Todesnacht, gefangen in Elend und Eisenbanden, 11denn sie hatten Gottes Geboten getrotzt und den Willen des Höchsten verachtet, … 13da schrien sie zum HERRN in ihrer Not, und er rettete sie aus ihren Ängsten; 14er führte sie heraus aus Finsternis und Todesnacht und zersprengte ihre Fesseln …, 16daß er eherne Türen zerbrochen und eiserne Riegel zerschlagen. … 20Er sandte sein Wort, sie gesund zu machen, und ließ sie aus ihren Gruben entrinnen.*

Hier handelt es sich wohl kaum um irdische Häftlinge hinter Gittern, wie man kurzsichtig schließen könnte. Welche irdischen Gefesselten soll der Erlöser denn bisher losgebunden und aus ihren Kerkern befreit haben? Die Gefangenen, Gebundenen sollen aus der Finsternis ins Licht treten und aus ihren Gruben entrinnen. Blinde Augen sollen geöffnet werden. Die Aufforderung Christi »Kommt ans Licht!« wäre viel plausibler, wäre der Erlöser in den drei Tagen zwischen Kreuzigung und Auferstehung in die Hölle gefahren, um die dort Gefangengehaltenen aus der Finsternis des geistigen Todes zu befreien. Dieser Glaube wurde in der römisch-katholischen Kirche verworfen und vor allem in den orthodoxen Ostkirchen bewahrt.[97] Jesus selbst sagte nach dem Evangelisten Johannes zu seinen Jüngern:

> *Joh 5,25: Wahrlich, wahrlich ich sage euch: Es kommt die Stunde, ja sie ist jetzt schon da, wo die Toten den Ruf des Sohnes Gottes hören werden, und die, welche auf ihn hören, werden leben.*

Mit den Toten sind, wie meistens in der Bibel, nicht die Verstorbenen, sondern die geistig Toten angesprochen. Sie sollen den Ruf des Sohnes Gottes hören. Auch im Zusammenhang mit der Auseinandersetzung um die Austreibung böser Geister macht Jesus eine Andeutung in dieser Richtung:

> *Mt 12,29: Wie könnte jemand in das Haus des Starken eindringen und ihm seinen Hausrat rauben, ohne zunächst den Starken gefesselt zu haben? Erst dann kann er ihm das Haus ausplündern.*

Mit Jesu Erlösungstat am Kreuz wurde ihm nach dem Höllenfahrtglauben die Macht verliehen, den Starken zu binden, um ihm seinen Hausrat – die gefangenen Seelen – rauben zu können.

Jesaja sieht ferner, wie die Heimkehrenden sich am Ende fühlen werden:

> *Jes 12,1: An jenem Tage aber wirst du beten: »Ich danke dir, Herr! Denn bist du auch erzürnt gegen mich gewesen, so hat dein Zorn sich doch wieder gelegt, und du hast mich wieder getröstet.«*

Der »Zorn Gottes« über die Menschheit liegt nicht an der Rachsucht des Herrn, sondern an seinem weisen Ratschluß, der all seine Kinder heimbringen wird, ohne ihren freien Willen zu beeinträchtigen. In der Verzweiflung darf, ja muß der Mensch hadern und zweifeln und den Herrn anrufen in seiner Not. Man lese hierzu das Buch Hiob. Hinterher kann und soll der Mensch aber dankbar

---

97 Eine umfangreiche Auslegeordnung der verschiedenen Glaubensinhalte in Sachen Höllenfahrt bietet Felix Gietenbruch (2010), zu den Unterschieden Ost- und Westkirche s. S. 27ff.

sein für seine Heimsuchungen, denn alles, was ihm widerfahren ist, hatte nur einen Zweck: ihn selbst und seine Mitmenschen – und damit Menschheit – näher zu Gott zu bringen. In freier Entscheidung! Alles in der Gemeinschaft und für die Gemeinschaft erlittene Leid wird für die Leidenden zu Gold werden. Keine Prüfung ist verlorene Zeit und Mühe.

Von Paulus erfahren wir nichts Verwertbares im Hinblick auf eine Höllenfahrt aber immerhin etwas über die Auflösung der großen Kluft, zum Beispiel im Epheserbrief:

> *Eph 2,14a: Denn er ist unser Friede, er, der die beiden Teile zu einer Einheit gemacht und die trennende Scheidewand, die Feindschaft weggeräumt hat, …*

Die vorher unüberbrückbare Kluft ist nun überwunden. Unsere Gefangenschaft in der Finsternis liegt nicht mehr in Satans Hand, sondern in unserer eigenen. Die Scheidewand mag »weggeräumt« sein, nicht aber die Feindschaft endgültig vertilgt. Jene des Widersachers und seiner treuen Diener jedenfalls ist nach wie vor ungebrochen, wie wir nicht nur anhand der Johannesoffenbarung[98], sondern vor allem in der leidgeplagten Welt unschwer erkennen können. Automatisch ins Himmelreich eingelassen wird auch nach der Erlösungstat niemand. Christus hat nur die *Möglichkeit* der Auferstehung geschaffen. Sie wahr zu machen liegt in der freien Entscheidung jeder einzelnen Seele, mit den Worten Johannes des Täufers:[99] »Ändert euren Sinn, denn das Himmelreich ist nahe herbeigekommen«, und »schafft euch Früchte, die des Gesinnungswandels würdig sind«.

Soweit gehen die direkten biblischen Zeugnisse mit ihren lediglich recht vagen Andeutungen hinsichtlich der Überbrückung der großen Kluft und einer allfälligen Höllenfahrt Christi. Um weiter zu kommen muß man auch außerbiblische Überlieferungen bemühen. Nach einer Studie von Felix Gietenbruch reichen die traditionellen Höllenfahrtschilderungen zum Teil bis tief ins zweite nachchristliche Jahrhundert zurück. Sie gründen also recht nahe an Christi Wirken und müssen wohl einen gewissen Wahrheitskern haben.[100] Gietenbruch erhellt den Zusammenhang zwischen Höllenfahrt und Auferstehung und zeigt auf, wie das Vergessen, ja Verdrängen des Höllenfahrtsglaubens dazu führte, daß vor allem die protestantische Theologie, »keine glaubwürdigen Antworten auf das Fragen des modernen Menschen nach dem Todesschicksal hat«.[101]

---

98 Offb 12,12: »… der Teufel ist nun zu euch hinabgekommen und hegt gewaltige Wut, …«; s. Abschnitt *Die Frau und der Drache* S. 274.

99 Mt 3,2.8.

100 Gietenbruch (2010) S. 33.

101 Ebd. 20f.

In der Zeit der Urkirche der ersten beiden Jahrhunderte und der Kirchenväter bis ins fünfte Jahrhundert wurde der Christenglauben von zwei Bevölkerungsgruppen assimiliert: von den Judenchristen und den Heidenchristen. Letztere entstammten der damaligen hellenistisch-westlichen Welt. Für beide Kulturen war die Unterwelt selbstverständlicher Bestandteil des Glaubens. Was liegt näher, als daß diese Vorstellung ins Christentum eindrang, auch wenn Jesus selbst eine solche Unterwelt niemals explizit erwähnte? Bei den Juden hieß das Reich der Toten Scheol (שְׁאֹול), bei den Griechen Hades (ἅιδης – haides), ein Ort der Unfreiheit, in dem die verlorenen Seelen rastlos und ziellos in ihren Leidenschaften gefangen umherirren.[102] Ein Teil der aus Nahtoderfahrungen Zurückgekehrten beschreibt das Jenseits heute noch in solcher Gestalt.[103]

Die Ost- und die Westkirche entwickelten in den ersten Jahrhunderten fundamental verschiedene Vorstellungen der Auferstehung:[104] Für die Westkirche hatte Christus Satan durch das Leiden am Kreuz besiegt und auferstand körperlich als Mensch. Die »Höllenfahrt« war nur ein Leidensweg zur Sühne. Die Auferstehung der Toten in einem neuen, unsterblichen Leib folgt am jüngsten Tag bei der Wiederkunft Christi. Im Glauben der Ostkirche war Christus in den drei Tagen zwischen Kreuzigung und Auferstehung in die Unterwelt hinabgestiegen, hatte dort den Teufel besiegt und ihm Adam entrissen, stellvertretend für alle Menschenseelen. Nach der Westkirche harren also die Seelen auf ihre Auferstehung am jüngsten Tag, während sie nach der Ostkirche schon auferstanden sind und nur noch darauf warten, in den Himmel aufsteigen zu dürfen.

Um die westkirchliche Haltung zu integrieren, postulierten Theologen verschiedene Ansätze, jede mit ihren mehr oder minder gravierenden Schwächen. Hans Urs von Balthasar (1905–1988), ein römisch-katholischer Priester und Jesuit, lehrte zum Beispiel in seiner Strafleidenstheorie, Christus habe leiden müssen, da Gottes Ehre verletzt sei. Doch wie könnte das winzige, unbedeutende und ganz und gar unvollkommene Wesen Mensch seinen Schöpfer, die höchste geistige Vollkommenheit in seiner Ehre verletzen? Demgegenüber sieht der evangelisch-reformierte Theologe Karl Barth (1886–1968) in »Mein Gott, warum hast du mich verlassen«[105] den Hinweis, daß Christus stellvertretend für

---

[102] Eine Gegenüberstellung von Scheol und Hades bietet Gottlieb Kaiser (1813–21) S. 128.

[103] Gietenbruch (2010) S. 148.

[104] Zu den im folgenden besprochenen Glaubensinhalten von Ost- und Westkirche s. ebd. 23, 25, 32 und 36.

[105] Mt 27,46; Mk 15,34.

uns die Hölle erlitt, damit wir nicht mehr dahin müssen. Doch könnte der liebende Allvater wollen, daß ein Anderer, gar ein Unschuldiger für uns leidet? Stellvertretendes Leiden ist Leiden um seiner selbst willen und scheint damit sinnlos, ohne Zweck und Ziel. Sinnhaftes Leiden müßte vielmehr der Läuterung dienen und könnte kaum stellvertretend erfolgen.

Die Westkirche glaubt also an die *Versöhnung mit Gott* durch Christi *Leiden* im Kreuzestod, und die Auferstehung läßt schon zweitausend Jahre auf sich warten. Im Glauben der Ostkirche brachte Christus die Auferstehung aus der Unterwelt im *Kampf* durch die Höllenfahrt und den *Sieg über Satan,* und die Seelen warten nur noch auf ihren Aufstieg in den Himmel. Beides scheint lückenhaft und unausgegoren, wenn wir davon ausgehen, daß wir alle durch unseren persönlichen, eigenen Abfall in die Finsternis verstoßen wurden. Unter diesem Blickwinkel kann nur die Umkehr jedes und jeder Einzelnen mit Gott und Christus versöhnen. Die Aufforderung zur persönlichen Umkehr eines jeden Menschen leuchtet uns aus der überlieferten Lehre Jesu entgegen. Die Wahrheit liegt also wohl wie so oft in der Mitte zwischen Leiden und Versöhnung einerseits und Kampf und Sieg andererseits.

Die sogenannte *Redemptionstheorie* demgegenüber könnte viel Wahres haben, denn sie führt angesichts eines allmächtigen, alliebenden Gottes nicht in unlösbare Widersprüche. Der Begriff kommt vom lateinischen *redemptio,* was soviel wie »Loskauf« bedeutet: Christus bietet seine Seele dem Teufel als Lösegeld für die Sünder an; der Teufel kann die Seele Christi aber nicht festhalten, da sie sündlos ist, und so verliert er beides, die Menschen und das Lösegeld.

Die frühesten Hauptvertreter dieser Theorie sind Origenes (185–254), ein von der römischen Kirche Verworfener, wie auch Gregor von Nyssa (335/340–394), einer der wichtigsten Väter der Reichskirche im arianischen Streit. Wenn verschiedene alte Kulturen an eine Unterwelt glaubten und der Scheol im Alten Testament verschiedentlich geschildert wird, so sollten wir die Hypothese wagen, daß der Glaube der intuitiv veranlagten, noch weniger verweltlichten Menschen des Altertums handfeste Hintergründe hatte.

Die Redemptionstheorie kann auf den Levitikus zurückgeführt werden: Die mosaischen Gesetzbücher enthalten das Lösungsgesetz, eine Bestimmung, die den Loskauf eines tief Verschuldeten durch den nächsten Verwandten ermöglichte.[106] Ein einprägsames Beispiel finden wir im Buch Rut, wo Boas als Löser auftritt. Dieses Lösungsgesetz eröffnet in Gottes Gerechtigkeit eine neue Dimension zur Durchbrechung des Teufelskreises von Schuld und Leiden. Es

106 3Mose 25,25–49.

erlaubte einem Nahestehenden, einen Schuldner loszukaufen, wenn dieser selber nicht mehr dazu in der Lage war, mitunter auch, wenn er sich selbst an einen anderen Juden als Sklave verkaufen mußte. Die einzige Voraussetzung war, daß der Löser den geforderten und angemessenen Preis bezahlte. Verweigern konnte der Gläubiger den Handel nicht – natürlich sofern der Löser würdig, das heißt nach seinem Verwandtschaftsgrad berechtigt und der Preis angemessen war.

Die Gesetze des alten Judentums gelten als von Gott inspiriert. Warum sollten sie nicht eine irdische Repräsentation himmlischer Gesetze sein, übertragen auf diesseitige Verhältnisse? Die Rückwärtsübertragung irdischer Befunde auf das Geistige ist nur bedingt Spekulation über das Jenseits, sofern sie sich als mit allgültiger Weisheit im Einklang erweisen. Der Rückschluß aus dem Irdischen auf die himmlische Vollkommenheit kann gewiß nicht eins zu eins erfolgen, doch wenn Gottes Gesetze der Koexistenz vollkommen und grundlegend sind, so müssen sie in ihren Grundzügen sowohl für den Himmel als auch in der irdischen Welt gelten – sofern sie hier göttlich inspiriert sind.

Die Zusammenführung aller Befunde aus über dreitausend Jahren verschiedener Glaubensinhalte führt zu einer widerspruchsfreien Hypothese: Sie haben alle recht, sehen aber immer nur einen Teil. Die folgende Darstellung hat fast schon den Charakter einer Familiensaga – weniger glaubhaft muß sie deshalb nicht sein. Gewiß ist sie spekulativ. Jedoch ist sie von allen Auffassungen die überzeugendste und als einzige zumindest aus menschlicher Sicht mit Gottes Allmacht, Weisheit und Liebe im Einklang.

Im Altertum gab es eine düstere Unterwelt, in die die Seelen nach ihrem Tod kamen, der Scheol des Volks Israel oder der Hades der Griechen, der in der Spätantike zur Hölle der Christen uminterpretiert wurde. Viele Menschen berichteten von ahnendem oder gar hellsichtigem Kontakt zu einer solchen Unterwelt. Die Gefangenschaft der Seelen kommt in der griechischen Mythologie durch den dreiköpfigen Höllenhund Kerberos zum Ausdruck aber auch durch den giftigen Grenzfluß Styx. Aus christlicher Sicht war vor der Erlösungstat der uneingeschränkte Herr und Eigentümer dieser Unterwelt Satan, der große Ankläger und Verleumder, der die Seelen dort im Rahmen von Gottes Gerechtigkeit gefangenhalten konnte. Sie hatten sich derart versündigt, daß eine Sühne ihrer angehäuften Schuld undenkbar geworden war. Während ihrer irdischen Lebenszeit war im Gegenteil meist sogar neue Schuld hinzugekommen – ein Teufelskreis. Die Unüberwindbarkeit der menschlichen Schuld wird in einem Psalm Davids besungen:

Ps 49,8f: Den Bruder loszukaufen vermag ja doch kein Mensch, noch an die Götter[107] *das Lösegeld für ihn zu zahlen, denn unerschwinglich hoch ist der Kaufpreis für ihr Leben: Er muß davon Abstand nehmen für immer.*

Auch der Verführer und seine Fürsten der Finsternis haben ihre Rechte in Gottes vollkommener Schöpfung, und wir alle waren ihm aus freien Stücken gefolgt, hatten uns ihm freiwillig ausgeliefert. Sogar wenn Gott selbst ein Angebot hätte machen wollen – was wäre den rechtmäßigen Ansprüchen des Machthungrigen angemessen gewesen, im Sinn eines Preises für die Aufgabe seiner uneingeschränkten Herrschaft über die Myriaden ihm unterworfener Geschöpfe? Eine Lösung schien auf ewig undenkbar – es sei denn, der Verführer, der uns alle überlistete, könnte seinerseits überlistet werden. Ein anderes Geschöpf Gottes, ein nicht Abgefallener, mußte ihn herausfordern, ein Geschöpf, das etwas so Kostbares anbieten konnte, daß es den Wert aller gefangenen Seelen aufwiegt. Welcher andere wäre dazu in der Lage gewesen, als nur der rechtmäßige Statthalter Gottes, der dem ewigen Zweiten immer in der Sonne gestanden hatte?

So bot Christus sich selbst als Köder dar und lieferte sich dem selbsternannten Herrscher aus. Angesichts des schwachen Menschen Jesus konnte der gewaltige, Christus ebenbürtige Widersacher sich in der unfehlbaren Sicherheit seiner Macht wiegen. Dieses Angebot war zu verlockend für den größten Neider des Gesalbten Gottes. Hätte Satan mit den Mächten der Finsternis den schwachen Menschen Jesus mit Zucker oder Peitsche zum Verwerfen seines Auftrags bringen können, so wäre Christus in seine Gewalt gefallen, und endlich hätte er auch über ihn geherrscht. Mit einem Sieg über den Ersten wäre der ewige Zweite tatsächlich zum Mächtigsten des Himmels geworden.

Das wundertätige Arsenal Jesu war nicht unbezwingbar, wie es zum Beispiel jenes von Mose oder Elia gewesen war. Genau wie wir mußte Jesus als schwacher, leidensfähiger Mensch seine freie Willenskraft zur selbstlosen Hingabe aufbringen. Wehrlos seinen Qualen ausgeliefert, in der äußersten, blinden Gottverlassenheit, mußte er bedingungsloses Vertrauen in den Vater beweisen. Der Deal hätte auch schiefgehen können. Christus wäre ein Abgefallener

107 An die Götter: לֵאלֹהִים (Lelohim) wird hier meist übersetzt als »an Gott«, was in vielen Fällen zulässig ist, obschon es eine Mehrzahl bezeichnet. אֱלֹהִים (Elohim) heißt wörtlich »die Starken« oder »Mächtigen« und wird oft auch als »Engel« oder »Götter« übersetzt; vgl. Abschnitt *Der Starke mit uns* S. 78. Die Bezahlung des Lösegelds an Gott führt zu unlösbaren Widersprüchen: Gott, der unversiegbare Quell allen Lebens, aus dessen Kraft die ganze Schöpfung erst existiert, würde damit zum Krämer und in letzter Konsequenz zum blutrünstigen Tyrannen.

geworden wie wir. Der Erlöser ging persönlich enorme Risiken ein - ein Handel auf Leben und Tod. Wenn Christus nicht von vornherein gottgleich unfehlbar war, sondern als Geschöpf zur Erfüllung dieses kosmischen Auftrags die Kraft seines eigenen freien Willens aufbringen mußte, dann hatte sein mächtiger Widersacher eine faire Chance. Das war nichts als gerecht, denn sonst wäre der Preis nicht angemessen gewesen.

Und der Machthungrige griff zu - und verlor. Satan als eines der mächtigsten und intelligentesten Geschöpfe Gottes mußte wissen, daß es hier um eine Erlösung ging, denn Gottes Verheißungen an die Propheten waren bekannt und verkündeten die Ankunft des Messias' Israels. Was er wohl nicht erkannte, war deren Tragweite. Hätte der Verführer geahnt, daß nicht nur die paar Seelen des Volks Israel, sondern die Gesamtheit seiner Macht auf dem Spiel stand; er hätte sich wohl kaum freiwillig auf diesen Handel eingelassen.[108] Auch unter Einsatz aller physischen und seelischen Gewaltmittel und mit Unterstützung aller Mächte der Finsternis konnte er den Menschen Jesus nicht zum Abfall verleiten. So wurde Christus als der rechtmäßige Statthalter Gottes über die ganze Schöpfung bestätigt.[109] Als Konsequenz seiner unvergleichlichen Selbstlosigkeit und Leidensbereitschaft wurde ihm die Macht verliehen, zum Angriff überzugehen und die gefangenen Seelen zu befreien - nach Gottes unfehlbarer Gerechtigkeit.[110]

Nach den irdisch-alttestamentlichen Gesetzen wäre Christus als Mensch sinngemäß der würdige Löser gewesen, unser »nächster Verwandter Jesus«, der den Lösungspreis aufbringen konnte. Als himmlischer Beauftragter war er der siegreiche Erlöser aus dem geistigen Tod. Christus hatte symbolisch ausgedrückt die Höllentore zerbrochen. Er konnte nun über die große Kluft in die Unterwelt fahren und den Gefangenen verkünden: »Tretet heraus!« und »kommt ans Licht!«.[111] Seither gibt es den ausweglosen Scheol oder Hades im antiken Sinn nicht mehr. Christus hat die Brücke über den Styx gebaut und den Höllenhund gezähmt. Wer immer unter den Geknechteten sehnsüchtig das Licht erstrebt, ist nun frei heimzukehren.

Daß damit nicht alle Abgefallenen einfach erlöst sind, können wir anhand Hildegards ergreifender Schilderung der mühevollen Heimkehr ihrer Seele

---

108 Nach dem Boten Johannes Grebers wurde Satan erst an der Schwelle des Passionswegs Christi darüber aufgeklärt, doch jetzt gab es schon kein Zurück mehr (Greber, 1983 S. 342).

109 Dan 9,24; s. abschließende Interpretation im Kapitel *Daniels siebzig Jahrwochen* S. 106.

110 Jes 53,12; vgl. Abschnitt *Durchbohrt um unserer Missetaten willen* S. 80.

111 Jes 49,9; die große Kluft s. Lk 16,26.

erkennen.[112] Gefangen sind wir zwar nicht mehr, doch wir müssen diese Heimkehr wirklich im innersten Herzen wollen und uns des Lichtes, des Himmelreichs als würdig erweisen. Wir müssen den langen, beschwerlichen Weg unter die Füße nehmen, den schmalen Pfad.[113] Solange wir weiterhin auf Lustbarkeit und Erfolgs- und Machtstreben hereinfallen, bleiben wir an die Finsternis gebunden.

Christi irdische *Auferstehung* – wenn man die oben diskutierte Redemptionstheorie zu Ende denkt – war schließlich nicht mehr als ein wichtiges, gewaltiges Zeichen für alle nachfolgenden Generationen. Bezüglich des Siegs über den Tod war sie nicht Bedingung, sondern höchstens Folge. Der Sieg über den Tod war nicht die Auferstehung, sondern die Hingabe Christi in sein Leiden, ohne sich von Satan mit Zucker und Peitsche zur Verleugnung des Vaters oder zum Verwerfen seines Auftrags verführen oder zwingen zu lassen. Satan hatte beim Einsatz aller Kräfte an Jesus nichts gefunden, was ihm gehört.[114] Christi Abstieg zu den verlorenen Seelen wurde dadurch möglich – um den Starken zu binden, die Ketten zu zerschlagen und den Gefangenen die frohe Botschaft zu bringen.[115] Jesu irdisches Erscheinen nach seiner Kreuzigung ist also nur als Hoffnungszeichen für die Menschen eminent wichtig. Die Erlösungstat war schon in seinem leiblichen Tod gelungen, wie sein Ruf im Augenblick seines Sterbens zum Ausdruck bringt:[116] »Es ist vollbracht!«

Die Braut Christi

Im Alten Testament wird das Volk Israel bisweilen mit einer Braut verglichen, zum Beispiel bei Jesaja und Jeremia.[117] Jesus vergleicht sich selbst mit einem Bräutigam, der Hochzeit feiert, insbesondere bei der Frage seiner Gegner nach dem Fasten.[118] In seiner Antwort spielen Jesu Jünger die Rolle der Hochzeitsgäste. Im Johannesevangelium ist es Johannes der Täufer, der Jesus als den

---

112 Scivias I.4,1.

113 Mt 7,14: »Eng ist dagegen die Pforte und schmal der Weg, der ins Leben führt.«

114 Joh 14,30b: Ἐν ἐμοὶ οὐκ ἔχει οὐδέν; wörtlich: In mir hat er nichts (wie z.B. nach Schlachter). Neue Genfer Übersetzung: Er findet nichts an mir, was ihm Macht über mich geben könnte.

115 Mt 12,29 (den Starken binden); Jes 49,9 und Jes 61,1 (frohe Botschaft).

116 Joh 19,30.

117 Jes 49,18; 61,10; 62,5; Jer 33,11.

118 Mt 9,15; Mk 2,19; Lk 5,34.

Bräutigam bezeichnet (3,29). Wer aber ist die Braut Christi? Einen Hinweis gibt uns die Offenbarung Johannis (19,7): Bei der Hochzeit des Lammes am Ende der Tage ist dieses Lamm – das heißt Christus – der Bräutigam und die Gemeinde der Erlösten die Braut.

Nach den biblischen Hinweisen ist also nachvollziehbar, daß in aller Regel die Kirche als die Braut Christi verstanden wird. Allerdings gibt es viele irdische Kirchen und christliche Religionsgemeinschaften, die um den Anspruch streiten, welche denn nun die wahre Braut Christi sei. Die biblischen Zeugnisse sind so dünn, daß die Heilige Schrift nicht weiterhelfen kann.

Ganz anders sieht es aus angesichts der Prophezeiungen Hildegards von Bingen. Sie sieht in verschiedenen Visionen zwei riesige Frauengestalten, die man sehr gut mit der Braut Christi verbinden kann. Die eine legt die Prophetin selbst als die jüdische Synagoge aus. Sie wird weiter unten im Kapitel *Hildegards Synagoge – Hildegards Kirche* besprochen. Hier sei nur vermerkt, daß der Autor sie vielmehr mit den weltlichen Kirchen verbindet, denn sie trägt irdische Zeichen, die widerspruchsfrei und in Übereinstimmung mit anderen Prophezeiungen zu dieser Interpretation passen. Die andere Gestalt erscheint in mehreren Visionen in jeweils neuem Zusammenhang. Sie trägt lichte und jenseitige Attribute und spielt eine wichtige Rolle im Erlösungswerk:

> *Scivias Vis. II.3: Danach sah ich gleichsam eine Frauengestalt von solcher Größe wie eine große Stadt. Sie hatte ein Haupt, das mit wunderbarem Schmuck gekrönt war, und Arme, von denen ein Glanz wie Ärmel herabfiel, der vom Himmel bis zur Erde strahlte. Ihr Leib aber war wie ein Netz von vielen Öffnungen durchbrochen, durch die eine sehr große Menge Menschen hindurchging. Sie hatte jedoch keine Beine und Füße, sondern stand nur auf ihrem Rumpf vor einem Altar, d.h. vor den Augen Gottes. Sie umfaßte ihn mit ausgebreiteten Händen und blickte mit ihren Augen durchdringend über den ganzen Himmel. Gewänder konnte ich an ihr jedoch nicht sehen, außer daß sie ganz in hellster Klarheit leuchtend, von viel Glanz umgeben war. Auf ihrer Brust schimmerte ein rötlicher Schein wie die Morgenröte; dort hörte ich auch vielfaltige Art von Musikinstrumenten von ihr als von »der rötlich schimmernden Morgenröte« singen.*

Es ist naheliegend, daß Hildegard in dieser lichten Gestalt ihre katholische Kirche sieht, die Gott und Christus dient und den Menschen das Heil bringt. In der Tat wird die Gestalt in derselben Vision gleich danach zum Werkzeug der Erlösung, wie wir sehen werden, allerdings in jenseitigen, symbolischen Handlungen mit einer Güte, die mit der repressiven mittelalterlichen Kirche zur Zeit Hildegards in überaus deutlichem Widerspruch steht. Der Autor sieht daher in dieser Frauengestalt die bereits erlöste Seelengemeinschaft des Lichts, die jenseitige Braut Christi, die das Erlösungswerk im Auftrag Christi weiterführt. Dies wird am Ende dieser Vision auch deutlich geklärt:

> *Scivias Vis. II.3: Und wieder hörte ich die Stimme vom Himmel, die zu mir sprach: »Der vollständige Bau aus lebenden Seelen, der im Himmel aus lebendigen Steinen errichtet wird, ist mit dem unermeßlichen Schmuck der Tugenden seiner Kinder geziert. Er umfaßt sie, wie eine sehr große Stadt eine riesige Menschenmenge umfaßt und ein weites Netz eine ungeheure Menge Fische, und erblüht herrlich in den himmlischen Tugenden gemäß dem lebendigen Wirken der Gläubigen, die den christlichen Namen tragen.«*

Die Gestalt wird »im Himmel aus lebendigen Steinen errichtet«. Sie gleicht nicht einem Turm, denn das wäre ein Zeichen der Macht. Sie ist »groß wie eine Stadt«, bietet also unzähligen Seelen Schutz und Heimat. Im geschmückten Haupt erkennen wir die Jünger Jesu, die die Gestalt krönen und anführen. Sie ist ganz dem göttlichen Auftrag hingegeben, denn ihre Arme umfassen den himmlischen Altar. Der »wie Ärmel herabfallende Glanz« ist der Geist von Wahrheit und Liebe, die Frohe Botschaft. Ihre Netzform ist nicht nur ein Zeichen des Fischernetzes, mit dem Menschen für das Himmelreich eingefangen werden,[119] sondern steht vor allem für ihre Offenheit und Durchlässigkeit.

Unvollendet, nur ein Rumpf wird die Gestalt bis zum Ende des Zeitalters und darüber hinaus bleiben. Noch sind nicht alle Seelen bereit zur Erlösung. Dereinst, am Ende aller Zeiten, soll der »Bau aus lebendigen Seelen« aber »vollständig« werden.

Die Augen der Gestalt suchen durchdringend nach Wahrheit und nach verlorenen Seelen. Daß keine Gewänder erkennbar sind, erweist sie als überirdisch jenseitig, eine Gestalt aus lichten Seelen, die im Auftrag Christi gemeinsam wirken. Auf ihrer Brust schimmert rötlich und von Lobliedern begleitet der Schein von allumfassender Liebe und von Hoffnung auf den strahlenden Morgen der Schöpfung.

Das Wirken dieser Frauengestalt wurde andernorts umfassend erörtert. Hier soll nur ein Auszug diskutiert werden:[120]

> *Scivias Vis. II.3: Darauf sah ich schwarze Kinder nahe der Erde sich in der Luft bewegen wie Fische und durch die Öffnungen, von denen die Gestalt durchbrochen war, eintreten. Sie aber seufzte und zog sie nach oben zu ihrem Haupt, wo sie aus*

[119] Vgl. Mt 4,19; Mk 1,17; Lk 5,10: »…, so will ich euch zu Menschenfischern machen!«

[120] Detaillierte Auslegung s. Böhm-Mäder (2016) S. 57ff.

ihrem Mund hervorgingen, sie selbst jedoch blieb unversehrt. Und siehe, da erschien mir wieder jenes helle Licht und in ihm die Menschengestalt, die ganz von rötlichem Feuer durchglüht war, und zog jedem einzelnen von ihnen die schwarze Haut ab und warf diese Häute über den Weg hinaus; sie bekleidete jedes von ihnen mit einem blütenweißen Gewand und eröffnete ihnen ein hellstrahlendes Licht.

…

Die Kinder aber, die durch den Leib der erwähnten Gestalt hindurch gezogen waren, wandelten in dem Glanz, der sie umgeben hatte. Und diese blickte sie voller Güte an und sagte mit trauriger Stimme: »Diese meine Kinder werden wieder zum Staub zurückkehren. Trotzdem empfange und gebäre ich viele, die mich, ihre Mutter, mit verschiedenen Drangsalen ermüden und bedrücken; denn sie bekämpfen mich durch Irrlehrer und Schismatiker, mit nutzlosen Streitereien, mit Räubern und Mördern, Ehebrechern und Unzüchtigen und mit anderen Verirrungen dieser Art. Jedoch sehr viele von ihnen erstehen in wahrer Reue zum ewigen Leben, …«

Die »schwarzen Kinder nahe der Erde« sind die verlorenen Seelen. Sie werden weniger im Netz gefangen, als vielmehr eingelassen und »voller Güte« ins Licht emporgezogen. »Aus dem Mund hervorgehen« bedeutet, daß über sie Recht gesprochen wird. Die »feurige Menschengestalt« ist Christus, beziehungsweise seine himmlischen Beauftragten, die allen finsteren Unrat von der Seele entfernen und wegwerfen. Zurück bleibt der gute, lichte Teil der Seele, gewandet in der Reinheit und Pracht, die ihr bis dahin zusteht. Viele der Kinder können schon ins Licht eingehen, doch andere sind noch nicht bereit und müssen »wieder in den Staub zurückkehren«. Der Staub ist die materielle Welt. Damit lehrt Hildegards Bote, daß die Rückkehr ins Licht für viele Seelen mehrere Menschenleben erfordere. Eine entsprechende Aussage kann man auch im Psalter finden (90,3): »Du läßt die Menschen zum Staub zurückkehren und sprichst: »Kommt wieder, ihr Menschenkinder!« Daß Hildegard bei genauem Hinsehen die Präexistenz der Seele lehrt, wurde schon im Abschnitt *Versuchung und Abfall bei Hildegard* dargelegt (S. 50).

Gott sei Dank wurden die gefährlichen »Irrlehrer« ihrer Kirche, die Inquisitoren mit ihren »nutzlosen Streitereien«, mit Blindheit geschlagen, so daß sie die Tragweite von Hildegards Visionen nicht erkannten. Sonst hätten sie die Prophetin und ihre Botschaft wohl mit allen Mitteln vernichtet.

Die grosse Trübsal

Eine »große Trübsal« wird im Neuen Testament nur in der Offenbarung des Johannes erwähnt.[1] Diese Zeit der Trübsal wird mit Verweis auf die Johannesapokalypse oft in die Endzeit der Menschheit mit den großen Heimsuchungen projiziert. Hinweise auf eine »Zeit der großen Trübsal« finden wir aber auch im Alten Testament.

In Kapitel 10 des Buchs Daniel öffnet sich eine Klammer, indem der Prophet darauf hinweist, die Vision beziehe sich auf eine »große Trübsal« (V. 1). Die Klammer schließt sich im kurzen, abschließenden Kapitel 12, als der Engel »eine Zeit so großer Trübsal« erwähnt, »wie sie nie gewesen ist, seitdem es Menschen gibt« (V. 1). Danach soll »dein Volk«, das heißt Daniels Volk, das Volk Israel, errettet werden. Im dazwischen liegenden Kapitel 11 finden wir eine Schilderung von Aufstieg und Fall antiker Königreiche bis zu Rom.[2] Die größte Bedrängnis der Menschheit steht also nach Daniel immer noch bevor, doch die Zeit der Trübsal beginnt bei ihm schon mit der antiken Blüte Persiens. Im Anfang sind die Botschaften in Daniel 11 noch klar und eindeutig, doch je weiter der Horizont, desto verschwommener werden sie. Die Prophezeiungen enden mit der Auskunft, die neue Macht werde auch Ägypten und Nordafrika unterwerfen. Danach klafft eine riesige Lücke zu Kapitel 12 mit den endzeitlichen Ankündigungen, die uns noch nicht ereilt haben, denn man wird kaum behaupten können, das Volk Israel sei schon errettet. Diese Lücke soll im Folgenden anhand anderer Prophezeiungen geschlossen werden.

Eine bedeutsame Quelle zur Schließung dieser großen Lücken ist einmal mehr Hildegard von Bingen. Sie beschreibt in verschiedenen Teilen ihres Werks einen Niedergang der Tugendhaftigkeit im Laufe der Jahrhunderte. Weder sie selbst noch ihre bisherigen Interpreten brachten diese Visionen mit den theologischen und wissenschaftlichen Mächten vom Altertum bis in die Neuzeit

---

[1] Offb 2,22; 7,14; in den Briefen des NT erscheint zwar »Trübsal«, doch nur als allgemeiner Begriff, nicht im Sinn einer »Zeit der Trübsal«.

[2] Vgl. Kap. *Kurzportrait der Propheten und Visionen* S. 23.

in Verbindung. Die Belege hierfür sind jedoch nicht so einfach vom Tisch zu wischen, wie im Folgenden aufgezeigt werden soll.

Wir folgen in diesem Kapitel der historischen Linie der Prophezeiungen und beginnen mit der Trübsal des Volks Israel, die im Buch Hosea aus dem achten Jahrhundert v.Chr. erwähnt ist. Danach wird der berühmte Traum Nebukadnezars aus dem Buch Daniel angesprochen, vor allem aber Daniels bedeutende Vision der vier Tiere und insbesondere des neuen Horns analysiert. Es folgen zwei Visionen Hildegards mit nach der Kenntnis des Autors bisher nie beschriebenen Bezügen zur Welt- und Kirchengeschichte. Hildegards Kritik der modernen Wissenschaft mit der Umweltzerstörung um die zweite Jahrtausendwende runden das Bild der großen Trübsal ab.

Die Trübsal des Volks Israel

Eine Trübsal und eine lange Zeit der Führungslosigkeit wurde dem Volk Israel schon von Hosea vorausgesagt, der in der zweiten Hälfte des achten Jahrhunderts v.Chr. lebte, als Zeitgenosse Jesajas:

> *Hos 3,4f: Denn lange Zeit sollen die Kinder Israel still dasitzen ohne König und ohne Fürsten, ohne Schlachtopfer und ohne Malstein [Kultstein], ohne priesterliches Schulterkleid und ohne Hausgötzen. 5Danach werden die Israeliten umkehren, werden den HERRN, ihren Gott, und David, ihren König, suchen und voll banger Furcht zum HERRN und zu seiner Güte hineilen am Ende der Tage.*

Bis zur zweiten Tempelzerstörung im Jahr 70 n.Chr. wurde das Volk Israel jahrhundertelang durch religiös-weltliche Fürsten geführt, auch wenn sie letztlich oft unter fremder politischer Herrschaft standen. Vor dem babylonischen Exil hatten sie sich um Leviten und Propheten geschart. In der Zeit des Zweiten Tempels folgten sie der rabbinischen Elite, den Pharisäern. Der Opferdienst im Tempel bestimmte das jüdische Leben, zuerst für die Befragung des Gotteswillens mittels der Bundeslade und nach deren Verlust im Sinn einer alten, sorgfältig gepflegten Tradition.

Nach dem jüdischen Aufstand gegen Rom und der vernichtenden Eroberung Jerusalems durch die Römer blieb das Judentum zerschlagen, verfolgt und führungslos. Zwar blieb das jüdische Siedlungsgebiet in der römischen Provinz Judäa nach 70 n.Chr. vorerst noch erhalten, doch nach der Niederschlagung des Bar-Kochba-Aufstandes unter Kaiser Hadrian im Jahr 135 war das Volk Israel für Jahrhunderte ins verteilte Exil, die Diaspora versprengt.[3] Fortan

---

3 Siehe z.B. Graetz (1908) S. 427ff.

galt ein Siedlungsverbot für Juden in Jerusalem. Sie konnten die Heilige Stadt nur noch verstohlen betreten. Nach dem Untergang des oströmischen Reiches wurde Palästina durch arabische Fürsten kontrolliert – mit denselben Folgen. Erst 1948 konnte der Staat Israel neu gegründet werden, jedoch bis auf den heutigen Tag und weiterhin unter der bedrohlichen Nachbarschaft arabischer Machthaber.

So wartet das Volk Israel auf die Ankunft des Messias am Tag der Abrechnung und fühlt sich verlassen:[4] »Zion hat geklagt: ›Der Herr hat mich verlassen, und der Allherr hat meiner vergessen!‹« Es hat nicht nur seinen angestammten Opferdienst verloren, sondern auch die Hausgötzen der kanaanäischen Nachbarn, um derentwillen es so oft heimgesucht worden war. Der Tempel mußte durch die verteilten Synagogen ersetzt werden. Das mächtige Kristallisationszentrum des Glaubens, zu dem Jahr für Jahr Hunderttausende pilgerten, war bis auf die Klagemauer der Verwüstung dauerhaft dahin. Die obigen knappen Worte Hoseas kündigen seinem Volk die lange Durststrecke ohne geistiges Zentrum an, in der es still und ohne klare Orientierung mit seinen Glaubensbrüdern dasitzen wird. Erst am Ende der Tage werden die Verlassenen zur Güte ihres Herrn zurückeilen können.

Auch Habakuk überliefert eine kurze Passage, die auf die Durststrecke des Volkes Gottes hinweisen könnte. Die Übersetzung Menges ist ansonsten meist philologisch präzis, doch hier bezieht er die Drangsal fälschlicherweise auf das Volk Israel, das von einem anderen Volk angegriffen wird (3,16): »…den Tag der Drangsal, bis das Volk heranzieht, das uns angreifen soll.« Dies tut er vermutlich als Verlegenheitslösung, da die althebräische Form sich nicht auf die Zerstörung Jerusalems beziehen läßt. Luther in Übereinstimmung mit vielen anderen Übersetzern wie auch dem hebräischen Text deutet dies wie folgt:

> *Hab 3,16 (Luther): Weil ich solches höre, bebt mein Leib, meine Lippen zittern von dem Geschrei. Fäulnis fährt in meine Gebeine, und meine Knie beben. Aber ich will harren auf die Zeit der Trübsal, daß sie heraufziehe über das Volk, das uns angreift.*

Die Trübsal zieht nicht über Israel herauf, sondern über das angreifende Volk. Damit könnten verschiedene Völker gemeint sein, unter anderem auch die Römer. Das Römische Reich als weltliche Großmacht ging zwar im Frühmittelalter endgültig unter, doch die ganze abendländische Kultur der folgenden Jahrhunderte ist bis auf den heutigen Tag im wesentlichen römische Kultur. Das zeigt sich nicht nur im heidnisch-römisch beeinflußten Christentum, sondern zum Beispiel auch im Rechtssystem, das auf dem römischen Recht Justinians

---

[4] Jes 49,14.

beruht.[5] Habakuks Vision, wie viele andere, deutet weit über die Zerstörung Jerusalems hinaus auf eine Katastrophe, die die ganze irdische Schöpfung betrifft, die ganzen Lebensgrundlagen der Menschheit. Im Detail wird darüber weiter unten im Zusammenhang mit den vorchristlichen Endzeitvisionen und mit der Johannesapokalypse berichtet.

Daniels vier Tiere und der Traum Nebukadnezars

Die beiden Traumvisionen im Buch Daniel, von ihm selbst und von König Nebukadnezar, haben entscheidende Parallelen. Klassisch werden sie seit Jahrhunderten im Sinn der Vier-Reiche-Lehre aufgefaßt, die heutzutage von der historisch-kritischen Forschung in Frage gestellt wird. Der einleuchtende Grund für diese Skepsis liegt auf der Hand: Die klassische Lehre attestiert Daniel, die Zukunft Jahrhunderte voraus prophezeit zu haben. Wenn Prophetie künftiger Ereignisse in der Wahrnehmung der Exegeten grundsätzlich nicht sein kann, so ist es bei solchen symbolischen Visionen immer möglich, die eigentlich naheliegende Deutung zu verwerfen.

Der Verfasser läßt die vielfach erwogene klassische Interpretation stehen, denn er hat keine Bedenken gegen eine durch Himmelsboten vermittelte Zukunftsschau. Zudem fügt sich die im darauffolgenden Abschnitt diskutierte Analyse der Vision des neuen Horns nahtlos und widerspruchsfrei an die klassische Vier-Reiche-Lehre an.

Die Vier-Reiche-Lehre

Daniels Traumvision der vier Tiere in Kapitel 7 steht in engem Zusammenhang mit dem berühmten Traum Nebukadnezars, über den im vorangehenden Kapitel 2 ebenfalls Daniel berichtet. Der Prophet schildert die beiden Träume wie folgt:

> *Dan 2,31–35: Du, König, hattest eine Vision: Du sahst ein gewaltiges Standbild. Es war groß und von außergewöhnlichem Glanz; es stand vor dir und war furchtbar anzusehen. 32An diesem Standbild war das Haupt aus reinem Gold; Brust und Arme waren aus Silber, der Körper und die Hüften aus Bronze. 33Die Beine waren aus Eisen, die Füße aber zum Teil aus Eisen, zum Teil aus Ton. 34Du sahst, wie ohne Zutun von Menschenhand sich ein Stein von einem Berg löste, gegen die eisernen und tönernen Füße des Standbildes schlug und sie zermalmte. 35Da wurden*

[5] Details s. Abschnitte *Religionspolitik der Spätantike – das neue Horn* S. 134 und *Justinian I.* S. 157.

Eisen und Ton, Bronze, Silber und Gold mit einem Mal zu Staub. Sie wurden wie Spreu auf dem Dreschplatz im Sommer. Der Wind trug sie fort und keine Spur war mehr von ihnen zu finden. Der Stein aber, der das Standbild getroffen hatte, wurde zu einem großen Berg und erfüllte die ganze Erde.

Dan 7,2–7: Ich hatte während der Nacht eine Vision: Die vier Winde des Himmels wühlten das große Meer auf. 3Dann stiegen aus dem Meer vier große Tiere herauf; jedes hatte eine andere Gestalt. 4Das erste war einem Löwen ähnlich, hatte jedoch Adlerflügel. Während ich es betrachtete, wurden ihm die Flügel ausgerissen; es wurde vom Boden emporgehoben und wie ein Mensch auf zwei Füße gestellt und es wurde ihm ein menschliches Herz gegeben. 5Dann erschien ein zweites Tier; es glich einem Bären und war nach einer Seite hin aufgerichtet. Es hielt drei Rippen zwischen den Zähnen in seinem Maul und man ermunterte es: Auf, friß noch viel mehr Fleisch! 6Danach sah ich ein anderes Tier; es glich einem Panther, hatte aber auf dem Rücken vier Flügel, wie die Flügel eines Vogels; auch hatte das Tier vier Köpfe; ihm wurde die Macht eines Herrschers verliehen. 7Danach sah ich in meinen nächtlichen Visionen ein viertes Tier; es war furchtbar und schrecklich anzusehen und sehr stark; es hatte große Zähne aus Eisen. Es fraß und zermalmte alles, und was übrig blieb, zertrat es mit den Füssen. Von den anderen Tieren war es völlig verschieden. Auch hatte es zehn Hörner.

In Vers 7,17 finden wir die Erklärung, daß die vier Tiere vier Königreiche bedeuten. Die klassische Vier-Reiche-Lehre besagt, es handle sich hier um vier antike Weltreiche zur Zeit Daniels und im Jahrtausend danach: Babylon, Medo-Persien, das Griechenland Alexanders des Großen und Rom. Das Wasser bedeutet nach Offenbarung 17,15 Völker. In prophetischen Visionen steht das Meer allgemein für die Gesamtheit der Menschenseelen. Der Wind bedeutet Geist, wie schon das hebräische Ruach (רוח) und das Griechische Pneuma (πνεῦμα) ausdrücken, die beide sowohl Wind als auch Geist bedeuten. Das Meer der Seelen wird von den Winden des Himmels, das heißt von gewaltigen Geistkräften aufgewühlt. Aus diesem Meer steigen vier tierische Mächte auf.

Das Babylon zur Zeit Daniels hatte den geflügelten Löwen als Wappentier. In seinen späten Jahren konsolidierte sich das Reich über lange Zeit, wurde also vom geflügelten, reißenden Tier zum zivilisierten Menschen. In der Traumstatue Nebukadnezars ist dies der goldene Kopf. Das Doppelreich der Medo-Perser war einseitig, denn die Perser dominierten die Meder. Die drei Rippen im Rachen stellen drei eroberte Großreiche dar: Lydien (547 v.Chr.), Babylon (539 v.Chr.) und Ägypten (525 v.Chr.). In der Traumstatue Nebukadnezars ist dies die silberne Brust. Der vierflügelige Panther mit vier Köpfen deutet auf

Alexander den Großen hin, der in unerreichter Schnelligkeit die antike Welt eroberte. Sein Weltreich zerfiel am Ende in vier Teile: Makedonien, Thrakien, Syro-Babylonien und Ägypten, die vier Köpfe des Tiers. In der Traumstatue Nebukadnezars ist dies der kupferne Unterleib.

Das eiserne Rom schließlich verschlingt alles und entwickelt von Beginn weg andere Regierungsformen als die bisherigen strengen Monarchien. Die vierte Tiergestalt ist so neu und schrecklich, daß kein natürliches Tier mehr Pate stehen kann. Die Traumfigur Nebukadnezars zeigt, daß es sich schließlich in zwei Teile teilt, die Beine der Statue. Ihre Füße, zum Teil aus Tonerde, zum Teil aus Eisen, sind die im Zerfall aus dem Römischen Reich entstehenden multilateralen Staaten in Mittelmeerraum und Mitteleuropa. Sie werden am Ende von einem großen Stein zerschlagen, und die Statue stürzt ein und zerstiebt wie Staub im Wind. Der große Stein wird als Christus, der von den Mächtigen verworfene Grund- und Eckstein des Himmelreichs aufgefaßt,[6] der bei seiner Wiederkunft die Mächte der Finsternis zerschlägt. Der Stein wird am Ende zu einem Berg, der die ganze Erde erfüllt – das tausendjährige Friedensreich.[7] Vielleicht ist dieser fallende Stein aber nebenbei auch noch viel wörtlicher gemeint. Man beachte die unten aufgeführten Befunde zur Johannesapokalypse.

So weit die klassische Vier-Reiche-Lehre, die heute von verschiedenen Auslegern in Frage gestellt wird. Die Auslegung des Traums Nebukadnezars ist damit erschöpft, doch Daniels eigene Traumvision hat eine entscheidende Fortsetzung, die von der Theologie bisher nach Kenntnis des Autors nie ernsthaft und gründlich zu Ende diskutiert wurde.

Die Vision des neuen Horns

Im vorangehenden Abschnitt sind wir im Rahmen der Vier-Reiche-Lehre Daniels Traumvision eingegangen, doch damit ist sie bei weitem nicht zu Ende. Die Fortführung ist sogar deutlich umfangreicher als der oben diskutierte erste Teil:

> *Dan 7,8–27: Während ich nun genau auf die Hörner achtgab, sah ich, wie ein anderes, kleines Horn zwischen ihnen hervorschoß, worauf drei von den ersten Hörnern vor ihm ausgerissen wurden; und jetzt sah ich, daß an diesem Horn Augen wie Menschenaugen saßen und ein Mund, der vermessene Reden führte. …* 11*Ich schaute unverwandt hin wegen des Lärms der vermessenen Reden, die das Horn führte;*

---

6 Ps 118,22; Mt 21,42; Mk 12,10; Lk 20,17; vgl. Jes 28,16.

7 Vgl. Abschnitte *Prophetische Ankündigungen von Gericht und Friedensreich* S. 213 und *Die erste Auferstehung und das tausendjährige Reich* S. 320.

ich schaute zu, bis das Tier getötet und sein Leib vernichtet (d.h. verstümmelt) und zum Verbrennen dem Feuer übergeben wurde. 12Auch den übrigen Tieren wurde dann ihre Macht genommen und ihnen ihre Lebensdauer auf Jahr und Tag bestimmt. … 17Jene gewaltigen Tiere, vier an der Zahl, bedeuten vier Könige, die auf der Erde erstehen werden. … 19Hierauf wünschte ich Sicheres über das vierte Tier zu erfahren, 20… und über das andere (kleine) Horn, … das grösser anzusehen war als die übrigen. 21Ich hatte auch gesehen, wie jenes Horn Krieg mit den Heiligen führte und sie überwältigte (oder: vergewaltigte) … 23Das vierte Tier bedeutet ein viertes Reich, das auf Erden sein wird, verschieden von allen anderen Reichen; es wird die ganze Erde verschlingen und sie zertreten und zermalmen. 24Die zehn Hörner aber bedeuten, daß aus eben diesem Reiche zehn Könige erstehen werden; und nach ihnen wird noch ein anderer auftreten, der von den früheren verschieden ist und drei Könige stürzen wird. 25Er wird vermessene Reden gegen den Höchsten führen und die Heiligen des Höchsten mißhandeln und darauf ausgehen, die Festzeiten und das Gesetz Gottes zu ändern; und sie werden seiner Gewalt preisgegeben sein und eine Zeit und zwei Zeiten und eine halbe Zeit. 26Dann aber wird der Gerichtshof Sitzung halten, und man wird ihm die Herrschaft entreißen, um sie endgültig zu vernichten und zu beseitigen. 27Alsdann wird das Königtum und die Herrschaft und die Macht über die Reiche unter dem ganzen Himmel dem Volke der Heiligen des Höchsten verliehen werden: Sein Reich wird von ewiger Dauer sein, und alle anderen Mächte werden ihm dienen und untertan sein.

Die im Zitat fehlenden Verse schildern Gott als ehrwürdigen Greis des Himmels auf feurigem Thron, als richtenden König der Könige, dem zehntausendmal Zehntausende dienen. Sie fügen zum Bild des neuen Horns direkt nichts bei.

Das kleine Horn entsteht nach der klassischen Vier-Reiche-Lehre aus dem Römischen Reich, das an seinem Ende zehn Hörner trägt, das heißt in viele Teilmächte unter separaten Königen zerfallen ist. Die Zahl zehn stimmt zwar ungefähr mit der Anzahl Teilmächte überein, doch sollte man sich nicht damit aufhalten, sie genau zu zählen, denn »zehn« heißt symbolisch gesehen auch »zahlreich«. Die neue Macht schießt gleichsam zwischen den bisherigen hervor. »Vor ihm ausgerissen« heißt: Im Hinblick auf die Erstehung des neuen Horns werden drei andere Reiche vernichtet. Das neue Horn wird mächtiger als die anderen, führt nicht nur große, vermessene Reden gegen Gott und überwältigt und mißhandelt die Heiligen, sondern ist auch darauf aus, die heiligen Festzeiten und das Gesetz Gottes zu ändern. Es hat Augen wie Menschenaugen.

Alle vier Tiere werden in Daniels Vision zwar verstümmelt und dem Feuer übergeben, doch von einer Vernichtung des vorerst kleinen aber um so mächtigeren Horns ist nicht die Rede. Vielmehr herrscht es mit Gewalt weiter während insgesamt dreieinhalb Zeiten. Erst dann wird ihm die Herrschaft entrissen. In den drei folgenden Abschnitten sollen anhand der historischen Fakten zuerst die drei vernichteten Reiche und dann anhand deren das neue Horn identifiziert werden. Die dreieinhalb Zeiten schließlich bestätigen die Interpretation des neuen Horns.

Die drei ausgerissenen Hörner

Das schreckliche Tier des Römischen Reichs war im westlichen Teil in viele von Barbarenstämmen beherrschte Einzelreiche zerfallen: Die Alemannen, Basken, Franken, Germanen, Goten, Langobarden, Sachsen, Vandalen und wie sie alle hießen. Um das östliche Mittelmeer konnte sich das Römische Reich weiterhin halten.

Dieser Zeitraum entspricht der Spätantike, das heißt der Periode von etwa der dritten Jahrhundertwende bis in die zweite Hälfte des sechsten Jahrhunderts, als das Frühmittelalter begann. Unbestritten festgelegt ist die Spätantike nicht, doch sie beginnt irgendwann zwischen der von Diokletian eingeführten Tetrarchie (Vierherrschaft) gegen das Ende des dritten Jahrhunderts und den religiösen und politischen Reformen Konstantins des Großen um 325, als er seinen Regierungssitz von Rom nach Konstantinopel verlegte und im Konzil zu Nicäa dem Christentum als Staatsreligion den Weg ebnete. Die Spätantike endete ungefähr mit dem Tod Justinians I. um 565 oder je nach Historiker auch nahe der sechsten Jahrhundertwende. Sie bezeichnet also ziemlich genau den Zeitraum der kirchlichen Konsolidierung und Machtentfaltung. Im Ausklang der Spätantike finden wir drei Schlüsselmächte um Rom, die im Folgenden diskutiert werden.

Ein erstes Anzeichen für das Ende der Spätantike finden wir schon rund hundertfünfzig Jahre nach der Verlegung des Reichszentrums in den Osten. Im Jahr 480 erhob sich in Rom eine Meuterei der germanischen Hilfstruppen, die in römischem Sold standen.[8] Deren Feldherr Odoaker schlug sich zu den Aufständischen, ergriff so die Macht im zerfallenden Westreich und wurde König von Italien. Der letzte anerkannte aber schwache Westkaiser Julius Nepos (Imperator 474–480) war im Exil gestorben und das westliche Kaisertum damit endgültig erloschen. Der Regierungssitz des Westreiches war schon Anfang fünftes Jahrhundert weg von Rom nach Ravenna an die nördliche Adria verlegt worden, was Odoaker beibehielt. Der römische Senat blieb nach altem Muster

---

[8] Herrschaft der Germanen in Italien unter Odoaker folgt den Darstellungen von Börm (2008) S. 48ff, Pfeilschifter (1896) S. 18 und Reumont (1867) S. 6f.

bestehen, wobei Odoaker den Rang eines Präfekten innehatte und gleichzeitig den Titel eines römischen Patricius trug, das heißt eines engsten Vertrauten des oströmischen Kaisers. In Rom wurden zwar immer noch Bildsäulen des oströmischen Kaisers Flavius Zeno (Imperator 474–491) aufgestellt, und »Odoaker führte [aus der Sicht Konstantinopels] die Verwesung des Westreiches der römischen Gesamtmonarchie«[9]. In Italien und gegenüber dem Westen jedoch gebärdete sich Odoaker als unabhängiger Herrscher. Der konstantinopolitanische Hof scheint ihn als Eindringling betrachtet zu haben, doch war das Interesse am Westen noch eher gering. Zeno hatte genug Probleme im östlichen Reich. Odoakers respektvolle Beziehung zu Konstantinopel sicherte vorläufig seine Unabhängigkeit.

Um 489 n.Chr. entsandte Kaiser Zeno seinen ostgotischen Feldherrn Theoderich in einen Krieg gegen den Usurpator in Italien, wahrscheinlich aber viel weniger, da ihm Odoaker zu selbstherrlich geworden war, sondern vor allem um Theoderich loszuwerden, der auf dem Balkan schon bedrohlichen Einfluß erlangt hatte.[10] Für Theoderich war dies die einmalige Chance, ein eigenes, weitgehend unabhängiges Reich zu gewinnen. Der verlustreiche Krieg dauerte Jahre und endete 493 in einem Vergleich, doch unmittelbar danach ermordete Theoderich seinen Konkurrenten, angeblich eigenhändig, wohl um seine Macht zu sichern. Auch gegenüber Odoakers germanischen und römischen Anhängern »ging Theoderich mit bitterer Härte vor«[11]. Trotz dieses schändlichen Vertragsbruchs war die Regierung des Ostgoten dann wohltätig; unter Theoderichs Herrschaft erlebte Italien eine Periode von Frieden und Sicherheit. Ostgoten und Römer lebten friedlich nebeneinander, doch blieben die Goten Fremde in einem Italien, das weiterhin im antik-byzantinischen Geist verblieb. Wie Odoaker trug Theoderich den Titel eines Patricius und anerkannte die Oberhoheit der byzantinischen Kaiser. Das Auftreten Theoderichs brachte kein entscheidend neues Regiment, sondern war lediglich ein personaler Wechsel. Auch er herrschte in einer Doppelfunktion quasi über zwei Nationen in einer – als König über die barbarischen Ostgoten und als Patricius über die Bürger des alten Roms. Theoderichs Tod im Jahr 526 hinterließ dann ein Machtvakuum und leitete das Ende der ostgotischen Herrschaft ein.

Seit der ersten Hälfte des fünften Jahrhunderts hatten die Vandalen Nordafrika beherrscht. Sie hatten es 430 unter schwersten Greueln der Verwüstung

---

[9] Pfeilschifter (1896) S. 18.

[10] Machtübernahme Theoderichs nach Ensslin (1959) S. 58ff, Pfeilschifter (1896) S. 28 und 43 sowie Reumont (1867) S. 31ff.

[11] Pfeilschifter (1896) S. 28.

in ihre Gewalt gebracht. Die Hauptstadt Karthago war erst 435 durch Vertragsbruch gegen Rom in ihre Hände gefallen.[12] Seither hatten die Vandalen die Seeherrschaft im westlichen Mittelmeer. Ein großangelegter Angriff der weströmischen Truppen war 468 kläglich gescheitert; deren Flotte war von den Vandalen versenkt worden. Von da an war Karthago ein Verbündeter Konstantinopels, die Vandalen von Ostrom legitimierte Beherrscher der Provinz »Africa«. Sie blieben geduldet, bis der neue, starke Kaiser Justinian I. (Imperator 527–565) seine Generäle entsandte, um Thronstreitigkeiten in Karthago in seinem Sinne zu regeln. Der Feldzug entwickelte sich zu einer Eroberung; das Vandalenreich fiel 534. Bei dieser Gelegenheit eroberten die oströmischen Truppen anschließend auch noch das geschwächte Italien zurück und unterwarfen die Ostgoten. Machtpolitisch entscheidend ist der Fall der Regierungsstadt Ravenna um 540, doch das bischöfliche Rom wurde schon 538 durch die oströmischen Truppen aus der letzten Belagerung der Ostgoten befreit.

Innert fünfundvierzig Jahren wurden also gegen Ende der Spätantike drei bedeutende Barbarenmächte in und um Italien gestürzt: Das germanische Reich Odoakers 493, die Vandalen 534 und die Ostgoten 538 (Rom) beziehungsweise 540 (Ravenna). Es liegt also nahe, die drei aus dem Kopf des römischen Tiers ausgerissenen Hörner als die Herrscher der Germanen, der Vandalen und der Ostgoten zu sehen.

Religionspolitik der Spätantike – das neue Horn

Die religionspolitische Entwicklung der Spätantike ist geprägt vom langsamen, turbulenten Aufstieg der römisch-katholischen Kirche und den damit einhergehenden kulturellen Veränderungen.[13] Nachdem Kaiser Konstantin um 325 n.Chr. seinen Regierungssitz an den Bosporus verlegt hatte und die Arianer[14] im selben Jahr anläßlich des Konzils von Nicäa aus der katholisch-orthodoxen[15] Kirche ausgeschlossen waren, nahm die Bedeutung des Bischofs von Rom laufend zu, doch großen politischen Einfluß erreichte er vorerst noch nicht.

Nach dem Tod Konstantins im Jahr 337 entbrannte ein neuer Machtkampf zwischen arianischen und trinitarischen Bischöfen, der erst 381 unter Theodosius I. (Imperator 379–395) anläßlich des Konzils von Konstantinopel zugunsten des Nicänischen Bekenntnisses entschieden wurde. Theodosius hatte

---

12 Entwicklung des Vandalen-Reichs s. Castritius (2007) S. 76ff und Koelzka (1934) S. 43.

13 Allgemeine kulturelle Entwicklung der Spätantike s. Börm (2008) und Lippold (1968).

14 Nachfolger des Arius, vgl. Fußnote 16 auf S. 25.

15 Das große Schisma zwischen Orthodoxie und Katholizismus ereignete sich erst 1054.

»die Kirche zu einem zentralen Anliegen der Innenpolitik« erhoben und mit dem politisch motivierten Glaubensedikt von 380 das Nicänische Bekenntnis – eigenmächtig und ohne Mitwirkung der Geistlichen – faktisch zur Staatsreligion gemacht.[16] Damit war jegliche Religionsfreiheit im Römischen Reich dahin und die Arianer mit allen andern Andersgläubigen als Häretiker geächtet; – jede abweichende Glaubenshaltung galt fortan als staatsfeindliches, todeswürdiges Delikt. Doch der Arianismus hielt sich noch mehr als hundertfünfzig Jahre, vor allem unter den nach Europa einfallenden Barbaren.

Um 480 brach das weströmische Reich endgültig zusammen, und Odoaker ergriff die Herrschaft über Italien. Seine Beziehung zur katholischen Kirche blieb angespannt aber von Toleranz geprägt.[17] Odoakers Stellvertretender Präfekt von Rom beteiligte sich in seinem Namen an der Papstwahl, »auf deren bedingenden Einfluß ... Odoaker siegreichen Anspruch erhob«[18]. Der Arianer hatte also die Geschicke des katholischen Bistums von Rom in erheblichem Ausmaß in der Hand.

Auch der Nachfolger Theoderich war Arianer, agierte aber in Sachen Kirche fast bis zum Ende seiner Herrschaft sehr kooperativ. Als kluger Staatsmann hielt er die Religionsfreiheit in seinem Reich hoch; gotische Arianer und römische Katholiken lebten jahrzehntelang recht friedlich nebeneinander. In den innerkatholischen Kirchenstreitigkeiten zu Beginn des neuen Jahrhunderts trat Theoderich sogar als Vermittler auf. Allerdings bestanden nicht nur Querelen innerhalb des römischen Bistums, sondern auch gegenüber dem oströmischen Kaiser Anastasios (Imperator 491–518), der dem Monophysitismus[19] anhing und damit der Reichskirche als Häretiker entgegenstand. Anastasios vereitelte die Zusammenführung der Kirche bis zu seinem Tod.

Sein Nachfolger Justin (Imperator 518–527) war orthodoxer Einstellung und ebnete den Weg. Schon im Jahre 520 war die katholisch-orthodoxe Kirche wieder geeint. Damit änderte sich schlagartig Theoderichs Rolle, seine Bedeutung in kirchenpolitischen Fragen schwand. Ab etwa 524 und bis kurz vor

---

16 Gottlieb, et al. (1993), Zitat: Lippold (1968) S. 19.

17 Für die Beziehung Odoakers zum Bistum Rom s. Pfeilschifter (1896) S. 18f sowie Reumont (1867) S. 7 und 39. Die Darstellung der Religionspolitik im Zusammenhang mit Theoderich folgt Pfeilschifter (1896), insbes. seine Vermittlerrolle S. 71ff, die Spannungen in Ostrom unter Anastasios S. 141/153 und der frühe Einfluß Justinians S. 187.

18 Reumont (1867) S. 7.

19 Die Lehre, daß Christus nur eine Natur habe – die göttliche – wohingegen die orthodox-katholische Reichskirche die Zweinaturen-Lehre vertrat: Christus habe eine göttliche und eine menschliche Natur. Die Abspaltung der Monophysiten erfolgte anläßlich des Konzils von Chalcedon von 451.

Theoderichs Tod im Jahre 526 wurden die gotischen Arianer von Justin verfolgt. Hierin zeigt sich bereits die Handschrift seines Neffen Justinian, der ihm 527 nachfolgen sollte und gerade in religiösen Fragen schon jetzt faktisch der intellektuelle Leiter der byzantinischen Politik war. Noch kurz vor seinem Tode griff der alte Theoderich in die Papstwahl ein und erklärte nach langen Auseinandersetzungen einen der umstrittenen Kandidaten - den von ihm favorisierten Felix IV. - als gewählt, was als bedenkliche Einmischung in die inneren Angelegenheiten des Bistums gewertet wurde. Noch verstärkt wurde dieser unbotmäßige Eingriff dadurch, daß der in Konstantinopel mit Ehren überschüttete päpstliche Vorgänger Johannes I. unter dubiosen Umständen in Theoderichs Gewahrsam verschieden war.

Die Vandalen-Herrscher waren Arianer wie die Germanen und Ostgoten. Im Gegensatz zu den italienischen Königen verfolgten sie während des ganzen Jahrhunderts ihrer Herrschaft über Nordafrika die orthodox-katholischen Trinitarier. Sie hielten auch Sardinien, Korsika und einen Küstenstreifen Siziliens. Der Arianismus war also durchaus eine Bedrohung für die römische Kirche:[20] »Als ein starker Ring umschloß er im Abendlande die orthodoxe Kirche der Unterworfenen: der Arianismus der Vandalen in Afrika ... und der Ostgoten in Italien war wirklich eine Macht, die unter Umständen eine Zukunft hätte haben können.«

Der Bischof von Rom und die römischen Katholiken wurden also von Ostrom gestützt und von den italienischen Königen toleriert, litten aber zur Zeit der Barbarenherrschaft um das westliche Mittelmeer unter wechselndem politischem Druck und konnten sich nicht frei entfalten. Mit der Entsendung Theoderichs hatte Kaiser Zeno nur einen Regenten durch den anderen ersetzt. Auch wenn die Situation der Katholiken sich in Italien unter dem neuen König eher verbessert hatte - erst der Sieg Justinians I. über Vandalen und Ostgoten und die Rückeroberung Roms im Jahr 534–538 befreite den Papst von der arianischen Bedrohung.

Justinian gelang es in den knapp vierzig Jahren seiner Herrschaft, das alte Römische Reich von der persischen Grenze bis nach Gibraltar noch einmal weitgehend zu vereinen, wenn auch auf brüchigen Füssen. Obgleich schon Konstantin das Christentum als machtpolitisches Mittel erkannt hatte, vereinigte kein anderer die theologische und weltliche Macht so konsequent wie Justinian, ganz nach dem Vorbild der alten hellenischen Cäsaren, jedoch mit

---

20 Zitat Pfeilschifter (1896) S. 46. Für die religiöse Repression der Vandalen-Herrscher s. auch Koelzka (1934) S. 43f und Reumont (1867) S. 6.

christlichen Vorzeichen.[21] In dieser Doppelfunktion als Pontifex und geschickt taktierender Kaiser aus Gottes Gnaden setzte er mit Gewalt und über zehntausende Leichen die kanonische Lehre als einzig gültige Staatsreligion durch; Arianer, Manichäer, Montanisten etc. wurden buchstäblich mit Stumpf und Stiel ausgerottet.

Gegen das Ende von Justinians Herrschaft erschien Gregorius (540–604) auf der Bildfläche, ein Patrizier, Sohn eines hohen römischen Beamten und Enkel eines früheren Papstes.[22] Er machte politische Karriere bis zum Senator und Präfekten, dem höchsten Titel, den Rom zu seiner Zeit zu vergeben hatte. Nach seiner Amtszeit hatte er keine beruflichen Perspektiven mehr und entschied sich im Alter von 35 Jahren Mönch zu werden und die politische Karriere durch eine in der aufstrebenden Kirche zu ersetzen. Der römische Senat befand sich ohnehin in Auflösung. Die politische Macht des Westens war zersplittert und geschwächt. Das Bistum Rom hingegen war durch das Bündnis mit dem mächtigen Konstantinopel in einer Position, die Geschicke der Zeit mit zu lenken. Das war eine schicksalshafte Wende: Der damalige Bischof von Rom entsandte Gregorius 579 als Gesandten und Stellvertreter nach Konstantinopel, wo dieser sechs Jahre lang blieb und im brodelnden religiösen Hexenkessel mitmischte. Danach wurde er des Bischofs Berater und nach dessen Tod 590 selber Papst.

Gregor I. erreichte durch geschicktes Verhandeln und gegen Tributzahlungen aus dem reichen Schatz der Kirche den Abzug der zerstrittenen und zersplitterten Langobarden aus Rom. Schon Papst Johannes I. (Pontifikat 523–526) hatte gegenüber Justin und dem oströmischen Patriarchen zu seinem Vorteil geltend gemacht, der wahre Nachfolger Petri zu sein. Dem neuen, energischen und machtbewußten Gregor gelang es nun, Roms kirchliche Vorrangstellung gegenüber dem Patriarchen von Konstantinopel durchzusetzen. Während der ganzen Amtszeit Gregors war das mächtige Ostrom in Kriegen gegen die Perser absorbiert. So konnte sich der Einfluß des Stuhls Petri entfalten. »In seinen frühen Briefen beruft sich Gregor als Handlungsnormen auf die Tradition, seine persönliche Einschätzung, das Gebot der Nächstenliebe besonders häufig aber auf die Gesetze, sowohl die staatlichen als auch die kanonischen.«[23] Die Nächstenliebe ging in seinem späteren Wirken leider vergessen, denn der heilige Gregor strebte als rücksichtsloser Zwangsmissionar nach der Vormacht

---

[21] Vgl. Abschnitt *Justinian I.* S. 157.

[22] Eckdaten zum Aufstieg Gregors s. Hudleston (1913) S. 780ff, Müller (2009) S. 68 sowie Reumont (1867) S. 79f.

[23] Zitat Müller (2009) S. 174.

Roms über die gesamte Kirche des Römischen Reichs; zur Ausbreitung seiner Macht war er Kerker, Folter, Geiselnahme und Plünderungen nicht abgeneigt.[24]

Gregor war der letzte spätantike Kirchenlehrer und der erste wahre Aufsteiger, der das Papsttum und die zentrale Herrschaft des klerikalen Roms etablierte. Der Historiker Alfred von Reumont bringt Gregors Amtszeit wie folgt auf den Punkt:[25] »Gregors Pontifikat ist die Zeit gewesen, in der die Römer bei fortwährender Lockerung des Verbandes mit dem östlichen Reiche, welcher statt des Schutzes eine Last und Fessel geworden war, und während des unaufhaltsamen Untergangs der Institutionen der alten Welt, auf die Päpste als ihre natürlichen Schirmherren und Oberhäupter … zu blicken begannen, lange bevor von einer faktischen weltlichen Herrschaft die Rede war.« Papst Gregor I. trägt bezeichnenderweise den Beinamen »der Große«.

Die leuchtenden Herrscherfiguren der spätantiken Kirchengeschichte waren an ihrem Beginn Konstantin, der das Christentum als erster förderte und tolerierte und an ihrem Ende Justinian, der die dogmatische Einigung durchsetzte. Wir werden noch sehen, daß beide nachweislich vermessene Reden gegen den Höchsten führten und insofern die Heiligen mißhandelten, als daß sie alle Andersgläubigen verfolgten.[26] Der entscheidende Wegbereiter am Übergang zum Frühmittelalter ist Gregor der Große, der nach dem Tod des letzten gesamtrömischen Kaisers die eigenständige Macht der katholischen Kirche in Rom etablierte. Auch er war selbstherrlich genug, dem Kaiser in einem Brief zu bedenken zu geben, Christus spreche durch ihn, Gregor.[27] Somit treffen die vermessenen Reden in Vers 25 der Vision Daniels auch auf Gregor zu.

Daß der Papst seit Gregor dem Großen nach ursprünglich heidnischem Vorbild als *Pontifex Maximus* oder *Summus Pontifex* bezeichnet wird, kann als Zeichen der Vermessenheit gedeutet werden. Pontifex Maximus heißt größter Brückenbauer. Bei den antiken Hohenpriestern galt er als Mittler von der Gottheit des Kultes zum gemeinen Volk. Der Papst sieht sich entsprechend als Mittler zwischen Gott und den Menschen. Der wahre Pontifex der Christenheit stand jedoch nicht mit segnender Hand hoch über den Volksmassen auf dem Petersplatz, sondern kam unter schwersten Entbehrungen ins Dornendickicht dieser Welt, um seine Schäfchen zu retten. Jesus sagte:[28] »Ihr sollt euch nicht

---

24 Zur rücksichtslosen Herrschaft Gregors s. Deschner (1994) S. 155ff.

25 Reumont (1867) S. 94.

26 Nach Dan 7,25; vgl. Abschnitt *Der Richter mit königlichem Namen* S. 149.

27 Müller (2009) S. 280.

28 Mt 23,8.

›Meister‹ nennen lassen; denn einer ist euer Meister; ihr alle aber seid Brüder.« Der eine Meister ist Gott[29], und der wahre Pontifex ist Christus, der die Brücke über die große geistige Kluft[30] zur Finsternis baute. Überdies läßt der Papst sich »Heiliger Vater« nennen – ein Titel, der allein Gott zustände, denn »niemand auf Erden sollt ihr euren ›Vater‹ nennen; denn einer ist euer Vater, der im Himmel«[31]. Seit dem Ersten Vatikanischen Konzil von 1870 gilt der Papst außerdem als unfehlbar, wo doch nach dem allgemeinen christlichen Glauben Gott allein ohne Fehl ist.

Daniels Vision besagt in Vers 24, der neue Herrscher sei von den früheren verschieden. Das Bistum Rom mit seiner von Gregor installierten religiösen und politischen Autorität über die ganze Christenheit, das in den folgenden Jahrhunderten sogar militärische Macht entwickelte und bisweilen auch Könige und Kaiser dominierte, war tatsächlich völlig anders als die früheren. Kaum eine andere Macht der Menschheitsgeschichte konnte sich mehr als zwölfhundert Jahre lang halten.

Die erste Hälfte von Vers 25 der Vision besagt zudem, das neue Horn ändere die Festzeiten und das Gesetz Gottes. Auch in dieser Beziehung finden wir deutliche Zeichen. Vorbereitet wurde dies vom eigentlichen Initiator der römischen Reichskirche: Im Jahr 321 erließ Konstantin der Große das Gesetz über die Ruhe am Sonntag, dem er allerdings den Namen *dies Solis,* Tag der Sonne (des Sonnengottes) gab und der keinen christlichen Bezug hatte.[32] Der Sonntag ist der heilige Tag der Sonnenanbeter. Der heilige Ruhetag Jesu war der Samstag, der jüdische Sabbat. Der 25. Dezember ist der Geburtstag des Sonnengottes Sol (Wintersonnenwende), nicht jener von Christus. Daß Ostern nicht nur auf dem heiligen Pessach des Volks Israel beruht, sondern heute vorwiegend als heidnisches Frühjahrsfest gepflegt wird, erkennen wir an den Osterhasen und am Nestersuchen. Die Christenheit feiert quer durch das Jahr heidnische Festtage.

Das römische Recht, auf dem die Rechtsprechung der nachfolgenden Jahrhunderte bis zum heutigen Tag aufbaut, galt spätestens seit Justinian I. als

---

[29] Nicht Christus; ersichtlich z.B. an Jesu Aussage »Warum nennest du mich gut? Niemand ist gut, als Gott allein.« (Mt 19,17; Mar 10,18; Lk 18,19), v.a. aber an Christi Weigerung sich anbeten zu lassen in der Johannesapokalypse (Offb 22,9, vgl. Abschnitt *Das neue Jerusalem* S. 323): »Nicht doch! Ich bin (nur) ein Mitknecht von dir und deinen Brüdern, den Propheten, sowie von denen, welche die Worte dieses Buches festhalten.«

[30] Lk 16,26: »Und zu alledem ist zwischen uns und euch eine große Kluft festgelegt, …

[31] Mt 23,9.

[32] Nach Klaus Rosens (2014) Analyse der Machtpolitik Konstantins S. 232.

göttlich sanktioniertes Recht. Die alten Gesetze des Volkes Gottes waren vergessen und werden heute als Relikt längst vergangener Zeiten wahrgenommen. Das Zinsnehmen wird nach Gottes Gesetz zum Beispiel mitten unter den schweren Vergehen aufgeführt:[33] »Wenn du jemandem aus meinem Volk … Geld leihst, so sollst du nicht als Wucherer gegen ihn benehmen: Ihr sollt keine Zinsen von ihm fordern.« Nach Psalm 15 ist ein »Gast des Herrn« und ein »Bewohner des heiligen Bergs«, »wer sein Geld nicht ausleiht gegen Zins«. Nach römisch-neuzeitlichem Gesetz ist das Zinsnehmen das selbstverständliche Recht des Gläubigers, auf dem unsere ganze Marktwirtschaft im Kern aufbaut, mitunter auch die Ausbeutung der Ärmsten der Welt.

Ferner beschreibt Daniel in Vers 8, »daß an diesem Horn Augen wie Menschenaugen saßen.« Wir gedenken der Inquisition, die während Jahrhunderten wie ein orwellscher Überwachungsstaat viele Generationen nicht nur mit Ächtung, sondern vielmehr mit Kerker, Folter und qualvoller Hinrichtung bedrohte. In menschlicher Willkür wurden Häretiker mundtot gemacht, Ketzer verfolgt und sogenannte Hexen verbrannt. Wer es wagte, öffentlich eine andere Glaubenshaltung als jene der Kurie kundzutun, war verloren. Sogar prominente und einflußreiche Theologen wie Meister Eckehart waren betroffen.[34] Denunziation reichte oft schon, um jemanden zu vernichten – eine allgegenwärtige, scharfzüngige und hinterlistige Überwachung mit den allzu menschlichen Augen von Unmenschen.

So fügen sich alle Indizien nahtlos zusammen: Das neue, kleine Horn, das schließlich mächtiger wird als die anderen, war während vielen Jahrhunderten der Stuhl Petri in Rom, dessen geistliche Untertanen heute das weltweit größte Volk der Chinesen ungefähr aufwiegen.

Eine Zeit und zwei Zeiten und eine halbe Zeit

Im vorangehenden Abschnitt wurde das neue Horn als die Jahrhunderte währende, weltliche Macht des Pontifikats identifiziert. Der Prophet Daniel sagt wörtlich, die Gewalt des neuen Horns dauere »eine Zeit und zwei Zeiten und eine halbe Zeit«. Diese Zeitangabe wird im zwölften Kapitel (V. 7) noch einmal wiederholt, hier auch von Luther nicht als Jahre, sondern wörtlich als »Zeiten«

---

[33] 2Mose 22,24. In 5Mose 23,20f, wird das Zinsnehmen bei Volksgenossen ebenfalls verboten, bei fremden Völkern aber ausdrücklich erlaubt (nicht geboten). Dies sind die Feinde des Volkes Gottes, die es immer neu zum Dienst an ihren Götzen zu verführen suchten und im Gegenzug selbstverständlich auch Zinsen fordern würden.

[34] Zur Verfolgung Eckeharts durch franziskanische Inquisitoren s. z.B. Quint (1963) S. 16ff und Schmid Noerr (1984) S. 6.

übersetzt. Eine »Zeit« hatte im Altertum die Bedeutung eines Jahres. Im frühen Altertum, also zur Zeit Daniels wurde ein Jahr als 360 Tage gezählt. Der julianische Kalender mit 365¼ Tagen wurde erst 45 v.Chr. eingeführt. Da drei, vier Jahre als Periode in historischen Dimensionen kaum Sinn machen, wird eine Zeit im visionären Sinne Daniels häufig als 360 Jahre aufgefaßt.

Schon in den Anfängen der Reformation, Ende sechzehntes Jahrhundert, wurden die dreieinhalb Zeiten Daniels als die Herrschaft des päpstlichen Roms interpretiert, so zum Beispiel durch den schottischen Protestanten John Napier (1550–1617).[35] Seit dem neunzehnten Jahrhundert wird die Periode von Mitte sechstes Jahrhundert bis zum Untergang des Kirchenstaates Ende achtzehntes Jahrhundert als ebendiese dreieinhalb Zeiten aufgefaßt, so zum Beispiel bei Edward Elliott oder Henry Guinness.[36] Vor allem in evangelikalen und freikirchlichen Kreisen wurde dies seither schon verschiedentlich aufgegriffen, zum Beispiel vom Adventisten Uriah Smith.[37] Allen bisherigen Ansätzen fehlt jedoch die nötige Sorgfalt und Gründlichkeit, womit sie nicht zu überzeugen vermögen. Warum teilt zum Beispiel Daniel die dreieinhalb Zeiten in eine, zwei und eine halbe Zeit auf? Das hat sicher nicht nur poetischen Hintergrund. Hätte der Prophet (beziehungsweise sein Himmelsbote) damit keinen Hinweis beabsichtigt, hätte er einfach von dreieinhalb Zeiten gesprochen.

Als Jahr der Befreiung des päpstlichen Roms darf 538 angenommen werden, als die römischen Truppen Justinians das Bistum endgültig aus der Belagerung der Ostgoten befreiten. Zwar zog General Belisar mit seinem Heer schon Ende 536 kampflos in Rom ein, wo aufgrund eines taktischen Fehlers zu jener Zeit nur noch etwa viertausend Mann zur Verteidigung standen.[38] Befreit war die Stadt damit jedoch nicht; umgehend wurde sie vom hundertfünfzigtausend Mann starken ostgotischen Heer wieder belagert und war in großer Bedrängnis. Erst im März 538 zogen die Ostgoten nach verschiedenen Ausfällen der belagerten Römer unverrichteter Dinge nach Norden, wo sie dann 540 von Belisar – durch viele Kämpfe aufgerieben und geschwächt – weniger in glorreicher Schlacht, als vielmehr durch geschicktes Taktieren und Verhandeln bei Ravenna vorläufig besiegt wurden.

---

[35] Napier (1593) S. 22: »The 42 moneths, a thousand two hundred and threescore prophetical days, three greate days and a halfe and a time, times and a halfe a time mentioned in Daniel, and in the Revelation, are all one date.« S. 34: »The whoore, who in the Revelation is stiled spiritual Babylon, is not reallie Babylon, but the verie present Citie of Rome.«

[36] Elliott (1846) S. 70 und Guinness (1887) S. 155.

[37] Smith (2005).

[38] Zur Befreiung Roms und Ravennas durch Belisar s. Müller (2009) S. 12 sowie Reumont (1867) S. 44f und 48f.

Auch wenn die Geschichte Roms turbulent blieb und die Stadt 546 und 549 vom ostgotischen Herrscher Totila (Regent 542–552) nochmals jeweils für einige Monate eingenommen wurde, so war dies lediglich eine Bedrohung für Leib und Leben, nicht aber für Bistum und Papst. Totila war wie seine Vorgänger formell Arianer, doch er führte nur Schlachten und kümmerte sich nicht um Religion oder Politik. Seine Feldzüge richteten sich gegen die Reichsrestauration Justinians und die oströmischen Heere. Rom war zu jener Zeit völlig verwüstet und fast menschenleer. Der Stuhl Petri war gleichsam verwaist, Religionspolitik wurde im Osten gemacht: Papst Vigilius war 546 von Justinian ergriffen und nach Konstantinopel geführt worden - noch vor der ersten vorübergehenden Eroberung Roms durch Totila.[39] Die Deportation stand im Zusammenhang mit der Auseinandersetzung um den Monophysitismus[40], mit dem nicht nur der Pontifex, sondern auch Justinians Frau Theodora sympathisierte. Erst 555 trat Vigilius wieder die Heimreise an - nach anfänglichem Widerstand und schließlich Kapitulation unter den eisernen Willen des Kaisers in religiösen Fragen.[41] Totila, der zehn Jahre lang von Schlacht zu Schlacht zog, »glich mehr dem Anführer einer Kriegerschar nach alter Gotenweise, als dem Könige der ein großes Reich zugleich verwaltet und verteidigt«[42]. Das Ostgotische Reich war seit Jahren schon untergegangen. Totila war kein König, sondern der Häuptling eines brandschatzenden und mordenden Heers von Haudegen.

Als das Jahr der Entstehung des neuen Horns legen wir also 538 fest, die Befreiung Roms von den Ostgoten. In der Folge blieb der Stuhl Petri zwar vorerst noch in enger Abhängigkeit vom faktischen Pontifex Justinian und erreichte erst durch Gregor den Großen seine weitgehende Unabhängigkeit. Das Jahr 538 ist aber der passende Zeitpunkt für die Lösung des Bistums Rom aus der arianischen Umklammerung, für den endgültigen Sieg der Trinitarier über den Arianismus als Staatsreligion der Barbaren. Was geschah eine, zwei und eine halbe Zeit danach, das heißt 360 und weitere 720 und 180 Jahre später?

Der erste Fixpunkt ist das Jahr 898. Seit den ersten verfügbaren Überlieferungen war die Papstwahl gemeinsames Recht von Klerus, Senat und Bürgerschaft gewesen.[43] Vor allem in zwiespältigen Wahlen hatte die weltliche

---

[39] Reumont (1867) S. 61f; Pontifikat Vigilius' 537–555, anfänglich von Ostrom als Gegenpapst aufgestellt.

[40] Siehe Fußnote 19 auf S. 135.

[41] Dreikapitelstreit, zweites Konzil von Konstantinopel 553.

[42] Zitat Reumont (1867) S. 54.

[43] Zur Kirchenpolitischen Situation vor und um 898 s. Reumont (1867) S. 27, Schimmelpfennig (1996) S. 34, Dopffel (1889) S. 143 und Denzler (2009) S. 38.

Gewalt zu entscheiden. Noch bis zum Ende der Herrschaft Ludwigs II. von Italien (855–875) bestand ein ausgeklügeltes Gleichgewicht zwischen weltlicher und geistlicher Macht, zwischen karolingischen Kaisern und dem Bistum Rom: Die Papstwahl wurde in Anwesenheit kaiserlicher Gesandter durchgeführt und durch den Kaiser legitimiert. Im Gegenzug gelang es Johannes VIII. (Pontifikat 872–882) durch die Krönung Karls des Kahlen (875) und Karls III. (881) den Akt der Kaiserkrönung durch den Papst als unerläßlich erscheinen zu lassen.

Bis ins achte Jahrhundert sammelten die Päpste auch ihren »umfangreichen Grundbesitz, insbesondere in Mittelitalien, der sich nach und nach zum ›Kirchenstaat‹ verdichtete. Für diesen Besitz verfügte der Papst aber über keinerlei Rechtstitel. Die Konstantinische Schenkung, die angeblich von 317 stammt, ist eine im Auftrag der Päpste angefertigte Fälschung: Kaiser Konstantin übertrug darin dem römischen Bischof nicht nur den Vorrang über die ganze Kirche des Ostens und des Westens, sondern überließ ihm auch die Herrschaft über Italien und den Westteil des Imperium Romanum, um sich selbst in den Osten nach Konstantinopel zurückzuziehen. Außerdem erhielt der Papst die kaiserlichen Insignien: das Diadem, das Zepter und den Purpurmantel sowie den Lateranpalast als Residenz. Dadurch wurde der Papst in gewisser Weise zum Kaiser des Westreiches. Die Karolinger, denen dieses Schriftstück im achten Jahrhundert vorgelegt wurde, fielen darauf herein …«[44]

Gegen Ende des neunten Jahrhunderts dann, drohte der Heilige Stuhl zum Machtwerkzeug und Spielball der weltlichen Fürsten zu werden, begleitet von einem unglaublichen Sittenzerfall. Von der Befreiung Roms bis 882 hatten die Pontifikate durchschnittlich fast 7 Jahre gedauert. Dann wurde Johannes VIII. ermordet – als erster Papst der Geschichte.[45] Die damit anbrechenden hundertsechzig Jahre werden als *saeculum obscurum* bezeichnet, als »das dunkle Jahrhundert« oder auch »Zeitalter der Pornokratie«. Nach diesem ersten Papstmord dauerte ein Pontifikat oft nur wenige Wochen bis einige Monate. Sexuelle Ausschweifungen und Mord waren an der Tagesordnung. Allein von 896 bis 898 wirbelten sechs Pontifikate und ein Gegenpapst um den Heiligen Stuhl. Papst Formosus (Pontifikat 891–896) wurde 897 in einem Schauprozeß als Häretiker verurteilt: Neun Monate nach seinem Tod(!) war seine exhumierte Leiche in päpstliche Gewänder gekleidet im Gerichtssaal anwesend und wurde

---

44 Zitat Hubert Wolf (2015) S. 181f.

45 Leppin (2012) S. 184. Quellen für das nachfolgende *saeculum obscurum:* Bezeichnungen nach Denzler (2009) S. 39; Leichenschändung ebd. 38; Reformen Johannes' IX. und Labilität im 9. Jh.: Dopffel (1889) S. 157f bzw. 158f.

danach in den Tiber geworfen. Dieses makabre Ereignis gilt als moralischer Tiefpunkt der Kirchengeschichte.

Im Frühjahr 898 übernahm der Reformer Johannes IX. das Bistum Rom und machte einen ernsten Versuch, das Chaos zu ordnen. Gleich nach seinem Amtsantritt veranstaltete er im Mai 898 zwei Synoden mit Beteiligung des Kaisers Lambert von Spoleto, eine in Rom und eine in Ravenna. In Rom rehabilitierte er Formosus und in Ravenna - viel wichtiger noch - legte er die enge Bindung zwischen Kaiser und Kurie neu fest. Leider waren seine Bemühungen nicht von Dauer. Nach seinem gewaltsamen Tod gleich nach dem Jahrhundertwechsel blieben tumultuarische Papstwahlen die Regel, vor allem aufgrund der ausgeprägten Schwäche des Kaisertums im neunten Jahrhundert. Das bisweilen labile, hin und her pendelnde Gleichgewicht zwischen Kaiser und Pontifex war seit Beginn und blieb weiterhin entscheidend. Immerhin regierten nach Johannes IX. die Päpste bis zum Ende des dunklen Jahrhunderts wieder durchschnittlich gut viereinhalb Jahre.

Genau 720 Jahre danach brach 1618 der Dreißigjährige Krieg aus. Er gilt als Religionskrieg zwischen protestantischen und katholischen Fürsten um die Vorherrschaft im »Heiligen Römischen Reich«. Der Augsburger Religionsfrieden von 1555 hatte gut 60 Jahre lang die labile Machtverteilung zwischen katholischen und lutherischen Kräften ausgeglichen.[46] Die nicht-lutherischen Reformierten waren aber ausgeschlossen. Als im Mai 1618 der Regent Matthias (1557-1619), Kaiser des »Heiligen Römischen Reiches Deutscher Nation« und Erzherzog von Österreich, die Schließung einer evangelischen Kirche im böhmischen Braunau anordnete und die evangelische Religion verbot, brach ein Krieg aus, der sich über ganz Europa ausbreiten sollte - der größte abendländische Religionskrieg aller Zeiten. Die mitteleuropäische Bevölkerung wurde um etwa einen Drittel dezimiert.[47] Erst im Westfälischen Frieden von 1648 wurden die katholischen und reformierten Konfessionen gleichgestellt und alle evangelischen Strömungen in die Rechte aufgenommen. Nur die Täufer blieben noch immer ausgeschlossen. Damit war der Macht des Pontifikats eine gleichberechtigte protestantische Autorität nebenangestellt. Der Aufstand der Reformierten im Jahr 1618 ist ein Markstein der geistlichen Machtverteilung.

---

[46] Die vorliegende Darstellung des Konflikts zwischen Reformation und katholischer Kirche folgt der Geschichte des Papsttums der Historiker Franz Xaver Seppelt und Klemens Löffler (1933, S. 302ff).

[47] Schormann (2004) S. 120. Die bisweilen genannten Schätzungen von bis zu drei Vierteln Verlust sind in Bezug auf die gesamte Bevölkerung übertrieben. So hohe Verluste gab es höchstens in gewissen Regionen.

Weitere genau 180 Jahre danach finden wir wiederum ein einschneidendes Ereignis der Kirchengeschichte: Französische Truppen unter Napoleon Bonaparte hatten schon 1796 den Kirchenstaat besetzt.[48] Auch daß Papst Pius VI. sich in der Folge mit Österreich und Neapel verbündete, konnte den Pontifikat nicht retten. Nach einem neuen Angriff erklärte Napoleon den Papst im Februar 1798 für abgesetzt. Der Pontifex wurde nach Frankreich verschleppt und starb dort im folgenden Jahr. Die katholische Kirche war dem Ende nahe. Erst im März 1800 konnte unter österreichischem Schutz der neue Papst Pius VII. in einem Konklave in Venedig gewählt und formell eingesetzt werden.

Es folgte ein fünfzehnjähriges Geplänkel zwischen Napoleon und Pius VII., in dem Bonaparte den Papst immer übler an der Nase herumführte. Der Höhepunkt war ein kaiserliches Schreiben von 1809: »Sie werden genug Geschäfte haben, wenn Sie sich auf die Leitung der Seelen beschränken. Schon lange haben Päpste sich in das gemischt, was sie nichts anging, und darüber die wahren Interessen der Kirche vernachlässigt. Ich erkenne Sie als mein geistliches Haupt, aber ich bin der Kaiser. Rom ist unwiderruflich ein Teil meines Reiches.«[49] Das blieb faktisch so bis nach der endgültigen Verbannung Napoleons 1815, infolgedessen der Kirchenstaat durch den Wiener Kongreß in reduziertem Umfang wiederhergestellt werden konnte. Damit kehrte der Stuhl Petri wenigstens auf die diplomatische Ebene zurück.[50]

Im selben Zug hatte Napoleon das mitteleuropäische, seit den frühmittelalterlichen Karolingern bestehende Heilige Römische Reich vernichtet und Europa neu geordnet. Der jahrhundertelange Sparringpartner der Kurie war damit gleichfalls untergegangen. Die einstige politische und militärische Macht der Kirche war endgültig gebrochen. Auch wenn sie unter Pius IX. (Pontifikat 1846–1878) nochmals kurz aufflackerte, kam sie im neunzehnten Jahrhundert unter den Spannungen Europas kaum mehr zur Ruhe. Schon 1870 wurde der Kirchenstaat wieder aufgehoben, und Rom fiel per Volksabstimmung an Italien. Erst fast sechzig Jahre später konnte 1929 wieder ein kirchlicher Vatikanstaat ins Leben gerufen werden, allerdings als der kleinste international anerkannte unabhängige Staat auf Erden.

In den Versen 7,26 und 27 kündigt Daniel an, »danach« erfolge das Gericht, man werde dem neuen Horn die Herrschaft entreißen und sie für immer dem

---

[48] Nach der Papstgeschichte von Franz Seppelt und Klemens Löffler (1933) S. 279.

[49] Zitat von ebd. 366.

[50] Neuformierung der katholischen Kirche nach dem Bruch ihrer Macht Ende 18. Jh. s. ebd. S. 374ff.

Volke der Heiligen des Höchsten verleihen. Dieses »danach« ist wohl kaum unmittelbar zu verstehen. Auf die endgültige Herrschaft des Höchsten wartet die Menschheit bis heute und weiterhin.

Fazit des neuen Horns

Nach der klassischen Vier-Reiche-Lehre beschreibt der Beginn von Daniels Traum Aufstieg und Untergang von vier großen Weltreichen der Antike bis zum Reich der Römer. Die Fortführung von Daniels Vision mit der Entstehung der augenbesetzten neuen und andersartigen Macht wurde bisher höchstens von theologischen Außenseitern beachtet. Angesichts der obigen Befunde ist dies eigentlich kein Wunder, denn dazu hätten die Theologen sich selbst in Frage stellen müssen. Eine präzisere Charakterisierung von Aufstieg und Fall der kirchlichen Weltmacht in wenigen Worten wäre wohl kaum möglich.

Die machtpolitischen Umstände des Aufstiegs des Bistums Rom sind genauso treffend charakterisiert wie die Änderung der biblischen Festzeiten und Gesetze oder wichtige Eigenschaften der neuen Macht, zum Beispiel ihre Andersartigkeit oder ihre repressive Überwachung. Schließlich erlauben symbolische Zeitangaben die jahresgenaue Identifikation wichtiger Eckpunkte der päpstlichen Machtentwicklung. Gegen Ende des Ablaufs der ersten Zeit nach der Befreiung Roms befand sich die römische Kurie in einer akuten Krise am historischen Tiefpunkt – Machtgerangel, sexuelle Ausschweifungen, Mord und öffentliche Leichenschändung inklusive. Genau 360 Jahre nach dem Beginn ihres Aufstiegs wurde sie vor ihrem kläglichen Zerfall bewahrt; das Jahr 898 markiert den Umkehrpunkt der schlimmsten moralischen, machtpolitischen und geistlichen Krise des »Heiligen Stuhls«. Weitere zwei Zeiten danach löste die Repressionspolitik eines Erzherzogs und Kaisers »von Gottes Gnaden« einen Religionskrieg aus, wonach die Kurie ihre Macht mit den reformierten Instanzen teilen mußte. Nochmals genau eine halbe Zeit später bricht die politische Macht des Stuhls Petri völlig zusammen und erlischt für Jahre. Danach erreicht er nur noch sozialpolitische Bedeutung.

Als Quintessenz von Daniels Vision des kleinen Horns müssen wir anhand der erdrückenden historischen Indizien das Unfaßbare einräumen: Der Prophet sieht ein bis zwei Jahrtausende im voraus die römische Kurie und damit den ganzen Apparat der katholischen Kirche vom Frühmittelalter bis Ende achtzehntes Jahrhundert als weltliche Macht der Finsternis. Das bedeutet ums Himmels Willen nicht, alle Menschen katholischen Glaubens wären verworfen – wir wollen nicht denselben Fehler machen wie die Kirchenoberen. Daß jedoch der Papst Nachfolger Petri und Stellvertreter Christi sei und die katholische

Obrigkeit das Heil bringe, darf anhand der vorliegenden Analyse in Frage gestellt werden. Damit stehen auch ihr geistlicher Führungsanspruch und ihre Lehren zur Debatte.

Die vorliegende Interpretation des augenbesetzten Horns reicht nun mehr als zwei Jahrtausende über die der Niederschrift der Traumvision hinaus. Die Übereinstimmung der symbolischen Details mit historischen Fakten ist frappant. Braucht man noch mehr Nachweise, um an echte Prophetie zu glauben? Wenn ja: In den folgenden Abschnitten werden sie gegeben.

Hildegards Synagoge – Hildegards Kirche

Hildegard von Bingen beschreibt im Liber Scivias in der fünften Vision des ersten Teils eine riesenhafte, weibliche Symbolgestalt:

> *Scivias Vis. I.5: Danach sah ich etwas wie eine weibliche Gestalt, vom Scheitel bis zum Nabel blaß und vom Nabel bis zu den Füssen schwarz, an den Füssen blutrot; um ihre Füße hatte sie eine leuchtend weiße Wolke. Sie hatte aber keine Augen. Ihre Hände aber hatte sie in die Achselhöhlen gelegt. Sie stand neben dem Altar, der vor den Augen Gottes steht, berührte ihn aber nicht. In ihrem Herzen stand Abraham, an ihrer Brust Mose und in ihrem Schoß die übrigen Propheten. Diese alle wiesen auf ihre Kennzeichen hin und sie bewunderten die Schönheit der Kirche. Die Gestalt selbst aber erschien in solcher Größe wie der Turm einer Stadt und trug auf ihrem Haupt einen Stirnreif, der der Morgenröte ähnlich war. Und wiederum hörte ich die Stimme vom Himmel, die zu mir sprach: »Gott bürdete dem alten Bundesvolk die Strenge des Gesetzes auf, als er Abraham die Beschneidung auferlegte. Diese verwandelte er später in die Milde seiner Gnade, als er durch seinen Sohn den Glaubenden die Wahrheit des Evangeliums schenkte und die vom Joch des Gesetzes Verwundeten mit dem Öl der Barmherzigkeit tröstete.«*

Obschon die Gestalt schon in der Vision mit der Kirche verbunden wird, bezeichnet Hildegard diese Gestalt als »Synagoge«, denn sie trägt die Großen des alten Volks Israel in der Brust und ist vom Nabel abwärts schwarz. Damit beschränkt sie ihre Sicht auf die Verurteilung der jüdischen Gemeinschaft, die den eingeborenen Sohn Gottes verworfen habe. Nimmt man den oben besprochenen Traum Nebukadnezars als Vorlage, so kommt man zu einem ganz anderen Bild. Indem man Hildegards Gestalt wie die Traumstatue Nebukadnezars als eine Abfolge von Völkern und Mächten auffaßt, wird sie viel aussagekräftiger. Als Frauengestalt steht sie allerdings nicht wie die Männerstatue für weltliche Mächte, sondern vielmehr für Gewalten im Zusammenhang mit der »Braut Christi«.

Vom Kopf bis zum Nabel ist die Gestalt blaß und trägt Abraham, Mose und die Propheten in sich – die irdische Braut des alten Bundes, die »Tochter Zion«[51]. Die blasse Farbe steht eher für Ursprünglichkeit und Naivität und weniger für Unschuld, die ja das alte Israel sehr bald verlor. Mit den Händen in den Achselhöhlen zeigt sich die Gestalt in sich verschlossen und nach außen hin untätig. An ihrem Nabel verwandelt Gott die Strenge des Gesetzes in die Milde seiner Gnade – der Erlöser wird durch sie geboren. Doch die Gestalt verliert ihre naive Blässe und wird schwarz. Die jüdische Obrigkeit sorgte dafür, daß der religiöse Unruhestifter als Staatsfeind hingerichtet wurde. Bis hierher steht der Verfasser mit Hildegards eigener Interpretation ganz in Einklang.

Wo die eigene Auslegung der Prophetin abbricht, beginnt jedoch der wichtigste Aspekt der Figur: Der irdische Klerus übernahm an ihrem Schoß die Kontrolle und verfinsterte die Braut Christi des neuen Bundes. Die vom Joch des Gesetzes Verwundeten wurden zwar mit dem Öl der Barmherzigkeit getröstet, doch dann kam die weltliche Kirche und entstellte den Glauben. Die Gestalt ist nicht groß wie eine Stadt, so wie die Frauengestalt der jenseitigen Braut Christi, die oben ausgelegt wurde.[52] Sie wird turmhoch geschildert wie die Gestalt in Nebukadnezars Traum, denn die weltliche Macht der Kirche war und ist groß. Sie trägt einen Stirnreif der Morgenröte und ist schön – zumindest war sie es im Bereich oberhalb des Nabels, im alten Judentum. Der Stirnreif ist aber nur *ähnlich* der Morgenröte; ein echtes Hoffnungszeichen der wahren Morgenröte Christus trägt sie nicht. Auch bleibt sie geistig blind, steht neben dem Altar und berührt ihn nicht. Da ist kein wahrer Gottesdienst, weder echtes Dienen im Willen Gottes noch eine Rückverbindung ins Licht des Allvaters.

Am Anfang des neuen Bundes, im Bereich ihres Schosses ist die Gestalt noch Eins, dann teilt sie sich auf in zwei Beine: die orthodoxen Ostkirchen und die römisch-katholische Westkirche. Die Füße, die am Ende des Zeitalters stehen, sind blutrot, denn vor Christi Wiederkunft wird viel Leiden über die blinden irdischen Kirchen hereinbrechen. Zwar ist es nicht ausdrücklich beschrieben aber man kann leicht erahnen, wie sich Hildegards Frauengestalt entsprechend der Statue in Nebukadnezars Traum in der Endzeit in zehn Zehen aufspaltet, in viele Konfessionen, die unter sich uneins sind. In dieser Zeit umgibt die irdischen Gemeinden aber eine leuchtend weiße Wolke – die Geister- oder Engelswelt Gottes, die jenen das Licht der Wahrheit bringt, die ausharren und unbeirrt das Gute suchen.

---

[51] Siehe z.B. Ps 9,15; Jes 52,2; 62,11; Jer 4,31; 6,2.23; …

[52] Abschnitt *Die Braut Christi* S. 120.

Der Richter mit königlichem Namen

An zwei Stellen des »Buchs vom Wirken Gottes« schildert Hildegard von Bingen den Niedergang von der Zeit der Apostel bis zu den »Tagen des Grauens«:

> *LDO III.5,8: Durch die Lehre der Apostel [wurden] die Tugenden … leuchtend bis zu den Tagen, in denen sie … von ihrer Stärke abfielen. … Die alte Schlange aber grübelte in sich selbst nach und suchte zu erkunden, wie sie dieses Gesetz zerstören und austilgen könnte. … Daher entflammte sie einen Richter mit königlichem Namen durch glühende Leidenschaft zur Pflichtverletzung, sodaß er viele unsägliche Eitelkeiten an sich zog, als ob er sie pflegte. Und das tat er auch solange, bis die Hand Gottes ihn traf, wie er … andere Gewaltherrscher in all ihrer Ehre niedertrat. Damals welkte die Lebenskraft der Tugenden und alle Gerechtigkeit neigte sich dem Untergang zu.*

> *LDO III.5,15: Denn die Gerechtigkeit und Ehrbarkeit der Sitten … dauerten … in den Aposteln und in den übrigen Kirchenlehrern eine sehr große Zeitspanne hindurch in derselben Würde und demselben Glanz fast bis zum Anfang des vorher erwähnten weltlichen Richters, der mehr den Ehebruch schätzte als die Gottesfurcht. Vor dessen Regierungsantritt begannen sie allmählich abzunehmen und sich dem Schlechteren zuzuneigen. … Von den Tagen dieses Richters an traten die Wurzel des Unrechts und das Vergessen der Gerechtigkeit und Ehrenhaftigkeit hervor. Sie verbreiteten sich stark und drangen … vor bis zu einem anderen führenden Mann und Träger eines geistlichen Namens, der die Klugheit und Bosheit der Schlange hatte, die das Gericht Gottes tötete. … Daher werden sie jetzt so heftig und streng geläutert …, daß die Menschen … von tiefem Gram und Trauer bewegt werden. Aber die Tage des Grauens und der Trauer sind noch nicht da.*

Der königliche Richter wird vielleicht schon von Hildegard selbst, sicher aber von ihren Interpreten mit Kaiser Heinrich IV. (1050–1106) assoziiert. Der »andere führende Mann und Träger eines geistlichen Namens« wird als Reinald von Dassel (1114/20–1167) aufgefaßt. Dassel war Erzbischof von Köln und maßgeblich beteiligt am päpstlichen Schisma[53] um 1160. Die zweite gängige Interpretation des »anderen Mannes« ist Paschalis III., der Antipapst 1164–1168. Für der Kirche treuergebene Katholiken ist das die naheliegende Auslegung, denn dies sind die »Feinde der wahren katholischen Kirche« zur Zeit Hildegards. Damit wären diese Aussagen schnell abgetan.

Diese zwei Textpassagen sind jedoch wahre Perlen im »Buch vom Wirken Gottes«. Sie stehen nämlich im klaren Widerspruch zum geistlichen Anspruch

[53] Kirchenspaltung.

Roms. Daß die Interpretation des königlichen Richters als Heinrich IV. klar zu kurz greift und bei genauerem Hinsehen überhaupt nicht zu dessen Persönlichkeit paßt, zeigt die folgende kurze Vita Heinrichs. Die Zuordnung des »anderen führenden Mannes« zum Erzbischof oder Antipapst ist geradezu eine Notlösung mangels besserer Alternativen. In der Folge werden wir unerwartete Persönlichkeiten der Weltgeschichte identifizieren, die aufs Haar auf Hildegards Beschreibung passen.

Heinrich IV.

Heinrich IV. (1050–1106) war wahrlich ein äußerst zwiespältiger Herrscher, der bis heute von seinen Freunden vehement in Schutz genommen wird, dessen Kritiker jedoch keinen guten Faden an ihm lassen.[54] Er wurde durch den Tod seines Vaters schon mit sechs Jahren zum König ernannt und mit Einunddreißig zum Kaiser erhoben. Seine Kaisermutter Agnes führte vorerst die Reichsgeschäfte. Dies tat sie, bis ihr eine Affäre mit ihrem engsten Berater, dem Bischof Heinrich von Augsburg nachgesagt wurde. Einflußreiche Erzbischöfe wie Anno von Köln oder Siegfried von Mainz hatten sich übergangen und in ihrer Macht beschnitten gefühlt. Die Vorwürfe waren höchstwahrscheinlich aus der Luft gegriffen, doch Agnes mußte sich 1062 zurückziehen. Damit übernahm der Erzbischof von Köln die Erziehung des elfjährigen Kaisers und leitete damit faktisch auch die Regierungsgeschäfte.

Als erwachsener Regent mußte Heinrich sich sowohl von seiner ersten Frau Bertha von Turin als auch von der zweiten Gattin Adelheid von Kiew vorwerfen lassen, daß er sie nicht nur eingesperrt habe, sondern auch durch seine Gesellen zum Ehebruch habe treiben oder gar zwingen wollen. Moralische Diffamierung war aber schon im Altertum eine häufig verwendete, mächtige Waffe der politischen Hetze. Heinrich war sicher kein Unschuldslamm, doch ebenso sicher auch nicht der abgründige Wüstling, als welchen ihn bis heute gewisse Historiker darstellen wollen. So findet zum Beispiel Gerd Althoff die Anschuldigungen mehrheitlich berechtigt, während Tilman Struve Belege findet, daß einiges davon Verleumdung ist. Die Wahrheit läßt sich nicht mehr ergründen.

Die Heinrich nachgesagten sexuellen und moralischen Ausschweifungen wurden durch die Kirche auf jeden Fall weidlich propagandistisch verwertet.

[54] Gerd Althoff (2006) z.B. stellt Heinrich als Wüstling dar, Thomas Israel (2008) brandmarkt ihn als Schismatiker, während Tilman Struve (2006) ihn verschiedentlich als Opfer von Verleumdung sieht. Die Vita Heinrichs folgt v.a. den Darstellungen Althoffs und Struves.

Der wahrscheinlich nicht ganz korrekte Lebensstil des Regenten war willkommener Anlaß des Klerus, die Reform der Machtverteilung voranzutreiben und die weltliche Macht zu diskreditieren. Heinrich wurde im Zuge dieser Auseinandersetzungen mehrmals exkommuniziert, gebannt und wieder rehabilitiert. Er blieb Kaiser bis zum Jahreswechsel 1105/6, als sein Sohn Heinrich V. ihn nach kriegerischen Auseinandersetzungen, schändlichem Verrat und Gefangennahme absetzte. Dies alles tat Heinrich V. mit dem Segen des Papstes Paschalis II., der über Vater Heinrich den Bann verhängt hatte. Ein halbes Jahr später verstarb der gestürzte Kaiser.

Zu Heinrich IV. durchaus passen würde also – zumindest aus der Sicht der Kirche – die Beschreibung, daß er »Ehebruch mehr schätzte als Gottesfurcht« und dies solange tat »bis die Hand Gottes ihn traf«. Schon letzteres ist nicht ganz stichhaltig, denn eigentlich war es die Hand des treulosen und verräterischen Sohnes, die Vater Heinrich traf.

Was ganz und gar nicht paßt, ist eine »glühende Leidenschaft zur Pflichtverletzung«, daß er »viele unsägliche Eitelkeiten an sich zog, als ob er sie pflegte« und er sei ein »Gewaltherrscher« gewesen. Heinrich sah sich in der Pflicht des Königtums seiner angestammten Herrscherahnen. Damit stand er in einer Zeit der aufstrebenden kirchlichen Macht in Konflikt mit dem Reformpapsttum, vor allem mit dem kompromißlosen und autokratischen Gregor VII.[55] Der Kaiser führte zwar kriegerische Auseinandersetzungen mit seinen gegnerischen Herzögen. Das war aber durchaus zu rechtfertigen, da sie in dieser Zeit des Umbruchs die theokratischen Rechte seines Saliergeschlechts in Frage stellten und selbst an die Macht wollten. Mit seinem berühmten Gang nach Canossa, bei dem er sich faktisch dem Papst demütig unterwarf, zeigte er eine erhebliche Kompromißbereitschaft und bemühte sich redlich um Ausgleich.[56] Heinrich IV. war also – Wüstling hin oder her – als König und Kaiser durchaus pflichtbewußt und nicht mehr, sondern eher weniger Gewaltherrscher als andere Regenten in Krisenzeiten.

Konstantin der Große

Konstantin der Große (272/85–337) wird allgemein als leuchtende Figur an der Schwelle zur spätantiken Kulturepoche gesehen, da er das Christentum als erster nicht nur tolerierte, sondern in mancher Hinsicht auch förderte: die für das Christentum äußerst bedeutsame konstantinische Wende. Betrachtet man

---

[55] Struve (2006) S. 96ff.

[56] Ebd. S. 117ff.

aber seine Vita genauer, so findet man lange Schatten, die mit jedem Griff in die Wühlkiste immer besser zum Richter mit königlichem Namen passen.

Konstantin wurde irgendwann zwischen 272 und 285 geboren, sein genaues Geburtsjahr ist unbekannt.[57] Sein Vater Constantius machte eine unspektakuläre Offizierslaufbahn. Konstantins Mutter war Helena, eine Frau aus einfachen Verhältnissen, mit der Constantius unverheiratet in einer eheähnlichen Gemeinschaft lebte. Spätestens 289 heiratete Constantius die Stieftochter eines der Cäsaren der damaligen Tetrarchie[58] unter Diokletian, was seinen politischen Erfolg enorm begünstigte. Vier Jahre danach wurde er zum Cäsar, das heißt zum Mitregenten erhoben. Constantius avancierte 305 nach den Regeln der Tetrarchie zum Augustus, das heißt zum obersten Imperator, doch schon gut ein Jahr später starb er. Nun wurde sein Sohn Konstantin als neuer Augustus ausgerufen. Dies war eine unrechtmäßige Usurpation, denn es entsprach nicht der geltenden tetrarchischen Jupiter-Herkules-Ideologie. Die schloß Verwandte von der Tetrarchie ausdrücklich aus.

Ähnlich wie sein Vater war Konstantin mit Minervina, einer Frau geringer Herkunft liiert. Von ihr hatte er bereits einen etwa siebenjährigen Sohn, als er mit ungefähr Dreißig aus Machtmotiven die Tochter des verbündeten Mitregenten Maximian heiratete. Hier zeigte sich bereits ein »Grundzug des neuen Herrschers, den wir in den nächsten Jahrzehnten seiner Herrschaft immer wieder antreffen werden: die Fähigkeit zum kühlen, machtpolitischen Kalkül auch in *rebus religionissimis*[59]!« Diokletian, der Begründer und Hüter der Tetrarchie, degradierte den Usurpator zum Cäsar und setzte den Mitregenten Licinius an seiner Statt als Augustus ein. Doch Konstantin torpedierte die Tetrarchie, der er sich nie wirklich verpflichtet gefühlt hatte, mit politischen und militärischen Mitteln. Seinen Schwiegervater Maximian trieb er 310 in den Selbstmord. Im Herbst 312 besiegte Konstantin seinen Widersacher Maximinus im Bürgerkrieg, und mit dem verbliebenen Mitregenten Licinius ging er wenige Monate später ein Zweckbündnis ein, indem er dessen Schwester Constantia ehelichte – obschon er seit gut fünf Jahren mit Fausta verheiratet war. Noch im selben Jahr besiegte er auch Licinius und übernahm als Alleinherrscher das Imperium.

Daß Konstantin es mit der ehelichen Verbindlichkeit nicht so genau nahm, zeigen schon seine zwei Ehen mit Fausta und Constantia, obschon er bereits mit Minervina, der Mutter seines ersten Sohnes liiert war. Doch auch sein zweiter

---

[57] Die vorliegende Darstellung von Konstantins Werdegang folgt mehrheitlich der Biographie Hartwin Brandts (2006); Geburtsjahr S. 28ff.

[58] Tetrarchie: Vierherrschaft (vier die Macht teilende Cäsaren).

[59] In den religiösesten Dingen; Zitat ebd. 35f.

Sohn Constantinus offenbart seine Vielweiberei. Er wurde nach zehn Jahren der Kinderlosigkeit mit Fausta von einer weiteren, uns nicht bekannten Frau geboren. Fausta kann nicht dessen Mutter sein, denn ihr Sohn Constans, Konstantins dritter Stammhalter, kam schon sieben Monate nach Constantinus zur Welt, im Altertum eine Unmöglichkeit.[60] Zu seinem zwanzigjährigen Regierungsjubiläum ließ Konstantin aufgrund einer Beschwerde seiner Frau Fausta seinen hoffnungsvollen ältesten Sohn Crispus aus der Beziehung mit seiner ersten Gefährtin Minervina vergiften. Auch Crispus' Frau und Kind verschwanden. Kurz darauf ließ er sich aber von seiner Mutter Helena von der Unschuld des Crispus überzeugen, worauf Fausta im Bad erstickt wurde.[61] Danach wurde Konstantins Mutter Helena wiederum verleumderisch des Ehebruchs bezichtigt. Gleichzeitig ließ er seinen Neffen Licinianus und »zahlreiche Freunde« beseitigen. All dies geschah in Furcht vor einem aufstrebenden Nachfolger. Daß Konstantin also »mehr den Ehebruch schätzte als die Gottesfurcht« ist historisch nachweisliche Realität.

Unter seinen Zeitgenossen lobten die einen und tadelten die anderen die schiere Masse der Gesetze, die Konstantin erließ.[62] Dies lag daran, daß unter ihm alle kaiserlichen Erlasse, Anordnungen und sonstigen Bestimmungen unmittelbar *leges* im Sinn alter, römischer Volksgesetze wurden. Konstantin kann also treffend als »Richter mit königlichem Namen« bezeichnet werden.

Die Titelsucht und die monumentale Selbstdarstellung Konstantins sind kaum zu überbieten.[63] Ein aussagekräftiges Beispiel ist die folgende Inschrift von 318 im heutigen Algerien:

> *Für Kaiser Flavius Constantinus, den größten, frommen, glückbringenden, unbesiegbaren Augustus, den Oberpriester (Pontifex Maximus), den größten dreimaligen Sieger über die Germanen, den größten Sieger über die Sarmaten, den größten Sieger über die Britannier, den größten Sieger über die Karpen, den größten Sieger über die Araber, den größten Sieger über die Perser, den größten Sieger über die Armenier, den größten Sieger über die Goten, den Inhaber der tribunizischen Gewalt*

---

[60] Nach Pauly-Wissowa (Enzyklopädie der Altertumswissenschaft; Pauly-Wissowa, 1893-1980 S. 1026).

[61] Konstantins Familienmorde s. die Geschichte der Spätantike von Dermandt (2008) S. 50 und Brandt (1998) S. 28.

[62] Zur Gesetzesflut Konstantins s. Dermandt (2008) S. 53 und Detlef Liebs' Beitrag zur Geschichte Konstantins des Großen (2006) S. 99.

[63] Zu Konstantins Selbstdarstellung: Algerische Inschrift zitiert bei Brandt (1998) S. 110; nachfolgende Schätzungen bzgl. seiner Kolossalstatue s. Brenk (2007) S. 26 und Christ (2009) S. 759.

> *zum 14. Male, den 13mal zum siegreichen Feldherrn Akklamierten, den vierfachen Konsul, Vater des Vaterlandes, Proconsul hat Flavius Terentianus, Angehöriger des Ritterstandes, Statthalter der Provinz Mauretania Sitifensis, völlig und stets ergeben seiner göttlichen Wirkungskraft und Majestät, diese Inschrift gesetzt.*

Der Kaiser verstand es wahrlich sich Zeichen zu setzen: Die monumentale Größe seiner jupitergleich thronenden Kolossalstatue in der Maxentiusbasilika wird anhand der erhaltenen Stücke auf ursprünglich zehn bis zwölf Meter geschätzt und rückt den Kaiser in die Nähe der Götter. Der Konstantinsbogen ist der größte Triumphbogen Roms. Daß Konstantin der Große also »viele unsägliche Eitelkeiten an sich zog, als ob er sie pflegte«, kann schwerlich bestritten werden.

Konstantin wird als erster christlicher Kaiser verehrt, doch wenn man seine Laufbahn betrachtet, so findet man alles andere als dies. Er soll von seinen angeblichen Lichtvisionen Christi in der Sonne im Zuge seines Siegs über Maxentius so beeindruckt gewesen sein, daß er für den Kampf gegen seinen größten Widersacher Licinius das *Labarum* eingeführt habe, eine siegbringende christliche Kaiserstandarte, die gold- und juwelenbesetzt war und über den Kaiserbildern das Christusmonogramm in einem Lorbeerkranz trug.[64] Acht Jahre danach verkündete der heidnische Redner Nazarius gar, die leibhaftig erschienenen himmlischen Heerscharen unter der Führung des vergöttlichten Vaters Constantius hätten Konstantin den Sieg gebracht. Hartwin Brandt führt jedoch erdrückende Indizien an, daß die Visionsgeschichte nachträglich erfunden wurde.

Förderer des Christentums in Ehren – Konstantin hatte den Titel des Staatshohenpriesters für die offiziellen heidnischen Kulte nie abgelegt. Er war und blieb ein Leben lang ein Sonnenanbeter. *Sol Invictus,* der unbesiegbare Sonnengott Konstantins, war eine Vereinigung des iranisch-kleinasiatischen Mithra und des babylonischen Sonnengottes. Er wurde höchstens in Christos, die Sonne der Gerechtigkeit umgeschmolzen.[65] Christus wurde nun Konstantins siegverheißender Kriegsgott.

Die widersprüchlichen Inschriften und Bildnisse auf Konstantins Triumphbogen zeigen auf, daß der Kaiser in kühlem, machtpolitischem Kalkül sich vordergründig der neuen Gottheit verschrieb und sich die aufstrebenden Christen

---

[64] 313 n.Chr.; zum Labarum und den darum gerankten Legenden s. Dermandt (2008) S. 40 und 45 sowie Brandt (2006) S. 53ff.

[65] Konstantins Sonnenkult gegenüber seinem zweckgebundenen Christenglauben s. Schubart (1943) S. 14f.

damit freundlich stimmte.[66] Derweil tolerierte er nicht nur die in Senat und Volk immer noch dominierenden heidnischen Gottheiten, sondern fühlte sich auch persönlich seinem angestammten Sol Invictus verbunden. Noch im fünfundzwanzigsten Jahr seiner Herrschaft erfolgte die Grundsteinlegung seiner neuen Hauptstadt Konstantinopel unter heidnischen Ritualen und Astrologenbefragungen. Konstantin ließ heidnische Tempel errichten sowie eine Säule, die den Kaiser als Sonnengott trug – aber auch monumentale Kirchen, unter anderen die Geburtskirche in Bethlehem und die Himmelfahrtskirche auf dem Ölberg. Noch kurz vor seinem Tod wurde Konstantin mit dem Lenker des Sonnenwagens verglichen. Auf einem solchen Vierspänner stellen ihn bis heute erhaltene Gedenkmünzen auch nach seinem Tode dar, wobei sich ihm hier die Hand Gottes entgegenstreckt.

Während den Vorbereitungen auf einen Feldzug gegen die Perser – die letzten, die er noch nicht besiegt und dem Römischen Reich einverleibt hatte – war Konstantin 337 etwa zweite Hälfte Fünfzig unvermittelt krank geworden.[67] Alle Bäder und Behandlungen blieben erfolglos. Die Hand Gottes hatte ihn getroffen. Der glorreiche Sieger mußte seine Expedition abbrechen, und sein unrühmliches Ende nahte. Am Totenbett erst wurde Konstantin durch den arianischen (nicht orthodoxen) Bischof Eusebius von Nikomedia getauft. Dies nachdem er 325 den Arianismus im Konzil zu Nicäa als Irrlehre verurteilt hatte. Diese Taufe durch einen »Verworfenen« wurde von den christlichen Berichterstattern geflissentlich verschwiegen, ja verschleiert. Beigesetzt wurde Konstantin in einem Sarkophag inmitten von zwölf leeren Särgen der Jünger Jesu und wurde damit in seinem Tod »christusgleich« dargestellt[68] – quasi als Inkarnation Gottes. Ein halbes Jahr über seinen Tod hinaus dauerte seine Herrschaft faktisch an: Die führenden Köpfe des Reichs huldigten ihm an seinem Grab und wählten vorerst keinen Nachfolger. Konstantin erfuhr posthum die Apotheose, das heißt er wurde zum Gott erhoben.

Ziehen wir also Bilanz: Konstantin hatte die Macht eigenmächtig und entgegen dem römischen Recht seiner Zeit an sich gerissen. Während mindestens fünfundzwanzig Jahren instrumentalisierte er mit kühlem politischem Kalkül Christus als seinen Kriegsgott, während er in Tat und Wahrheit immer Hohepriester der heidnischen Götzendienste war und Sol Invictus verehrte. Gott den Allmächtigen beachtete er nicht. Er war selber Gott und ließ sich nach dem

---

[66] Zur zwiespältigen Religionspolitik Konstantins s. Brandt (2006) S. 65 und 163 sowie Dermandt (2008) S. 51f.

[67] Konstantins Krankheit und Tod s. Brandt (2006) 156ff.

[68] Posthume Verehrung Konstantins s. Dermandt (2008) S. 54.

Vorbild früherer römischer Herrscher wie ein Gott begrüßen und als Gott darstellen, wie es auch seine christlichen Nachfolger Constantius II. und der für das Christentum ebenfalls bedeutende Theodosius taten.[69] Zu Erhalt und Förderung seiner Macht diente er nicht nur zwei Herren – dem unbesiegbaren Sol Invictus und dem neuen Kriegsgott Christus –, sondern ließ auch zahlreiche Personen kaltblütig ermorden, unter anderen seine erste Ehefrau Fausta, seinen ältesten Sohn Crispus, seinen Enkel und seinen Neffen Licinianus. Obschon er am Totenbett getauft wurde, wurde er posthum sowohl als Sonnengott wie auch als Christus dargestellt. Es steht also außer Zweifel, daß Konstantin eine »glühende Leidenschaft zur Pflichtverletzung« hatte und keine Gottesfurcht kannte.

Konstantins Nachwirkung auf die kommenden Jahrhunderte wird durch Hartwin Brandt düster dargestellt:[70]

> *In Konstantins Regierungszeit sind nicht nur die bis heute bedeutsamen Ursprünge des christlichen Abendlandes zu suchen, sondern auch die Wurzeln derjenigen Konflikte, die das gesamte Mittelalter und die Neuzeit prägen sollten und die sich in den Stichworten »Kirchenspaltungen, Ketzerverfolgungen und Judenhaß« knapp umreißen lassen.*

Schon in der Zeit vor Konstantin war die römische Gesellschaft in eine Krise gefallen. Die im Umbruch befindliche römische Gesellschaft der Spätantike charakterisiert der Historiker Wilhelm Schubart wie folgt:[71]

> *Kriege, Unruhen, Seuchen und viele andere Ursachen wirkten mit einer vernichtenden Steuerlast dahin, die Grundlagen des Daseins zu erschüttern; Sturz der Valuta und Inflation waren ebenso Ursache wie Folge: Wohnung, Kleidung und Nahrung kosteten Millionen. … Bürger und Bauern verloren ihren wirtschaftlichen Halt und fielen dem Großgrundbesitzer anheim, der aus ihrem Niedergange aufstieg. … Wie diese, so verfuhren auch das Kaiserhaus selbst und die Kirche, die beide Großgrundbesitzer waren … Es war der schärfste Gegensatz zu den Grundzügen des alten Römerreichs.*

Um so leichter gelang es der Kirche, ihre Macht zu entfalten. Unter den Söhnen Konstantins entbrannte der Machtkampf der arianischen und orthodoxen Bischöfe. Wenige Jahre nach seinem Tod bekämpften sie sich in einem Bürgerkrieg und exkommunizierten und verbannten sich gegenseitig. Und die Kaiser

---

[69] Ebd. 190.

[70] Brandt (2006) S. 37.

[71] Aus Wilhelm Schubarts Biographie Justinians und Theodoras (1943) S. 12f.

mischten wacker mit. Die Zersplitterung der Reichschristen setzte sich fort. Vier Jahre lang gab es zwei Päpste, und im Jahrhundert nach Konstantin wurden 23, wenig später sogar bis zu 34 Splitterkirchen gezählt.[72] Dieselben Gruppen wurden einmal als häretisch bekämpft und ein andermal wieder als orthodox anerkannt.

Justinian I.

Die Zeit des religionspolitischen Machtkampfes der Spätantike setzte sich fort bis zum Anfang des sechsten Jahrhunderts, als Justinian I. (482–565) das Zepter übernahm. Justinian stand schon beim Tod Anastasios' I. im Jahr 518 als Nachfolger zur Debatte, doch die Wahl fiel vorerst noch auf seinen Onkel Justin, der ihm den Weg bereiten sollte.[73] Hohe Beamte und Senat, das Volk und vor allem das Heer beanspruchten damals das Recht, den Kaiser durch Zuruf und Jubel zu wählen. Die Wahl erfolgte auf der Pferderennbahn im Beisein großer, versammelter Volksmengen. Sicher war das keine demokratische Wahl, denn der kommende Kaiser wurde meist von langer Hand aufgebaut. Das Militär hatte das gewichtige Wort, denn die Kaiser waren bis ins fünfte Jahrhundert immer große Feldherren gewesen. Vermutlich hatte der bereits über fünfundsechzigjährige Justin als bestandener Feldherr in der Wahl gegen den dreißig Jahre jüngeren Justinian den Vorzug erhalten.

Obschon sie Konkurrenten gewesen waren, adoptierte in der Folge Justin seinen Neffen, machte ihn zu seinem Mitregenten und ebnete ihm den Weg für die Zukunft. In den neun Jahren von Justins Regierung stieg Justinian zum Oberbefehlshaber der Hoftruppen auf (denn ein künftiger Augustus mußte Feldherr gewesen sein), und Justin übertrug ihm insgesamt vier Konsulate. Justinian verließ aber die Hauptstadt Konstantinopel nie. Ab 525 trug er offiziell den Titel eines Cäsars, war also Mitregent. Eigentlich muß man schon während der ganzen Regierungszeit Justins von einer Doppelherrschaft mit Justinian reden. Unter anderem änderte Justin zum Beispiel die Gesetzgebung, damit Justinian Theodora heiraten konnte, eine fünfzehn Jahre jüngere Schauspielerin und Gelegenheitsprostituierte. Die Wahl dieser Frau sollte sich als sehr gelungen erweisen, denn Theodora stand Justinian in geschicktem Machtstreben in nichts nach. Justinian war äußerst erfolgreich, einflußreiche

---

[72] Bürgerkrieg im Jahr 342; gegenseitige Exkommunikation und Verbannung 344; Doppelpontifikat 358–362, Aufspaltung der Kirchen ab 428 (Dermandt, 2008 S. 64f).

[73] Die vorliegende Darstellung Justinians folgt mehrheitlich den Biographien von Mischa Meier (2004) und Wilhelm Schubart (1943); Justin als sein Wegbereiter: Meier S. 30 und Schubart S. 31.

und fähige Männer um sich zu sammeln, sie aber immer in ihren Grenzen zu halten. Potentielle Widersacher schaffte er effizient aus dem Weg; zum Beispiel sprechen die Quellen dafür, daß er seinen ernstzunehmenden Konkurrenten Vitalian ermorden ließ.

Nach dem Tod seines Onkels wurde Justinian 527 erst Mitte Vierzig zum Kaiser proklamiert, doch diesmal lief alles anders als in der bisherigen römischen Geschichte. Die Wahl erfolgte nicht durch das versammelte Volk beziehungsweise Heer, sondern im kleinen Kreis von ausgewählten Hofbeamten im Palast. Schon Justinians eigene Datierung seiner Herrschaft zeigt, daß er sich nicht als vom bewaffneten Volk, sondern von Gott erwählt wußte - durch seinen Onkel Justin als Mittler.

Der Geschichtsschreiber Prokop (500–562) berichtet sicher tendenziös aber wohl nicht ganz aus der Luft gegriffen:[74]

> *Wie sollte dieser Mann nicht ein verderblicher Dämon sein, der niemals sich satt trank oder aß oder schlief, sondern … tief in der Nacht durch den Palast wanderte, obwohl er auf Liebesgenuß stark aus war. …; er war versteckt, hinterhältig, auf den Schein bedacht, finster im Zorn, doppelzüngig, ein großer, ja vollendeter Schauspieler. Tränen vergoß er nicht aus Freude oder Leidenschaft, sondern wußte sie künstlich hervorzubringen nach Bedarf und Gelegenheit, immer ein Lügner, aber nicht so obenhin, sondern auch schriftlich und in den stärksten Eiden bei Verträgen, und dies auch gegenüber seinen Untertanen. Als Freund unbeständig, als Feind schonungslos, ein feuriger Liebhaber von Mord und Geld. … Niemals zeigte er offen Zorn oder Ärger gegen solche, die bei ihm anstießen, sondern mit sanfter Miene, gesenkten Augenbrauen, gedämpfter Stimme gab er Befehl, Zehntausende, die nichts verbrochen hatten, zu vernichten, Städte niederzureißen und alles Geld für den Staat einzuziehen.*

Das dämonische Bild Prokops ist nicht als bare Münze zu nehmen, denn es enthält auch innere Widersprüche, doch er malt als scharfer Kritiker Justinians eine Skizze des Herrschers, das uns aufhorchen läßt. Justinian und Theodora verlangten selbst von Senatoren hohen Rangs, sich bei einer Audienz niederzuwerfen und ihre Füße zu küssen, und auch die höchsten Reichsbeamten wurden in Gegenwart des Kaiserpaars nur Sklaven genannt. Unter früheren Kaisern war dieses Niederwerfen nur für Bürgerliche niederen Standes Pflicht gewesen. In den alten Zeiten hatten hohe Beamte zur Begrüßung dem Kaiser als Vertrauensgeste noch die Brust geküßt und dieser im Gegenzug ihren Kopf.

---

[74] Zitiert bei Schubart (1943) S. 36–38.

Derselbe Justinian bemühte sich sehr um die Einheit der bereits sehr mächtigen aber zersplitterten Kirche. Wilhelm Schubart zitiert einen Zeitgenossen:[75]

> *Jeder wird dem großen und guten Gott lobsingen, der uns dazu erleuchtet hat, diese schönen und gerechten Gesetze zu geben. Denn die kaiserliche Würde … hat Gott den Menschen als beseeltes Gesetz hinabgeschickt. … Die größten Gaben Gottes an die Menschen, von der Gnade von oben her verliehen, sind Priestertum und Kaisertum.*

Schubart fügt hinzu: »Wir werden sehen, wie Justinian diese Anschauung von den zwei Gewalten … auslegte und sich selbst als den Inhaber beider verstand: Erbe der Cäsaren und irdischer Beauftragter Gottes«, und kurz darauf: »Wenn zweihundert Jahre zuvor in Julian der Philosoph das Diadem getragen hatte, so war jetzt der Theologe Kaiser.« Auch wenn schon früher die Akzeptanz des Kaisers beim Volk oft nur dem Schein nach gewahrt wurde, so war sie jetzt gänzlich zur Farce geworden. Schubart malt in der Folge trotz alldem ein durchaus positives Bild Justinians als Wegbereiter der Kirche und des bis heute nachwirkenden römischen Rechts. Die vorliegende Spur von Justinians Aufstieg und Wirken zeigt aber deutlich, daß er als raffinierter Machtmensch die Zeichen seiner Zeit zu nutzen wußte, um schließlich als quasi selbstgemachter Kaiser und dennoch als erster von Gottes Gnaden die geistliche und weltliche Macht in sich zu vereinen. Zuvor war der Kaiser zugleich Pontifex Maximus, oberster Priester der römischen Götzenkulte gewesen, jetzt war er Beauftragter und Stellvertreter des Allmächtigen.

Das Konzept des christlichen Kaiserreichs war schon zu Konstantins Zeiten vom Theologen Eusebios (ca. 260–340) skizziert worden:[76]

> *… das irdische Kaiserreich [ist] eine Nachbildung des himmlischen Reiches Gottes. Und weil im Himmel nur Gott herrscht, ist auch auf Erden keine andere Staatsform als die Monarchie denkbar. … Die Aufgabe des von Gott eingesetzten Kaisers besteht darin, die Menschen zur Gottesverehrung zu bringen.*

Von Justinian wurde dies jedoch so konsequent umgesetzt wie nie zuvor oder danach. Alexander Dermandt bezeichnet Justinian im Vergleich zu den anderen Imperatoren als »allmächtig«, und auch wenn er quasi als Vater des römischen Rechts gilt, sah sich Justinian als »lebendiges Gesetz aus Gottes Gnade« über

---

[75] Zitat und nachfolgende Stellungnahmen ebd. 41ff.

[76] Zitiert bei Meier (2004) S. 8.

den Gesetzen stehend.[77] Jedes Mittel war ihm recht, seine Untertanen mit brachialer Gewalt zum Christenglauben zu zwingen, der ihm eine unglaubliche Machtposition verlieh:[78]

> *Der erfolgreichste Staatsmissionar … Johannes von Ephesus … hat [im Auftrag Justinians] … abgesehen von den zerstörten Tempeln, den umgehauenen heiligen Bäumen und 2000 verbrannten Heidenbüchern, angeblich 70'000 Ungläubige getauft. Daß die durch Goldprämien unterstützten Bekehrungen oft nur äußerlich waren, beweist das Gesetz, in dem härteste Strafen für alle jene ausgesetzt wurden, die nach der Taufe am »hellenistischen« Glauben festhielten. Die ungetauften verloren Eigentum und Bürgerrecht. … Arianer, Samaritaner, Heiden und Manichäer wurden enteignet, teils verbannt, teils hingerichtet. Die Samaritaner erhoben sich 529 und mußten niedergekämpft werden. Von 20'000 Toten ist die Rede, Überlebende wurden christianisiert. Die Montanisten in Phrygien begingen Massenselbstmord. Sie starben in ihren Kirchen den Feuertod.*

Auch Mischa Meier stellt fest: »Der Versuch, alle Reichsbewohner auf seine eigenen religiösen Präferenzen festzulegen, ist der Schlüssel zu seiner [Justinians] Religionspolitik«.[79] Die Wahrheit Justinians des »Allmächtigen« war die einzig gültige Wahrheit. Das Beispiel der Auseinandersetzung um die theopaschitische Formel zeigt jedoch den willkürlichen Zickzackkurs, den der Kaiser in theologischen Fragen einschlug.[80] Die Verfolgung Andersgläubiger setzte Justinian dazu ein, ihm ergebene Personen in zentrale Positionen zu bringen.[81]

Und man stelle sich vor: Nicht nur Konstantin der Große, sondern auch dieser geradezu monströse Allmächtige auf Erden und seine ihm symbiotisch verbundene Mitherrscherin Theodora werden vor allem in der Ostkirche als Heilige verehrt! Und nicht nur die katholischen und orthodoxen Kirchen sind dem hypnotischen Bann dieser Kirchenväter verfallen. Auch evangelische und anglikanische Kirchen ehren mindestens einen der Kaiser mit einem Gedenktag.[82] Bei genauerem Hinsehen jedoch kann gerade Justinian, dieser ehrgeizige,

---

[77] Dermandt (2008) S. 183f.

[78] Ebd. 170.

[79] Meier (2001) S. 35.

[80] Zur theopaschitischen Formel s. ebd. 36: Diese Formel »einer aus der Trinität hat am Kreuz gelitten« wurde in den 530er Jahren in der Auseinandersetzung mit den von Justinian verworfenen Glaubensrichtungen des Monophysitismus auch politisch gegen Chalcedon mißbraucht.

[81] Mißbrauch religiöser Verfolgung s. ebd. 39.

[82] Nach dem Lexikon der Namen und Heiligen (Wimmer, et al., 2002).

geschickt taktierende Aufsteiger, der sich über viele Leichen und an Volk und Tradition vorbei zum gnadenlosen, allmächtigen Weltherrscher manövrierte, wahrlich im Sinn der Vision Hildegards als führender Mann mit der Klugheit der Schlange bezeichnet werden.

Fazit des Richters und geistlichen Führers

Zur Übersicht fassen wir nochmals möglichst knapp das Bild der beiden Passagen in Hildegards »Buch vom Wirken Gottes« zusammen: Durch die Lehre der Apostel wurden die Tugenden leuchtend. Gerechtigkeit und Ehrbarkeit der ersten Christengemeinden dauerten über eine sehr große Zeitspanne hindurch an. Noch vor dem Regierungsantritt eines Richters mit königlichem Namen begannen sie sich dem Schlechteren zuzuneigen. Die alte Schlange entflammte ihn durch eine glühende Leidenschaft zur Pflichtverletzung, sodaß er viele unsägliche Eitelkeiten pflegte. Ehebruch schätzte er mehr als Gottesfurcht, bis die Hand Gottes den Gewaltherrscher niedertrat. Von da an verbreiteten sich Unrecht und Ehrlosigkeit bis zu einem anderen Führer und Träger eines geistlichen Namens, der die Klugheit und Bosheit der Schlange hatte, die das Gericht Gottes tötete. Daher werden die Menschen jetzt streng geläutert und in tiefem Gram bewegt. Aber die Tage des Grauens sind noch nicht da.

Man steht staunend vor dem unglaublich präzisen Bild, das hier mit wenigen Strichen gezeichnet wird: Bis zum Anfang des dritten Jahrhunderts wirkte die tugendhafte Zeit der Apostel und Märtyrer etwa zweihundert Jahre lang nach. Gegen Ende des dritten Jahrhunderts begannen die kirchlichen Gruppen bereits starken Einfluß auszuüben – Machtstreben ersetzte zunehmend Gerechtigkeit und Ehrbarkeit, und der gesellschaftliche und wirtschaftliche Zerfall des Römischen Reiches sprudelte die Bischöfe und Patriarchen nach oben wie siedende Suppe ihren Schaum.

Konstantin der Große ebnete zu Beginn des vierten Jahrhunderts den Kirchenoberen den Weg, indem er Christus als Kriegsgott instrumentalisierte und das Christentum salonfähig machte. Seine Titelsucht und Gesetzesflut, sein lebenslanger Götzendienst, seine Frauengeschichten und Familienmorde sprechen für sich. Der Niedergang der Lebenskraft und die Verbreitung des Unrechts grassierten etwa zwei Jahrhunderte lang bis zum selbsternannten Theokraten und Gottkaiser Justinian I., der wahrlich die Klugheit und Bosheit der Schlange hatte und abertausende Unschuldige hinschlachtete. In der Folge wurden die Kirchen in Ost und West von finsteren Mächten geführt und im Leiden ihres Irrglaubens streng geläutert.

Aber ohne fatalistisch und drohend sein zu wollen: Die wahren Tage des Grauens kommen erst. Unsere selbstgerechte Überheblichkeit und unser rücksichtsloser, genußsüchtiger Materialismus werden die Menschheit und die irdische Schöpfung wohl an ungeahnte Abgründe manövrieren. Doch Gott der Allmächtige hält die Fäden in der Hand.

Hildegards Wissenschaftskritik

Hildegard von Bingen übt im tiefen Mittelalter des zwölften Jahrhunderts Kritik an Theologen und Wissenschaftlern. Das Ziel ihrer Angriffe gab es jedoch in der von ihr beschriebenen Form damals noch gar nicht. Die Prophetin beginnt damit, die Menschen seien orientierungslos, da lichte geistige Führung schmerzlich vermißt und die Allmacht Gottes angezweifelt werde:

> *LVM III,35: In ihren Herzen und mit ihren Zungen sprechen [die Menschen], wer wohl jener Gott sei, und was jener Gott könne, und welche Macht Er wohl habe, den man doch nie zu sehen kriege, der vielmehr immer im Verborgenen weile.*

Selbstverständlich stand im Mittelalter geistig bei weitem nicht alles zum besten, doch daß Gott der allmächtige Weltenlenker und Richter sei, wurde damals zumindest unter Christen wohl von niemandem ernsthaft in Frage gestellt. Erst im zwanzigsten Jahrhundert wurde der Schöpfer sogar bei engagierten Katholiken »vom allmächtigen zum ohnmächtigen Gott gegenüber der menschlichen Freiheit«.[83] Die Prophetin sah also den geistigen Zerfall des zwanzigsten Jahrhunderts rund achthundert Jahre voraus. In dieser spirituellen Verwahrlosung wenden die Menschen sich notgedrungen anderen Geisteshaltungen zu; gemäß Hildegard sind dies Forschung, Philosophie und »magische Künste«:

> *LVM V,9: Von Merkur und anderen Philosophen möchte ich manches erzählen. Mit ihren Forschungen haben sie die Elemente derart unterjocht, daß sie alles, was sie nur wollten, mit Sicherheit entdeckten. Solches konnten die äußerst kühnen und besonders klugen Männer teils mit Gottes Hilfe, teils aber auch über die bösen Geister ausfindig machen. … Ich [die magische Kunst] beherrsche die Leuchten des Himmels, die Bäume und Kräuter wie auch jedes irdische Grünen. Ich gebiete den wilden Tieren und den übrigen Lebewesen auf der Erde wie auch dem Gewürm über und unter der Erde. Wer will mir bei meiner Methode Widerstand leisten?*

---

[83] Ausspruch des jesuitischen Mystikers und Erfolgsautors Henri Boulad (2002 S. 345).

Daß Hildegard Merkur erwähnt ist kein Zufall. Nach der griechischen Mythologie hat Hermes, der Götterbote, den Menschen das Wissen zugänglich gemacht. Dessen römische Entsprechung ist Merkur. In der Astrologie steht Merkur für Wissensdurst, Interesse, Neugierde, Logik, Auffassungs- und Beobachtungsgabe, Analyse, Flexibilität, Strategie, Lernfähigkeit und Kommunikation.[84] Merkur ist der Archetyp des Wissenschaftlers.

Im Mittelalter gab es noch keine Unterjochung der Elemente durch Forscher und Philosophen, wie sie Hildegard ausdrücklich erwähnt. Die großen Entdeckungen der »kühnen und besonders klugen Männer« begannen erst um die sechzehnte Jahrhundertwende mit dem Zeitalter der Aufklärung. Die »magische Kunst«, welche »die Leuchten des Himmels, die Bäume und Kräuter« beherrscht und »den wilden Tieren und den übrigen Lebewesen« gebietet, ist unverkennbar die moderne Naturwissenschaft, die sich für unüberwindbar hält. Die überhebliche Haltung und den Ehrgeiz dieser im Mittelalter noch völlig unbekannten Naturwissenschaftler charakterisiert die Prophetin wie folgt:

> *LVM V,42: … diese Menschen[, die] ihre Studien auf weitschweifige Nichtigkeiten werfen, … bringen ihre Herzen in leidenschaftliche Bewegung, um sich auf einzelne Wünsche zu verlegen, und sie verstehen es auch, sich diese Wünsche in ihrer Begehrlichkeit möglichst befriedigend anzueignen. Auf diese Weise werden sie aufgeblasen, als seien sie Götter. Denn die Ungläubigen, welche die diabolischen Überredungskünste voll Freude aufnehmen, lassen ihnen vielfache Verehrung zukommen.*

Die Naturwissenschaft des zwanzigsten und einundzwanzigsten Jahrhunderts hat einen so unbestrittenen Anspruch auf die einzig gültige Sicht der Realität und damit auf die volle Wahrheit, daß nicht nur die Ungläubigen ihre »diabolischen Überredungskünste voll Freude aufnehmen«. Auch die Theologie kriecht vor der scheinbar allmächtigen und allwissenden Naturwissenschaft zu Kreuze. Erfolgreiche Naturwissenschaftler sind die »Götter« der zweiten Jahrtausendwende. Sie vollbringen technische Wunder und scheinen alles erklären und berechnen zu können, von komplexen Naturphänomenen über die Geheimnisse des Lebens bis hin zum menschlichen Bewußtsein. Was sie nicht erklären können, verdrängen und belächeln sie als Hirngespinst. Und was sie heute noch nicht manipulieren können, wähnen sie in Kürze zu beherrschen.

Daß Hildegards Bote vor der naturwissenschaftlichen Verblendung warnt, kommt nicht von ungefähr, denn schon Paulus mahnte in seinem Brief an die Kolosser:

---

[84] Nach dem astrologischen Lehrbuch der vielfachen Autorin Angela Mackert (2011) S. 51.

Kol 2,8: Gebt wohl acht, daß niemand euch einfängt durch die Philosophie (= Weltweisheit) und eitle Täuschung, die sich auf menschliche Überlieferung, auf die Elemente der Welt, gründet und mit Christus nichts zu tun hat.

Hildegard sieht aber nicht nur die Aufgeblasenheit vieler Wissenschaftler Jahrhunderte voraus, sondern erkennt auch die geistige Leere dieser »magischen Kunst« ferner Zeiten:

LVM V,10: Du aber, du magische Kunst, hast nur einen Kreis ohne den Mittelpunkt. Gar mancherlei Untersuchung stellst du im Kreislauf der Natur an, aber die Schöpfung selbst wird dir Ehre und Besitz wegnehmen …, weil du ihr den Namen ihres Gottes geraubt hast.

Die »Posaune Gottes« verkündet auch, diese menschenbeherrschte, sinnentleerte Welt sei schließlich dem Untergang geweiht, nämlich am Ende der großen Trübsal, vor der großen Erlösung:

LVM II,45: Bevor sie [die erlösten Seelen] aber ihre Leiber zurückerhalten, wird der Erdball erschüttert und in eine andere Gestalt verwandelt werden. Der alte Feind wird mit seinem ganzen Protz vernichtet.

Düstere Aussichten für unseren Planeten. Beachtenswert ist, daß der Erdball eine andere Gestalt erhalten soll, was wir bei Jesaja bestätigt finden.[85] Der alte Ankläger wird vernichtet – mit seinem ganzen Protz. Das gigantische Wirtschaftszentrum Dubai, in nur etwa zehn bis zwanzig Jahren aus dem Wüstenboden gestampft, läßt grüßen. Und dies alles basiert auf dem unermeßlichen Reichtum aus dem Erdöl, dem »schwarzen Gold«, das Ende Siebzigerjahre dort gefunden wurde. Geistig gesehen ist es wohl kein Zufall, daß Erdöl ein Produkt des Todes ist: über Millionen Jahre konservierte Überreste von einstigen Lebewesen.

Hildegard gibt auch erstaunlich präzise Hinweise auf die aktuellen Umweltprobleme der Menschheit:

LVM III,34: Die Winde sind durch den äußerst schlechten Gestank der Schandtaten [der Menschen] behindert, so daß sie nicht mehr recht mit reiner Luft zu wehen vermögen, vielmehr mit dem Sturm der Gewitter bedrohlich einherziehen.

Wenn die Menschheit heute zunehmend Stürme, Hochwasser und andere Naturkatastrophen erlebt, so liegen die wahren Gründe demnach in unserer

[85] Jes 65,17; zitiert auf S. 71 im Abschnitt *Wo Wölfe bei den Lämmern wohnen.*

Geisteshaltung, auch wenn diese Schicksalsschläge als Klimaänderung naturwissenschaftlich nachvollziehbar sind.

Angesichts dieser ungewissen oder eben doch erschreckend gewissen Zukunft gibt es nach Hildegard nur noch eines zu tun:

LVM II,52 (zu Jes 58,10f): Daher öffne der Mensch seinen guten Willen allen, die da Sehnsucht tragen. … Ein Wind sei er im Beistand für die Elenden, und wie ein Tau sei er bei der Tröstung der Verlassenen. Wie die regenreiche Luft verhalte er sich, indem er die Schwachen stark macht. Mit seiner Lehre mache er sie satt wie Hungrige, indem er ihnen seine Seele schenkt, da er ihnen so mit allen Kräften seiner Seele aufmerksam beisteht.

Trübsal im Klartext

Zusammenfassend zeigt die vorliegende Analyse der Zeit der großen Trübsal, daß zwar die gravierendsten Ereignisse noch bevorstehen mögen, daß sie aber schon spätestens nach dem babylonischen Exil, das heißt vor mindestens etwa 2500 Jahren begann und weiterhin andauert. Die Propheten Daniel und Hildegard ergänzen sich zeitlich und thematisch mit ihren Botschaften. Johannes von Patmos spielt in diesem Zusammenhang eine vergleichsweise unbedeutende Rolle. Nur Hosea bringt noch den zusätzlichen Aspekt des zerschlagenen, harrenden Judentums ins Spiel. Gerade Hildegard zeigt mehrfach in verschiedenem Zusammenhang auf, daß nicht nur säkulare, sondern auch geistliche Mächte wacker am Giftschrank dieser Trübsal mitmischen.

Bis um die achtzehnte Jahrhundertwende war die römisch-katholische Glaubenslehre das Dogmengebäude der Repression. Seit etwa Mitte neunzehntes Jahrhundert wurde sie abgelöst durch das neue, materialistische Dogma des Fortschritts. Dieses hat ein technisches und ein wirtschaftliches Gesicht, doch in beiden Aspekten geht es um ein und dasselbe Credo: Wachstum um jeden Preis – mehr, grösser, schneller, effizienter. Mathematik und Physik mögen lange beweisen, daß der Grundsatz des notwendigen Wachstums in einem begrenzten System wie die Erde langfristig zum Scheitern verurteilt ist. Das Wachstum ist in die Hirne eingebrannt. Der Preis ist die Zerstörung unserer Lebensgrundlagen. Und Hildegard von Bingen hat es mehr als achthundert Jahre vorausgesehen.

Während all der Jahrhunderte seit der persischen Periode wurde und wird die Menschheit durch die Machtkämpfe weltlicher und religiöser Herrscher gebeutelt. Wenn überhaupt, dann kommt sie nur phasenweise für einige Jahre oder Jahrzehnte zur Ruhe. Die Folge sind immer wiederkehrende Schicksalsschläge, Folter und Tod, Unterdrückung und Verfolgung, Frondienst und Sklaverei, Hunger und Seuchen. Das hat sich bis in die Gegenwart nie geändert. In unserer modernen, sogenannt humanistischen Welt brachte das zwanzigste Jahrhundert unter anderem zwei Weltkriege, den Kalten Krieg und die Unterdrückung der Völker im Osten. Und die bittere Realität ist: Auch im einundzwanzigsten Jahrhundert bleibt alles beim alten. Wirtschaftlich und pseudoreligiös motivierte Kriege und Terrorattentate überziehen die Welt; viele Völker werden von Diktatoren eisern unterdrückt, die wiederum von Widerstandskämpfern unter schweren Leiden der Zivilbevölkerung bekämpft werden.

Und die Wirtschaftselite aus den Ländern der ersten Welt beutet nicht nur die Entwicklungs- und Schwellenländer aus bis auf die Knochen, sondern auch die Völker der Industrienationen. Die unglaublichsten, schamlosesten Gewinne werden heute und in Zukunft mit den Mitteln des menschlichen Grundbedarfs gemacht: Medikamente, Grundnahrungsmittel und Trinkwasser.

Pharmaunternehmen halten sich ganze Völker als Geiseln, indem sie zum Beispiel mit politischem Lobbying die empfohlenen Blutdruck-Grenzwerte tief ansetzen, um möglichst viel Blutdrucksenker verkaufen zu können.[86] Patentgeschützte neue Medikamente werden zu Phantasiepreisen auf den Markt geworfen und dabei Analysen, die ihre Wirksamkeit in Frage stellen würden, unter Verschluß gehalten.[87]

Mit entsprechendem Lobbying verhindern Nahrungsmittelkonzerne und Fast-Food-Ketten, daß in New York die Größe von Süßgetränkeportionen auf einen halben Liter begrenzt wird, damit nicht noch mehr Leute an fatalem Übergewicht leiden sollen; – so wird eben weiterhin ein halber Liter nicht die größte, sondern die kleinste Bechergröße sein, die in New Yorker Fast-Food-Ketten angeboten wird.[88] Möglich wurde dies unter anderem dadurch, daß die amerikanische Zuckerindustrie durch gezielt beeinflußte wissenschaftliche Studien die internationale Öffentlichkeit bezüglich der Schädlichkeit von Zucker rund 50 Jahre lang hinters Licht führen konnte.[89]

---

[86] Artikel von Bert Ehgartner (2010) in der österreichischen Online-Zeitschrift *Profil Online*.

[87] Gemäß den Artikeln von Kathrin Burger und Brigitte Casanova in den Zeitschriften *Bild der Wissenschaft* (Burger, 2014) und *Managed Care* (Casanova, 2005); vgl. unten.

[88] afp/aerzteblatt.de (2013).

[89] In den 50er Jahren hatten wissenschaftliche Studien die negative Wirkung nicht nur hoher Blutfettwerte (Cholesterin), sondern auch hohen Zuckerkonsums auf Herz-Kreislauf-Erkrankungen gezeigt. Mediziner der University of California deckten auf, daß in der

Chemiemultis verkaufen gesundheitsschädigende Pestizide in die Dritte Welt, damit die genmanipulierte, von ihren mächtigen Kollegen verkaufte Saat überhaupt noch wachsen kann, und sie sind sogar rund tausendmal giftiger als deklariert.[90] Mit den erzeugten Lebensmitteln verdienen dann andere Kollegen mittels manipulierten Termingeschäften Milliarden, und den Pflanzern bleibt nichts als Krankheit und Hunger.[91]

Lebensmittelgiganten sichern sich Wasserrechte in Regionen mit akutem Mangel an sauberem Trinkwasser, damit sie jeden Liter teuer verkaufen können.[92] In Zukunft werden Kriege wohl weniger um Ölförderungsrechte, sondern vielmehr um Wasserrechte geführt werden.

Jeder demokratische Versuch, den Selbstbedienungsladen der Mächtigen unter Kontrolle zu bringen, ist zum Scheitern verurteilt: Anfang März 2013 wurde die sogenannte Abzocker-Initiative vom Schweizer Volk überraschend deutlich angenommen, ein Verdikt mit international beachtetem Symbolgehalt. Die Aktionäre sollen über die überbordenden Gehälter der Manager bestimmen können und so Exzesse mit Boni von Dutzenden von Millionen vermieden werden. Ein hehres, wünschbares Ziel; das Volk hat so entschieden. Zwei Wochen später las man in den Medien, daß einer der Schweizer Pharmariesen einer einzigen Aktionärsfamilie in einem einzigen Jahr 600 Millionen Franken Dividende ausbezahlte.[93] Und der Kreis der Ausbeutung schließt sich: Derselbe Konzern war es, der seit 2002 Milliarden mit einem neuen Grippemedikament umgesetzt hatte, dessen Wirksamkeit durch nur zwei veröffentlichte klinische Studien belegt war. Die anderen acht Studien blieben unter Verschluß. Bei allen zehn klinischen Studien hatten vier von fünf Beteiligten bei ebendiesem Pharmamulti auf der Gehaltsliste gestanden.

So ist zu befürchten, daß die Zeit der Trübsal sich weiterhin immer schneller dem Abgrund entgegen drehen wird. Da es uns prophezeit ist und die Zeichen

---

Folge die amerikanische Zuckerindustrie gezielten Einfluß auf renommierte Forscher nahm, so daß Ende 60er Jahre einschlägige Studien publiziert wurden, die ausschließlich den Konsum mehrfach gesättigter Fettsäuren dafür verantwortlich machen. Dieselbe Analyse enthüllt, daß seither auch Dentalforscher und Sportwissenschaftler beeinflußt wurden, um die schädliche Wirkung von Zucker zu verharmlosen (Zuckerindustrie täuschte die Konsumenten, 2016).

90 Artikel der wissenschaftlichen Zeitschrift *BioMed Research International* (Mesnage, et al., 2014).

91 Web-Dokument der Entwicklungsorganisation *Oxfam* (Hachfeld, et al., 2013).

92 Film *Bottled Life* von Urs Schnell und Res Gehriger (Schnell, 2011).

93 Daniel Binswanger (2013) im *Magazin*, einer Wochenendbeilage verschiedener Schweizer Tageszeitungen.

tatsächlich auf Sturm stehen, ist es wohl kaum abzuwenden. Die Klammer der Trübsal schließt sich am Ende des Zeitalters, wie von Daniel im letzten Kapitel prophezeit (V. 1): »Es wird eine Zeit so großer Trübsal sein, wie sie nie gewesen ist, seitdem es Menschen gibt.« Als Zeichen der Hoffnung dürfen wir mitnehmen, daß zum Beispiel Hildegard uns auch ankündigte, daß die Erde am Ende eine neue Gestalt erhalten werde.

Endzeitvisionen

Die Endzeitvisionen des Alten Testaments bilden ein verwirrendes Kaleidoskop von Bildern. Die Bruchstücke bilden gleichsam mehrere Puzzles, deren Teile über die Prophetenbücher verstreut sind. Da sind einerseits die Visionen des Strafgerichts über Israel in seiner Zerschlagung um 70 und 135 n.Chr. aber auch die Heimsuchung seiner feindlichen Nachbarvölker in der vorchristlichen Antike. Da hinein versprengt sind Endzeitvisionen viel größeren Ausmaßes, für die in der Menschheitsgeschichte nichts Passendes zu finden ist. Ein Beispiel finden wir in Jesajas Rede gegen den Hochmut Assyriens in Kapitel 10: Eingangs prangert Jesaja an, daß das Recht der Schwachen mit Füssen getreten werde - wie auch weiterhin, weltweit, bis auf den heutigen Tag - um dann ab dem dritten Vers von einer großen Heimsuchung zu berichten, die weniger nach einem Krieg klingt, als vielmehr nach einer gewaltigen Naturkatastrophe, der niemand entrinnen wird. Dazwischen blitzt in der Heimsuchung auch durch, »das Licht Israels« werde dereinst »zur Lohe und sein Heiliger zu einer Flamme« werden, was als Hinweis auf die Wiederkehr Christi aufgefaßt werden kann (V. 17). Die Visionen sind so vermischt, daß ihre Interpretation oft nicht wesentlich über vage Hypothesen hinauskommt.

Für die vorliegende Analyse sind die Strafgerichte über die Völker der Antike nicht von vorrangigem Interesse, vor allem wenn sie der Spekulation anheimfallen. Wir beschränken uns daher im Folgenden auf jene Unheilsprophezeiungen, die erkennbar eine ferne Zukunft betreffen und sich in der bisher geschriebenen Geschichte noch nicht erfüllt haben, wie zum Beispiel bei Jesajas Vision der Belagerung Jerusalems (29,6): Hier kommt die Heimsuchung plötzlich »mit Wetter und Erdbeben und großem Donner, mit Wirbelsturm und Ungewitter und mit Flammen eines verzehrenden Feuers«. Sollen Donner, Wirbelstürme und Ungewitter nur mythisch und metaphorisch gemeint sein? Natürlich, sagen historisch-kritische Exegeten. Keinesfalls meint der Autor dieser Zeilen. Zusammen mit der weiter unten besprochenen, in mancher Hinsicht wesentlich umfassenderen und deutlicheren Johannesapokalypse können diese Prophezeiungen schließlich als zusätzliche Zeichen herangezogen werden.

Zwei Aussagen des großen Propheten Jesaja sind wegweisend im Zusammenhang mit den alttestamentlichen Visionen der Heimsuchung, ja mit allen abgründigen Endzeitvisionen überhaupt:

Jes 28,19b (Luther): Da wird man nur mit Entsetzen Offenbarung deuten.

Jes 28,16b: Wer da vertraut, wird nicht zuschanden.

Die Prophezeiungen, alle Kulturen der Menschheit würden dereinst in einem einzigen Aufwasch vernichtet und ein neuer Himmel und eine neue Erde geschaffen werden,[1] können wir nicht ungeschehen machen. Auch daß die Zeichen sich in immer schnellerem Rhythmus verdichten, ist unausweichliche Tatsache, wie wir im Folgenden sehen werden. Die Aussichten - wenn man denn ernsthaft versucht, sich das Puzzle zusammenzusetzen - sind tatsächlich entsetzlich.

Doch da ist auch eine äußerst hoffnungsvolle Zusage: Diese heimgesuchte Welt ist eingebettet in eine größere Wirklichkeit voller Licht und Liebe. Die Herausforderungen der Schöpfung sind unvermeidlich, aber zielgerichtet. Da ist einer, der im Auftrag des Höchsten vor langer Zeit das Licht des Vertrauens brachte. Wir dürfen darauf zählen, daß am Ende keine einzige Seele unwiederbringlich verlorengeht, auch nicht jene, die sich gegen Gottes Plan stellen, denn der Herr läßt die Sonne aufgehen über Gerechte und Ungerechte.[2] Wenn wir uns danach ausrichten, so können wir unser Leiden erleichtern. Da ist die Zusage, daß wir keinesfalls auf ewig untergehen werden, selbst wenn wir widerspenstig bleiben sollten und nach der Zeit der Prüfung vorerst als Verworfene gerichtet werden müßten.

Für die Ankündigungen einer großen Drangsal mußte das Volk Israel aber nicht bis zu Jesaja warten. Die frühesten auf eine ferne Zukunft bezogenen Zornesworte finden sich schon im Lied des Mose, das wir als erstes betrachten. Da die Zeitangaben in den Prophezeiungen bisweilen verwirrend scheinen, widmen wir uns zur Klärung vorab dem biblischen Vergleich zwischen himmlischen und irdischen Zeitmaßen.

Tausend Jahre wie ein Tag

Habakuk tröstet uns und ermahnt uns zuzuwarten und nicht aufzugeben, da Gottes Verheißungen sich mit aller Gewißheit erfüllen werden, und im zweiten

---

[1] Jes 65,17: »Denn wisset wohl: ich werde einen neuen Himmel und eine neue Erde schaffen.«

[2] Mt 5,45b: »Denn er läßt seine Sonne über Böse und Gute aufgehen …«

Petrusbrief des neuen Testaments finden wir eine Erklärung, warum die Erfüllung vieler Prophezeiungen Jahrhunderte, wenn nicht Jahrtausende auf sich warten läßt:

Hab 2,3: Die Erfüllung der Offenbarung steht noch bis zu dem bestimmten Zeitpunkt aus, strebt jedoch dem Ziele zu und trügt nicht; wenn sie auf sich warten läßt, so harre ihrer; denn sie trifft sicher ein und bleibt nicht aus.

2Petr 3,8–10: Ferner dürft ihr dies eine nicht unbeachtet lassen, Geliebte, daß »ein Tag beim Herrn wie tausend Jahre ist und tausend Jahre wie ein Tag«. 9Der Herr ist mit der Erfüllung seiner Verheißung nicht säumig, wie manche Leute in seinem Verhalten eine Säumigkeit sehen, sondern er übt Langmut gegen euch, weil er nicht will, daß einige verlorengehen, sondern daß alle zum Gesinnungswechsel gelangen. 10Kommen aber wird der Tag des Herrn wie ein Dieb; an ihm werden die Himmel mit Krachen vergehen, die Elemente aber in der Flammenglut sich auflösen, und die Erde wird mit allen Menschenwerken, die auf ihr sind, in Feuer aufgehen.

Wenn also »gar bald« in himmlischen Dimensionen schon morgen ist, so ist es unter irdisch-menschlichen Verhältnissen in tausend Jahren. Dieser himmlisch-irdische Zeitvergleich stammt ursprünglich aus dem Psalter:

Ps 90,4: Denn tausend Jahre sind in deinen Augen wie der gestrige Tag, wenn er vergangen und wie eine Wache in der Nacht.

Bemerkenswert ist hier der Vergleich mit einer Nachtwache. Die Beachtung dieser Zeitverhältnisse eröffnet die Möglichkeit einer überraschenden Hypothese angesichts einer Prophezeiung des vorexilischen Propheten Hosea:

Hos 6,1–3: Kommt, laßt uns zum HERRN umkehren! Denn er hat uns zerrissen und wird uns auch wieder heilen; er hat uns blutig geschlagen und wird uns auch verbinden; 2schon nach zwei Tagen wird er uns genesen lassen, am dritten Tage uns wieder aufhelfen, daß wir vor seinen Augen (= in seiner Hut) leben. 3So laßt uns denn zur Erkenntnis kommen, ja der Erkenntnis des HERRN nachtrachten! Er wird so sicher erscheinen wie das Morgenlicht und wird zu unserm Heil kommen wie der Regen, wie der Spätregen, der das Land tränkt.

Man könnte diese Worte unbedacht auf Jesu Kreuzigung und Auferstehung am dritten Tag auffassen, doch Hosea sagt ausdrücklich, der Herr (Jahwe) werde »uns«, das heißt Hoseas Volk Israel, genesen lassen. Wie sollte er dies nach zwei Erdentagen? Blieb das Volk Israel nach Christi Auferstehung nicht genauso krank und verfolgt wie zuvor? Irdisch ausgelegt macht das keinen Sinn und könnte auf alles und jedes bezogen werden; es wäre belanglos.

Von himmlischen auf irdische Zeitdimensionen übertragen wären dies zweitausend Jahre, und im anbrechenden dritten Jahrtausend würde er dem Volk Gottes wieder aufhelfen. Blutig geschlagen und zerrissen wurde das Volk Israel 70 n.Chr. bei der Zerstörung Jerusalems.[3] Daraus zu folgern, daß Christus Anfang September des Jahres 2070 auf den Wolken des Himmels wiederkehre, wäre natürlich töricht, denn wir wissen nicht Tag noch Stunde seiner Wiederkunft.[4] Dennoch: Im Zusammenspiel mit den unzähligen anderen Hinweisen, die im weiteren aufgeführt werden, scheint die Vermutung gerechtfertigt, das Zeitalter der Trübsal finde im einundzwanzigsten Jahrhundert oder wenig später sein Ende, und ein neuer »Tag« werde »erscheinen wie das Morgenlicht« nach zweitausend Jahren Nachtwache der Gläubigen in der Finsternis: Das tausendjährige Friedensreich unter der Führung des Volkes Gottes. An diesem Morgen »wird der Tag des Herrn kommen, überraschend wie ein Dieb in der Nacht, und Himmel und Erde mit Krachen und in Feuersbrunst vergehen« (s.o.). Diese und ähnliche Motive werden im Zuge der Interpretation der Johannesoffenbarung genauer gedeutet.[5]

Das Lied des Mose

Das Lied des Mose in Kapitel 32 des Deuteronomiums liest sich wie eine Prophezeiung der bis hierhin betrachteten Religionsgeschichte der Menschheit im Zeitraffer, begonnen bei den ersten Anfängen des Volks Israel. Gott fand sein Volk im Bereich der Wüste (V. 10), teilte es auf in Stämme (V. 8) und führte, schützte und nährte es, solange es ihm treu blieb (V. 11–14). Da wurde das Volk fett und sorglos und vergaß seinen Schöpfer und Bewahrer (V. 15–18). In der Folge wurde es ins babylonische Exil entführt. Und Gott überließ sein Volk sich selbst und ihren Götzen (V. 19–21), denn in der Zeit des Zweiten Tempels versiegte die Prophetie. Von hier an wird das Lied des Mose für unsere Analyse im Detail interessant.

> *5Mose 32,22–25: [Gott sprach:] Denn ein Feuer ist durch meinen Zorn entbrannt und hat bis in die Tiefen der Unterwelt gelodert; es hat die Erde samt ihrem Ertrag verzehrt und die Grundfesten der Berge in Flammen gesetzt.* **23***Ich will Leiden auf*

[3] Oder spätestens in der Niederschlagung des Bar-Kochba-Aufstandes um 135 n.Chr.

[4] Mt 25,13; Lk 12,40: »der Menschensohn kommt zu einer Stunde, in der ihr es nicht vermutet.«

[5] Insbesondere im Abschnitt *Die letzten drei Siegel und die ersten vier Posaunen* S. 262.

sie häufen, meine Pfeile gegen sie verbrauchen: **24***sind sie vor Hunger verschmachtet und von Fieberglut und giftigen Seuchen verzehrt, so will ich den Zahn wilder Tiere gegen sie loslassen samt dem Gift der im Staube kriechenden Schlangen.*
25*Draussen soll das Schwert sie (der Angehörigen) berauben und drinnen daheim der Schrecken (sie wegraffen), den Jüngling wie die Jungfrau, den Säugling mitsamt dem Graukopf.*

Diese angedrohten Plagen gehen weit über die Kriege der Frühzeit, die Deportation ins babylonische Exil oder die Zerstörung Jerusalems 70 n.Chr. hinaus. Wenn der Zorn Gottes bis »in die Tiefen der Unterwelt lodert«, so sind wohl die Drahtzieher unter den gefallenen Engeln angesprochen. Standen sie damals hinter den nicht zu unterschätzenden antiken Götzen aus Metall und Holz, so verbirgt ihr Geist sich heute hinter den digitalen und technischen Wundern.[6] Und wenn nicht nur Pfeile, Hunger und Seuchen die Menschen heimsuchen sollen, sondern wilde Tiere und ein rätselhafter, todbringender Schrecken daheim, – wenn »die Erde samt ihrem Ertrag verzehrt und die Grundfesten der Berge in Flammen gesetzt« werden, so ist das mit Krieg und menschlicher Unterdrückung nicht mehr zu erklären. In der Fortsetzung finden wir einen Hinweis, weshalb der Allmächtige so lange Jahrhunderte zuwartet:

5Mose 32,26–30: Ich hätte gesagt: »Zerschlagen will ich sie, ihr Gedächtnis unter den Menschen verschwinden lassen!«, **27***wenn nicht Verdruß ich vom Feinde her fürchtete, daß nämlich ihre Widersacher es falsch deuteten, daß sie sagen möchten: »Unsere Hand hat obgesiegt, und nicht der HERR hat dies alles vollbracht!«* **28***Denn ein Volk sind sie, dem alle Einsicht abgeht, und kein Verständnis findet sich bei ihnen.* **29***Wären sie weise, daß sie dies begriffen, so würden sie bedenken, welches ihr Endgeschick sein wird.* **30***Wie könnte ein einziger Tausend vor sich hertreiben und zwei Zehntausend in die Flucht schlagen, hätte nicht ihr Fels sie verkauft und der HERR sie preisgegeben?*

Gott benutzte die anderen Völker als Geißel für sein Volk, doch ganz zerschlagen werden durfte es nicht. Sonst hätten die Mächte der Finsternis in Anspruch nehmen können, sie hätten das Volk Gottes vernichtet, da sie stärker waren, nicht weil es von Gott verlassen wurde. Der Schöpfer läßt die Starken in ihrer trügerischen Illusion der Macht, bis die Zeit reif ist. Die Früchte der finsteren Mächte sind vielfältig todbringend (V. 32f), doch Gott vergißt niemals:

5Mose 32,34–41: Liegt das nicht bei mir aufbewahrt, versiegelt in meinen Schatzkammern? **35***Mir steht die Rache und Vergeltung zu für die Zeit, da ihr Fuß wanken*

[6] Vgl. Abschnitte *Das zweite Tier aus der Erde* S. 282 und *Zahl und Malzeichen des Tiers* S. 291.

wird; denn nahe ist der Tag ihres Verderbens, und eilends kommt das ihnen bestimmte Schicksal heran. … 41Hab' ich mein blitzendes Schwert geschärft und hat meine Hand zum Gericht gegriffen, so werde ich Rache an meinen Feinden nehmen und denen vergelten, die mich hassen!

Nahe war der Tag zur Zeit des Exodus sicher nur in himmlischen Zeitdimensionen, wo tausend Jahre wie ein Tag sind. Doch die Tage sind gezählt und das Schicksal bestimmt. Daß diese Schilderungen nicht antike Völker betreffen, sondern Höllenmächte und Menschen am Ende des Zeitalters, wird deutlich anhand der vielen nachfolgenden Prophezeiungen. Und daß die Heimsuchungen Gottes nicht in seiner Rachelust gründen, wie es im Alten Testament den Schein erwecken mag, wurde oben anhand eines Wortes Jesajas ausgeführt.[7]

Davids Dank- und Siegeslied

Der nächste Verkünder nach Mose ist David. Er singt gegen Ende des zweiten Buchs Samuel ein Lied des Dankes an den Herrn und des Sieges über seine irdischen Feinde. Mittendrin wechselt jedoch vorübergehend die Szenerie, und David besingt in prophetischer Eingabe eine Finsternis, die weit über seine feindlichen Nachbarvölker hinausgeht:

2Sam 8–16[8]: Da wankte und schwankte die Erde, des Himmels Grundfesten bebten und wankten hin und her, denn er war zornentbrannt; 9Rauch stieg auf aus seiner Nase, und fressendes Feuer drang aus seinem Munde, glühende Kohlen sprühten von ihm aus. 10Er neigte den Himmel und fuhr herab, Wolkennacht lag unter seinen Füßen; 11Er fuhr auf dem Cherub und flog daher und schoß herab auf den Fittichen des Sturms; 12Finsternis machte er rings um sich her zu seinem Gezelt, Regendunkel, dichtes Gewölk; 13aus dem Glanz vor ihm her brannten Feuerflammen. 14Dann donnerte der HERR vom Himmel her, der Höchste ließ seine Stimme erschallen; 15er schoß seine Pfeile ab und zerstreute sie, schleuderte Blitze und schreckte sie. 16Da wurden sichtbar die Tiefen des Meeres und aufgedeckt die Grundfesten der Erde durch das Schelten des HERRN, von dem Zornesschnauben seiner Nase.

Schwankende Erde, erbebende Grundfesten des Himmels, Rauch und fressendes Feuer nehmen die Motive am Anfang des Liedes des Mose wieder auf. Auch das Motiv geschleuderter Pfeile finden wir in beiden Gesängen. Über Mose hinaus finden wir bei David Wolkennacht und Regendunkel, Donner und

---

7 Jes 12,1; s. Abschnitt *Erlösungstat, Höllenfahrt und Auferstehung* S. 112.

8 Analog Ps 18,8–16.

sichtbar werdende Tiefen des Meeres und Grundfesten der Erde. Solche apokalyptischen Motive finden wir bei verschiedenen im folgenden betrachteten Propheten und am Ende noch viel aufschlußreicher bei Johannes von Patmos.

Jesaja – Gericht über antike Völker oder Gericht der Endzeit?

Jesajas Richtsprüche über Israel und seine Nachbarn erscheinen schon im ursprünglichen Protojesaja und betreffen nicht nur das Volk Gottes selbst, sondern auch eine ganze Reihe von Nachbarvölkern, die es jahrhundertelang bedrohten. Zahlreichen frühantiken Reichen und Städten wird der Untergang prophezeit, unter anderem den Philistern, den Moabitern, Damaskus, Äthiopien, Arabien und Tyrus. All diese Heimsuchungen beziehen sich deutlich auf die Zeit Jesajas und die Jahrhunderte danach.

Einige Richtsprüche enthalten jedoch Ankündigungen, die in der Antike kaum eingeordnet werden können. Es beginnt schon im ersten Kapitel mit der Klage über Israel:

> *Jes 1,9: Hätte der HERR der Heerscharen von uns nicht eben noch einen Rest übriggelassen: wie Sodom[9] wären wir geworden und hätten gleiches Schicksal mit Gomorrha gehabt!*

Die ganze vorangehende Klage kann noch mit der Bedrückung Israels durch mächtige Nachbarn aufgefaßt werden, und daß nur ein Rest übriggeblieben ist, könnte man mit der Zerstörung Jerusalems durch die Römer[10] verbinden. Sodom und Gomorrha jedoch wurden mit allen umliegenden Ortschaften und urbaren Flächen der Jordanebene durch Feuerhagel vom Himmel vernichtet und ihre Bewohnerschaft bis auf Lot und seine Familie vollständig ausgerottet.[11] In ähnlichem Stil wird Samarias Untergang geschildert, mit Hagelwetter, verheerendem Sturm, Wolkenbruch und sich ergießenden Wassermassen (Jes 28,2). Am Ende des zweiten Kapitels ist nicht nur von der Vernichtung der Götzen die Rede, sondern auch davon, daß die Menschen sich vor dem »Schreckensanblick des HERRN« in »Felshöhlen und Erdlöcher« beziehungsweise in »Felsspalten und Steinklüfte« verkriechen werden. Das fünfte Kapitel schließt mit einem

---

[9] Menge schreibt »*schier* wie Sodom«, doch das »schier« fehlt im hebräischen Text.

[10] Abschnitt *Der jüdische Krieg und die Zerstörung Jerusalems* S. 104.

[11] 1Mose 19,24f: »… ließ der Herr Schwefel und Feuer … auf Sodom und Gomorrha regnen …«

Kriegsheer, »angstvoller Finsternis«, »Nacht gewordenem Licht« und »Nebeldunkel«, die deutlich an das Heuschreckenheer bei Joel und Johannes von Patmos erinnern.[12] Am Ende des ersten Kapitels ist davon die Rede, sogar der Mächtige werde zusammen mit seinem Werk vernichtet (V. 31). Anfangs des zweiten Kapitels schließlich ist vom fest gegründeten Tempelberg der Endzeit die Rede, zu dem alle Völker strömen. All dies sind Motive, die auch bei anderen Propheten wieder vorkommen.

Zwischendurch finden sich wiederum zahlreiche Passagen, die auf die Zeit nach dem babylonischen Exil, die Zeit des Zweiten Tempels verweisen, zum Beispiel in Kapitel 14, wo der Herr »Israel noch einmal erwählen und sie auf ihrem Heimatboden zur Ruhe bringen« soll:

> *Jes 14,2: Und die Völker werden sie nehmen und sie zu ihrem Wohnsitz hinbringen, und das Haus Israel wird im Lande des* HERRN *Knechte und Mägde an ihnen besitzen, so daß sie die, von denen sie vordem in Gefangenschaft gehalten worden waren, selbst in Gefangenschaft halten und die Herrschaft über ihre früheren Zwingherren ausüben.*

Dies deutet wahrscheinlich auf die Makkabäerzeit hin, in der das Volk Juda nochmals eine regionale Herrschaft aufzubauen vermochte. Im glücklichen tausendjährigen Reich wird wohl kaum jemand in Gefangenschaft gehalten werden, und im ewigen Jerusalem des Friedens ist dies erst recht undenkbar.

Vier erweiterte Richtsprüche über Nachbarvölker behalten als Ganzes starke Aussagekraft über alle Zeiten bis heute. In der Folge ihres ersten Auftretens im Buch Jesaja sind dies Babylon, Ägypten, Assur und Edom (Kap. 13, 19, 30 und 34). Bei Babylon kommt Gottes »Zornesglut, um die Erde zur Öde zu machen«, bei Ägypten »werden die Wasser versiegen im Nil, und jeder Strom wird austrocknen bis auf den Grund«, bei Assur erfolgt das Gericht wie eine »verzehrende Feuerflamme« und »Hagelsteine« und bei Edom »wird das gesamte Sternenheer des Himmels sich auflösen und der Himmel sich zusammenrollen wie eine Schriftrolle«.[13]

Jesaja sagt ausdrücklich, das »vernichtende Strafgericht« sei »für die ganze Erde fest beschlossen« (28,22b). Die Motive des Feuers, der Hagelsteine und der eingerollten Buchrolle erscheinen auch in der Johannesapokalypse, hier mit sehr konkreten Zeichen, die weit über die alten Propheten hinausgehen und

---

[12] Siehe Abschnitte *Joels »Heuschreckenheer«* S. 193 und *Die fünfte und sechste Posaune – das »Heuschreckenheer«* S. 268.

[13] Babylon: Jes 13,9; Ägypten: 19,5; Assur: 30,30; Edom: 34,4.

nach neuesten, wissenschaftlichen Kriterien in erstaunlich vielen Punkten interpretierbar sind. Hier soll die Feststellung genügen: Nach der Meinung des Verfassers sind all diese Worte Jesajas nicht metaphorisch-mythisch, sondern weitgehend wörtlich gemeint.

Als weiteres Beispiel sei vorab noch die Ankündigung des Messias und dessen jenseitigen Friedensreichs in Kapitel 11 erwähnt. Sie erfährt eine Fortsetzung, die auf den ersten Blick die antiken Nachbarvölker Palästinas zur Zeit Jesajas anzusprechen scheint, bei genauerem Hinsehen aber kaum anders verstanden werden kann, als daß sie die Endzeit betrifft:

> *Jes 11,11f: Und an jenem Tage wird es geschehen: Da wird der Allherr seine Hand zum zweiten Mal ausstrecken, um den Rest seines Volkes der noch übriggeblieben ist, zurückzuholen aus Assyrien und Unterägypten, aus Oberägypten und Äthiopien, aus Persien und Babylon, aus Hamath und den Küstenländern des Meeres.*
> *12Da wird er den Heidenvölkern ein Banner aufpflanzen und die verstoßenen Israeliten sammeln und das, was von Juda zerstreut ist, zusammenbringen von den vier Säumen der Erde.*

Zum ersten Mal streckte der Allherr seine Hand aus in der Person des Eingeborenen, der sich als Mensch Jesus nicht gefangennehmen ließ und dann als Christus die Mächte der Finsternis besiegte, um die dort auf Erlösung harrenden Seelen zu befreien.[14] Das zweite Mal hat er sie noch nicht ausgestreckt. Die lange Aufzählung von nahen und fernen Völkern bis hin zu den Küstenländern des Meeres klingt nach einer Diaspora über die ganze Welt, wie es sie in diesem Ausmaß erst nach dem Beginn unserer Zeitrechnung gab. Den Rest seines Volkes soll Christus aus allen Völkern zurückholen am Ende der Zeiten, beziehungsweise am Ende der großen Trübsal. Daß 1948 ein neuer Staat Israel in Palästina gegründet werden konnte, mag als eines von vielen Zeichen gedeutet werden, daß das Ende der Zeiten vielleicht nicht mehr allzulange auf sich warten läßt.

Damit stehen wir vor der Frage: Wie sollen wir einordnen, daß endzeitliche Prophezeiungen über mehrere antike Völker gesprochen werden, obschon sie die ganze Menschheit betreffen sollen und dies womöglich erst über zweitausend Jahre später? Wenn wir die spezifischen Eigenarten der antiken Völker betrachten, können wir sie als Stellvertreter für eine Palette von Geisteshaltungen erkennen, die die moderne Welt nicht minder betreffen als die vorchristliche Antike. Ganz besonders trifft dies zu für die vier Mächte Assyrien, Edom,

---

[14] Siehe Abschnitt *Erlösungstat, Höllenfahrt und Auferstehung* S. 112.

Ägypten und Babylon. Sie werden in den folgenden Abschnitten mit den über sie gesprochenen Richtsprüchen diskutiert.

Assyrien

Assyrien zur Zeit Jesajas ist das auf der anderen Seite des Euphrat gedungene Schermesser (7,20). Es entspricht heute ungefähr dem Irak einschließlich großer Teile von Syrien. Wie schon in der Antike droht auch heute Gefahr vom Euphrat her:

> *Jes 8,7–10: Darum, siehe, läßt der Allherr die gewaltigen und starken Wasser des Euphrat-Stroms über sie heraufsteigen, nämlich den König von Assyrien und seine ganze Heeresmacht; der wird über alle seine Flußbetten emporsteigen und über alle seine Ufer daherströmen … [9]Erbost euch immerhin, ihr Völker, und – seid verzagt! Horcht auf, alle ihr fernen Bewohner der Erde! Rüstet euch immerhin und – seid verzagt! Rüstet euch und – seid verzagt! [10]Schmiedet einen Plan: er soll vereitelt werden! Faßt einen Beschluß: er soll nicht zur Ausführung kommen, denn »mit uns ist Gott«!*

> *Jes 10,5–7: Wehe dem Assyrer, der Rute meines Zorns, und dem, in dessen Hand mein Grimm als Peitsche war! … [7]Er aber denkt es sich nicht so, und sein Herz ist nicht so gesonnen; nein, zu vertilgen hat er im Sinn und Völker auszurotten in nicht kleiner Zahl.*

Mahnen diese Assyrer nicht an die heutigen Islamisten, die mit ihrem Terror die ganze Welt einschließlich der gemäßigten Teile der arabischen Länder bedrohen? Sie entstammen der Region um den Euphrat, bedrohen alle Andersgläubigen und führen »Allah mit uns!« im Munde. Assur oder Assyrien kann aufgefaßt werden als die fundamentalistisch-radikalen Kräfte der arabischen Nachbarn Palästinas und als die Islamisten von Afrika bis nach Asien, die nicht nur Israel, sondern auch den ganzen abendländischen Kulturkreis abgründig hassen und bedrohen. Sie sind die Rute des Zorns in der Hand des Allherrn, die die Pläne und Beschlüsse des Westens immer wieder vereitelt. Dieser Vernichtungskrieg hat mit dem Koran der echten Muslime überhaupt nichts zu tun, denn die Islamisten sehen sich nicht als Werkzeuge in der Hand Allahs, sondern vielmehr Allah als Werkzeug in ihren Händen: Selbstherrlich und gnadenlos wollen sie im Dschihad zu ihrem eigenen irdischen und ewigen Wohlergehen viele Völker und Kulturen vertilgen und ausrotten. Wie die anderen irdischen Mächte werden auch sie schließlich Gottes Allmacht zu spüren bekommen:

Jes 30,30–33:[15] *Dann wird der* HERR *seine machtvolle Donnerstimme hören lassen und seinen Arm zeigen, der niederfährt bei schnaubendem Zorn und mit verzehrender Feuerflamme, unter Wolkenbruch und Wetterguß und Hagelsteinen.* 31*Denn vor der Donnerstimme des* HERRN *wird Assyrien erschrecken, wenn er es mit dem Stecken schlägt;* 32*und so oft der Züchtigungsstab daherfährt, den der* HERR *auf es niederfallen läßt, wird es geschehen unter Paukenschall und Harfenklang; und mit geschwungenem Arm kämpfend wird er gegen sie streiten.* 33*Denn längst ist eine Greuelbrandstätte hergerichtet: Auch sie ist für den König (Moloch) bestimmt; tief und breit hat man ihren Scheiterhaufen angelegt, mit Feuerung und Holz in Menge: Gleich einem Schwefelstrom setzt der Hauch des* HERRN *ihn in Brand.*

»Verzehrende Feuerflamme« hätte man vielleicht noch im Untergang des assyrischen Großreichs einordnen können, doch bei »Wolkenbruch, Wetterguß und Hagelsteinen« hört die antike Interpretierbarkeit auf. Sie können sich nur auf die Endzeit beziehen.

Edom

Edom ist nicht nur der Name eines Nachbarvolks Israels, sondern auch ein anderer Name Esaus. Mit diesem Namen wird die Nachkommenschaft, das heißt das Volk Esaus bezeichnet. Edom heißt rötlich oder rot.[16] Dieses Volk lebte südlich des Toten Meeres und im östlichen Gebirge Seïr und wird manchmal auch mit dem Namen dieses Gebirges bezeichnet. Im Alten Testament erscheint es vielfach als eifersüchtiges Brudervolk und Feind Israels.[17] Ein möglicher Bezug des Namens »Rot« wäre die rötliche Farbe der Felsen im Gebirge Seïr. Viel passender scheint aber der Zusammenhang mit der ersten biblischen Erwähnung dieses Namens: Im Zuge eines scheinbar alltäglichen Handels verkaufte Esau seinem Bruder sein Recht des Erstgeborenen für ein schmackhaftes, rotes Linsengericht und schlug die Folgen in den Wind.[18]

Das Volk Edom steht für das süchtig machende Streben nach irdischem Wohlergehen, das unbewußt bleibt und sich nicht um die Konsequenzen kümmert. Edom steht aber ebenso für die eifersüchtigen und deshalb feindseligen Brüdervölker Israels – auch und gerade für die Christen, denn Jesus war Jude.

---

[15] Vgl. Jes 14,25.

[16] Hebräisch: אֱדוֹם – edom; Name s. 1Mose 25,30; Volk s. 1Mose 36,1.

[17] Brudervolk: 5Mose 23,8. Feindschaft: 4Mose 20,18–21; 24,18; Ri 11,17; 1Sam 14,47; 2Sam 8,13; 1Kön 11,15; 2Kön 8,21; 14,7; 16,6; 1Chr 18,12; 2Chr 21,8f; 25,11–14; 28,17; Ps 60,2.10; 83,6f; 108,10; 137,7; Ez 35,3–5.

[18] 1Mose 25,29–34.

In der Nachfolge Jesu wären wir eigentlich erlöste Geschwister des jüdischen Volkes, doch wir haben unser Erlösungsrecht an die römischen Mysterien verkauft. Gerade aus den Wurzeln des spätantiken Scheinchristentums erwuchsen dem Volk Israel die schlimmsten Verfolgungen, wenn allenthalben ein Sündenbock gesucht wurde. Als Grund dafür kann man Eifersucht ausmachen: Israel gilt zum einen als das erwählte Volk, und zum zweiten agieren die Juden wirtschaftlich überdurchschnittlich erfolgreich. Auch das Strafgericht über Edom erreicht Weltuntergangsdimensionen:

> *Jes 34,4f: Auch das gesamte Sternenheer des Himmels wird sich auflösen und der Himmel sich zusammenrollen wie eine Schriftrolle, und sein ganzes Heer wird zerfallen, wie das Laub vom Weinstock abwelkt und wie dürre Blätter vom Feigenbaum abfallen.*
> *5Wenn mein Schwert sich im Himmel berauscht hat, siehe, dann soll es auf Edom herabfahren und auf das von mir dem Untergang geweihte Volk zum Strafgericht.*

Auf diesen sich wie eine Schriftrolle zusammenrollenden Himmel werden wir in der Betrachtung der Offenbarung des Johannes näher eingehen.[19]

Ägypten

Ägypten war zur Zeit Jesajas, Ende des achten vorchristlichen Jahrhunderts, ein mächtiges Nachbarreich, das aus der Sicht Judas ein starker Verbündeter gegen die assyrische Bedrohung hätte sein können. Jesaja prophezeite dem einflußreichen Nachbarn jedoch, daß es in die Hand eines harten Herrschers fallen werde. Um etwa 670 v.Chr. wurde Ägypten tatsächlich von den Assyrern erobert. Das Strafgericht über Ägypten scheint auf den ersten Blick ausschließlich auf die Antike bezogen; nur dazwischen scheint eine größere Heimsuchung der Menschheit hindurch:

> *Jes 19,2–16: Da werde ich Ägypter gegen Ägypter aufreizen, so daß sie gegeneinander kämpfen, Bruder gegen Bruder, Freund gegen Freund, Stadt gegen Stadt und Reich gegen Reich.*
> *3Da wird dann der Mut den Ägyptern in ihrer Brust gelähmt werden, und ihre geistige Klarheit will ich trüben, daß sie sich um Rat an die Götzen und Zauberer, an die Totenbeschwörer und Wahrsagegeister wenden sollen.*
> *4Und ich will Ägypten in die Hand eines harten Herrschers fallen lassen, und ein grausamer König soll über sie regieren« – so lautet der Ausspruch Gottes, des HERRN der Heerscharen.*

[19] Abschnitt *Die letzten drei Siegel und die ersten vier Posaunen* S. 262.

[5]Und die Wasser werden versiegen im Nil, und jeder Strom wird austrocknen bis auf den Grund; [6]die Flußläufe werden dann Gestank verbreiten, die Nilarme in Ägypten flach und wasserlos werden, Rohr und Schilf verwelken. [7]Die Auen am Nil, am Ufer des Nils, und alle Saatfelder am Nil werden verdorren, zu Staub zerstieben und verschwinden. …

[10]So werden denn die Säulen des Volkes (d.h. die oberen Volksschichten) zermalmt, und alle Lohnarbeiter sind tief bekümmert. … [13]Als Narren stehen die Fürsten von Zoan da, getäuscht die Fürsten von Memphis; und irregeführt haben Ägypten die Vorsteher seiner Gaue. [16]An jenem Tage werden die Ägypter wie Weiber sein und werden zittern und beben vor der Hand, die der HERR der Heerscharen gegen sie schwingt.

Der erste Absatz (V. 2f) kann nicht als vorausschauende Prophezeiung gelten, denn Ägypten war schon seit der 20. Dynastie um 1100 v.Chr. in inneren Machtkämpfen zerrissen; Ober- und Unterägypten waren im Zwist, und Nubien mischte von Süden her kräftig mit.[20] Die wichtigsten Machtzentren Unterägyptens waren unter anderen Zoan (griechisch: Tanis) am östlichen Nildelta und Memphis am Südende des Deltas. Zur Zeit Jesajas war Ägypten also schon seit über dreihundert Jahren in sich selbst zerstritten. Daß Assur im Nordosten Palästinas ein gefährlich mächtiges Großreich auf Expansionskurs war, hatte Tiglat-Pilesar III. schon in den 730er-Jahren v.Chr. bewiesen, als er erstmals Aram (Damaskus) erobern konnte und bis ans Mittelmeer vorstieß.[21] Nur um den Ägyptern Bruderstreitigkeiten und den nahe bevorstehenden Untergang unter den Assyrern zu prophezeien, brauchte Jesaja also gar keinen Himmelsboten. Das wäre ihm auch als schlichter weltlicher Kritiker der Annäherung Judas an Ägypten möglich gewesen.

Interessant für die vorliegende Betrachtung ist vor allem der mittlere Teil (V. 5–7). Die Eroberung Ägyptens um 670 v.Chr. zermalmte gewiß die Säulen des Volkes und verbreitete Zittern und Schrecken, und Assurbanipal, der Nachfolger Tiglat-Pilesars III., kann als Werkzeug in der Hand Gottes aufgefaßt werden. Doch wie will man erklären, daß der Nil ausgetrocknet und zur stinkenden Kloake verkommen sein soll? Die vorübergehende Eroberung Ägyptens und der Untergang seiner prunkvollen Städte beließen den Nil in seiner alten Fruchtbarkeit. Wenn die Prophezeiung also nicht blühende Phantasie sein soll, so muß sie auf andere, in der fernen Zukunft liegende Ereignisse hinweisen.

---

[20] Nach der Analyse der dritten frühdynastischen Zwischenzeit von K. A. Kitchen (2009) S. 256ff.

[21] Aus der Geschichte Altvorderasiens von Hand-Jörg Nissen (1999) S. 98.

Doch was könnte einen großen Strom wie den Nil zum Austrocknen bringen? Wohl nur ein Versiegen all seiner Quellen im über 3000 Quadratkilometer großen Einzugsgebiet in Zentralafrika, tausende Kilometer südlich von Ägypten. Dies wiederum wäre nur möglich, wenn über sehr lange Zeit keine Niederschläge im ganzen riesigen Quellgebiet fielen. Niederschläge können großflächig verhindert werden durch sehr stabile atmosphärische Schichtungen, sogenannte Inversionslagen. Die oberen Schichten müssen warm sein und die darunter liegenden vergleichsweise kühl und trocken. Auf die Möglichkeiten solcher Zustände soll wiederum bei der Betrachtung der Johannesapokalypse näher eingegangen werden.[22]

Babylon

Das Babylon der Antike ist nicht nur für seine Götzenmysterien bekannt, sondern vor allem auch für seine Wissenschaften, die von den Chaldäern, den Weisen Babylons ausgeübt und gepflegt wurden. Die Chaldäer waren nicht nur bedeutende Astrologen, sondern zum Beispiel auch ernst zu nehmende Astronomen, die Planetenbahnen Jahrhunderte vorausberechnen konnten.[23] Babylon ist die Wiege nicht nur der Götzenmysterien, sondern auch der modernen Wissenschaften. Bei Jesaja kann es im prophetischen Sinn sowohl als die mysterienschwangeren Kirchen, wie auch als die materialistische Naturwissenschaft aufgefaßt werden. Beide gingen ursprünglich aus Babylons Schoß hervor.

Das Zorngericht über Babylon im Protojesaja ist einmal mehr aufschlußreich für die Neuzeit:

Jes 13,4–19: Horch, ein Getümmel schallt auf den Bergen wie von zahlreichem Kriegsvolk! Horch, ein Getöse von Königreichen sich versammelnder Völkerschaften: Gott, der HERR der Heerscharen, mustert das Kriegsheer! 5Sie kommen aus fernem Lande, vom Ende des Himmels: der HERR und die Werkzeuge seines Zorns, um die ganze Erde zu verheeren! 6Heulet! Denn nahe ist der Tag des HERRN! Wie ein Wetterschlag kommt er vom Allmächtigen! 7Darum hängen alle Arme schlaff herab, und jedes Menschenherz verzagt; 8sie geraten in Bestürzung; Krämpfe und Wehen befallen sie; wie ein Weib in Geburtsnöten winden sie sich! Einer starrt den andern an, ihre Gesichter glühen wie von Flammenröte übergossen! 9Wisset wohl: der Tag des HERRN kommt, ein erbarmungsloser, voll von Grimm und Zornesglut,

---

[22] Abschnitt *Die letzten drei Siegel und die ersten vier Posaunen* S. 268.

[23] Vgl. Abschnitt *Der Stern von Bethlehem* S. 92.

um die Erde zur Öde zu machen und die auf ihr lebenden Sünder von ihr zu vertilgen. [10]*Denn die Sterne des Himmels und die großen Sternbilder unter ihnen lassen ihr Licht nicht mehr leuchten; die Sonne verfinstert sich schon bei ihrem Aufgang, und der Mond läßt sein Licht nicht scheinen.* [11]*Ja, heimsuchen will ich am Erdkreis jegliche Bosheit und an den Gottlosen ihre Verschuldung; dem Hochmut der Stolzen will ich ein Ende machen und den Hochmut der Gewalttätigen erniedrigen.* [12]*Ich will die vornehmen Menschen seltener werden lassen als Feingold und die gewöhnlichen seltener als Golderz von Ophir.* [13]*Darum will ich den Himmel erzittern lassen, und die Erde soll von ihrer Stätte wegrücken beim Grimm des HERRN der Heerscharen, und zwar am Tage seines lodernden Zorns. …* [19]*So wird denn Babylon, das Schmuckstück unter den Königreichen, die stolze Pracht der Chaldäer, das gleiche Schicksal haben wie Sodom und Gomorrha, die Gott von Grund auf zerstört hat.*

Die großen babylonischen Weisen werden erstarren, da ein Kriegsheer »vom Ende des Himmels« kommt. Parallelen hierzu finden sich im »Heuschreckenheer« Joels und in der Johannesapokalypse, die unten besprochen werden. Mit Vers 9 endet der Plot: Der Tag des Herrn wird »die Erde zur Öde« machen. Sonne, Mond und Sterne sollen sich verfinstern, der Himmel erzittern und die Erde weggerückt werden. Abschließend finden wir den Verweis auf Sodom und Gomorrha, von denen überliefert ist, sie seien durch Schwefel und Feuer vom Himmel vernichtet worden.[24]

Im Deuterojesaja gibt es ein zweites Zorngericht über Babylon, dessen Schüler und Abkömmlinge das Geschick der Weltgeschichte Jahrtausende lang bestimmten:

Jes 47,8–15: Nun aber höre dieses, du an Üppigkeit Gewöhnte, die du in Sorglosigkeit thronst, die da in ihrem Herzen denkt: »Meinesgleichen gibt es sonst nicht! Ich werde nicht als Witwe dasitzen und Kinderlosigkeit nicht kennen lernen.« [9]*Und doch wird dieses beides über dich kommen plötzlich, an einem Tage, Kinderlosigkeit und Witwenschaft; nach ihrem vollsten Maß werden sie über dich hereinbrechen trotz der Menge deiner Zauberkünste, trotz der gewaltigen Zahl deiner Bannsprüche.* [10]*Und du hast dich auf deine Klugheit verlassen, hast gedacht: »Niemand sieht mich.« Deine Weisheit und Wissenschaft, die hat dich irregeführt, so daß du bei dir dachtest: »Meinesgleichen gibt es sonst keine!«* [11]*Und doch wird Unglück über dich hereinbrechen, das du nicht wegzuzaubern verstehen wirst, und Verderben wird dich überfallen, das du nicht zu beschwören vermagst, und*

[24] 1Mose 19,24f (s. Fußnote 11 auf S. 175).

unversehens wird Vernichtung über dich kommen, von der du nichts ahnst. Zau-
berkünste und geheime Wissenschaften können das Verderben nicht abwenden.
12 Versuche es nur mit deinen Bannsprüchen und mit deinen vielen Zauberkün-
sten, mit denen du dich von Jugend auf abgemüht hast: vielleicht vermagst du dir
damit Hilfe zu schaffen, vielleicht jagst du Schrecken ein. 13 Du hast es dir sauer
werden lassen mit deinen vielen Ratgebern: laß sie doch hertreten, daß sie dich
retten, die Himmelsvermesser, die Sterngucker, die nach den einzelnen Neumon-
den feststellen werden, was dich treffen wird! 14 Fürwahr, sie werden der Spreu
gleichen, die das Feuer verzehrt hat: sie werden nicht einmal ihr eigenes Leben aus
der Gewalt der Flammen retten – es wird ja keine Kohlenglut sein, an der man sich
wärmen kann, kein Herdfeuer, vor dem man sitzen kann. 15 So wird es dir mit denen
ergehen, um die du dich gemüht hast, mit deinen Geschäftsfreunden seit deiner
Jugend: sie werden auseinanderstieben, ein jeder nach seiner Richtung hin; keiner
wird dir zu Hilfe kommen.

Rufen wir uns die Betrachtung von Hildegards Vision von Merkur und der »magischen Kunst« der Philosophen in Erinnerung, die oben als die moderne Wissenschaft aufgefaßt wurde. Ihre Kritik an Theologie und Wissenschaft finden wir sehr ähnlich bei Jesaja, und hier sogar noch unverblümter: Die Bannsprüche der Kirche sind Legion, genau wie die überheblichen, scheinbar endgültigen Welterklärungen der Naturwissenschaft, die die katholische Kirche in der Geisteshaltung »Meinesgleichen gibt es sonst keine« abgelöst hat. Unsere »Himmelsvermesser«, die Astronomen und Raumfahrtingenieure werden die im Rahmen der Johannesapokalypse unten diskutierten Phänomene zwar feststellen und voraussagen, doch sie werden gemäß Jesajas Prophezeiung die Erde nicht retten können.

Fazit der Richtsprüche

Nach der obigen Analyse stehen die vier Völker für vier verfehlte Geisteshaltungen: Assur für die feindlichen Nachbarn voller Haß und Edom für den eifersüchtigen Bruder, der sein Erbrecht für eine Schale voll schmackhafter Linsen hergab. Ägypten steht für die mächtigen Verbündeten, die einen trügerischen Schutz bieten, aber statt wahrhaft schützen zu können vielmehr versklaven. Babylon bedeutet die Macht einerseits der kirchlichen Mysterien, heute aber vor allem der menschengemachten Wissenschaft, die die Sterne erkundet. Zwischen all diesen bedrohlichen Mächten und Ideologien steht das Volk Gottes. Allen wird die Vernichtung durch eine Naturkatastrophe ungeahnten Ausmaßes heraufbeschworen. Im Tritojesaja wendet sich der Prophet mit ähnlichen

Unheilsankündigungen an das Volk Israel selbst, um im nachfolgenden Satz wieder eine hoffnungsvolle Zusage hinzuzufügen:

> *Jes 51,6f: Hebt eure Augen zum Himmel empor und blickt zur Erde unten! Denn der Himmel wird wie Rauch zergehen und die Erde wie ein Kleid zerfallen, und ihre Bewohner werden wie Mücken hinsterben; aber mein Heil wird ewig bestehen und meine Gerechtigkeit nicht aufhören. 7Höret auf mich, die ihr die Gerechtigkeit kennt und liebt, du Volk, in dessen Herzen mein Gesetz wohnt! Fürchtet euch nicht vor dem Hohn von Menschen und erschreckt nicht vor ihren Schmähreden!*

Der Himmel soll also in Rauch vergehen und die Erde in Feuer, Hagel und Wolkenbruch schwankend zerfallen wie alter, brüchiger Stoff. Uns bleiben aber das Heilsversprechen und das Vertrauen in Gottes Gerechtigkeit, so wir wollen. Wir sollen uns nicht beeindrucken lassen, wenn uns Hohn und Schmähreden widerfahren, weil wir Christi Liebesbotschaft und den phantastisch anmutenden Prophezeiungen Glauben schenken.

In Kapitel 24 beschreibt Jesaja die »verödete Erde« nach dem Zorngericht Gottes. Wir müssen nicht alle Details zitieren, sie passen gut zu den enormen Zerstörungen, die im Abschnitt *Die letzten drei Siegel und die ersten vier Posaunen* unten im Rahmen der Johannesapokalypse diskutiert werden. »Da ergeht es dem Priester wie dem Mann des Volkes, dem Herrn wie seinem Knecht, der Herrin wie ihrer Magd« (V. 2). Keiner wird dem Schicksal entrinnen können, und sei er noch so reich. »In Trümmern liegt jede verödete Stadt« (V. 10), »es erbeben die Grundfesten der Erde« (V. 18) und »die Erde taumelt wie ein Trunkener und schaukelt hin und her wie eine Hängematte« (V. 20). Auch daß »der bleiche Mond erröten und die glühende Sonne erbleichen« wird (V. 23) finden wir bei Johannes von Patmos genauso wie bei anderen Propheten. Und abschließend werden die Unterdrücker, die Verantwortlichen der großen Trübsal gerichtet:

> *Jes 24,21f: An jenem Tage aber wird es geschehen: da wird der HERR zur Rechenschaft ziehen das Heer der Höhe in der Höhe und die Könige der Erde auf der Erde; 22und sie werden zusammen eingesperrt, wie man Gefangene zusammenholt in eine Grube, und eingeschlossen in einen festverschlossenen Kerker und erst nach langer Zeit abgeurteilt werden.*

Nicht nur die Könige der Erde (oder Diktatoren, populistische Verführer, Oligarchen oder Topmanager globaler Konzerne) werden zur Rechenschaft gezogen, sondern auch »das Heer der Höhe in der Höhe« – eine beachtenswerte

Formulierung, an die wir uns bei der Betrachtung des Jüngsten Gerichts erinnern wollen.[25]

Die von Jesaja beschriebene gewaltige Zerstörung der ganzen irdischen Schöpfung aufgrund des Frevels aller Menschengeschlechter scheint nach menschlichem Ermessen wie sinnlose Rachelust und Zerstörungswut. Doch derselbe Jesaja klärt uns auch auf über Sinn und Hintergrund der angekündigten Heimsuchungen. In seiner berühmten Prophezeiung des Ecksteins gibt er uns einen deutlichen Hinweis, der schon unter *Jesajas Visionen des Erlösers* angesprochen wurde:[26]

> *Jes 28,16–19: Darum hat Gott der HERR so gesprochen: »Wisset wohl! Ich bin's, der in Zion einen Grundstein legt, einen erprobten Stein, einen kostbaren Eckstein, der felsenfest gegründet ist: Wer da vertraut, wird nicht zuschanden.*
> *17Und ich mache das Recht zur Richtschnur und die Gerechtigkeit zur Setzwaage; und der Hagel wird das Schirmdach der Lüge wegreißen, und die Wasserfluten sollen die Bergungsstätte wegschwemmen.*
> *18Dann wird euer Bund mit dem Tode hinfällig werden und euer Abkommen mit dem Totenreich abgetan sein: wenn die Geißel mit ihrer Sturmflut hereinbricht, werdet ihr von ihr zermalmt werden.*
> *19Sooft sie daherfährt, wird sie euch fassen; denn Morgen für Morgen wird sie daherfahren, bei Tag und bei Nacht; und eitel Entsetzen wird es sein, eine Offenbarung zu vernehmen.«*

Zwar finden wir auch hier am Ende die Androhung der Sturmflut und des Entsetzens, doch dies soll nicht den Blick trüben für die entscheidende vorangehende Aussage: Da gibt es gemäß Vers 18 einen Bund mit dem Tode, einen Vertrag mit dem Totenreich, mit dem Reich der geistig Toten, dessen Herrscher Satan alias Luzifer ist. Es geht um das »Schirmdach der Lüge«, das weggerissen und die »Bergungsstätte« der Mächtigen, die weggeschwemmt werden muß. Wenn alles aussichtslos festgefahren ist, Berge von Fehlkonstruktionen ineinander verkeilt sind und falsche Mächte und Geisteshaltungen sich gegenseitig blockieren, dann ist dieser gewisse Punkt einer Entwicklung erreicht, an dem am besten alles niedergerissen wird, um auf der grünen Wiese neu zu beginnen.

Einmal mehr erfahren wir, daß nicht untergehen wird, wer da vertraut. Wer nicht auf die Lügengebäude setzt, sondern auf den Geist von Vertrauen und Solidarität, wird an einem neuen Aufbau teilnehmen. Die Erfahrung, wohin die Menschensatzungen führen, sie soll mitgenommen werden, doch die

---

[25] Siehe Abschnitte *Prophetische Ankündigungen von Gericht und Friedensreich* S. 211 und *Die erste Auferstehung und das tausendjährige Reich* S. 320.

[26] Siehe Abschnitt *Durchbohrt um unserer Missetaten willen* S. 80.

Fesseln werden mit einem Schlag zerrissen und die Lügengebäude zermalmt, damit wir unter besseren Vorzeichen neu beginnen können. Der Sinn der Vernichtung ist:

Jes 26,10: Wird dem Gottlosen Gnade zuteil, so lernt er nicht das rechte Verhalten; nein, in einem Lande, wo das Recht gilt, bleibt er doch ein Frevler und sieht nichts von der Erhabenheit des HERRN.

Der Vernichtung liegt nicht das Motiv der Rache zugrunde, sondern das der Belehrung: Wenn ein Dieb, Vergewaltiger und Mörder unverdiente Gnade erfährt, so wird er weiterhin stehlen, schänden und töten, auch in einem Land der Gerechtigkeit. Wird er aber erwischt und erlebt die schweren Konsequenzen seiner Taten, so kann er auf seinem Leidensweg langfristig lernen, das Gute zu lieben, statt es bestenfalls – wenn überhaupt – zum eigenen Vorteil zu tun.

Jeremia – »Erschlagene über die ganze Erde«

Jeremias Zorngericht ergeht vor allem über das Volk Israel. Er prangert ihren Baalsdienst an und mahnt zur Umkehr. Er prophezeit Schlachtgetümmel und Niederlage um Niederlage gegen die heranziehenden Feinde – alles Begebenheiten, die leicht in der Zeit des »Zweiten Tempels« einzuordnen sind. Einige seiner Richtsprüche kann man aber ohne weiteres auf unsere Zeit um die zweite Jahrtausendwende beziehen, sehr gut zum Beispiel in der Form, wie sie uns Luther überliefert:

Jer 5,26–31 (Luther): Man findet unter meinem Volk Gottlose, die den Leuten nachstellen und Fallen zurichten, um sie zu fangen, wie's die Vogelfänger tun.
27 Ihre Häuser sind voller Tücke, … Daher sind sie groß und reich geworden, 28 …
sie halten kein Recht, … 31 … die Priester herrschen auf eigene Faust, und mein Volk hat's gern so.

Jer 6,13 (Luther): Denn sie gieren alle, klein und groß, nach unrechtem Gewinn, und Propheten und Priester gehen alle mit Lüge um.

Daß heute viele Spekulanten die Ärmsten der Welt um ihr Brot bringen und kleine Bürger ihr Hab und Gut an Kredithaie und Inkassofirmen verlieren, kann wohl kaum in Abrede gestellt werden. Dies sind die tückischen Gottlosen der zweiten Jahrtausendwende, »die den Leuten nachstellen und Fallen zurichten«. Jedoch: Als im Januar 2015 die Schweizer Nationalbank die Bindung des Frankens an den Euro überraschend preisgab und letzterer schlagartig um rund 15% einbrach, ging nicht nur ein Ruck durch die Finanzmärkte der

Welt; vor den Schweizer Geldautomaten, die in der Regel auch Euro hergeben, bildeten sich noch am selben Tag lange Schlangen. Jede und jeder wollte sich sein eigenes Stücklein vom Spekulationskuchen sichern. Alle, klein und groß, gieren nach unrechtem Gewinn.

Und die Kirchen – je grösser und einflußreicher, um so eher – lehren in ihrer Angst vor Mitgliederschwund nicht die Mahnworte der Propheten, sondern eine zahnlose Variante des Evangeliums, wie es die Menschen gerne hören wollen. Oder sie sind erfolgreich, da sie autokratisch-zentralistisch geführt sind und aus der geheimen Wahl ihres Oberhauptes und Stellvertreters Christi ein medienwirksames Ereignis machen, dessen Faszination die ganze Welt in ihren Bann zieht, weit über die unmittelbare Glaubensgemeinschaft hinaus.[27] In welcher Form auch immer – die Kirchen »herrschen auf eigene Faust«, wie »mein Volk es gerne hat«.

Das Herz der Menschen hat sich in den 2500 Jahren seit Jeremia anscheinend nicht wesentlich verändert. Daher wundert es nicht weiter, daß der Himmelsbote des Propheten schon damals den unweigerlichen Untergang dieses globalen Gebäudes aus bequemer Lüge und tückischem Gewinnstreben ankündigen konnte:

*Jer 4,23–27: Ich blicke die Erde an: ach, sie ist wüst und öde! und zum Himmel empor: sein Licht ist verschwunden! **24**Ich blicke die Berge an: ach, sie beben, und alle Hügel schwanken! **25**Ich blicke umher: ach, kein Mensch ist da, und alle Vögel des Himmels sind entflohen! **26**Ich blicke umher: ach, das Fruchtgefilde ist eine Wüste, und alle seine Städte sind zerstört: nach dem Willen des HERRN, infolge der Glut seines Zorns! – **27**Denn so hat der HERR gesprochen: »Zur Wüste soll das ganze Land werden, doch seine völlige Vernichtung will ich nicht herbeiführen.«*

*Jer 25,31–33: »Bis ans Ende der Erde dringt der Schall; denn der HERR geht mit den Völkern ins Gericht; er bringt seine Sache mit der ganzen Menschheit zum Austrag: Die Gottlosen gibt er dem Schwerte preis!« – So lautet der Ausspruch des HERRN. **32**So hat der HERR der Heerscharen gesprochen: »Fürwahr, Unheil*

---

27 Religionssoziologische Theorien des »God-Sellings« attestieren den »harten« Religionen die größte Sichtbarkeit, die »über ein klares Lehrgebäude, strenge moralische Anforderungen und vor allem über eine deutlich erkennbare und hierarchische Führungsstruktur verfügen, am besten mit einem unumstrittenen Chef als ›Markenkern‹ an der Spitze. Kaum eine andere Religion erfüllt … diese Voraussetzungen besser als die römisch-katholische Kirche«, und »kaum ein Kupferrohr ist derart oft abgelichtet worden wie der Kamin, aus dem weißer oder schwarzer Rauch den Erfolg oder Mißerfolg eines Wahlgangs … anzeigt. Und selten ist die gespannte Aufmerksamkeit so auf ein einziges Wort gerichtet wie bei der Verkündigung des neuen Papstnamens, die dem ›Habemus Papam‹ … folgt« (Wolf, 2015 S. 75f).

> *schreitet von Volk zu Volk, und ein gewaltiger Sturm zieht heran von den Enden der Erde!« 33An jenem Tage werden die vom HERRN Erschlagenen von einem Ende der Erde bis zum andern daliegen, unbetrauert und ohne aufgehoben und begraben zu werden: zu Dünger müssen sie auf offenem Felde werden.*

Nach Jeremia wird der Herr der Heerscharen sein Gericht ausdrücklich über die ganze Menschheit bringen, nicht nur über das Volk Israel; durch bebende Erde und schwankende Hügel sollen alle Städte zerstört werden und die Erschlagenen ohne Zahl verrotten, von einem Ende der Erde zum andern. Während Jeremia für das Volk Israel zwischen den harten Ermahnungen auch starke Hoffnungszeichen bringt, zeigt er im Zorngericht über die ganze Menschheit kaum Worte der Zuversicht, anders als Jesaja. Alles was er uns für die Endzeit hinterläßt, ist die Zusage, daß die Vernichtung nicht völlig sein werde (4,27). Seine wichtigsten Stichworte sind Finsternis, Erdbeben, Verwüstung, Lärm und Sturm.

Ezechiel – »Finsternis über dem Land«

In seinem Klagelied über den Pharao und über Ägypten macht Ezechiel ähnlich pessimistische Prognosen wie Jeremia. Er beginnt mit der Prophezeiung vom Untergang des Pharaos in blutiger Vernichtung, um dann nahtlos zu größeren Dimensionen überzugehen:

> *Ez 32,5–14: Dann will ich dein Fleisch auf die Berge verschleppen lassen und die Täler mit deinem Aas füllen 6und das Land mit deinem Ausfluß tränken von deinem Blut bis an die Berge, und die Flußbetten sollen voll von dir werden. 7Alsdann will ich, wenn ich dich erlöschen lasse, den Himmel verschleiern und seine Sterne verdunkeln, will die Sonne in Gewölk hüllen, und der Mond soll sein Licht nicht leuchten lassen. 8Alle leuchtenden Himmelslichter will ich deinethalben verdunkeln und Finsternis über dein Land ausbreiten – so lautet der Ausspruch Gottes des HERRN. 9Da werde ich denn das Herz vieler Völker in Betrübnis versetzen, wenn ich die Kunde von deinem Untergang unter die Nationen gelangen lasse, in Länder, die du nicht gekannt hast. … 13Auch seine gesamte Tierwelt will ich zugrunde gehen lassen von den vielen Gewässern hinweg, so daß keines Menschen Fuß sie noch aufwühlen und keines Tieres Klaue sie noch trüben soll. Alsdann will ich ihre Gewässer klären und ihre Ströme wie Öl dahingleiten lassen.*

In Vers 5–6 und den ausgelassenen Versen 10–12 kann man noch ein kriegerisches Massaker im antiken Ägypten sehen. Vers 7 scheint sich auf den Zeitpunkt zu beziehen, wenn Gott den Pharao »erlöschen läßt«. Daß jedoch die Tierwelt zugrunde gehen soll, kann sich nicht auf Krieg beziehen. Auch daß der Himmel verschleiert und die Sterne verdunkelt werden, die Sonne in Wolken verhüllt und der Mond ohne Licht sein werde, ist wohl kaum mit einer Schlechtwetterperiode zu erklären, denn das Herz vieler Völker soll betrübt sein, wenn die Kunde des Untergangs Ägyptens in Länder gelangt, die der Pharao nicht gekannt hat. Vor allem diese Aussage scheint auf ein anderes Zeitalter zu verweisen. Die Nationen seiner Zeit kannte der Herrscher Ägyptens gewiß. Bei Ezechiel finden wir zudem einen ersten beiläufigen Hinweis auf die Neuschöpfung der Erde nach dem Untergang, denn »alsdann will ich die Gewässer wieder klären«.

Im weiteren Verlauf desselben Kapitels wird einigen umliegenden kriegerischen Völkern ein ähnlicher Untergang prophezeit. Insbesondere Assur (Assyrien) soll bei den Erschlagenen am tiefsten Grunde der Grube untergebracht werden, da sie »Schrecken verbreiteten im Lande der Lebenden«. Hier ist sicher nicht die Bevölkerung Syriens gemeint, sondern alle Fehlbaren, die geistig Toten von dort oder anderswo.

Daniel – »Die größte Trübsal aller Zeiten«

Eine Andeutung bezüglich der Endzeit macht Daniel schon am Schluß des siebten Kapitels über das neue Horn, das im Abschnitt *Daniels vier Tiere und der Traum Nebukadnezars* oben als Macht der mittelalterlichen Kirche bis Ende achtzehntes Jahrhundert identifiziert wurde:

> *Dan 7,26: Dann aber wird der Gerichtshof Sitzung halten, und man wird ihm die Herrschaft entreißen, um sie endgültig zu vernichten und zu beseitigen.*

Dem hier angesprochenen König des neuen Horns ist die Herrschaft wohl noch nicht endgültig entrissen, denn auch wenn die politische Macht des Pontifikats um die achtzehnte Jahrhundertwende zusammenbrach, hat die römisch-katholische Kirche heute rund 1.3 Milliarden Anhänger, so viele wie noch nie in der Geschichte.[28] Und diese Kirche ist spätestens seit dem ersten Vatikanischen Konzil von 1870 monarchistischer als jemals zuvor, in der ganzen Zeit bis zum Bruch ihrer weltlichen Macht: Der Papst wurde nicht nur für unfehlbar erklärt, sondern »verfügt kraft seines Amtes in der Kirche über die höchste, volle, unmittelbare und universale ordentliche Gewalt, die er immer frei ausüben kann«, und »gegen ein Urteil oder Dekret des Papstes gibt es weder Berufung noch Beschwerde«.[29]

---

[28] Bulletin des Vatikans vom 5. März 2016.

[29] Kanon 331 des *Codex Iuri Canonici* (Wolf, 2015 S. 76f).

Kapitel 12 beginnt dann mit der Erwähnung der größten Trübsal, die die Menschheit je gesehen hat:

> *Dan 12,1–3: Zu jener Zeit nämlich wird Michael auftreten, der große Engelfürst, der deine Volksgenossen beschützt, und es wird eine Zeit der Bedrängnis eintreten, wie noch keine dagewesen ist, seitdem es Völker gibt, bis zu jener Zeit; aber dein Volk wird in jener Zeit gerettet werden, nämlich ein jeder, der sich im Buch des Lebens aufgezeichnet findet. 2Und viele von denen, die im Staube der Erde schlafen, werden erwachen, die einen zu ewigem Leben, die anderen zu Schmach, zu ewigem Abscheu. 3Die Verständigen aber werden leuchten wie der Glanz der Himmelsfeste, und die, welche viele zur Gerechtigkeit geführt haben, wie die Sterne in alle Ewigkeit.*

Da vorab schon erwähnt wird, daß »dein Volk«, also Israel errettet werde, muß diese Botschaft die Endzeit betreffen, auf die die Christenheit schon rund zweitausend Jahre wartet. Auch hier, wie so oft in der Bibel, finden wir in all unseren neusprachlichen Übertragungen der alten Texte den Terminus »ewig«. Wie schon in der Diskussion von *Ezechiels Klagelied über den König von Tyrus* erwähnt, ist der hebräische Begriff עוֹלָם (owlam) vielfältig interpretierbar und wird oft mit »dauerhaft«, »fortwährend« oder »beständig« übersetzt. Die Auffassung »ohne jedes Ende« bleibt also auch hier fragwürdig, vor allem in Vers 2. In Vers 3 jedoch ist das »ewiglich« berechtigt: Hier steht der Doppelbegriff לְעוֹלָם וָעֶד (le'owlam wa'ed), entsprechend dem deutschen »immer und ewig«.

Danach wird Daniel von seinem Himmelsboten aufgefordert, das Gesagte zu versiegeln bis zur Endzeit:

> *Dan 12,4: Du aber, Daniel, halte diese Offenbarungen unter Verschluß (d.h. geheim) und versiegle das Buch bis zur Endzeit; viele werden es dann durchforschen, und so wird die Erkenntnis zunehmen.*

Daß es heute möglich wird, viele der Zeichen in den Prophezeiungen überzeugend zu deuten, weist darauf hin, daß die Endzeit tatsächlich schon begonnen hat, ja sogar schon weit fortgeschritten ist und die Heimsuchung nicht nur nach himmlischen, sondern auch nach menschlichen Begriffen »bald« geschehen wird. Auf Daniels Frage hin, wann dies geschehen soll, wird die Prophezeiung der dreieinhalb Zeiten nochmals aufgefrischt, und der Engel fährt fort:

> *Dan 12,7b: Noch eine Zeit, zwei Zeiten und eine halbe Zeit; und sobald die Macht des Zerstörers des heiligen Volkes ihr Ende erreicht hat, dann wird dies alles sich erfüllen!*

Dan 12,7b (Luther): eine Zeit und zwei Zeiten und eine halbe Zeit …; und wenn die Zerstreuung des heiligen Volks ein Ende hat, soll dies alles geschehen.

Luthers Übertragung spricht die Zerstreuung des heiligen Volkes an. Menge, wohl näher am hebräischen Text, übersetzt statt dessen »die Macht des Zerstörers«. Beides scheint seine Richtigkeit zu haben: Der Äon wartet darauf, daß die Macht des Zerstörers des heiligen Volkes ihr Ende findet. Mit diesem Volk kann in den Augen Daniels nur das Volk Israel gemeint sein. Es wurde um das Jahr 70, spätestens aber 135 unserer Zeitrechnung zerstreut.[30] Im Jahr 1948 wurde der Staat Israel neu gegründet, doch er ist immer noch in großer Bedrängnis. Die Zerstreuung des Volkes Israel findet höchstens allmählich ihr Ende. Ob es in seiner heutigen Form heilig ist, bleibt sehr zweifelhaft. Die Macht des Zerstörers ist jedenfalls noch ungebrochen. Die Zeit ist also noch nicht da, scheint aber zu reifen. Kurz darauf wird wiederholt, Daniels Prophezeiungen blieben verborgen und versiegelt bis auf die letzte Zeit:

*Dan 12,9–12: … die Offenbarungen sollen verborgen und versiegelt bleiben bis zur Endzeit. **10** Viele werden ausgesondert, gereinigt und geläutert werden, aber die Gottlosen werden gottlos handeln; und kein Gottloser wird Verständnis dafür haben, während die Verständigen es verstehen werden. **11** Und von der Zeit an, wo das tägliche Opfer abgeschafft und der Greuel der Verwüstung aufgestellt wird, sind es 1290 Tage. **12** Wohl dem, der da ausharrt und 1335 Tage erreicht!*

Wir müssen alles daran setzen, die verfügbaren weiteren Zeichen zu deuten, auf daß die Erkenntnis zunehme und wir, so wir verständig und nicht gottlos sind, nicht ohne Vorbereitung von den Heimsuchungen der Endzeit überrascht werden. »Haltet die Augen offen, seid wachsam! Denn ihr wißt nicht, wann der Zeitpunkt da ist.«[31] Wir haben nur Zeichen, die der Deutung bedürfen; den Zeitpunkt können wir nicht im voraus kennen. Hier, am Ende des Kapitels 12 erwähnt Daniel eine scheinbar ähnliche Zeitspanne wie in Kapitel 7. Es ist jedoch nicht mehr von »dreieinhalb Zeiten« die Rede, die als 1260 Jahre interpretiert werden können, sondern vielmehr von Tagen.[32] Zudem bezieht sich der Beginn der Rechnung hier ausdrücklich auf die Abschaffung des täglichen Opfers durch den Untergang des Zweiten Tempels. Anfang August des Jahres 70 brannte der Tempel zu Jerusalem nieder und Anfang September fiel die

---

30 Zerstörung Jerusalems und Bar-Kochba-Aufstand, vgl. Abschnitt *Die Trübsal des Volks Israel* S. 126.

31 Mk 13,33–37: »… Was ich euch sage, das sage ich allen: wachet!« vgl. Mt 24,42; 25,13; Lk 12,40.

32 Zeiten: וְעִדָּנִין – we'iddanin; Tage: לְיָמִים – leyamim.

Stadt in die Hand der Römer. Rechnet man von Mitte September 1290 Tage vorwärts, landet man um Ende März oder Anfang April 74. Anfang April 74 fiel die letzte jüdische Festung Masada.[33]

Zumindest für die aufständischen Zeloten war dies gewiß kein Wohlgefallen, wie Vers 12 suggeriert, kehrte doch damals in Palästina nicht Frieden ein, sondern ein von Rom erzwungener Waffenstillstand. Zudem bleibt die zweite, um eineinhalb Monate längere Zeitangabe in dieser Interpretation offen. Da Daniels Bote beglückwünscht oder Segen zuspricht, dem, der das Ende der 1335 Tage erreicht, kommen wir nicht umhin, zwischen den beiden ähnlichen Perioden einen riesigen Zeitsprung zu machen und die zweite Angabe in die Endzeit zu verlegen. In Vers 9 wird die letzte Zeit angesprochen, und Vers 10 betrifft höchstwahrscheinlich die große Trübsal der dreieinhalb Zeiten. Daß dann Vers 11 den Untergang des alten Judentums vor der Trübsal anspricht und Vers 12 schließlich die Auferstehung des Judentums nach der Drangsal, am jüngsten Tag, wäre nachvollziehbar. Die Periode der 1335 Tage muß hier offen bleiben. Sie soll in der Interpretation der Johannesapokalypse nochmals aufgegriffen werden.[34]

Unheilsvisionen der Zwölf

Die Endzeitvisionen der sogenannt kleinen Propheten haben nicht die herausragende Bedeutung der großen, doch jeder von ihnen trägt ein Steinchen zum Mosaik der Prophezeiungen bei und nimmt gewisse Zeichen vorweg, die Johannes von Patmos in der Apokalypse wieder aufgreift und zu einem Gesamtbild zusammenfügt. Fast alle biblischen Prophetenbücher lassen ein endzeitliches Unheil über die ganze Erde erkennen. Den größeren Prophezeiungen von Joel, Amos und Zefanja wird je ein eigener Abschnitt gewidmet. Die kleineren Beiträge werden im abschließenden Abschnitt zusammengefaßt.

Joels »Heuschreckenheer«

Der nachexilische Prophet Joel schildert einen »Tag der Finsternis und des Dunkels« und erwähnt schon Jahrhunderte vor Johannes von Patmos ein mystisch-apokalyptisches Kriegsheer, das phantastische, überirdisch-dämonische Züge hat:

---

[33] Siehe Abschnitt *Der jüdische Krieg und die Zerstörung Jerusalems* S. 104.

[34] Siehe Abschnitt *Ausmessung des Tempels und die zwei Zeugen* S. 271.

> *Joel 2,1–11: Stoßt in die Posaune auf dem Zion und schlagt Lärm auf meinem heiligen Berge, daß alle Bewohner des Landes erzittern! Denn der Tag des HERRN kommt heran, ja, er steht nahe bevor, 2ein Tag der Finsternis und des Dunkels, ein Tag des Gewölks und der Wolkennacht! Wie Morgengrauen liegt über die Berge ausgebreitet ein großes, starkes Kriegsvolk, wie seinesgleichen von Ewigkeit her nicht gewesen ist und in Zukunft keines wieder sein wird bis in die Jahre der fernsten Geschlechter. 3Fressendes Feuer geht vor ihm her, und hinter ihm drein lodern Flammen; wie der Garten Eden liegt das Land vor ihm, und hinter ihm eine öde Wüste; und dabei ist ein Entrinnen vor ihm nicht möglich. 4Sie sehen ganz so aus wie Rosse, und wie Rennpferde, so stürmen sie vorwärts. 5Rasselnd wie Kriegswagen hüpfen sie über die Höhen der Berge, knisternd wie die Feuerflamme, welche Stoppeln verzehrt, wie ein gewaltiges, kampfgerüstetes Heer. 6Vor ihm erzittern die Völker, alle Gesichter entfärben sich. 7Wie Kriegshelden stürmen sie daher, wie geübte Streiter ersteigen sie Mauern; jeder zieht seines Weges geradeaus, ohne sich aus der Richtung bringen zu lassen; 8keiner stößt den andern, ein jeder verfolgt seine Bahn für sich; auch durch Pfeilhagel hindurch dringen sie vor, ohne sich aufhalten zu lassen. 9Sie stürmen gegen die Stadt an, rennen auf die Mauer, klettern an den Häusern hinauf; durch die Fenster dringen sie ein wie der Dieb. 10Vor ihnen her bebt die Erde, wankt der Himmel; Sonne und Mond verfinstern sich, und die Sterne verlieren ihren Glanz. 11Und der HERR läßt vor seiner Kriegerschar her seine Donnerstimme erschallen; denn gar gewaltig ist sein Kriegsvolk, zahlreich der Vollstrecker seines Befehls. Ja, groß ist der Tag des HERRN und gar furchtbar: Wer mag ihn bestehen?*

Dieses Heer wie Rennpferde, das Mauern erklettert, wird in Anlehnung an Joels vorangehendes Kapitel 1 und die fünfte Posaune der Johannesapokalypse (9,3–11) oft als Heuschreckenheer bezeichnet. In der Tat entsprechen sich die Schilderungen der Propheten weitgehend, doch Johannes von Patmos bietet noch mehr Detail. Das Kriegsvolk scheint zwar gewisse Attribute eines Heuschreckenschwarms zu haben, doch da ist mehr – ein dämonisches, brandschatzendes Heer halbmaterieller Geister wie aus dem Horrorthriller.

Das »Morgengrauen« ist hier weniger eine Ankündigung des Tages, sondern – an diesem »Tag des Gewölks und der Wolkennacht« (V. 2) – vielmehr des unheilvoll schimmernden Grauens, das sich über den ganzen Horizont erstreckt. Joel berichtet zum Schluß, daß »vor ihnen her« die Erde bebe, der Himmel wanke und Sonne, Mond und Sterne sich verfinstere. Dies sind wiederum Motive, wie sie auch bei vielen anderen Propheten in verschiedener Form erwähnt werden, namentlich auch in der Johannesapokalypse. Die Reihenfolge der Erscheinungen, d.h. daß die Verfinsterung dem Schreckensheer vorausgehe, entspricht sich.

Im dritten und vierten Kapitel geht Joel noch einmal näher auf die Verfinsterung ein:

> *Joel 3,3–5a: Und ich will Wunderzeichen geben am Himmel und auf Erden: Blut, Feuer und Rauchdampf. [4]Die Sonne soll in Finsternis und der Mond in Blut verwandelt werden, ehe denn der große und schreckliche Tag des HERRN kommt. [5]Und es soll geschehen: wer des HERRN Namen anrufen wird, der soll errettet werden.*

Hier wird neben Feuer und Rauchdampf wie bei anderen Propheten die Farbe Rot erwähnt: Der Mond wird in Blut verwandelt. Im vierten Kapitel wird die Verfinsterung ein weiteres Mal ähnlich wie in Kapitel zwei geschildert:

> *Joel 4,15f: Sonne und Mond verfinstern sich, und die Sterne verlieren ihren Glanz; [16]der HERR donnert vom Zion her und läßt seine Stimme aus Jerusalem erschallen, so daß Himmel und Erde erbeben; aber für sein Volk ist der HERR eine Zuflucht und eine feste Burg für die Kinder Israel.*

Joels wichtigste Stichworte sind in der Reihenfolge ihres Auftretens: Rötung (Blut), Feuer, Rauch, Verfinsterung, Lärm und Erdbeben. Wie bei Jesaja finden wir auch bei Joel die Zusage, daß gerettet werden soll, wer den Namen des Herrn anruft (3,5).

Amos – »schwankende Erde«

Amos, einer der vorexilischen Propheten, vermittelt in mehreren Schüben ein Bild der Verwüstung nach dem Willen Gottes. In der ersten Vision bringt er das Motiv der Schnelligkeit und zusätzlich jenes des heftig schwankenden Bodens:

> *Am 2,13–16: Darum will ich euch den Boden unter den Füssen schwanken machen, wie der Wagen schwankt, der mit Garben beladen ist. [14]Da wird dann dem Schnellfüßigen das Fliehen vergehen und dem Starken die Kraft versagen; der Kriegsheld wird sein Leben nicht retten können [15]und der Bogenschütze nicht standhalten; der Schnellfüßige wird nicht entrinnen und der Reiter hoch zu Roß sein Leben nicht retten; [16]auch der Beherzteste unter den Kriegshelden wird, seiner Waffen beraubt, die Flucht ergreifen an jenem Tage! – so lautet der Ausspruch des HERRN.*

Daß der Boden nicht nur bebt, sondern sogar schwankt wie ein schwer beladener Wagen, dürfen wir wohl als überaus starke Erdbeben interpretieren. In der zweiten Vision schilt Amos jene, die den Tag des Herrn herbeiwünschen, da dies ein Tag abgründiger Finsternis sein werde:

Am 5,18–20: Wehe denen, die den Tag des HERRN herbeiwünschen! Was soll euch denn der Tag des HERRN bringen? Er ist ja Finsternis, nicht Licht! [19]wie wenn ein Mann, der einem Löwen entflohen ist, einem Bären in den Weg läuft und, wenn er glücklich ins Haus hineingekommen ist und sich mit der Hand gegen die Wand lehnt, von einer Schlange gebissen wird. [20]Ja, Finsternis wird der Tag des HERRN sein und nicht Licht, dunkel und ohne hellen Schein!

Diese Schilderung zeigt klare Parallelen zum *Lied des Mose*, das oben besprochen wurde. Die Finsternis scheint über die Abwesenheit von Sonnen- oder Mondlicht hinauszugehen. Sie hat auch übertragene Bedeutungen. In der dritten Vision hebt der Prophet noch einmal die überaus heftig bebende, ja schwankende Erde hervor und sieht die Sonne mitten am Tag untergehen:

Am 8,7–9: Geschworen hat der HERR bei dem, auf welchen Jakob stolz ist: »Niemals will ich irgendeine ihrer Handlungen vergessen!« [8]Müsste nicht um solcher Dinge willen die Erde erbeben und alle ihre Bewohner in Trauer geraten, so daß sie überall sich emporhöbe wie der Nil und aufwogte und sich wieder senkte wie der Strom Ägyptens? [9]Und geschehen wird es an jenem Tage – so lautet der Ausspruch Gottes des HERRN –, da lasse ich die Sonne schon am Mittag untergehen und werde Finsternis über die Erde kommen lassen am lichten Tage.

Finsternis, die am hellichten Tag über das Land kommt, ist eines der Motive, die voreilig als ein Atomkrieg aufgefaßt werden könnten, in dem durch die gewaltigen Nuklearexplosionen Unmengen Staub in die Atmosphäre geschleudert wird. Doch auch wenn Menschen immer wieder zu Werkzeugen Gottes wurden, paßt diese Auffassung schlecht zur Bezeichnung dieses Tags, die wir auch bei anderen Propheten lesen: Es ist »der Tag des Herrn«, nicht ein Tag der Vernichtung durch Menschenmacht. Die vierte und letzte Schreckensvision des Amos handelt nicht mehr von Erdbeben, sondern bringt bemerkenswerte neue Zeichen:

Am 9,1–3: Ich sah den Allherrn am Altar stehen, und er sprach: Schlage an den Säulenknauf, daß die Pfosten beben, und zerschmettere sie, daß die Trümmer ihnen allen auf den Kopf fallen! Was dann von ihnen noch übrig ist, will ich mit dem Schwert umbringen: nicht einer von ihnen soll entrinnen und kein Flüchtling von ihnen davonkommen! [2]Wenn sie in die Unterwelt einbrechen, wird meine Hand sie von dort zurückholen; und wenn sie in den Himmel hinaufsteigen, will ich sie auch von dort hinabstürzen; [3]wenn sie sich auf dem Gipfel des Karmels verstecken, will ich sie dort aufspüren und zurückholen; und wenn sie sich vor meinen Blicken auf dem Meeresgrunde verbergen, will ich dort der Seeschlange gebieten, sie zu beißen.

Daß der Allherr am Altar steht, ist ein Zeichen, daß nun himmlische, heilige Gerechtigkeit geübt wird, nicht mehr Menschensatzungen. In dieser Gerechtigkeit fallen Trümmer des Himmels auf die Köpfe der Menschen. Daß das Schwert wüten solle, ist nicht besonders bemerkenswert, denn das ließe sich leicht als Krieg von Menschen interpretieren. Bedeutsam scheint jedoch, daß der Herr die Menschen zurückholen werde, wenn sie in die Unterwelt einbrechen. In der Johannesapokalypse ist prophezeit (9,6): »In jenen Tagen werden die Menschen den Tod suchen, ihn aber nicht finden; sie werden sich danach sehnen, zu sterben, aber der Tod flieht vor ihnen hinweg.« Wenn die Menschen »in den Himmel hinaufsteigen«, das heißt zum Beispiel mit Kampflugzeugen angreifen, so wird ihnen das genausowenig nützen, wie der Rückzug in die Berge oder in Unterseebote.

Fanden Jesaja und Joel noch Worte der Zuversicht, so gibt es bei Amos in der Endzeit nur Vernichtung als Rache für die unsäglichen Eitelkeiten und himmelschreienden Ungerechtigkeiten der Menschen. Zusammenfassend finden wir bei Amos zahlreiche Motive: schwankende Erde, Schnelligkeit, Finsternis, am Mittag untergehende Sonne, vom Himmel fallende Trümmer, vereitelte Todessehnsucht und Nutzlosigkeit von Angriff oder Flucht.

Zefanja – »der große Tag des Herrn«

Ebenfalls gänzlich jenseits der Zerstörung Jerusalems ist die Verkündigung des »großen Tags des Herrn« durch Zefanja, wie Amos einer der frühen, vorexilischen Propheten. Das Buch beginnt mit einer Drohung gegen die ganze irdische Schöpfung, weit jenseits des Volkes Gottes:

Zef 1,2f: »Wegraffen, ja wegraffen will ich alles von der Oberfläche des Erdbodens hinweg!« – So lautet der Ausspruch des HERRN –; [3]»wegraffen will ich Menschen und Vieh, wegraffen die Vögel des Himmels und die Fische des Meeres; ausrotten will ich die Gottlosen und die Menschen von der Oberfläche des Erdboden vertilgen!« – So lautet der Ausspruch des HERRN.

Alles soll von der Erde weggerafft werden, Menschen, Vieh, Vögel und Fische. Nur zwischendurch führt Zefanja kurze Drohungen gegen Juda und Jerusalem an, um gleicht wieder zu viel größeren Dimensionen überzugehen:

Zef 1,8b.14–18: Da will ich ins Gericht gehen mit den Obersten und den Königssöhnen und mit allen, die sich in fremdländische Gewänder kleiden. …

> [14]*Nahe ist der große Tag des HERRN, nahe ist er und eilt gar schnell heran. Horch, der Tag des HERRN, der bittere: Da schreit auch der tapferste Krieger auf!* [15]*Ein Tag des Zorns ist dieser Tag, ein Tag der Angst und Drangsal, ein Tag der Trümmer und der Zertrümmerung, ein Tag der Finsternis und tiefen Dunkels, ein Tag des Gewölks und der Wolkenmacht,* [16]*ein Tag des Posaunenschalls und des Lärmblasens gegen die festen Städte und gegen die hochragenden Zinnen.* [17]*Da will ich die Menschen ängstigen, daß sie einhergehen wie die Blinden, weil sie gegen den HERRN gesündigt haben: Ihr Blut soll wie Staub hingeschüttet werden und ihr Fleisch wie Kot zertreten werden.* [18]*Weder ihr Silber noch ihr Gold wird sie am Tage des Zorns des HERRN zu retten vermögen, sondern vom Feuer seines Eifers soll die ganze Erde verzehrt werden; denn Vernichtung, ja jähen Untergang wird er allen Bewohnern der Erde bereiten.*

»Alle, die sich in fremdländische Gewänder kleiden« sind wohl kaum die Bewohner von Juda und Jerusalem. Im nachfolgenden Kapitel 2 läßt er zahlreiche umliegende Völker der Vernichtung anheimfallen, wie Sodom oder Gomorrha, das heißt durch Feuerhagel vom Himmel (V. 9). Die wichtigsten Stichworte sind in der Reihenfolge ihrer Erwähnung: Schnelligkeit, Zertrümmerung, Finsternis, mächtige Wolken, Lärm und Feuersbrunst. Erneut sieht es auf den ersten Blick aus, wie die Folgen eines Nuklearkriegs und wird auch oft so verstanden. Hier wie andernorts ist ausdrücklich erwähnt, daß die Vernichtung die ganze Erde betreffe und auch der größte Reichtum die Menschen nicht vor der Heimsuchung bewahren könne. Anders als Jesaja und Joel und ähnlich wie Jeremia und Amos kennt Zefanja in den Tagen der Heimsuchung kein Zeichen des Erbarmens.

Im Chor mit anderen Propheten mahnt Zefanja schließlich im dritten und letzten Kapitel auszuharren, bis die Verkündigungen sich erfüllen:

> *Zef 3,8f: »Darum harret meiner« – so lautet der Ausspruch des HERRN – »auf den Tag, an dem ich als Ankläger auftrete! Darin besteht nämlich mein Gericht, daß ich Völker versammle und Königreiche zusammenbringe, um meinen Grimm über sie auszugießen, die ganze Glut meines Zorns; denn durch das Feuer meines Eifers soll die ganze Erde verzehrt werden!* [9]*Ja, alsdann will ich den Völkern andere, reine Lippen schaffen, damit sie allesamt den Namen des HERRN anrufen und ihm einmütig dienen.«*

Der Zorn des Herrn soll sich über die ganze Erde und alle Völker und Königreiche ergießen, doch alsdann werden sie allesamt einmütig den Herrn loben.

Weitere Prophetenworte

Kaum einer der Propheten läßt nicht wenigstens ein paar Worte zur Endzeit fallen.[35] Über die ganze prophetische Periode vom achten bis zum fünften vorchristlichen Jahrhundert, von Jesaja ben Amoz bis zu Maleachi, dem letzten der alten Propheten, werden wir immer wieder an die heraufziehende große Drangsal der Menschheit erinnert, wie das Ticken einer Uhr. Die größeren und aussagekräftigeren Beiträge wurden oben einzeln ausführlich behandelt. Die beiläufigeren Passagen werden im Folgenden kurz zusammengefaßt, um das Bild zu komplettieren.

Jesaja prophezeit nicht nur Israel und den vier bedeutenden Mächten rund herum den Untergang in Bildern einer großen, weltweiten Vernichtung. In Kapitel 42 zieht der Herr aus gegen all seine Feinde, das heißt gegen jene, die ihn verleugnen oder verhöhnen:

> *Jes 42,14f: Seit unendlich langer Zeit habe ich geschwiegen, bin stumm geblieben, habe an mich gehalten; jetzt aber will ich wie eine Gebärende aufschreien, will schnauben und schnaufen zugleich. [15]Berge und Hügel will ich verbrennen und all ihr Grün verwelken lassen, will Strome zu trockenem Lande machen und Seen trocken legen.*

> *Jes 50,2b–3: Ich lege ja doch das Meer durch mein Schelten trocken und mache Ströme zur Wüste, so daß ihre Fischbrut vor Wassermangel verfault und ihr Getier vor Durst stirbt. [3]Ich kleide den Himmel in Schwarz und mache das Trauergewand zur Hülle für ihn.*

> *Jes 57,11b: Weil ich mich schweigend verhielt, und zwar seit undenklicher Zeit, darum fürchtetest du dich nicht vor mir.*

Jahrtausende lang, aus menschlicher Sicht seit undenklicher Zeit ist Gott stumm geblieben und hat an sich gehalten, bis er aufschreien wird, um alles Unrecht der Erde heimzusuchen, indem er Berge und Hügel verbrennt, Ströme und Seen trockenlegt und den Himmel schwarz verhüllt.

Unter den vorexilischen Propheten lassen sich auch Micha, Haggai und Sacharja vernehmen:

> *Mi 1,2–4: Höret, ihr Völker allesamt; merke auf, o Erde und alles, was sie erfüllt! Und es sei Gott der* HERR *Zeuge gegen euch, der Allherr von seinem heiligen*

---

[35] Die einzigen Propheten, die keine endzeitlichen Unheilsvisionen über die ganze Menschheit erkennen lassen sind Hosea und Jona. Hosea kündigt zwar den Untergang und Erlösung an, jedoch ausschließlich auf Israel bezogen. Jona spricht nur ein Gericht über die Stadt Ninive.

Tempel aus! [3]Denn sehet: der HERR verläßt seine Wohnstätte, er steigt herab und schreitet dahin über die Höhen der Erde. [4]Da zergehen in Trümmer die Berge unter seinen Schritten, und die Ebenen spalten sich – wie Wachs vor dem Feuer, wie Wasser an einem Abhang hinabstürzt.

Mi 7,13: Die Erde aber wird zur Wüste werden um ihrer Bewohner willen, zur Strafe für ihre Taten.

Hag 2,6: Denn so spricht der HERR der Heerscharen: Nur noch eine kurze Zeit währt es; da werde ich den Himmel und die Erde, das Meer und das feste Land erschüttern.

Sach 14,4f: Er wird an jenem Tage mit den Füssen auf den Ölberg treten, der vor Jerusalem gegen Osten liegt; und der Ölberg wird sich in der Mitte nach Osten und nach Westen hin zu einer überaus großen Schlucht spalten, so daß die eine Hälfte des Berges nach Norden, die andere Hälfte nach Süden zurückweicht. [5]Da werdet ihr dann in die Schlucht meiner Berge fliehen, denn die Bergschlucht wird bis Azel reichen; und zwar werdet ihr fliehen, wie ihr einst vor dem Erdbeben in den Tagen des judäischen Königs Ussia geflohen seid. Dann wird der HERR, mein Gott, kommen und alle heiligen Engel mit ihm.

Micha bezieht seine Rede im ersten Kapitel danach zwar auf Israel,[36] doch vorab ruft er alle Völker und die ganze Erde an und verkündet eine gewaltige Katastrophe. Dies verweist auf einen größeren Zusammenhang. Berge und Ebenen vergehen wie Wachs vor dem Feuer oder gar Wasser eines Sturzbachs. Die ganze Erde soll zur Wüste werden. Haggai erwähnt nur beiläufig die Erschütterung, jedoch nicht nur der Erde, sondern auch des Himmels. Sacharjas Vision ist sehr konkret: Er sieht den Ölberg Jerusalems sich spalten und eine Schlucht sich öffnen. Allen gemeinsam ist der Schrecken, der von diesen Ereignissen ausgeht.

Unter den nachexilischen Propheten läßt sich neben dem oben besprochenen Joel auch Habakuk recht ausführlich vernehmen:[37]

Hab 3,5–11: Vor ihm her geht die Pest, und in seinem Gefolge zieht die Fieberglut einher. [6]Bleibt er stehen, so bringt er die Erde ins Wanken; schaut er aus, so schreckt er die Völker auf; es zerbersten die uralten Berge, die ewigen Hügel sinken zusammen: Bahnen wie einst in der Urzeit wandelt er. … [10]Erblicken dich die Berge, so beben sie, Wasserfluten entströmen den Wolken; das Weltmeer läßt sein

---

[36] Mi 1,5a: »Dies alles wegen der Untreue Jakobs und wegen der Sünden des Hauses Israel!«

[37] Wie in Abschnitt *Die Trübsal des Volks Israel* betrachten wir für V. 16f Luther. Erklärung siehe dort (S. 127).

Tosen erschallen, hoch hebt es seine Hände empor. [11]Sonne und Mond bleiben in ihrer Wohnung beim Leuchten deiner daherfliegenden Pfeile, beim Glanz deines blitzenden Speeres.

Hab 3,16f (Luther): Weil ich solches höre, bebt mein Leib, meine Lippen zittern von dem Geschrei. Fäulnis fährt in meine Gebeine, und meine Knie beben. Aber ich will harren auf die Zeit der Trübsal, daß sie heraufziehe über das Volk, das uns angreift. [17]Da wird der Feigenbaum nicht grünen, und es wird kein Gewächs sein an den Weinstöcken. Der Ertrag des Ölbaums bleibt aus, und die Äcker bringen keine Nahrung; Schafe werden aus den Hürden gerissen, und in den Ställen werden keine Rinder sein.

Im Buch Nahum, das scheinbar nur Ninive anspricht, gibt es ebenfalls eine Passage, die weit über die antike Stadt hinausweist:

Nah 3,2–4: Horch Peitschenknall, horch Rädergerassel! Jagende Rosse und rollende Wagen, [3]heransprengende Reiter, funkelnde Schwerter und blitzende Speere! Erschlagene in Menge, Haufen von Toten und zahllose Leichen – man strauchelt über die Leichen! [4]Und das alles wegen der vielen Buhlereien der holdseligen, verführerischen Buhlerin, die ganze Völker mit ihrer Buhlerei berückt und Völkerschaften mit ihren Zauberkünsten.

Die »Buhlerin, die ganze Völker berückt«, wird sich wohl kaum ausschließlich auf die Stadt Ninive beziehen. Sie spricht für eine größere Dimension.

Sogar das äußerst kurze Buch Obadja von nur 21 Versen spricht die Vernichtung aller Völker an:

Obd 1,16: Denn wie ihr (Judäer) auf meinem heiligen Berge den Zornesbecher habt trinken müssen, so sollen alle Völker fort und fort ihn trinken; ja sie sollen trinken und taumeln und sollen werden, als wären sie nie gewesen!

Alle Völker sollen den Zornesbecher trinken, nicht nur Israel.

Maleachi schließlich, der letzte der alttestamentlichen Propheten, liefert uns ähnliche Motive wie der vorexilische Micha:

Mal 3,2: Doch wer vermag den Tag seines Kommens zu ertragen, und wer bleibt bei seinem Erscheinen bestehen? Denn er wird wie das Feuer eines Schmelzers sein und wie die Lauge von Walkern.

Mal 3,19: »Denn wisset wohl: Es kommt der Tag, brennend wie ein Ofen, da werden alle Übermütigen und alle, die gesetzlos handeln, wie Stroh sein, und verbrennen wird sie der Tag, der da kommt« – so hat der Herr der Heerscharen gesprochen –, »so daß von ihnen weder Wurzel noch Zweig übrigbleibt!«

Die große Drangsal im Psalter

Der Psalter ist prophetischer als gemeinhin angenommen. Hier finden sich mehrere Gesänge, die weit über reine Lob- oder Klagelieder hinausgehen. Wir zitieren im folgenden einige Auszüge, die sich auf das Gericht über die Gottlosen und die Wiederkunft Christi beziehen.

Psalm 77 wird allgemein als Klagelied in der Drangsal aufgefaßt, doch mittendrin findet sich eine prophetische Passage, die sich nur auf das Endgericht über die ganze Erde beziehen kann:

> *Ps 77,17–20: Als die Wasser dich sahen, o Gott, als die Wasser dich sahen, erbebten sie; auch die Tiefen des Weltmeeres zitterten;*
> *18 die Wolken ergossen sich in strömenden Regen; das Gewölk ließ Donner erkrachen, und deine Pfeile fuhren einher;*
> *19 deine Donnerstimme dröhnte am Himmelsgewölbe; Blitze erhellten den Erdkreis; es bebte und schwankte die Erde.*
> *20 Durchs Meer ging dein Weg dahin und dein Pfad durch gewaltige Fluten; doch deine Spuren waren nicht zu erkennen.*

Interessant ist in diesem Auszug vor allem der Schluß: Gottes Gericht ergeht über den Erdkreis in der Form von vernichtenden Naturgewalten, doch Gott läßt seine Spur in der Heimsuchung vorerst nicht erkennen. Die Naturereignisse strafen die Menschheit stellvertretend, im Auftrag des Herrn.

Deutliche Worte über die große Heimsuchung und die Niederwerfung aller gottlosen Mächte finden wir in einem Loblied von Gottes Gericht und Königtum in der Endzeit:

> *Ps 97,1–5: Der HERR ist König! Des juble die Erde, die Menge der Meeresländer möge sich freuen!*
> *2 Gewölk und Dunkel umgibt ihn rings, Gerechtigkeit und Recht sind seines Thrones Stützen.*
> *3 Feuer geht vor ihm her und rafft seine Feinde ringsum hinweg.*
> *4 Seine Blitze erleuchten den Erdkreis: Die Erde sieht's und erbebt in Angst.*
> *5 Die Berge zerschmelzen wie Wachs vor dem HERRN, vor dem Herrscher der ganzen Erde.*

Wolkendunkel, Feuer, Blitze und wie Wachs zerschmelzende Berge sind Motive, die wir auch bei verschiedenen Propheten finden.

Im bekannten Psalm 110, den »Ausspruch des HERRN an meinen Herrn« aus dem Munde Davids, finden wir Motive der Vernichtung aller Mächtigen in der großen Heimsuchung:

> *Ps 110,5f: Der Allherr, der dir zur Rechten steht, wird Könige zerschmettern am Tage seines Zorns;*
> *6 Gericht wird er unter den Völkern halten, füllt alles mit Leichen an, zerschmettert Häupter auf weitem Gefilde.*

Dies könnte natürlich als Gericht über Israels Nachbarvölker im Zuge frühantiker Kriege aufgefaßt werden, doch ein allgemeines »Gericht unter den Völkern« und der Bezug zum »Tag seines Zorns« weist deutlich auf das Endgericht hin.

Zusammenfassung der vorchristlichen Endzeitvisionen

Um einen Überblick der vorchristlichen Endzeitvisionen hinsichtlich der angekündigten Zerstörungen zu gewinnen, fassen wir nochmals die prägenden Attribute und Zeichen aus den Liedern Moses und Daniels und mindestens drei Jahrhunderten Prophetie zusammen. In den Aussagen von über einem Dutzend prophetischer Persönlichkeiten finden wir folgende Elemente der Heimsuchung:

- Verfinsterung des Himmels (David, Jesaja, Jeremia, Ezechiel, Joel, Amos, Habakuk, Psalter)
- Trümmer und Hagelsteine vom Himmel (Jesaja, Amos, Zefanja)
- Schwere Erdbeben, schwankende Erde (David, Jesaja, Jeremia, Joel, Amos, Micha, Habakuk, Sacharja, Haggai, Psalter)
- Feuersbrunst, Blitze (Mose, David, Jesaja, Joel, Zefanja, Micha, Maleachi, Psalter)
- Rauch (David, Jesaja, Joel)
- Wasserfluten (Jesaja, Habakuk, Psalter)
- Krieg beziehungsweise Schwert oder Pfeile (Mose, David, Jesaja, Joel, Nahum, Habakuk, Psalter)
- Seuchen, Hunger, zerstörte Lebensgrundlagen (Mose, Jesaja, Jeremia, Joel, Habakuk)
- Wilde Tiere (Mose)
- Nutzlose Flucht und vereitelte Todessehnsucht (Amos, Sacharja)

All diese Elemente werden uns in der Offenbarung des Johannes in neuem Kleid wieder begegnen. Johannes von Patmos zu unterstellen, er habe einfach bei den alttestamentlichen Propheten abgeschrieben, wäre jedoch äußerst kurzsichtig, bringen doch seine Visionen fast schon unglaublich konkret und detailliert interpretierbare Zeichen des Schreckens. Das einzige, was bei Johannes fehlt, ist der Nil, der in Jesajas Gericht über Ägypten zur Kloake wird. Wegen seiner

Besonderheit wollen wir dies im Rahmen der sieben Posaunen Johannis nochmals aufgreifen.[38]

Endzeitreden Jesu

Eine Endzeitrede Jesu finden wir nur bei den drei Synoptikern Matthäus, Markus und Lukas. Beim Evangelisten Johannes ist sie nicht wiedergegeben. Die drei Synoptiker verwendeten weitgehend dieselben Quellen. Die ähnlichen Passagen werden daher im Folgenden nebeneinander gestellt, denn jede der drei Sichten trägt zu einem klaren Gesamtbild bei.

Zerstörung des Tempels und Warnung vor Verführern

Bezüglich der Zerstörung des Tempels betrachten wir als aussagekräftigsten Stellvertreter das Lukasevangelium:[39]

> *Lk 21,5f: Als einige dann vom Tempel sagten, er sei ein Prachtbau, mit herrlichen Steinen und Weihgeschenken geschmückt, antwortete er:* **6***»Was ihr da anschaut, – es werden Tage kommen, an denen kein Stein auf dem andern liegen bleibt, der nicht niedergerissen wird.«*
>
> *Lk 21,20–24: »Wenn ihr aber Jerusalem von Kriegsheeren umlagert seht, dann erkennet daran, daß seine Zerstörung nahe bevorsteht.* **21***Dann sollen die in Judäa ins Gebirge fliehen und die Bewohner der Hauptstadt auswandern und die auf dem Lande Wohnenden nicht in die Stadt hineinziehen;* **22***denn dies sind die Tage der Vergeltung, damit alles in Erfüllung gehe, was in der Schrift steht.* **23***Wehe den Frauen, die in jenen Tagen guter Hoffnung sind, und den Müttern, die ein Kind zu nähren haben! Denn große Not wird im Lande herrschen und ein Zorngericht über dieses Volk ergehen;* **24***und sie werden durch die Schärfe des Schwertes fallen und in die Gefangenschaft unter alle Heidenvölker weggeführt werden, und Jerusalem wird von Heiden zertreten werden, bis die Zeiten der Heiden abgelaufen sind.«*

Beide Passagen der Prophezeiung Jesu deuten höchstwahrscheinlich auf die Zerstörung Jerusalems im Jahr 70 n.Chr. hin, auch wenn da bis heute ein paar Steine der Klagemauer noch aufeinanderliegen. Hier gibt es kaum etwas hinzuzufügen, außer vielleicht, daß Jesus dies wohl zudem auf die allgemeine

---

[38] Abschnitt *Die letzten drei Siegel und die ersten vier Posaunen* S. 262.

[39] Analog Mt 24,1f und 15–22; Mk 13,1f und 14–20.

Vergänglichkeit der irdischen Dinge bezog. Tatsächlich war die Eroberung Jerusalems eines der größten Massaker der Menschheitsgeschichte, starben dabei doch über eine Million der jüdischen Bevölkerung.[40] Seither ist das Volk Israel unter die Völker der Welt versprengt – bis die Zeiten der »Heiden« abgelaufen sind.

Im Zuge dieser Prophezeiung von Jerusalems und des Tempels Untergang fragen die Jünger nach dem Zeitpunkt. Für einmal ist hier der sonst so knappe und eher wortkarge Markus am ausführlichsten:[41]

> *Mk 13,3–7: Als er sich dann am Ölberg dem Tempel gegenüber niedergesetzt hatte, fragten ihn Petrus, Jakobus, Johannes und Andreas, als sie für sich allein waren: 4»Sage uns doch: wann wird dies geschehen, und welches ist das Zeichen dafür, wann dies alles in Erfüllung gehen wird?« 5Da begann Jesus, zu ihnen zu sagen: »Seht euch vor, daß niemand euch irreführt! 6Viele werden unter meinem Namen kommen und sagen: ›Ich bin es‹ (d.h. Christus oder: der Messias) und werden viele irreführen. 7Wenn ihr ferner von Kriegen und Kriegsgerüchten hört, so laßt euch dadurch nicht ängstigen! Dies muß so kommen, bedeutet aber noch nicht das Ende.*

Wie üblich bei Prophezeiungen wird kein eindeutiger Zeitpunkt angegeben. Jesus warnt statt dessen vor falschen Messiassen, die auftreten werden und ergänzt nur noch, das Ende sei noch nicht sogleich da. Noch immer harrt es seiner Erfüllung, auch nach allen Kriegen der letzten zwei Jahrtausende. Im Krieg um Jerusalem wurden tatsächlich falsche Propheten und Messiasse erhoben, doch ähnliches können wir auch in der Neuzeit beobachten. Bis zur Erfüllung aller Prophezeiungen dauert es noch. Vor der Prophezeiung der letzten Heimsuchungen warnt Christus ein zweites Mal vor falschen Christussen:[42]

> *Mt 24,23–28: Wenn dann jemand zu euch sagt: »Seht, hier ist Christus!« oder: »Dort!«, so glaubt es nicht! 24Denn es werden falsche Christusse und falsche Propheten auftreten und werden große Zeichen und Wunder verrichten, um womöglich auch die Auserwählten irrezuführen. 25Seht, ich habe es euch vorhergesagt. Wenn man also zu euch sagt: 26»Seht, er ist in der Wüste!«, so geht nicht hinaus; und sagt man: »Seht, er ist in den Gemächern dieses oder jenes Hauses!«, so glaubt es nicht! 27Denn wie der Blitz vom Osten ausgeht und bis zum Westen leuchtet, so wird es auch mit der Ankunft des Menschensohnes sein; 28denn wo das Aas liegt, da sammeln sich die Geier.*

---

[40] Siehe Abschnitt *Der jüdische Krieg und die Zerstörung Jerusalems* S. 104.

[41] Analog Mt 24,3–6; Lk 21,7–9.

[42] Analog Mk 13,21f; fehlt bei Lukas.

Das können wir auffassen als Hinweis, daß die Verführung durch falsche Messiasse bis zur Wiederkunft Christi ein Thema bleibt, besonders wieder in der Vorzeit der großen Heimsuchung. In Vers 28 bezeichnet das Aas die geistig Toten, die sich nicht leidensbereit der Hingabe an den Nächsten und ans Ganze verschreiben, sondern auf eine rasche Erlösung ins Schlaraffenland hoffen. Die Geier stehen für die Verführer, die diese geistig Toten verzehren.

Verfolgung und große Wehen

Nach der ersten Warnung vor Verführern und falschen Messiassen kommt die Ankündigung der großen Wehen, die nicht nur das Altertum, sondern den weiteren Verlauf der Welt betreffen, bis in die Endzeit. Um möglichst die ganze Botschaft zu erhaschen, zitieren wir die jeweils aussagekräftigsten Stellen der drei Synoptiker und setzen daraus eine fortlaufende Rede Jesu zusammen:[43]

> *Lk 21,9–11:*[44] *»Wenn ihr ferner von Kriegen und Aufständen hört, so laßt euch dadurch nicht erschrecken! Denn das muß zuerst kommen, aber das Ende ist dann noch nicht sogleich da.«* 10*Hierauf fuhr er fort: »Ein Volk wird sich gegen das andere erheben und ein Reich gegen das andere,* 11*auch gewaltige Erdbeben werden stattfinden und hier und da Hungersnöte und Seuchen; auch schreckhafte Erscheinungen und große Zeichen vom Himmel her werden erfolgen.«*

> *Mk 13,9.11–13a:*[45] *»… Dies ist (aber erst) der Anfang der Wehen. Gebt ihr jedoch acht auf das, was mit euch selbst geschehen wird! Man wird euch vor die Gerichtshöfe stellen und euch in den Synagogen geißeln; auch vor Statthalter und Könige werdet ihr um meinetwillen gestellt werden, um Zeugnis vor ihnen abzulegen; …*
> 11*Wenn man euch nun abführt und vor Gericht stellt, so macht euch nicht im voraus Sorge darüber, was ihr reden sollt, sondern was euch in jener Stunde eingegeben wird, das redet; nicht ihr seid es ja, die da reden, sondern der heilige Geist.* 12*Es wird aber ein Bruder den anderen zum Tode überliefern und der Vater seinen Sohn, und Kinder werden gegen ihre Eltern auftreten und sie zum Tode bringen,* 13*und ihr werdet allen verhaßt sein um meines Namens willen. …«*

> *Mt 24,12f:*[46] *»… und weil die Gesetzlosigkeit überhand nimmt, wird die Liebe in den meisten erkalten;* 13*wer jedoch bis ans Ende ausharrt, der wird gerettet werden.«*

---

43 Die ganzen im folgenden kombinierten Passagen sind: Mt 24,6–14; Mk 13,7–13; Lk 21,9–19.

44 Vgl. Mt 24,6f und Mk 13,7f.

45 Vgl. Mt 24,8–12 und Lk 21,12–17; V.10 analog Mt 24,14a unten, scheint bei Markus aber am falschen Ort zu stehen. V.12–13a analog Lk 21,16f; V13b wurde weggelassen und entspricht dem nachfolgenden Mt 24,13.

46 V. 13 vgl. Mk 13,13b und Lk 21,19.

Lk 21,18f:[47] *»Doch es soll kein Haar von eurem Haupte verlorengehen:* [19]*durch standhaftes Ausharren werdet ihr euch das Leben gewinnen.«*

Mt 24,14: »Und diese Heilsbotschaft vom Reich wird auf dem ganzen Erdkreis allen Völkern zum Zeugnis gepredigt werden, und dann wird das Ende kommen.«

Die zu Beginn erwähnten Kriege und Aufruhr sind der Grundklang der Weltgeschichte seit dem frühesten Altertum, und dies wird so bleiben, bis zum prophezeiten Ende. Auch Hungersnöte und Seuchen begleiten die Menschheit über alle Zeiten bis heute und weiterhin. Die großen Erdbeben und Schrecknisse und Zeichen vom Himmel her sind in der bisherigen Geschichte nicht einzuordnen; sie deuten wie bei den alttestamentlichen Propheten auf die Endzeit hin. Chronologisch als erstes nach Jesu Kreuzigung kommt die Zeit der Verfolgung, in der selbst Verwandte einander denunzierten und viele Unschuldige für ihren Glauben hingerichtet wurden. Ähnliches ist in etwas anderem Zusammenhang auch fast zweitausend Jahre später im Dritten Reich noch geschehen. Daran, besonders aber an der beiläufigen Ankündigung großer Zeichen vom Himmel her, können wir erkennen, daß diese Prophezeiungen bei weitem nicht nur die Christenverfolgungen der Antike betreffen, sondern den Lauf der Zeiten bis ins dritte Jahrtausend.

Das Greuelbild der Verwüstung und die große Bedrängnis

Ein »Greuelbild der Verwüstung« erwähnte schon Daniel. Dieses Bild greift Jesus in seinen Endzeitreden wieder auf:

Mt 24,15–22: »Wenn ihr nun den Greuel der Verwüstung (= Entweihung), der vom Propheten Daniel angesagt worden ist,[48] *an heiliger Stätte stehen seht – der Leser merke auf! –,* [16]*dann sollen die, die in Judäa sind, ins Gebirge fliehen!* [17]*Wer sich alsdann auf dem Dache befindet, steige nicht erst noch hinab, um seine Habseligkeiten aus dem Hause zu holen;* [18]*und wer auf dem Felde weilt, kehre nicht zurück, um sich noch seinen Mantel zu holen.* [19]*Wehe aber den Frauen, die guter Hoffnung sind, und denen, die ein Kind in jenen Tagen zu nähren haben!* [20]*Betet nur, daß eure Flucht nicht in den Winter oder auf den Sabbat falle!* [21]*Denn es wird alsdann eine schlimme Drangsalszeit eintreten, wie noch keine seit Anfang der Welt bis jetzt dagewesen ist und wie auch keine wieder kommen wird;* [22]*und wenn jene Tage nicht verkürzt würden, so würde kein Mensch gerettet werden; aber um der Auserwählten willen werden jene Tage verkürzt werden.«*

---

[47] Vgl. Mt 24,13 und Mk 13,13.

[48] Dan 9,27; 11,31; 12,11; vgl. Abschnitt *Daniels siebzig Jahrwochen* S. 86.

Die entsprechende Stelle bei Markus entspricht fast genau jener von Matthäus; ganz anders hingegen schildert es Lukas.[49] Lukas schreibt konkret von Heeren vor Jerusalem. Fast seine ganze Schilderung deutet klar auf die Zerstörung Jerusalems im Sommer 70 n.Chr. hin. In seinem Vers 23 muß eigentlich »große Not auf Erden« stehen, denn das Griechische »γῆς« heißt »auf Erden«, wird hier aber oft als »im Lande« übersetzt,[50] vermutlich, da sich dies als einziges nicht auf die Zerstörung Jerusalems beziehen läßt. Nur dieser kleine Passus »es wird große Not auf Erden sein« paßt nicht ganz ins Bild.

Matthäus bezieht sich ausdrücklich und Markus zwischen den Zeilen auf den Propheten Daniel, der an drei Stellen das Greuelbild oder die Abscheulichkeit der Verwüstung erwähnt.[51] Eigenartigerweise scheint es bei Matthäus und Markus, als sollten die Israeliten in die Berge fliehen, nachdem Tempel und Stadt schon zerstört sind - eigentlich widersinnig. Ferner irritiert, daß die beiden von einer »großen Bedrängnis« berichten, »wie sie nicht gewesen ist vom Anfang der Welt« und »auch nicht wieder werden wird«. Es paßt überhaupt nicht zum jüdischen Krieg, daß kein Mensch hätte selig werden können, wären die Tage der Heimsuchung von Jerusalem nicht verkürzt worden. Humanitäre Katastrophen mit einer Million und mehr Opfern gab es weiterhin in der Menschheitsgeschichte, gerade von Menschen verursacht. Diese Formulierung muß auf ein viel größeres, ein globales Ereignis hindeuten, das die ganze irdische Schöpfung betrifft. Etwas Derartiges ist in der bisher geschriebenen Geschichte nie geschehen. Wenn wir Prophetie ernst nehmen, muß es noch in der Zukunft liegen.

Möglicherweise ist mit der Abscheulichkeit der Verwüstung der zerstörte Zweite Tempel, das heißt die Klagemauer gemeint, doch die Unstimmigkeiten im Versuch, die Aussagen von Matthäus und Markus auf die Zerstörung Jerusalems zu beziehen, legen nahe, Daniels »Greuelbild der Verwüstung« in Erinnerung zu behalten und die künftigen Geschehnisse um Jerusalem aufmerksam zu beobachten. Vielleicht hat diese Abscheulichkeit an heiliger Stätte eine ganz andere Bedeutung. Womöglich soll der heutige Tempelbezirk Jerusalems noch auf andersartige Weise geschändet und verunstaltet werden. Eine

---

49 Mk 13,14–20; Lk 21,20–24, oben zitiert (S. 204).

50 Korrekt übersetzt z.B. bei Luther oder in der Zürcher Bibel.

51 Mt 24,15: βδέλυγμα τῆς ἐρημώσεως; Dan 11,31: הַשִּׁקּוּץ מְשׁוֹמֵם; beides wörtlich: Abscheulichkeit der Verwüstung. Die weiteren Stellen bei Daniel sind 9,27 und 12,11. Tatsächlich gab es um 40 n.Chr. unter Kaiser Gaius (Caligula) römische Pläne, eine riesige Zeus-Statue mit den Zügen des Kaisers im Jerusalemer Tempel aufstellen zu lassen; sie wurden jedoch nie umgesetzt (Kezbere, 2007 S. 47). Ein Greuelbild der Entweihung wäre dies gewesen, nicht aber eines der Verwüstung.

solche offensichtliche Schändung des jüdischen Heiligtums – »der Leser merke auf!« – müßte dann die große Heimsuchung einleiten.

Tatsächlich findet Jesu Rede über das »Greuelbild der Verwüstung« bei allen drei Synoptikern eine Fortsetzung, die weit über 70 n.Chr. hinausweist:

> *Mt 24,29: Sogleich aber nach jener Drangsalszeit wird die Sonne sich verfinstern und der Mond seinen Schein verlieren; die Sterne werden vom Himmel fallen und die Kräfte des Himmels in Erschütterung geraten.*

> *Lk 21,25–26a: Dann werden Zeichen an Sonne, Mond und Sternen in Erscheinung treten und auf der Erde wird Verzweiflung der Völker in ratloser Angst beim Brausen des Meeres und seines Wogenschwalls herrschen, [26]indem Menschen den Geist aufgeben vor Furcht und in banger Erwartung der Dinge, die über den Erdkreis kommen werden, …*

Der erste Vers von Matthäus findet sich auch bei Markus (13,24f). Die entsprechende Passage bei Lukas ergänzt das Bild. Diese Worte Christi stehen in enger Beziehung zu den Prophezeiungen des vorchristlichen Israel. Wie bereits erwähnt kann man argumentieren, ein Prophet habe beim anderen abgeschrieben, doch sollen diese Schilderungen nur mythische Überzeichnung oder rhetorische Kunst sein? Die stichhaltige Interpretation der bisher nur recht vagen Andeutungen wird im Zusammenhang mit den viel detaillierteren Schilderungen des Johannes von Patmos unten gegeben.

Jüngstes Gericht und Tausendjähriges Reich

Nach den vielen Ankündigungen großer Heimsuchungen durch alle Propheten des alten Bundes, dürfen die Verheißungen des Endgerichts über die finsteren Mächte und vor allem des kommenden Friedensreichs nicht fehlen. Auch in dieser Beziehung finden wir starke, diesmal verheißungsvolle Worte aus dem Munde Jesu, vieler Propheten, wie auch der Psalmensänger.

Christi Ankündigung seiner Wiederkunft und des großen Gerichts

Im Anschluß an die im vorangehenden Abschnitt prophezeite Heimsuchung kündigt Jesus seine Wiederkunft an:[52]

> *Mt 24,30f: Und dann wird das Zeichen des Menschensohnes am Himmel erscheinen, und dann werden alle Völker der Erde wehklagen und werden den Menschensohn*

[52] Vgl. Mk 13,26f und Lk 21,27.

auf den Wolken des Himmels mit großer Macht und Herrlichkeit kommen sehen. 31Und er wird seine Engel unter lautem Posaunenschall aussenden, und sie werden seine Auserwählten von den vier Windrichtungen her versammeln, von dem einen Himmelsende bis zum andern.

Lk 21,28: Wenn dies nun zu geschehen beginnt, dann richtet euch auf und hebt eure Häupter empor; denn eure Erlösung naht.

»Und dann …« bezieht sich auf die Zeit nach der großen Bedrängnis, auf das Ende der größten Drangsalszeit. »Auf den Wolken des Himmels mit großer Kraft und Herrlichkeit« ist eigentlich eine klare, wenn auch überirdisch anmutende Aussage, die in unserer aufgeklärten Welt natürlich nicht ernst genommen wird. Daß dies schon im Altertum so war, zeigt der Prophet Amos auf:

Am 8,4–7 (Luther): Höret dies, die ihr die Armen unterdrückt und die Elenden im Lande zugrunde richtet 5und sprecht: Wann will denn der Neumond ein Ende haben, daß wir Getreide verkaufen, und der Sabbat, daß wir Korn feilhalten können und das Maß verringern und den Preis steigern und die Waage fälschen, 6damit wir die Armen um Geld und die Geringen um ein Paar Schuhe in unsere Gewalt bringen und Spreu für Korn verkaufen? 7Der HERR hat bei sich, dem Ruhm Jakobs, geschworen: Niemals werde ich diese ihre Taten vergessen!

Höret dies, die ihr den Ärmsten der Welt genmanipuliertes Getreide feilhaltet und dazu hochgiftige Pestizide, damit die Saat nicht eingeht, die ihr erpresserische Termingeschäfte mit Grundnahrungsmitteln macht und mit dem Verkauf von Trinkwasser ein Vermögen gewinnt: Niemals werden eure Taten vergessen gehen.

Nach einer Mahnung zur Wachsamkeit und drei Gleichnissen kommt Jesus bei Matthäus zurück auf seine Wiederkunft und kündigt ein Gericht über das Zeitalter an. Bei seiner Wiederkunft sollen die »Schafe von den Böcken« geschieden werden:

Mt 25,31–34: Wenn aber der Menschensohn in seiner Herrlichkeit kommt und alle Engel mit ihm, dann wird er sich auf den Thron seiner Herrlichkeit setzen; 32alle Völker werden alsdann vor ihm versammelt werden, und er wird sie voneinander scheiden, wie der Hirt die Schafe von den Böcken scheidet; 33und er wird die Schafe zu seiner Rechten, die Böcke aber zu seiner Linken stellen. 34Dann wird der König zu denen auf seiner rechten Seite sagen: Kommt her, ihr von meinem Vater Gesegneten! Empfangt als euer Erbe das Königtum, das für euch seit Grundlegung der Welt bereitgehalten ist.

Wie so oft verwendet Jesus ein Bild aus dem antiken Alltag: Mit den Böcken sind nicht Schafböcke gemeint, sondern Ziegen. In Palästina wurden damals die Schafe und Ziegen bei Tage zusammen geweidet, für die Nacht aber voneinander geschieden. Jesus fährt fort mit der alleinigen Bedingung für die himmlische Erbschaft:[53] Der Tatbeweis - was ihr einem von diesen meinen geringsten Brüdern getan habt, das habt ihr mir getan. Auch darüber wurden wir schon durch den Propheten Amos aufgeklärt:

> *Am 5,21–24 (Luther): Ich bin euren Feiertagen gram und verachte sie und mag eure Versammlungen nicht riechen. 22Und wenn ihr mir auch Brandopfer und Speisopfer opfert, so habe ich kein Gefallen daran und mag auch eure fetten Dankopfer nicht ansehen. 23Tu weg von mir das Geplärr deiner Lieder; denn ich mag dein Harfenspiel nicht hören! 24Es ströme aber das Recht wie Wasser und die Gerechtigkeit wie ein nie versiegender Bach.*[54]

Große Worte, tolle Zukunftspläne, dicke Tränen, schöne Kirchengesänge oder inbrünstige Gottesdienste im Lichtermeer helfen nicht, sondern nur »was ihr getan habt einem von meinen geringsten Brüdern«.

Jesajas Vision der Wiederkunft Christi

Die bekannteste Prophezeiung der Ankunft des Messias' finden wir im Protojesaja aus dem achten Jahrhundert vor unserer Zeitrechnung:

> *Jes 9,1–6: Das Volk, das in Finsternis wandelt, wird ein großes Licht erblicken, über denen, die in umnachtetem Lande wohnen, wird Licht aufstrahlen. 2Du wirst des Jubels viel schaffen, wirst die Freude groß werden lassen; sie werden sich vor dir freuen, wie man sich in der Ernte freut, wie man jubelt beim Beuteverteilen. 3Denn das Joch, das schwer auf ihnen lastete, und die Stäbe auf ihrem Nacken, den Stecken ihres Treibers zerbrichst du wie einst am Tage der Midianiterschlacht.*[55] *4Ja, alle Stiefel der dröhnend einherschreitenden Krieger und die blutgetränkten Mäntel werden verbrannt werden, ein Fraß des Feuers. 5Denn ein Kind wird uns geboren, ein Sohn uns geschenkt werden, auf dessen Schulter die Herrschaft ruhen wird; und sein Name lautet »Wunderrat, Gottheld, Ewigvater, Friedefürst.« 6Seine Herrschaft wird weit reichen, und des Friedens wird kein Ende sein über dem Throne Davids und für seine Königsherrschaft, indem er sie festigt und stützt*

---

[53] Mt 25,35–46; insbes. V. 40.

[54] Vgl. Ps 40,7 und 50,9–14.

[55] Siehe Buch der Richter Kap. 7.

durch Recht und Gerechtigkeit von nun an bis in Ewigkeit: der Eifer des HERRN der Heerscharen wird dies vollführen.

Aus christlicher Sicht bezieht sich Vers 5 auf die Geburt Jesu und Vers 6 auf die Rolle Christi im ewigen Himmelreich, in dem seine Herrschaft kein Ende mehr nehmen wird. Das schwer lastende Joch liegt seit dem Beginn der irdischen Menschheit in unserem Nacken und soll nach der großen Trübsal und der Heimsuchung der Menschheit, bei der Wiederkunft Christi von den Schultern genommen werden. Dannzumal werden wir ein großes Licht erblicken, doch bis dann werden die Stiefel der Krieger weiterhin dröhnen und ihre Mäntel weiter Blut trinken.

Im selben Teil des Buches, als dessen Verfasser Jesaja kaum bestritten wird, finden wir weiter vorne zwei Aussagen über die Künftige Herrschaft Gottes durch Zion und Jerusalem:

Jes 2,2–4: In der Endzeit wird es geschehen, daß der Tempelberg des HERRN festgegründet dasteht an der Spitze der Berge und über die Höhen erhaben; dann werden alle Heidenvölker zu ihm strömen ³und zahlreiche Völkerschaften hinwallen und sagen: »Kommt, laßt uns zum Berge des HERRN hinaufziehen, zum Hause des Gottes Jakobs, damit er uns über seine Wege belehre und wir auf seinen Pfaden wandeln!« Denn von Zion wird Belehrung ausgehen und das Wort des HERRN von Jerusalem. ⁴Dann wird er zwischen den Völkern richten und vielen Völkerschaften Recht sprechen; und sie werden ihre Schwerter zu Pflugschaden umschmieden und ihre Lanzenspitzen zu Winzermessern; kein Volk wird noch gegen ein anderes Volk das Schwert erheben, und sie werden sich hinfort nicht mehr auf den Krieg einüben.

Daß der Berg Gottes festgegründet über alle anderen Berge erhaben sein wird, ist eine Symbolik, die wir schon im Zuge des Abfalls der Könige im Psalter vorfanden.[56] Dies würde eher auf das jenseitige ewige Jerusalem hindeuten. Der Bezug auf die Endzeit statt auf alle künftigen Zeiten spricht jedoch für das tausendjährige Friedensreich. Der Herr wird seine Belehrungen in Zion, in Jerusalem offenbaren, und dem Volk Israel wird eine Führungsrolle zuteil werden. An Krieg und Unterdrückung wird niemand mehr denken.

Recht klar auf das tausendjährige Friedensreich bezogen ist die nachfolgende Stelle im vierten Kapitel:

Jes 4,2–6: An jenem Tage wird das ganze Heilswerk des HERRN für die, welche in Israel dem Untergang entronnen sind, eine Zierde und Ehre und die Frucht der

[56] Ps 48,3–8 und 68,15–18; s. Abschnitt *Aufstand der Könige im Psalter* S. 50.

Erde ein Stolz und Ruhm sein. [3]*Wer dann in Zion noch übriggeblieben und in Jerusalem mit dem Leben davongekommen ist, wird heilig genannt werden: Ein jeder, der in Jerusalem zum Leben eingeschrieben ist.* [4]*Wenn der Allherr den Schmutz der Töchter Zions abgewaschen und die vielfache Blutschuld Jerusalems aus dessen Mitte hinweggespült hat durch den Geist des Gerichtes und durch den Geist der Läuterung,* [5]*dann wird der* HERR *über dem ganzen Raum des Berges Zion und über den Festversammlungen dort eine Wolke bei Tage mit Rauch schaffen und lichten Feuerschein bei Nacht; denn über allem wird die Herrlichkeit des* HERRN *ein Schutz und Schirm sein* [6]*und wird zur Beschattung bei Tage vor der Sonnenglut dienen und als Zuflucht und Obdach vor Unwetter und vor Regen.*

Hier ist die Rede von jenen, die dem Untergang entronnen sind, also auf die Zeit nach der größten Trübsal aller Zeiten. Sonnenglut und Unwetter wird es im ewigen Jerusalem nicht mehr geben, denn dort ist alles Licht.[57] Ähnlich wie im alten Israel wird der Herr eine Wolke oder Feuerschein über dem Tempelberg schaffen. Diese Formulierung zeigt, daß nicht Gott selbst allezeit in dieser Erscheinung gegenwärtig sein wird, wie es im Exodus beschrieben ist. Er wird seinen Willen daraus offenbaren, jedoch durch seinen Statthalter Christus und seine Boten, die Führungsengel der Menschen. Im alten Israel beschränkte sich die Erscheinung auf den Tempel. Hier ist die Erscheinung viel mächtiger. Es heißt, der ganze Raum um den Berg Zion stehe unter der Wolke des Herrn. Ob dann immer noch blutige Tieropfer nötig sein werden, wissen wir nicht. Es wird ein völlig andersartiges Zeitalter sein, in dem die abgefallenen, die irreführenden und unterdrückenden Mächte gebunden sein werden.[58]

Prophetische Ankündigungen von Gericht und Friedensreich

In den Visionen des Alten Testaments kann nur schwer zwischen ewigem Himmelreich und tausendjährigem Friedensreich unterschieden werden, wie oben schon aufgezeigt wurde.[59] Im Folgenden betrachten wir in erster Linie Aussagen zum irdischen, tausendjährigen Friedensreich. Wie es dazu kommen soll, erfahren wir vor allem aus der Offenbarung des Johannes, während die Propheten des Alten Testaments nur verstreute Ansätze bieten.

Joel, der vermutlich im siebten Jahrhundert vor Christus wirkte, hinterläßt uns nicht nur seine wohlbekannte Vision des »Heuschreckenheers«, sondern

---

[57] Jes 60,19f; s. nächster Abschnitt, S. 217.

[58] Jes 24,21f; s. nächster Abschnitt, S. 216.

[59] Siehe Abschnitt *Tausendjähriges Reich oder Himmelsvision?* S. 65.

auch recht umfangreiche Angaben über das Endgericht und die endzeitlichen Verheißungen Gottes:

> *Joel 4,12–14: »Die Völker sollen sich aufmachen und in das Tal Josaphat hinabziehen; denn dort will ich zu Gericht sitzen über alle Heidenvölker ringsum.* [13]*Legt die Sichel an, denn die Ernte ist reif! Kommt und stampft, denn die Kelter ist voll, ja, die Kufen fließen über, denn ihre Gottlosigkeit ist groß!« –* [14]*Scharen über Scharen treffen im Tal der Entscheidung ein, denn nahe ist der Tag des HERRN im Tal der Entscheidung.*

Josaphat bedeutet »der HERR richtet«. Das Tal der Entscheidung ist also das Tal des Gerichts. Zuvor berichtet Joel von der Neuschaffung der Erde, die der Zerstörung folgen soll:

> *Joel 2,21–24: Fürchte dich nicht, Ackerland, nein, juble und freue dich! Denn der HERR vollbringt etwas Großes.* [22]*Fürchtet euch nicht, ihr Tiere des Feldes! Denn die Auen der Steppe sollen aufs neue grünen, die Bäume wieder ihre Früchte tragen, der Feigenbaum und Weinstock den vollen Ertrag geben!* [23]*Auch ihr, Kinder Zions, jubelt und freut euch über den HERRN, euren Gott! Denn er gibt euch den Herbstregen nach rechtem Maß und läßt euch Regen niederströmen, Frühregen und Spätregen, wie ehemals.* [24]*Da werden die Tennen sich mit Korn füllen und die Kelterkufen von Most und Öl überfließen.«*

Zerstörung und Leiden der Schöpfung, die Joel im ersten Kapitel durch das Gericht des Herrn ankündigt, werden wieder aufgelöst. Im Reich des Friedens, das der großen Heimsuchung folgt, soll es weder Hunger noch Dürre geben, sondern nur noch »Regen nach rechtem Maß«. Gleich im Anschluß geht Joel auf die Führung ein, die dem Volk Gottes im Reich des Friedens zuteil wird:

> *Joel 3,1f: »Und danach wird es geschehen, daß ich meinen Geist über alles Fleisch ausgieße, so daß eure Söhne und eure Töchter prophetisch reden, eure Greise Offenbarungen in Träumen empfangen, eure jungen Leute Gesichte schauen;* [2]*ja auch über die Knechte und Mägde will ich in jenen Tagen meinen Geist ausgießen.«*

Die Führung im tausendjährigen Friedensreich wird jener des alten Volks Israel entsprechen: Prophetische Reden, Offenbarungsträume und Visionen, jedoch nicht nur unter wenigen Begnadeten, sondern »über alles Fleisch ausgegossen«, »auch über die Knechte und Mägde«.

Sacharja, einer der nachexilischen Propheten, läßt alle Waffen verschwinden und ein Reich des Friedens unter der Führung des Messias erstehen:

Sach 9,10: Dann werde ich die Kriegswagen aus Ephraim ausrotten und die Kriegsrosse aus Jerusalem; auch die Kriegsbogen werden ausgerottet werden. Und er wird den Völkern Frieden gebieten, und seine Herrschaft wird von Meer zu Meer, vom Euphratstrom bis an die Enden der Erde reichen.

Welches Friedensreich diese Verse betreffen, können wir nicht sicher sagen. Die Aussagen passen zu beiden, zum irdischen wie zum ewigen.

Micha, ein Zeitgenosse Jesajas, beschreibt, wie Israel den Mächten der Welt als Spielball ausgeliefert sein wird, bis zum Ende des Zeitalters:

Mi 5,2f: Darum wird Gott die Israeliten preisgeben bis zu der Zeit, wo sie, die gebären soll, geboren hat und der Rest seiner Volksgenossen zu den Kindern Israel zurückkehrt. 3Dann wird er (der in Israel Herrscher sein soll) auftreten und seine Herde weiden in der Kraft des HERRN, … denn nunmehr wird er groß dastehen bis an die Enden der Erde.

Daß Israels Geburtswehen viele Jahrhunderte in Anspruch nehmen würden, wußte Micha noch nicht, wie auch daß Jahrtausende vergehen sollen, bis Gott seine Herde weiden wird bis an die Enden der Erde. Im vierten Kapitel verkündet er das kommende Reich mit Jerusalem und Zion als Zentrum, von dem das Wort Gottes ausgeht. Auch er beschreibt klare Friedensmotive und überliefert uns, daß das neue Reich unter der Führung Israels stehen soll:

Mi 4,1–4: Am Ende der Tage aber wird es geschehen, daß der Tempelberg des HERRN festgegründet dasteht an der Spitze der Berge und über die anderen Höhen erhaben; dann werden die Heiden zu ihm strömen 2 … Denn von Zion wird Belehrung ausgehen und das Wort des HERRN von Jerusalem. 3… Kein Volk wird noch das Schwert gegen ein anderes Volk erheben, noch sich hinfort auf den Krieg einüben; 4sie werden ein jeder unter seinem Weinstock und unter seinem Feigenbaum sitzen, ohne daß jemand sie aufschreckt; denn der Mund des HERRN der Heerscharen hat es verheißen.

Die Schilderung des Friedensreichs läßt zumindest in seinen groben Zügen kaum Fragen offen. »An der Spitze der Berge und über die anderen Höhen erhaben« kann man als geistige Führerschaft über alle anderen Mächtigen auffassen, wie bei der Betrachtung des Psalters oben ausgeführt.[60] Natürlich kann man argumentieren, dies seien die Wunschträume eines bedeutungslosen antiken Volks am Rand übermächtiger Nachbarn. Da wir in der vorliegenden

[60] Siehe Abschnitt *Aufstand der Könige im Psalter* S. 50.

Analyse Prophetie aber ernst nehmen und viele Beispiele erfüllter und sich erfüllender Prophezeiungen vorfinden, wollen wir nichts voreilig verwerfen.

Zefanja, der nach Micha, im siebten Jahrhundert vor unser Zeitrechnung wirkte, sieht das Ende der Trübsal, das heißt der Strafgerichte über die Menschheit in anderen Bildern:

Zef 3,14–20: Juble, Tochter Zion! … [15]Aufgehoben hat der HERR die über dich verhängten Strafgerichte und deine Feinde hinweggefegt! Israels König, der HERR, weilt in deiner Mitte: du wirst hinfort kein Unheil mehr sehen. … [20]Zu jener Zeit will ich euch heimführen und zu jener Zeit euch sammeln; denn ich will euch zum Ruhm und zur Ehre unter allen Völkern der Erde machen …

Daß die Feinde des Volkes Gottes hinweggefegt sein sollen und daß es kein Unheil mehr sehen werde, kann wohl nur heißen, daß kein Unterdrücker mehr auf Erden sein wird. Die unheilvollen Frevler werden also außer Verkehr gezogen sein. Schon Jesaja[61] sah nicht nur das tausendjährige Friedensreich des Volkes Gottes voraus, sondern einen damit einhergehenden Kerker für die Frevler, die die Völker unterdrückten und auspreßten:

Jes 24,21f: … da wird der HERR zur Rechenschaft ziehen das Heer der Höhe in der Höhe und die Könige der Erde auf der Erde; [22]und sie werden zusammen eingesperrt, wie man Gefangene zusammenholt in eine Grube, und eingeschlossen in einen festverschlossenen Kerker und erst nach langer Zeit abgeurteilt werden.

Jes 25,7f: Und er wird auf diesem Berge die Schleierhülle hinwegziehen, die alle Völker umhüllt, und die Decke, die über alle Völkerschaften ausgebreitet ist. [8]Den Tod wird er auf ewig verschwinden lassen, die Tränen wird Gott der HERR von jedem Antlitz abwischen und die Schmach seines Volkes überall auf der Erde tilgen; denn der HERR hat es zugesagt.

Daß in Kapitel 24 die Frevler eingeschlossen und nach langer Zeit abgeurteilt werden, im nachfolgenden Kapitel aber »der Tod auf ewig verschwinden« soll, ist kein Widerspruch, wenn man an die Allerlösung glaubt. Genaugenommen sind schon wir heutigen Menschen eingesperrt, nämlich in diese materielle Welt voller Beschränkungen, unter der »Schleierhülle, die alle Völker umhüllt« und unter der »Decke, die über allen Völkerschaften ausgebreitet ist«. Das Buch der Weisheit bestätigt diesen Befund:

---

[61] Bzw. allenfalls die Autoren der schwer datierbaren Jesaja-Apokalypse (s. das Kurzportrait Jesajas ab S. 20).

Weish 9,15: Der vergängliche Leib beschwert die Seele, und die irdische Behausung belastet den denkeifrigen Geist.

Die Eingekerkerten jenes Zeitalters sollen unter ihresgleichen die Früchte ihrer Taten erdulden, bis sie aus ihrem Herzen zum Guten bereit sind. Dem tausendjährigen Reich steht ein tausendjähriger Kerker für die Frevler gegenüber. Von großer Bedeutung ist die Formulierung, Gott werde neben den Königen der Erde auch »das Heer der Höhe in der Höhe« zur Rechenschaft ziehen (V. 21). Eine solche Beschreibung paßt nur für ein Engelsheer von großer Macht und Herrlichkeit. Da es für abgründige Verfehlungen gerichtet wird, kann dies nicht jenes des Herrn der Heerscharen unter der Führung von Erzengel Michael sein. Es muß ein anderes, ein abtrünniges Heer hoher Mächte sein – jenes der gefallenen Engel.

Wenn dann schließlich auch das letzte Zeitalter der irdischen Erfahrung für uns schwer Belehrbare überwunden ist, dann soll die irdische Nachkommenschaft Israels als Volk Gottes aufhören, wie uns Jeremia verkündet:

Jer 31,35f: So hat der HERR gesprochen, der die Sonne zur Leuchte am Tage bestellt hat, die festgeordneten Erscheinungen des Mondes und der Sterne zur Erleuchtung bei Nacht, der das Meer aufwühlt, so daß seine Wogen brausen …: 36Wenn diese festen Ordnungen[62] vor mir zu bestehen aufhören …, dann soll auch die Nachkommenschaft Israels aufhören, ein Volk vor meinen Augen zu sein für alle Zeiten!

Aus irdisch-menschlicher Sicht ist es undenkbar, daß Tag und Nacht aufhören. Einen Schlüssel zu dieser Aussage finden wir im Tritojesaja:

Jes 60,19f: Nicht mehr wird dir künftig am Tage die Sonne als Leuchte dienen, noch bei Nacht der Mond dir zur Erhellung scheinen; nein, der HERR wird dir zum ewigen Licht dienen und dein Gott zu deiner herrlichen Zier. 20Nicht mehr wird künftig deine Sonne untergehen, noch dein Mond den Schein verlieren; denn der HERR wird dir zum ewigen Licht werden …

Im ewigen Himmelreich ist alles Licht; es wird nicht Tag noch Nacht mehr geben. Tag und Nacht werden nach Jesaja also tatsächlich aufhören, jedoch erst wenn die Erde ihre Bestimmung erfüllt hat und wieder aufhört zu existieren. Israel wird demnach nur im Irdischen das auserwählte Volk Gottes sein. Im Himmelreich, nach dem tausendjährigen Reich beziehungsweise am Ende aller

---

[62] Nach Menge: »Wenn diese festen Ordnungen *jemals* …«, doch »jemals« fehlt im hebräischen Text.

Zeiten, sollen die festen Ordnungen der irdischen Natur ihr Ende finden, und es wird kein auserwähltes Volk gegenüber den Außenstehenden mehr geben. Ins gleiche Horn bläst Jeremia in Kapitel 33:

> *Jer 33,20–21a: So spricht der HERR: So wenig ihr meinen Bund mit dem Tage und meinen Bund mit der Nacht aufheben könnt, so daß Tag und Nacht nicht mehr zu ihrer Zeit eintreten würden, 21ebenso wenig wird auch mein Bund mit meinem Knecht David aufgehoben werden …!*

Solange der Bund mit Tag und Nacht andauern wird, solange wird auch der Bund mit dem Volk Israel bestehenbleiben. Aber offenbar nur bis dahin.

Mit dieser Erkenntnis erweisen sich die folgenden Verse Jeremias als auf das tausendjährige Reich bezogen:

> *Jer 31,31–34: Wisset wohl: es kommt die Zeit …, da will ich mit dem Hause Israel und mit dem Hause Juda einen neuen Bund schließen, 32nicht einen solchen Bund, wie ich ihn mit ihren Vätern damals geschlossen habe … 33 …: Ich will mein Gesetz in ihr Inneres hineinlegen und es ihnen ins Herz schreiben und will dann ihr Gott sein, und sie sollen mein Volk sein. 34Da braucht dann niemand mehr seinem Genossen und niemand seinem Bruder Belehrung zu erteilen und ihm vorzuhalten: »Lernt den HERRN erkennen!«, denn sie werden mich allesamt erkennen, die Kleinsten wie die Größten; … denn ich will ihnen ihre Schuld vergeben und ihrer Sünde nicht mehr gedenken!*

Wenn Israel noch immer das Volk Gottes ist, betrifft dieser neue Bund die irdische Sphäre des tausendjährigen Reichs, in dem das Volk Israel die Menschheit geistig anführen soll. In dieser Zeit soll die Gerechtigkeit Gottes den Menschen ins Herz gelegt sein. Das will wohl heißen, daß jeder Mensch dann die Stimme des Geistes im Innern hören und ihre unmißverständlichen Anweisungen auch von Herzen gewissenhaft befolgen wird.

Gericht und Friedensherrschaft im Psalter

Nicht nur bei den Propheten, auch im Psalter finden wir das Gericht über die Gottlosen und die Wiederkunft Christi angekündigt. Der kurze Psalm 82 schildert eine aufschlußreiche jenseitige Gerichtsszene:

> *Ps 82: Gott steht da in der Gottesversammlung, hält inmitten der Götter Gericht: 2»Wie lange noch wollt ihr ungerecht richten und Partei für die Gottlosen nehmen? 3Schafft Recht dem Geringen und Verwaisten, dem Bedrückten und Dürftigen verhelft zum Recht! 4Rettet den Geringen und Armen, entreißt ihn der Hand der*

Gottlosen!« [5]»Doch sie sind ohne Einsicht und ohne Erkenntnis; in Finsternis gehn sie einher, mögen der Erde Pfeiler auch alle wanken. [6]Wohl hab' ich selber gesagt, daß ihr Götter seid und Söhne des Höchsten allesamt; [7]dennoch wie Menschen sollt ihr sterben und fallen wie irgend einer der Fürsten.« [8]Erhebe dich, Gott, richte die Erde! Denn zu deinem Reiche werden dereinst alle Völker gehören.

Vers 1 beschreibt ausdrücklich eine *Gottesversammlung inmitten der Götter.* Was könnte dies sein, als nur eine jenseitige Versammlung hoher Engel? Dennoch schließt Menge in einer Fußnote Engel oder heidnische Götter ausdrücklich aus. Das hebräische Elohim (אֱלֹהִים), das sonst selbst in unpassenden Fällen als »Gott« oder »Götter« übersetzt wird, soll sich gemäß der historisch-kritischen Exegese ausgerechnet hier auf irdische Mächte beziehen. Die theologische Befangenheit in der materialistisch erstarrten Tradition läßt keine andere Auffassung zu. Soll denn Gott im jüdischen Tempel eine Versammlung einberufen haben, um inmitten der gottlosen weltlichen Fürsten Gericht zu halten? Jesus sagt bei Johannes, sein Reich sei nicht von dieser Welt (18,6), doch unsere Schriftgelehrten verlegen es dennoch ins materielle Diesseits, in einen inneren Frieden der Satten, die die Abgründe der Verlorenen nicht kennen. Gibt es nun das in der Heiligen Schrift vielfach erwähnte Fortleben nach dem Tod? Erwartet uns eine vielfältige neue Daseinsform oder eine Wolke im Nichts? Lügt das Lukasevangelium oder hat Jesus uns einen Bären aufgebunden, wenn wir lesen, er habe seinem Mitgekreuzigten das Paradies gleichentags versprochen (23,43)? Gott hält unter seinen Engeln Gericht, seit ehedem, jetzt und fürderhin, und wir irdischen »Geringen und Armen« waren und sind mit von der Partie und werden es auch künftig sein. Die raffinierten, bisher noch unantastbaren Verführer unter den »Göttern« werden fallen zur rechten Zeit, mit ihren Henkersknechten, und am Ende aller Zeiten werden sich alle Völker zu Gott bekennen, ausnahmslos.[63]

Auch in einigen Lobliedern des vierten Psalmenbuchs (90–106) finden wir Hinweise auf Gottes Gericht und seine nachfolgende unverrückbare Herrschaft.

Ps 93,1–5: Der HERR ist König! Er hat sich gekleidet in Majestät; in Hoheit hat der HERR sich gekleidet, mit Kraft umgürtet, auch der Erdkreis steht fest, so daß er nicht wankt. [2]Fest steht dein Thron von Anbeginn, von Ewigkeit her bist du. [3]Fluten erhoben, o HERR, Fluten erhoben ihr Brausen, Fluten werden ihr Tosen erheben – [4]mächtiger als das Brausen gewaltiger Wasser, mächtiger als die brandenden Meereswogen ist der HERR in der Himmelshöhe! [5]Was du verheißen hast, ist völlig zuverlässig, deinem Hause gebührt heilige Scheu, o HERR, für die Dauer der Zeiten.

---

[63] Vgl. Ps 86,9; s. Abschnitt *Aufstand der Könige im Psalter* ab S. 50.

Vers 3 bezieht sich vermutlich im ersten Teil auf die Sintflut. In der Folge wird ein weiteres Tosen von Fluten erwähnt, das man auf die Endzeit beziehen kann. Wichtig ist hier vor allem die Zusicherung, daß alle Verheißungen in Erfüllung gehen werden. Der feststehende, nicht wankende Erdkreis bezieht sich auf die Zeit nach der großen Heimsuchung, wie in Psalm 96 erwähnt:

> *Ps 96,10: Verkündet unter den Heiden: »Der HERR hat das Königtum angetreten! Und feststehen wird der Erdkreis, daß er nicht wankt; richten wird er die Völker nach Gebühr.«*

Der Erdkreis wird nach allen endzeitlichen Prophezeiungen sehr wohl wanken, doch nachdem der Herr das Königtum angetreten hat, wird er feststehen. Deutliche Worte über die Niederwerfung aller gottlosen Mächte[64] finden wir im unmittelbar nachfolgenden Loblied von Gottes Königtum in der Endzeit:

> *Ps 97,1.6–9: Der HERR ist König! Des juble die Erde, die Menge der Meeresländer möge sich freuen! … 6Die Himmel verkünden seine Gerechtigkeit, und alle Völker sehn seine Herrlichkeit. 7Zuschanden sollen werden alle Bilderverehrer, die der nichtigen Götzen sich rühmen: Alle Mächtigen[65] werfen vor ihm sich nieder. 8Zion vernimmt es mit Freuden, und die Töchter Judas jauchzen um deiner Gerichte willen, o HERR. 9Denn du, HERR, bist der Höchste über die ganze Erde, hoch erhaben über alle Mächtigen.*

Die ausgelassenen Verse beziehen sich auf die große Heimsuchung und wurden oben diskutiert.[66] Alle Mächtigen sind dem HERR am Ende untertan, seien es Engel oder Menschen. Ganz ähnliche Bilder werden auch in den nächsten beiden Psalmen beschworen:

> *Ps 98,7–9: Es tose das Meer und was darin wimmelt, der Erdkreis und seine Bewohner! 8Die Ströme sollen in die Hände klatschen, die Berge allesamt jubeln 9vor dem HERR, denn er kommt, zu richten die Erde. Richten wird er den Erdkreis mit Gerechtigkeit und die Völker nach Gebühr.*

> *Ps 99,1–4: Der HERR ist König: Es zittern die Völker; er thront über den Cheruben: Es wankt die Erde. 2Groß ist der HERR in Zion und hocherhaben über alle Völker. 3Preisen sollen sie deinen Namen, den großen und hehren – heilig ist er –, 4und*

---

64 Zitiert und besprochen im Abschnitt *Die große Drangsal im Psalter* S. 202.

65 Bei Menge: »Alle Götter«, auch in V. 9. Der hier verwendete Begriff אֱלֹהִים (Elohim) kann anstelle von »Götter« wie im Abschnitt *Der Starke mit uns* (S. 78) ausgeführt ebensogut mit »Mächtige« oder »Starke« übersetzt werden.

66 Abschnitt *Die große Drangsal im Psalter* S. 202.

preisen die Stärke des Königs, der da liebt das Recht. Du hast gerechte Ordnung fest gegründet, Recht und Gerechtigkeit hast du in Jakob hergestellt.

In Psalm 99 lesen wir, daß Recht und Gerechtigkeit in Jakob hergestellt werden sollen, wie auch vom Propheten Micha angekündigt.[67] Das dürfen wir im Sinn auffassen, daß Gottes Herrschaft und Gerechtigkeit im Tausendjährigen Friedensreich von Jerusalem und Israel ausgehen soll. Die Völker werden dannzumal unter der Führung des über alle Jahrhunderte verfolgten Volks Israel stehen, das seinerseits unter der prophetisch-priesterlichen Führung des Herrn steht. Das Chaos der Menschensatzungen wird durch die gerechte Ordnung Gottes abgelöst.

[67] Mi 4,1–4; s. vorangehender Abschnitt *Prophetische Ankündigungen von Gericht und Friedensreich.*

Johannesapokalypse – Königin der Prophezeiungen

Die Johannesapokalypse ist wohl unzweifelhaft die Königin aller Prophezeiungen – ein geistiges Kunstwerk ohnegleichen. Die alttestamentlichen prophetischen Unheilsvisionen können als Zorngericht über Völker der Antike aufgefaßt werden – nicht so die Offenbarung des Johannes von Patmos. Sie ist daher in weiten Teilen für heutige Menschen unangenehm und bedrückend. Daß sie von Babylon und seinen Götzen als zukünftig spricht, obschon sie tief in der lange vergangenen Antike liegen, könnte man noch als poetischen Kunstgriff erklären, reden doch anders herum die alttestamentlichen Propheten oft in der Vergangenheitsform, wo ihre Aussagen Künftiges ansprechen. Und düstere Heimsuchungen verkündet zum Beispiel auch Jesaja, der als großer Heilsprophet aufgefaßt wird.

Der entscheidende Unterschied ist: Die Visionen des Johannes von Patmos lassen sich nicht so leicht im Altertum einordnen und scheinen einen schwer faßbaren, düsteren Weltuntergang mit geradezu okkulten Zügen heraufzubeschwören. Nicht umsonst wird heute der Begriff »Apokalypse« entgegen seiner wahren Bedeutung meist im Sinn von »Weltuntergang« verstanden.

Die historisch-kritische Bibelforschung hat ein probates Mittel zur Hand, die bedrohlichen Ahnungen in den Griff zu bekommen: Die Offenbarung des Johannes wurde in der zweiten Hälfte des ersten Jahrhunderts oder wenig später geschrieben, womöglich erst nach der großen Zerstörung Jerusalems, jedoch sicher in der Zeit der Christenverfolgungen, zumindest in ihren Anfängen. Von in Verbannung lebenden, politisch-religiös Verfolgten ist nichts anderes zu erwarten, als daß sie der unterdrückenden Macht den Untergang prophezeien. Wer solches postuliert, versteht Johannes von Patmos als eine Art antiker Juan Miró, der aus der Stimmung seiner Zeit abstrakte Bilder in knalligen Farben malt. Aufgrund seiner abgründig düsteren Situation um die erste Jahrhundertwende sind die Farben jedoch nicht freundlich klar, sondern verbreiten Weltuntergangsstimmung. Wir wollen versuchen zu beweisen, daß diese historisch-kritischen Forscher die Johannesapokalypse nicht wirklich kritisch und mit weltlich kundigem Auge gelesen haben.

Neukirchliche, evangelikal geprägte Kreise demgegenüber sehen sich genötigt, die Offenbarung gewissenhaft zu studieren, denn jedes Wort der Bibel hat für sie eine tiefe Bedeutung. In ihrem Gottvertrauen des religiösen Überschwangs nehmen sie die Zeichen nicht nur möglichst wörtlich, sondern finden bisweilen auch plausible Gründe, daß die »Erwählten« aus all den Heimsuchungen rechtzeitig entrückt würden und der Weltuntergang nur die »Bösen« betreffe. Wenn ich im tiefen Glauben leben darf, zu den Erwählten zu gehören, muß ich mir um mich und meine Lieben keine Sorgen machen und kann Gottes Rache für die gottlosen Unterdrücker und selbstsüchtigen Profithaie hoffnungsvoll erwarten. Am Ende der Geschichte stehen ja die Wiederkehr Christi und das tausendjährige Friedensreich. Wer so denkt, muß ein wichtiges Wort des sogenannt kleinen Propheten Amos verpaßt haben (5,18): »Wehe denen, die den Tag des Herrn herbeiwünschen!« Auch wenn Rachegefühle gegen die selbsternannten Mächtigen und die gnadenlosen Schlächter verständlich sind – dies ist das falsche Motiv.

Auch der Verfasser nimmt die Prophezeiungen möglichst naturwissenschaftlich wörtlich, glaubt aber, daß wir alle in einem Boot sitzen. Die sich an Weltliches binden, haben natürlich alles zu verlieren, die nur Geistiges erstreben hingegen herzlich wenig. Die Heimsuchungen werden wir dennoch gemeinsam erdulden müssen. Der entscheidende Unterschied ist im Sinn der Bilder der Apokalypse gesprochen: Die einen werden hoffnungsvoll und voller Gottvertrauen darin stehen, von Engeln unterstützt, während die anderen im vernichtenden Untergang all ihrer materiellen Sicherheit verlustig gehen und überdies noch Dämonen ausgeliefert sind.

Einführung in ein symbolisches Kunstwerk

In Anlehnung an den Beginn des fünften Kapitels wird die Offenbarung des Johannes bisweilen als Buch mit sieben Siegeln bezeichnet. Apokalypsis (Ἀποκάλυψις), der griechische Titel dieses Buchs, heißt wörtlich »Entschleierung«. Wäre das Buch wirklich so obskur und geheimnisumwittert, so dürfte es nicht diese Überschrift tragen. Für jene, die die Prophezeiung ernst nehmen und sich redlich um ein Verständnis bemühen, liegt es heute unverschleiert da und wartet darauf gelesen zu werden. Die Offenbarung für sich alleine ist wirklich nicht leicht einzuordnen, doch mit der Unterstützung anderer Prophezeiungen und einigem Verständnis für ganz irdische Naturgesetze und technische Entwicklungen lassen sich die Bilder widerspruchsfrei interpretieren.

Allerdings sind die Visionen in weiten Teilen alles andere als erbaulich. Dies ist wohl der wichtigste Grund, warum viele Christen ihre Bibellektüre vor diesem letzten Buch abbrechen. Daß dies ein Kapitalfehler ist, besagt schon der dritte Vers (1,3a): »Selig ist der Leser und die Hörer der Worte der Weissagung und die das bewahren (festhalten), was in ihr geschrieben steht; denn die Zeit ist nahe.« Man soll sich die Prophezeiungen einverleiben, auf daß man sich erinnere und die Zeichen der Zeit in ihrem Aufgang erkenne.

Bei der Interpretation des Buchs unterlaufen oft zwei Fehler: Zum einen ist es nicht chronologisch gehalten, sondern als kunstvolle Collage von Visionen, die sowohl jede für sich allein, als auch in ihrem Bezug zueinander erfaßt werden müssen. In mehreren Zyklen dreht das Rad der Zeit immer wieder zurück, und die Geschicke der Welt werden wieder neu in anderen Bildern beschrieben. Der zweite Fehler ist die Annahme, das Buch beschreibe nur die Endzeit. Die Entschleierung bezieht sich vielmehr auf die ganze Schöpfung vom Alpha bis zum Omega, von der Himmelsschöpfung über den geistigen Abfall bis zum Gericht über diese abgefallene, materielle Welt und darüber hinaus.

Die Königin aller Prophezeiungen ist mit bildhafter Sprache und Symbolen überreich befrachtet. Einige dieser Symbole haben wir schon in der Analyse der alttestamentlichen Prophetenworte kennengelernt. Im letzten Buch der Bibel haben sie jedoch zum Teil eine leicht andere Bedeutung, vor allem im Zusammenhang mit den typhonischen[1] Tieren. Als Vorbereitung wollen wir also vorab einige Zeichen mit anderen Visionen vergleichen, um ihre gewisse Andersartigkeit zu klären:

- Das *Wasser* entspricht in prophetischen Visionen nicht dem irdischen Element, sondern vielmehr dem »Lebenswasser«, dem Fluidum der Seelen, wie in Offenbarung 17,15 ausdrücklich erwähnt. Ähnlich wie der Tod im biblischen Zusammenhang oft nicht das Ende des Erdenlebens, sondern den geistigen Tod bezeichnet, ist Wasser in der Prophetie in der Regel als eine Gemeinschaft von Seelen zu verstehen. Das Meer ist vor diesem Hintergrund das Meer aller Menschenseelen. Diese Bedeutung des Wassers

[1] Typhon ist ein unbeschreiblich gräßliches Riesenungeheuer der griechischen Mythologie mit hundert Drachen- oder Schlangenköpfen, der Sohn der Gaia (Erde) und des Tartaros, des Herrschers der untersten Unterwelt. Typhon ist der Vater verschiedener weiterer Ungeheuer, u.a. des dreiköpfigen Höllenhundes Kerberos, der Sphinx, der Chimära und der Hydra.

kann man schon in den ersten Schöpfungsbericht der Genesis legen, wo Gott ein »festes Gewölbe« zwischen die »Wasser der Tiefe« und die »Wasser des Himmels« entstehen läßt (1,6f), das heißt zwischen die abgefallenen Seelen in der Finsternis und die reinen Seelen im Himmel. Dieser Schöpfungsbericht ist jedoch durch den »Lügengriffel der Abschreiber«[2] dermaßen entstellt, daß diese wahrscheinliche Urbedeutung kaum mehr erkennbar ist.

- Die *Erde* demgegenüber hat in der Prophetie verschiedene Bedeutungen. »Die Erde« oder »auf der Erde« bezeichnet einerseits die materielle Schöpfung im eigentlichen Sinn. »Erde« kann sich aber auch bildhaft auf die jenseitige Schöpfung als Ganzes beziehen. Welche Bedeutung vorliegt, muß aus dem Kontext ergründet werden. Das Symbol »Erde« hat bei Johannes von Patmos aber noch eine entscheidende weitere Bedeutung: Es steht im Zusammenhang der typhonischen Tiere als »aus der Erde« spiegelbildlich zu »aus dem Wasser«. In diesem Sinn bezeichnet es etwas Materielles, das aus der kristallisierten Welt des Vergänglichen und Berechenbaren stammt, im Gegensatz zu etwas aus dem Lebendigen, Ewigen. Während »aus dem Wasser« die Herkunft aus dem Meer der Seelen anzeigt, bedeutet »aus der Erde«, daß etwas aus der Materie stammt und rein irdisch-materiell, seelenlos und unbelebt ist.

- Das *Lamm* ist die sprichwörtliche Duldsamkeit. Im Gegensatz zu Rindern oder Schweinen läßt sich ein Lamm ohne Lärm oder Widerstand auf die Schlachtbank führen.[3] Ein Lamm ist kein mächtiger Anführer, sondern ein unschuldiges, argloses Mitglied einer Herde, nichts Außergewöhnliches, sondern eins von vielen. In prophetischen Visionen ist das Lamm seit Jesaja der duldsame Heilsbringer, der Christus, der in die Herde kommt als einer von uns. In der Offenbarung des Johannes erscheint zudem das falsche Lamm, das demgegenüber ein Scheinchristus ist, ein scheinheiliger Verführer, eigentlich der Drache im Schafspelz.

- Der *Drache* steht für eine verschlingende und feuerspeiende Macht, ein fliegendes Ungeheuer. Sein Feuer greift nicht um sich, um Viele und Vieles zu erfassen, sondern wird ausgespien zur Vernichtung. Der Drache ist ein haßerfüllter, verschlingender und habgieriger Verführer, der Satan. Der biblische Drache ist giftig. Eine Variation des biblischen Drachens, die ebenfalls

[2] Jer 8,8.

[3] Siehe z.B. Jes 53,7.

mit dem Bösen in Verbindung gebracht wird, ist der Leviathan, ein schlangenhaftes, sich windendes Meerungeheuer.[4]

- Das *Tier* als prophetisches Symbol haben wir schon in den Prophezeiungen Daniels ausführlich kennengelernt. Es bezeichnet eine unmenschliche, irdisch gesinnte und lieblose Macht im Gegensatz zum beherzten Menschen. Schon Daniels visionäre Tiere hatten gewisse Attribute, die jedoch in der Offenbarung des Johannes eine leicht andere Rolle spielen:
- Der *Kopf* ist ein Führer oder Herrscher einer Gemeinschaft. Bezeichneten der Kopf oder die Köpfe eines Tiers bei Daniel eher die Herrscher am Ende der historischen Periode eines Reiches, scheint es bei Johannes eine Führungsmacht im Verlauf einer Periode zu sein.
- Das *Horn* war bei Daniel ebenfalls ein Herrscher, bekommt aber im Buch der Offenbarung eine neue, begleitende Bedeutung: Es ist nicht nur Herrscher, sondern auch Machtzeichen oder Machtmittel.
- Auch *Augen* spielen bei Johannes eine leicht andere Rolle als bei anderen Propheten. In der Regel bedeuten sie Achtsamkeit (Ezechiel, Hildegard) oder Überwachung (Daniel). Bei Johannes finden wir den Passus »vor seinen Augen«, der weiter unten als »unter der Kontrolle von« aufgefaßt wird.
- *Zähne* eines Tiers sind allgemein Waffen und stehen für Gewalttätigkeit. Diese Bedeutung gilt auch bei Johannes, wobei dieses Zeichen hier eine untergeordnete Rolle spielt.

Die Symbole in der Offenbarung des Johannes sind äußerst vielgestaltig. Weitere, im Alten Testament gleichbedeutend oder gar nicht auftauchende Symbole werden im Verlauf der Betrachtung gedeutet.

Die Einleitung

Schon in der Einleitung der Offenbarung tauchen erste Fragen auf. Da steht, daß sich all dies »in Kürze« oder »in Bälde« ereignen soll (1,1) beziehungsweise »die Zeit ist nahe« (1,3b). Die Christenheit scheint jetzt aber schon bald zwei Jahrtausende auf die Erfüllung des Wortes zu warten – nicht eben vertrauenerweckend. Wir werden jedoch im Folgenden sehen, daß die Offenbarung des Johannes alle Menschenzeitalter betrifft, nicht nur die Endzeit. Schon zur Zeit

[4] Feuriger Drache: Jes 14,29; giftiger Drache: 5Mose 32,33; Leviatan: Ps 74,13f; Jes 27,1.

ihrer Verkündigung betraf sie Vergangenheit, Gegenwart und Zukunft. Somit könnte der Bote des Propheten genausogut sagen: Die Zeit ist schon da. Die in der Apokalypse geschilderten Ereignisse geschahen und geschehen vor unseren Augen. Um dies aus dem Buch selbst zu erfahren, müssen wir nur ein klein wenig weiterlesen, bis zum Ende der Einleitung, das heißt des ersten Kapitels (1,19): »Schreibe nun auf, was du gesehen hast, und was ist und was danach noch geschehen wird.«

Die Einleitung beginnt damit, daß Christus einen Engel entsandt habe, um dem Johannes die Zeichen kundzutun, die dieser im Folgenden beschreibt. Christus wird vorgestellt als der wahre »Herrscher über die Könige der Erde«, der »uns zu Priestern für seinen Gott und Vater« gemacht hat (1,5f). Letzteres ist einer der klaren biblischen Hinweise: Da ist ein Vater und ein Sohn, die nicht trinitarisch vermischt werden sollen.

Johannes beschreibt, wie er in Verzückung gerät, und ihm eine Stimme wie Posaunenschall befiehlt, das Verkündete in ein Buch zu schreiben und an die sieben Empfängergemeinden der Sendschreiben des zweiten Kapitels zu übermitteln (1,11). Wie wir im nächsten Abschnitt sehen werden, sind damit nicht nur sieben Gemeinden in Kleinasien gemeint, sondern alle Christen der nachfolgenden Jahrhunderte. In der Folge wird die gewaltige Erscheinung Christi beschrieben, der »die Schlüssel des [geistigen] Todes und des Totenreichs« hat (1,18). Johannes fällt bei seinem Anblick wie tot zu seinen Füssen, doch der Verkündende berührt und kräftigt den Propheten, wie es auch anderweitig im Zusammenhang mit Prophetie der Wahrheit beschrieben wird.[5]

Die sieben Sendschreiben

Die Apokalypse, das heißt die Entschleierung beginnt mit sieben Sendschreiben an sieben Gemeinden in Kleinasien. Auch wenn nicht alle Details der amerikanischen Radiosendung von RBC Ministries[6] vorbehaltlos als bare Münze übernommen werden sollten – ihre Ausführungen zu diesen Sendschreiben in Kapitel zwei und drei der Offenbarung sind sehr aufschlußreich. Wir orientieren uns nachfolgend grob an diesen Ausführungen und ergänzen Details oder bringen Korrekturen an, wo angezeigt. Die Sendschreiben illustrieren die Kirchengeschichte vom Auftreten Christi bis zu seiner Wiederkunft. Sie

---

[5] Siehe z.B. Dan 10,9f.

[6] Eine deutsche Übersetzung der englischen Mitschrift der Sendung über die ganze Offenbarung liegt dem Autor vor (DeHaan, 1982 S. 7ff).

wurden schon im einleitenden Kapitel angekündigt in Form der sieben goldenen Leuchter, zwischen denen der Menschensohn steht (1,12.20).

Die Sendschreiben haben alle eine ähnliche Struktur: eine Einleitung mit einer kurzen Beschreibung des verkündenden himmlischen Herrn und einen Abschluß mit einem Wort der Ermahnung und Ermutigung. Ein beachtenswertes Detail dieser gemeinsamen Struktur ist: Es wird jeweils nicht die Gemeinde direkt angeschrieben, sondern »dem Engel der Gemeinde schreibe«, das heißt dem Himmelsboten, der diese Gemeinde belehrt. Die Ermahnung enthält immer die Wendung: »Wer ein Ohr hat, der höre, was *der Geist* den Gemeinden sagt.« Dieser Geist ist der Geistbote, der »Engel der Gemeinde«. Daß die Gemeinden jeweils in der Mehrzahl aufgeführt sind, ist aufschlußreich: Stünde hier die Einzahl, wäre nur die betreffende Empfängergemeinde angesprochen. So hingegen richten sich die Aussagen an alle Christen aller kommenden Generationen. Jede der Empfängergemeinden bezeichnet symbolisch eine Kirchenperiode:

1. Ephesus bezeichnet die Urkirche des ersten Jahrhunderts.
2. Smyrna steht für die verfolgte Kirche des zweiten und dritten Jahrhunderts.
3. Pergamon symbolisiert die aufstrebende Kirche der Spätantike von Konstantin bis Justinian und Gregor, das heißt von Anfang viertes bis gegen Ende sechstes Jahrhundert.
4. Thyatira repräsentiert die katholische Kirche des Mittelalters bis zum Bruch ihrer politischen Macht Ende achtzehntes Jahrhundert. Sie wirkt bis ins einundzwanzigste Jahrhundert nach.
5. Sardes steht für die Kirchen der Reformation.
6. Philadelphia bezeichnet die Erweckungskirchen seit dem neunzehnten Jahrhundert.
7. Laodicea repräsentiert die endzeitlichen Kirchen im Zerfall des Glaubens.

Die sieben Gemeinden existierten im Altertum wirklich und wurden womöglich auch tatsächlich angeschrieben. Wie wir sehen werden, gibt der jeweilige Name der Gemeinde schon einen wichtigen Hinweis auf die symbolische Bedeutung des Schreibens für die ganze Christenheit. Die geographische Lage der Orte in Kleinasien ist in Abbildung 5 dargestellt. Sie gruppieren sich im wesentlichen um den Küstenort Smyrna, dessen Ruinen unter der heutigen Millionenstadt Izmir liegen.

Abbildung 5: Geographische Lage der Adressatengemeinden der sieben Sendschreiben in Kleinasien.

Ephesus

Ephesus lag in der Nähe des heutigen Selçuk an der westtürkischen Küste und ist heute nur noch archäologische Stätte, etwa fünfundfünfzig Kilometer südlich des heutigen Izmir. Das altgriechische ἐφίημι (ephíëmi) heißt unter anderem »begehren« oder »verlangen« und ἔφεσος (éphesos) sinngemäß »die Verlangende«. Der Name beschreibt die christlichen Urgemeinden zur Zeit der ersten Aufzeichnung der Urschriften des Neuen Testaments. Sie standen vorerst noch ganz in der Inbrunst des Pfingstgeistes.

Wenn wir aber die Mahnworte Pauli[7] betrachten, die er um die Mitte des ersten Jahrhunderts an die verteilten Gemeinden im Römischen Reich schrieb, so sehen wir, daß es schon ganz zu Beginn rechte und falsche Apostel gab, Apostel des Lichts und Apostel der Finsternis. Der Himmelsbote des Johannes findet durchaus lobende Worte für die Gemeinde in Ephesus:

Offb 2,1–3: »Dem Engel der Gemeinde in Ephesus schreibe: So spricht der, welcher die sieben Sterne fest in seiner rechten Hand hält und der inmitten der sieben goldenen Leuchter einhergeht: 2Ich kenne deine Werke und deine Mühsal und dein

[7] Röm 16,17f; 1Kor 10,7–29; 2Kor 11,4–20; Gal 4,8–21; Kol 2,4–23 etc.

standhaftes Ausharren und weiß, daß du Böse nicht zu ertragen vermagst; du hast auch die geprüft, welche sich für Apostel ausgeben, ohne es zu sein, und hast Lügner[8] *in ihnen erkannt.* [3]*Auch standhaftes Ausharren besitzest du und hast um meines Namens willen schwere Lasten getragen und bist nicht müde geworden.*

Schon im ersten Jahrhundert gab es große Christenverfolgungen, denn jeder Glaube, der vom römischen Götzenkult und der Verehrung des Gottkaisers abwich, war ein todeswürdiges Vergehen gegen Staat und Gesetz. Die Urgemeinden trugen also geduldig die Last um des Namens Christi willen. Gegen Ende des ersten Jahrhunderts begann jedoch dieser ursprüngliche, lebendige Geist bereits verloren zu gehen und wurde zusehends von Lehre und Gesetz überwuchert:

Offb 2,4–6: Aber ich habe an dir auszusetzen, daß du deine erste Liebe aufgegeben hast. [5]*Denke also daran, von welcher Höhe du herabgefallen bist; und gehe in dich und tue die ersten Werke wieder! Sonst komme ich über dich und werde deinen Leuchter von seiner Stelle wegstoßen, wenn du nicht in dich gehst.* [6]*Doch das hast du für dich, daß du das Treiben der Nikolaïten*[9] *hassest, das auch mir verhaßt ist.*

Zum Abschluß des Sendschreibens an Ephesus folgt die Ermahnung, standhaft auf den Geist zu hören, zusammen mit der Zusage des ewigen Lebens für die, die das Irdische, die Welt überwinden:

Offb 2,7: Wer ein Ohr hat, der höre, was der Geist den Gemeinden sagt: »Wer da überwindet, dem werde ich zu essen geben vom Baume des Lebens, der im Paradiese Gottes steht.«

Smyrna

Die Ruinen der antiken Stadt Smyrna liegen unter der heutigen Millionenstadt Izmir ganz im Westen der Türkei. Das Schreiben steht für die Zeit der großen Christenverfolgungen, in der die Gemeinden in den Untergrund abgedrängt wurden. Die den Christenglauben bewahrten, hatten wahrlich ein schweres Leben, wie es im Sendschreiben klar zum Ausdruck kommt:

---

8 Schon bei Paulus kommt die Auseinandersetzung mit Lügenpropheten verschiedentlich zum Ausdruck, z.B. im 2. Korintherbrief mit den Lügenaposteln, die nur eine christliche Maske tragen (2Kor 11,13), im Philipperbrief, wo er sie als Hunde und böse Arbeiter bezeichnet (Phil 3,2) oder im Galaterbrief, wo er ihnen wünscht, sie möchten verschnitten (d.h. bei der Beschneidung entmannt) werden (Gal 5,12).

9 Erklärung Menges: Volks- oder Seelenbezwinger, evtl. Gesetzeszuchtmeister; vgl. Abschnitt *Pergamon* unten (S. 233).

Offb 2,8–10: Und dem Engel der Gemeinde in Smyrna schreibe: So spricht der Erste und der Letzte, der tot gewesen und wieder lebendig geworden ist: 9Ich kenne deine Drangsal und deine Armut – dennoch bist du reich –; ich weiß auch, daß du von denen geschmäht wirst, welche Juden zu sein behaupten und es doch nicht sind, sondern sie sind eine Gemeinde des Satans. 10Fürchte dich nicht vor den Leiden, die dir noch bevorstehen! Siehe, der Teufel hat vor, einige von euch ins Gefängnis zu werfen, damit ihr erprobt werdet, und ihr werdet eine zehntägige Drangsalszeit zu bestehen haben. Beweise dich getreu bis in den Tod, so will ich dir den Siegeskranz des Lebens geben!«

Die zentralen Begriffe in diesem Sendschreiben sind Drangsal, Armut, Leiden, Gefängnis. Dies beschreibt sehr treffend, was die Christengemeinden bis zur Erschöpfung durch zehn Tyrannen, von Nero bis Galerius erlitten. Die zehn Tage stehen wohl für diese zehn Kaiser.[10] Die Cäsaren setzten mit Gewalt den einheitlichen Reichsglauben durch, der ihre Verehrung als Gottkaiser sicherte. Wer von diesem Glauben abwich, war ein Staatsfeind.

Wenn man an die Wirklichkeit geistiger Sphären glaubt, liegen die wahren Gründe aber tiefer. Nach der großen Niederlage beim Tod des Erlösers säte der zornige Widersacher seine Saat von Angst und Gewalt, um den Erlösungsglauben doch noch zu vernichten. Die Christen wurden verbrannt, gehängt, gekreuzigt, den Löwen vorgeworfen und zu Tode gefoltert. Nach menschlichem Ermessen hätte hier der Glaube an Christus und seine Frohe Botschaft ein Ende finden müssen – die dunkelsten zweieinhalb Jahrhunderte der ganzen Kirchengeschichte.

Smyrna (Σμύρνα bzw. Σμύρνη) heißt Myrrhe. Daß hier eine Gemeinde mit diesem Namen angeschrieben wird, ist wieder sehr passender Ausdruck dieser Periode. Myrrhe ist ein wohlriechendes Räucherharz, das zerstoßen, gemahlen und verglüht werden muß, um seine Duftwirkung zu entfalten, genau wie auch die Christen Schläge, Todesfolter und Verbrennung erduldeten. Je mehr sie jedoch in ihrem Glauben herausgefordert wurden, desto konzentrierter und wohlriechender wurde ihr Zeugnis. Noch auf brennenden Reisigbündeln und vor hungrigen Löwen beteten sie, sangen Psalmen und riefen den Zuschauern Worte des Lobes Christi zu.

Ähnlich wie am Ende des ersten Sendschreibens (2,7), schließt auch das Schreiben an Smyrna mit einem Aufruf zu Zuversicht und Gottvertrauen:

---

10 Nero (54–68), Domitian (81–96), Trajan (98–117), Mark Aurel (161–180), Septimus Severus (193–211), Decius (249–251), Valerian (253–260), Aurelian (270–275), Diokletian (284–305), Galerius (305–311).

Offb 2,11: Wer ein Ohr hat, der höre, was der Geist den Gemeinden sagt: »Wer da überwindet, dem soll der zweite Tod[11] *nichts anhaben können.«*

Pergamon

Pergamon (Πέργαμον) entspricht dem heutigen Bergama in der nordwestlichen Türkei, etwa fünfundsiebzig Kilometer nördlich des heutigen Izmir. Der Name heißt eigentlich »Burg«. Er kann aber auch aufgefaßt werden als Zusammensetzung von περ (per) – unter anderem mit der Bedeutung »gerade eben« – mit γαμηῖν (gameïn), »heiraten«. Somit kann Pergamon auch im Sinn von »frisch verheiratet« gelesen werden. Beide Interpretationen entsprechen vortrefflich dem Geist der aufstrebenden Kirche der Spätantike:

Offb 2,12–16: Und dem Engel der Gemeinde in Pergamon schreibe: So spricht der, welcher das scharfe, zweischneidige Schwert hat: **13***Ich weiß, wo du wohnst, nämlich da, wo der Thron des Satans steht; doch du hältst meinen Namen fest und hast den Glauben an mich auch in den Tagen des Antipas*[12]*, meines treuen Zeugen, nicht verleugnet, der bei euch ermordet worden ist, dort, wo der Satan wohnt.* **14***Doch ich habe einiges wenige an dir auszusetzen; denn du hast dort Leute unter dir, die an die Lehre Bileams sich halten, der den Balak*[13] *unterwies, die Israeliten zum Bösen zu verführen, nämlich Götzenopferfleisch zu essen und Unzucht zu treiben.* **15***So hast auch du solche unter dir, die sich in derselben Weise an die Lehre der Nikolaïten halten.* **16***Gehe also in dich, sonst komme ich bald über dich und werde jene mit dem Schwert meines Mundes bekämpfen.*

Der Wandel des Christentums von der verfolgten Religion der Heiligen zur pervertierten römischen Staatsreligion wurde oben beschrieben.[14] Konstantin der Große (Kaiser 313–337) usurpierte nicht nur den Cäsarenthron, sondern auch Christus als seinen Kriegsgott. Theodosius I. (Kaiser 379–394) führte dieses neue Scheinchristentum als Staatsreligion ein. Gegen Ende der Periode wähnte sich Justinian I. (Kaiser 527–565) als von Gott eingesetzter Theokrat über das Römische Reich, das als irdisches Abbild des Himmelreichs verkündet wurde.

---

11 Das geistige Verderben, vgl. Offb 20,14; Offb 21,8.

12 Nach der Legende ein Bischof von Pergamon, der 92 n.Chr. den Märtyrertod gestorben sei, historisch jedoch nicht nachweisbar.

13 Ein moabitischer König, der nur im Alten Testament erwähnt und nicht anderweitig historisch belegt ist.

14 Abschnitte *Daniels vier Tiere und der Traum Nebukadnezars* S. 128 und *Der Richter mit königlichem Namen* S. 149.

Im Zuge des Mißbrauches des Christentums als Machtmittel wurden Volksmassen zwangsgetauft, allen voran die Legionen Konstantins. Höchstens wenige davon fühlten sich dem Christentum wirklich verpflichtet. Daß dessen geistige Kraft dadurch zerfiel, ja pervertiert wurde, muß nicht verwundern. Die Kirche wurde zu einer kalten, gleichgültigen, stolzen und machtorientierten Institution. In dieser Periode des Aufstiegs der weltlich-klerikalen Macht waren Schwelgereien, Lustbarkeiten und Ausgelassenheit der sich bildenden geistlichen Hierarchie zunehmend an der Tagesordnung – wie frisch Vermählte im Überschwang. Und die Geistlichkeit trennte sich vom untergeordneten Laientum – das Staatschristentum wurde zur Burg der Obrigkeit.

Der erwähnte Bileam war ein alttestamentlicher Prophet der Grauzone, der gegen Bezahlung weissagte, durchaus mit Erfolg. Einerseits verkündete er das Wort Gottes. Seine Aussagen waren also nicht einfach käuflich. Wiederum verführte er das Volk Israel zum Götzendienst und fand dafür den Tod.[15] Sowohl daß er das Wort Gottes verkündete, sich dafür aber bezahlen ließ, als auch daß er das Volk zum Abfall und Götzendienst verführte, paßt sehr gut zum aufstrebenden Klerus der Spätantike im Sog des römischen Kultes.

Nicht klar historisch belegt sind die Nikolaïten. Ein Mann namens Nikolaos ist in der Apostelgeschichte kurz erwähnt (6,5), doch ob er der geistige Vater der Nikolaïten sei, ist umstritten und höchst ungewiß. Nach Menges Bibelübersetzung könnten hier »Volksbezwinger« oder »Gesetzeszuchtmeister« gemeint sein.[16] Dies würde zur neu entstehenden hierarchischen Machtordnung passen. Die Kirchenväter erwähnen die Nikolaïten entweder als gnostische Gruppierung, die Wert auf außerordentliche Erkenntnis legten, oder als mit den Judenchristen in Konflikt stehende Heidenchristen. Beide Sichtweisen gehen zurück auf Irenäus (ca. 135–202), der jede von ihnen erwähnt.[17] Vor allem die Variante Heidenchristen würde gut zum im gleichen Atemzug erwähnten Bileam passen, denn kompromißbereite, sozial angepaßte Christen waren in großer Gefahr, sich auf den Genuß von Götzenopferfleisch einzulassen, was nach dem sogenannten Aposteldekret verboten war:[18] »Bei jedem städtischen Fest oder jeder geselligen Vereinsfeier, bei der man Fleisch verzehrte, konnte eine kritische Situation auftreten.«

Auch das Sendschreiben an Pergamon schließt mit einer Zusage Christi:

---

[15] 4Mose Kap. 22–24 sowie 31,8.16.

[16] Griechisch νίκη (nike): Sieg, λαός (laos): Volk.

[17] Irenäus Haer. I 26,3 und III 11,1 (Klebba, 1912).

[18] Apg 15,23–29; insbes. V. 29; Zitat aus dem Kommentar zu Johannesapokalypse von Ulrich Müller (1995) S. 98.

Offb 2,17: Wer ein Ohr hat, der höre, was der Geist den Gemeinden sagt: »Wer da überwindet, dem werde ich von dem verborgenen Manna geben; auch will ich ihm einen weißen Stein geben, auf dem ein neuer Name geschrieben steht, den außer dem Empfänger niemand kennt.«

Das verborgene Manna ist wohl die Lichtnahrung des ewigen Lebens. Der weiße Stein mit dem neuen Namen, der allein der oder dem Empfangenden bekannt ist, steht für einen Neubeginn in Reinheit, in dem alles Vergangene nicht vergessen, aber vergeben ist.

Thyatira

Thyatira (Θυάτειρα) befand sich an der Stelle des heutigen Akhisar in der Türkei, etwa achtzig Kilometer nordöstlich des heutigen Izmir. Der Name kann aufgefaßt werden als Kombination aus ϑύμα (thyma) oder ϑῦηλή (thyele) – das heißt Opfergabe – und ατειρής (ateïres), zu deutsch unverwüstlich. DeHaan interpretiert ihn daher als »ständiges Opfer«. Zur Vorsilbe »Thy« paßt aber auch ϑῦμός (thymos), zu deutsch »Verlangen«, »Leidenschaft« oder auch »Zorn«, »Unmut«. Der Name kann folglich auch aufgefaßt werden im Sinn von »beständiges Verlangen« oder »unablässiger Zorn«. All diese Namensinterpretationen passen gut zur Periode vom Frühmittelalter bis Ende achtzehntes Jahrhundert und darüber hinaus. Zorn oder Unmut sind sehr treffende Attribute der Inquisition. Auch Verlangen paßt bestens zur Üppigkeit und den bisweilen üblen Ausschweifungen des mittelalterlichen Klerus. Auf die Namensinterpretation »ständiges Opfer« gehen wir weiter unten näher ein.

Nach dem einleitenden, den himmlischen Herrn beschreibenden Wort beginnt das Schreiben mit einem Lob:

Offb 2,18f: Und dem Engel der Gemeinde in Thyatira schreibe: »So spricht der Sohn Gottes, der Augen hat wie eine Feuerflamme und dessen Füße dem schimmernden Golderz gleichen: [19]Ich kenne deine Werke: Deine Liebe und deine Treue, deine Hilfsbereitschaft und dein standhaftes Ausharren, und weiß, daß deine Werke in letzter Zeit noch zahlreicher sind als die ersten.

Um die sechste Jahrhundertwende etablierte sich nicht nur die mächtige Kurie, sondern es waren bereits auch die ersten Klöster entstanden, unter anderem die Brutstätten der Mystik. Unter den monastischen Mystikern gibt es verschiedene Spielarten der Finsternis aber zu allen Zeiten brachten die Klöster auch hingebungsvoll im Glauben dienende Größen hervor, wie Benedikt von Nursia (480–547), Hildegard von Bingen (1098–1179), Franz von Assisi (1181/2–1226),

Niklaus von Flüe[19] (1417–1487) oder Mutter Teresa (1910–1997), um nur ein paar der berühmtesten zu nennen. Ihre hingebungsvolle Treue in der Nachfolge Christi leuchtet hell über alle düsteren Auswüchse der etablierten Kirchen in den vergangenen fünfzehnhundert Jahren. Gleich nach diesem ersten Lob hagelt es Schelte:

> *Offb 2,20f: Doch ich habe an dir auszusetzen, daß du das Weib Isebel gewähren läßt, die sich für eine Prophetin ausgibt und als Lehrerin wirkt und meine Knechte dazu verführt, Unzucht zu treiben und Götzenopferfleisch zu essen.* **21***Ich habe ihr eine Frist zur Umkehr gegeben, doch sie will sich von ihrer Unzucht nicht bekehren.*

Die hier erwähnte Isebel erscheint im ersten Buch der Könige (16,31). Ahab herrschte gut zwanzig Jahre lang über Israel und tat was dem Herrn mißfiel. Unter anderem heiratete er Isebel, die Tochter Ethbaals, des phönizischen Königs von Tyrus und Sidon.[20] Sie verführte Ahab und das Volk Israel zum Baalsdienst. Oft wird Isebel mit der Hure Babylon in Verbindung gebracht, deren Vernichtung in Kapitel 18 der Offenbarung ausgeführt wird.

Die Frage ist nun: Was sollen wir heute als Götzendienst im biblischen Sinn auffassen? Eine eigentliche Verehrung von Bildnissen als Gottheit und Götzenopfer im Sinn von Tieropfern gibt es heute ja nicht mehr und wenn vielleicht doch, dann höchstens in seltenen Fällen illegal im Verborgenen. Insofern wird auch kaum Götzenopferfleisch gegessen, und Christen geraten diesbezüglich kaum je in Versuchung. Doch was sind denn eigentlich Götzen und Götzenopfer, und was könnte der Verzehr von Götzenopferfleisch im übertragenen Sinn bedeuten?

Im Altertum wurden Bilder aus Stein gehauen, aus Holz geschnitzt oder in Metall gegossen, um sie stellvertretend für eine dahinter stehende Gottheit anzubeten, die materielle Sicherheit, Wohlstand und Lustbarkeit versprach, wenn man ihr bedingungslos diente. Mittler zu diesen Heil versprechenden Gottheiten waren die in die Mysterien Eingeweihten, die mächtigen und hochgeehrten Priester des Kults. Ohne ihre Vermittlung war das Heilsversprechen unerreichbar und jede Anbetung zwecklos.

Betrachten wir nun im Vergleich dazu die römisch-katholischen Traditionen seit dem Frühmittelalter. In den Kirchen finden wir Statuen und Bilder, die nicht nur den Gekreuzigten, sondern sehr oft auch die Madonna oder Heilige

---

[19] Niklaus war ein asketischer Einsiedler, kein Klosterbruder, wird aber als »Bruder Klaus« bezeichnet.

[20] Aus den religionsgeschichtlichen Studien des antiken Israel von Manfred Weippert (1997) S. 20.

darstellen. Beim Ein- und Ausgang der Kirche betupft man sich mit Wasser, das vom Priester geweiht wurde. Geweihte Kreuze oder Kruzifixe dienten und dienen als Glücksbringer oder um böse Geister fernzuhalten. Sterbliche Überreste und ehemalige Gebrauchsgegenstände von Heiligen werden als Reliquien verehrt, und es werden ihnen Wunderwirkungen zugeschrieben. Heiligsprechung ist Sache der Kirche. Wie das oben erwähnte Beispiel des Heiligen Gregor zeigt,[21] sind Verdienste für die Machtentfaltung der Kurie oft entscheidender als ein reiner, unzweifelhafter Lebenswandel. Unzählige Gläubige beten vor Bildnissen und bitten den dargestellten Heiligen um Schutz und Gnade in ihren irdischen Sorgen und Nöten.

Anstelle der antiken Darbringung von Opfertieren wurde vom Frühmittelalter bis zur Renaissance für den Ablaß der Sündenstrafen bezahlt. Dieser stammt aus dem geistigen Schatz der Sühneleistungen Christi, über den die katholische Kirche nach ihrem Ermessen verfügt.[22] Mit dem Erlös wurden nicht nur kolossale Kirchenbauten finanziert, sondern auch der aufwendige Lebensstil von Bischöfen und Päpsten. Der grassierende Ablaßhandel war ein wichtiger Auslöser der Reformation. Auch wenn die Kirche diesen Handel im sechzehnten Jahrhundert verbot, verfügt sie weiterhin Ablässe bis auf den heutigen Tag, zum Beispiel anläßlich des 23. Weltjugendtags in Sidney.[23]

Die rituelle Handlung zur Verbindung mit Gott ist nicht mehr das Tieropfer, sondern das Abendmahl beziehungsweise die Kommunion: Ein Geistlicher verwandelt durch den liturgischen Akt der Konsekration die eigens dafür hergestellten und geweihten Oblaten in Hostien, in den wahren Leib Christi.[24] Der Begriff Hostie kommt aus dem Lateinischen und heißt eigentlich Opfergabe oder Opfertier. Die Hostien werden den Gläubigen verabreicht, die dadurch umgekehrt Teil des »Leibes Christi« werden, das heißt der katholischen Kirche. Daß jeder Gläubige eine einzeln angefertigte Oblate erhält, widerspricht

---

21 Siehe Abschnitt *Religionspolitik der Spätantike – das neue Horn* S. 134.

22 Düren (2003). Ursprünglich stammte dieser *Thesaurus Ecclesiae* aus der asketischen Hochleistung der Märtyrer und Asketen, angehäuft durch ihr vorbildliches christliches Leben, doch dies geriet bald in Vergessenheit (Wolf, 2015 S. 124).

23 Ablaßtradition im allgemeinen s. Brandt (2008), insbes. Ablässe in jüngerer Zeit S. 25; Weltjugendtag 2008 s. Francis (2008).

24 Die Vorschriften zu diesem »erhabensten Sakrament der Heiligsten Eucharistie« sind äußerst detailliert (CIC, 1983 Cann. 897ff): Nicht nur die liturgischen Regeln zur Herstellung, Konsekration und Darbringung dieses »Leibes Christi« sind minutiös geregelt, sondern auch die Beschaffenheit seiner Zutaten, wie auch Transport und Aufbewahrung. Die engen Vorschriften führen mitunter zu Problemen für Weizenallergiker, da nur reines Weizenmehl zur Herstellung zulässig ist.

allerdings genaugenommen der Symbolik des Abendmahls, denn »*ein* Brot ist's: So sind wir viele *ein* Leib, weil wir alle an *einem* Brot teilhaben«[25].

Wer nicht katholisch getauft ist oder gar durch Entscheid der bischöflichen Obrigkeit exkommuniziert wurde, kann auch nicht an den Sakramenten wie Beichte, Kommunion, Absolution oder Ablaß teilhaben, den sichtbaren Zeichen der Gottverbindung. Für die Sündenstrafen, die für fehlbare Sterbliche unvermeidlich sind, können die Ausgestoßenen keinen Ablaß mehr erlangen und schmoren vielleicht nicht auf ewig in der Hölle, doch wohl viele Jahre im Fegefeuer.

Die geweihten Kirchenhirten sehen durch die Beichte in die Herzen der Gläubigen und entscheiden durch Absolution über deren Heil. Sie sind damit nicht nur Mittler zu Gott, sondern Bevollmächtigte und Stellvertreter Gottes auf Erden. Überdies ist niemand außer den geweihten katholischen Geistlichen von der Kurie anerkannt als Verkünder der wahren Lehre Christi. Damit geben sie sich genaugenommen als Propheten Gottes aus.

Angesichts dieser schonungslosen Kritik an den katholischen Traditionen muß betont werden, daß es viele katholische Priester gibt, die ihrer Gemeinde mit Herz und Seele selbstlos dienen und allfällige Machenschaften der Kurie auch nur erdulden. Sie könnten gar nicht offen dagegen ankämpfen, denn sie würden ihre Aufgabe sofort verlieren. Dennoch: Wie auch immer wir die katholischen Gebräuche betrachten – überall finden wir Details, die auf den antiken Götzenkult statt auf Christi Botschaft verweisen: Die Exklusivität der Priesterkaste als Mittler zum göttlichen Heil, die götzenhafte Verehrung von Bildern und Reliquien zur Bewältigung materieller Sorgen und Nöte, die kultischen Handlungen der priesterlichen Obrigkeit bezüglich der Sakramente, ohne die niemand das Heil erlangt – und so weiter und so fort.

Der babylonische Götzendienst setzte sich in verschiedenen Formen über die antiken Völker bis zum römischen Kult fort und wurde in der Spätantike in neue Götzen mit christlichem Anstrich umgeschmolzen. Christliche Feiertage entstammen dem heidnischen Kult, wie der oben erwähnte Sonntag und das Christnachtfest, die Feiertage des konstantinischen Sonnengottes sind.[26] Konsekration bezeichnete im römischen Kult die rituelle Erhebung des Kaisers zur Gottheit. In der römisch-katholischen Kirche wird unter anderem auch die Bischofsweihe so bezeichnet. Das zeigt, welchen Anspruch auf Heiligkeit die Bischöfe und Päpste ursprünglich erhoben und ein Stück weit heute noch

---

[25] 1Kor 10,17 nach Luther.

[26] Siehe Abschnitt *Religionspolitik der Spätantike – das neue Horn* S. 134.

erheben. Ist sich der Papst bewußt, welche Art Titel er trägt, wenn er sich als »Heiliger Vater« bezeichnen läßt?

Die wahre Braut Christi ist die Gemeinschaft der Gläubigen im Geist der umfassenden Liebe, Solidarität und Hingabe. Auf die oben beschriebene Institution trifft dies offensichtlich nicht zu. Wer aber nicht mit dem Geist Christi ist, der ist gegen ihn.[27] In diesem Licht betrachtet könnte man durchaus zum Schluß kommen: Das Götzenopferfleisch ist womöglich zu einem Stücklein Hostie geworden; Isebel scheint verdächtig nahe geistverwandt mit der reichen Institution Kirche, die die Gläubigen zum Götzendienst verführt, die sich als Prophetin ausgibt und mit der die Geistlichen feierlich Hochzeit halten. Die pompös ausgestatteten Kirchenbauten in aller Welt mahnen an die Tempel Baals. Das durch den Namen Thyatira ausgedrückte ständige Götzenopfer entspräche den unzähligen kultischen Handlungen, den kirchlichen Sakramenten, mitunter dem »erhabensten« von allen, der Kommunion.

Der Bote Gottes fährt fort und schildert die Konsequenzen, die die Machenschaften der Baals-Diener zur Folge haben:

> *Offb 2,22f: Siehe, ich werfe sie aufs Krankenlager und stürze die, welche mit ihr die Ehe brechen, in große Trübsal, wenn sie sich nicht vom Treiben dieser Buhlerin abwenden; 23und ihre Kinder will ich an einer Seuche sterben lassen; dann werden alle Gemeinden erkennen, daß ich es bin, der Nieren und Herzen erforscht, und ich werde einem jeden von euch nach seinen Werken vergelten.*

Der Bruch der Ehe muß nicht Unzucht im sexuellen Sinn bedeuten. Wenn man im neutestamentlichen Sinn Christus als Bräutigam und die Gemeinschaft der Gläubigen als die Braut betrachtet, so ist die Hinwendung zu fremden Götzen von Macht und Reichtum der Ehebruch schlechthin.

Die angekündigte Seuche, die in Europa Millionen wegraffte, bestand jahrhundertelang aus Typhus, Cholera und dem gefürchteten Schwarzen Tod, der Pest. Heute sind weltweit dutzende Millionen von AIDS und hunderte Millionen von Malaria infiziert. Die sozialen und demographischen Ursachen haben nach wie vor denselben Kern: Armut, hohe Siedlungsdichte und mangelnde Hygiene infolge Unterdrückung der Frau und Verteufelung der Sexualität. Im Mittelalter rottete die Kirche durch ihre Hexenverfolgungen das Wissen der alten Kulturen über Geburtenkontrolle aus: jenes über fruchtbarkeitsregulierende Naturmittel. Die Frau wurde auf die beiden Extreme heilige Mutter oder Hure reduziert und dem Mann strikte untergeordnet und ausgeliefert. Im armen Volk

[27] Mt 12,30; Lk 11,23.

war eine alljährliche Niederkunft normal; Familien mit über zehn Kindern die Regel. So wurde die Armut zementiert und nicht nur durch Unwissen, sondern auch aufgrund der hohen Siedlungsdichte eine präventive Hygiene unmöglich. Die Folge waren Epidemien. Heute sind die alten Infektionskrankheiten zwar vielerorts unter Kontrolle, doch sie wurden durch Malaria ersetzt.[28]

Selbst bis ins dritte Jahrtausend hat die Kurie bezüglich menschlicher Natur und Sexualität wenig dazugelernt: Papst Benedikt XVI. äußerte im März 2009 auf seiner Afrikareise angesichts 22 Millionen HIV-positiver Menschen in Zentralafrika, die Verteilung von Kondomen verschlimmere das AIDS-Problem; dieses könne vielmehr mit »geistiger und menschlicher Erneuerung« und »Humanisierung der Sexualität« bekämpft werden.[29] Er meinte damit wohl, daß die sexuelle Lust an sich das Problem sei und daß Kondome den Geschlechtsverkehr ohne Fortpflanzung möglich machen. Die Enzyklika »Humanae Vitae« aus dem Jahr 1968 verbietet nämlich jegliche Form künstlicher Geburtenkontrolle. Daß junge Afrikaner ungeachtet der dogmatischen Ideale des »Heiligen Vaters« bisweilen ihre Sexualität auch ohne Kondome ausleben – gegebenenfalls mit Gewalt – und daß die Leidtragenden nachher nicht nur infizierte Frauen sind, sondern auch unschuldige, HIV-positiv geborene Kinder, ist anscheinend Gottes Wille.

Hätte Benedikt nicht nur die kirchlichen Lehren beachtet, sondern in der Nachfolge Christi auch die Nöte der Menschen, so hätte er wohl kaum mit der einen Hand die Wehrlosen der Seuche übergeben können, um mit der anderen »geistige Erneuerung« von ihnen zu fordern. Und im selben Zug predigte er »Freundschaft für die Leidenden«, deren Leid seine Lehren mitverursachen. Dieses Beispiel zeigt: Wichtiger als Gerechtigkeit und Schutz für Wehrlose, so scheint es, ist der Kurie auch heute noch die Vormachtstellung der katholischen Dogmatik gegenüber jeder anderen Glaubensform und die alleinige Verfügungsgewalt ihrer Amtsträger über die Mittel zum Heil.

Der nachfolgende Vers wird von Hermann Menge wiederum weitgehend wörtlich übersetzt:

> *Offb 2,24f: Euch anderen aber in Thyatira, allen denen, welche sich zu dieser Lehre nicht halten, da ihr die »Tiefen des Satans«, wie sie es nennen, nicht erkannt habt, – euch sage ich: Ich lege euch keine weitere Last auf;* **25***nur haltet das fest, was ihr besitzt, bis ich komme!*

---

[28] Vgl. Abschnitt *Die apokalyptischen Pferde und die vier Weltzeitalter* S. 258.

[29] Nach einem Artikel von Kordula Doerfler in der Schweizer Zeitung *Tages-Anzeiger* (Päpstlicher Fehltritt, 2009).

Dieses »erkennen der sogenannten Tiefen des Satans« ist schwer verständlich und wird in neueren Übersetzungen bisweilen auch in folgendem Sinn übertragen (Neue Genfer, sinngemäß Greber):

> *Offb 2,24: Aber es gibt bei euch in Thyatira auch solche, die diese Lehre nicht angenommen haben und die nichts wissen wollen von dem, was diese Leute die tiefen Geheimnisse des Satans nennen.*

Das hebräische Wort Satan (שָׂטָן) bedeutet unter anderem Ankläger. Die »tiefen Geheimnisse des Anklägers« können als die unerklärlichen Lehren und Kulthandlungen der Kurie gedeutet werden: Sie predigt Erbsünde, Fegefeuer und ewige Hölle und klagt so die Menschen ob der Verwerflichkeit ihrer Natur an, statt sie zu Gottvertrauen zu führen. Die sich davon nicht irre machen lassen – seien sie katholischen Glaubens oder nicht – und trotz alldem ihr inniges Gottvertrauen bewahren, sollen keine weitere Last tragen müssen, denn der Erlöser lehrte:[30] »Mein Joch ist sanft, und meine Last ist leicht.«

In Vers 25 wird erstmals die Wiederkunft Christi erwähnt. Das ist ein Hinweis, daß Thyatira die erste der Gemeinden ist, die in der Endzeit noch bestehen wird, zusammen mit allen noch folgenden.

Abgeschlossen wird das Sendschreiben an Thyatira wiederum mit einer ermutigenden Zusage:

> *Offb 2,26–28: Und wer da überwindet und in den von mir gebotenen Werken bis ans Ende verharrt, dem will ich Macht über die Heiden geben, **27**und er soll sie mit eisernem Stabe weiden, wie man irdenes Geschirr zerschlägt,[31] **28**wie auch ich solche Macht von meinem Vater empfangen habe; und ich will ihm den Morgenstern geben.*

Der Morgenstern ist der helle »Wandelstern«, das heißt der Planet Venus, der unmittelbar vor Sonnenaufgang am Himmel steht. Er leuchtet nicht aus sich selbst, sondern nur im Widerschein der Sonne. Der Morgenstern bedeutet Christus[32], der vor dem Morgen, dem Aufgang der Schöpfung ins Dasein gerufen wurde und der nicht aus sich selbst, sondern nur aus dem Licht des Vaters

---

30 Mt 11,30.

31 Vgl. Ps 2,8f: Fordere von mir, so gebe ich dir die Völker zum Erbe und dir zum Besitz die Enden der Erde. Du sollst sie mit eiserner Keule zerschmettern, wie Töpfergeschirr sie zerschlagen!

32 Vgl. Offb 22,16b: Ich [Christus] bin der Wurzelsproß vom Geschlecht Davids, der helle Morgenstern.

leuchtet. »Ich will ihm den Morgenstern geben« will heißen, daß ihm Beistand und Unterstützung und schließlich die Gemeinschaft Christi zugesichert sind.

Ein weiterer feiner Hinweis, daß Thyatira wie die Folgenden zu jenen Gemeinden gehört, die bei Christi Wiederkunft auf Erden sein werden, ist der am Schluß jedes Sendschreibens stehende Spruch, der wie ein Mantra wiederkehrt:

> *Offb 2,29: Wer ein Ohr hat, der höre, was der Geist den Gemeinden sagt.*

In den ersten drei Sendschreiben war er noch gefolgt von einer Aussage »wer da überwindet, …« für die betreffende Gemeinde. Dies könnte unterschwellig darauf hindeuten, daß dieses »Hören auf den Geist der Gemeinde« bei den vorherigen Gemeinden Teil deren Wirkens war. Thyatira und die folgenden wollen nicht auf ihren Himmelsboten hören. Bei ihnen steht diese Aufforderung offen ganz am Ende, auf daß sie Jahrhunderte in Erinnerung bleibe. Vor allem aber wollen sie nichts überwinden und werden daher unter das Gericht kommen.

Sardes

Sardes war eine wichtige antike Handelsstadt. Ihre Ruinen liegen gut siebzig Kilometer östlich des heutigen Izmir in der West-Türkei. Das griechische σορός (soros) heißt Leichnam oder Sarg. DeHaan interpretiert den Namen übertragen als »Überrest«, oder »was davon übrigblieb«. Die Leichenhaftigkeit dieser Gemeinde ist vielleicht aber doch ziemlich wörtlich zu verstehen:

> *Offb 3,1f: Und dem Engel der Gemeinde in »Sardes« schreibe: So spricht der, der die sieben Geister Gottes und die sieben Sterne hat: Ich kenne deine Werke: du stehst in dem Rufe, daß du lebest, und bist doch tot. 2Wache auf und stärke die übrigen Gemeindeglieder, die nahe am Sterben sind! Denn ich habe deine Werke nicht als vollkommen vor meinem Gott erfunden.*

Die Gemeinde von Sardes entspricht den Kirchen der Reformation, die ausgelöst wurde durch die üblen Machenschaften des mittelalterlichen Klerus und durch das Erwachen des Geistes der Aufklärung in der Renaissance. Die Kirchen wurden von Bildern befreit und die Sakramente der katholischen Kirche teils über Bord geworfen, teils in neue Formen umgewandelt. Gleichzeitig wurde die Heilige Schrift in allgemein gesprochene Sprachen übersetzt und durch die Erfindung der Druckerpresse einer breiteren Öffentlichkeit zugänglich. Die kirchlichen Dogmen wurden wenigstens ein Stück weit durch Uneingeweihte überprüfbar. So weit, so gut.

Leider hat die Reformation das Kind mit dem Bade ausgeschüttet. Mit der Verbannung der Bilder und Kultformeln und dem Aufbegehren gegen die verkrustete Obrigkeit wurde vor allem der ungute Geist eliminiert, doch die Formierung eines neuen, wahrhaft christlichen Geistes blieb aus. In jüngster Zeit sind die reformierten Konfessionen der materialistischen Moderne zum Teil so verfallen, daß sie das Christentum auf reinen Humanismus reduzieren und alle Spiritualität über Bord werfen. Die spartanischen Kirchenbauten sind arm an Symbolik. Alle alten liturgischen Formen wurden fallengelassen und durch die Wortpredigt ersetzt. Reformierte Gottesdienste sind oft kopflastig und entbehren der Seelennahrung. Alles was bleibt, ist Musik, das heißt Orgel und Gesang.

Heute bemühen sich die reformierten Landeskirchen – inspiriert vom Erfolg der Freikirchen – zwar redlich, wieder spirituell reichhaltigere Gottesdienstformen zu pflegen, doch die Form kann nicht den Inhalt ersetzen. Ohne Spiritualität im wahrsten Sinn des Wortes kämpfen die spärlichen geistigen Elemente nach wie vor ums Überleben.

Offb 3,3: Denke also daran, wie du die Heilsbotschaft empfangen und vernommen hast, halte daran fest und gehe in dich! Willst du aber nicht wachsam sein, so werde ich wie ein Dieb kommen, und du sollst sicherlich nicht wissen, zu welcher Stunde ich über dich kommen werde.

Die Gemeinden der Reformation, seien sie Landes- oder gewisse Freikirchen, sollen sich also erinnern, wie Heilsbotschaft in den Anfängen der Gemeinde von Ephesus empfangen wurde. Die Urgemeinden waren in einer Weise prophetisch inspiriert, von der die heutigen Kirchen keinen Plan haben. Dies zu ändern würde Wagemut erfordern, Neues, Ungeahntes beharrlich zu suchen, denn die alten Glaubensformen und Fähigkeiten sind verschüttet und vergessen. Dereinst soll aber der Geist Christi unverhofft über uns kommen und uns prüfen. Wann wissen wir nicht. Gebe Gott, daß wir zu jener Stunde mit kampfbereitem Lichtschwert gefunden werden, gerüstet mit dem glänzenden Brustharnisch der liebenden Hingabe und dem leuchtenden Helm des Glaubens.[33] Denn auch dieses Schreiben endet mit einer hoffnungsvollen Zusage:

Offb 3,4f: Du hast jedoch einige Gemeindeglieder in Sardes, die ihre Kleider nicht befleckt haben; diese sollen mit mir in weißen Kleidern einhergehen, denn sie sind dessen würdig. [5]Wer da überwindet, der wird mit weißen Kleidern angetan werden, und ich werde seinen Namen nimmermehr aus dem Buche des Lebens ausstreichen und werde seinen Namen vor meinem Vater und vor seinen Engeln bekennen.

---

[33] 1Thess 5,8.

Philadelphia

Philadelphia (φιλαδελφία) läßt sich übertragen als »Geschwisterliebe«, denn φιλίᾱ (philía) heißt »Liebe« oder »Freundschaft« und ἀδελφός (adelphos) »Bruder«, »Schwester« oder »geschwisterlich«. Die antike Stadt lag an der Stelle des heutigen Alaşehir in der Türkei, hundertzehn Kilometer östlich des heutigen Izmir. Für die Gemeinde von Philadelphia ist der Bote Gottes voll des Lobs:

> *Offb 3,7–12: Und dem Engel der Gemeinde in Philadelphia schreibe: »So spricht der wahrhaft Heilige, der den Schlüssel Davids hat, er, der da öffnet, so daß niemand wieder zuschließen wird, und der da zuschließt, so daß niemand wieder öffnet:* 8*Ich*
> *kenne deine Werke. Siehe, ich habe eine offene Tür vor dir angebracht, die niemand zuzuschließen vermag; denn du besitzest zwar eine geringe Kraft, hast aber doch an meinem Wort festgehalten und meinen Namen nicht verleugnet.* 9*Siehe, ich füge*
> *es so: Aus der Gemeinde des Satans, von den Leuten, die sich Juden nennen, aber es nicht sind, sondern lügen: – Siehe, ich will sie dahin bringen, daß sie kommen und sich vor deinen Füssen niederwerfen und erkennen, daß ich dich geliebt habe.*
> 10*Weil du das Wort vom standhaften Warten auf mich bewahrt hast, will auch ich dich bewahren in der Stunde der Prüfung, die über den ganzen Erdkreis kommen wird, um die Bewohner der Erde zu versuchen.* 11*Ich komme schnell: Halte fest,*
> *was du hast, damit niemand dir deinen Siegeskranz raube!* 12*Wer da überwindet,*
> *den werde ich zu einer Säule im Tempel meines Gottes machen, und er wird seinen Platz dort nie wieder verlieren, und ich werde auf ihn den Namen meines Gottes schreiben und den Namen der Stadt meines Gottes, das neue Jerusalem, das aus dem Himmel von meinem Gott herabkommt, und auch meinen neuen Namen.«*

»Die sich Juden nennen, es aber nicht sind«, müssen heute wohl vielmehr erkannt werden als jene, die sich Christen nennen, in Tat und Wahrheit aber zur »Gemeinde des Satans« gehören. Diese Bezeichnung klingt hart, doch trifft es genaugenommen nicht zu, daß jene Leute, die eine andere Lehre als die Christi vertreten, zur Gemeinde des Widersachers gehören? »Wer nicht mit mir ist, der ist gegen mich.«[34]

Vielleicht nehmen die Nachfahren der Erweckungskirchen des neunzehnten Jahrhunderts nicht ganz zu Unrecht in Anspruch, die errettete Gemeinde von Philadelphia zu bilden: die Charismatiker, Pfingstler, Evangelikalen und wie sie alle heißen. Sie »besitzen zwar eine geringe Kraft«, das heißt ihr weltlicher Einfluß ist vernachlässigbar, doch sie harren unbeirrt auf den Namen und die Verheißung Christi. Das »Niederwerfen der Gemeinde des Satans« vor

---

[34] Mt 12,30; Lk 11,23.

jener Philadelphias können wir heute durchaus in Ansätzen beobachten: Der Mitgliederschwund vor allem der reformierten Landeskirchen führt dazu, daß sie den Geist der Freikirchen zu kopieren suchen, die sich regen Zulaufs erfreuen. Wenigstens erinnert sich die Gemeinde von Sardes so an ihre wahre Bestimmung, doch die Kopie ist nie so überzeugend wie das Original.

Vers 11 wird in aller Regel mit »Ich komme bald...« übersetzt, so auch bei Menge. Er bietet aber immerhin in Klammern die ebenfalls gültige Variante »schnell«, die im obigen Zitat verwendet wurde. Die in Prophezeiungen oft auftretende Aussage »bald« in Bezug auf Gericht und Erlösung[35] läßt viele Menschen zweifeln, da wir nun so viele Jahrhunderte auf die Erfüllung warten. Das ruft Spötter auf den Plan:

> *2Petr 3,3f: Ihr müßt dabei vor allem bedenken, daß am Ende der Tage Spötter voll Spottsucht auftreten werden, Menschen, die nach ihren eigenen Lüsten wandeln* **4***und sagen: »Wo bleibt denn seine verheißene Wiederkunft? Seitdem die Väter entschlafen sind, bleibt ja alles doch so, wie es seit Beginn der Schöpfung gewesen ist.«*

Diese Spötter sind nichts Neues, denn die gab es schon zur Zeit Ezechiels in der frühen Antike:[36] »Was für eine Redensart ist da bei euch im Lande Israel im Gebrauch, daß man sagt: Die Zeit zieht sich Tag für Tag hin, und alle Weissagung wird hinfällig?« Die Verwechslung von bald und schnell könnte aber auch an verschiedenen Zeitmaßen und an der unermeßlichen Geduld und Weitsicht des himmlischen Vaters liegen, denn »der Herr ist mit der Erfüllung seiner Verheißung nicht säumig, sondern er übt Langmut gegen euch, weil er nicht will, daß einige verlorengehen.«[37]

Der Himmelsbote ist also voll des Lobs für die Gemeinde von Philadelphia, doch wer gehört wirklich dazu? Wir sollen uns zwar nicht anmaßen über andere zu urteilen, aber ebensowenig können wir ausschließen, daß die sich errettet glauben womöglich irren, denn es steht auch geschrieben:

> *Mt 7,22f: Es werden viele zu mir sagen an jenem Tage: Herr, Herr, haben wir nicht in deinem Namen geweissagt? Haben wir nicht in deinem Namen böse Geister ausgetrieben? Haben wir nicht in deinem Namen viele Wunder getan?* **23***Dann werde ich ihnen bekennen: Ich habe euch noch nie gekannt; weicht von mir, ihr Übeltäter!*

---

[35] Jes 26,21; 51,14; Lk 18,8; Offb 22,7 etc.

[36] Ez 12,22.

[37] 2Petr 3,9; vgl. Abschnitt *Tausend Jahre wie ein Tag* S. 170.

Nicht alle die »Herr, Herr!« rufen, werden ins Himmelreich eingehen, sondern die den Willen des Vaters tun.[38] Wer Wunderzeichen erwartet, steht in einer Reihe mit den Pharisäern.[39] Und wer sich errettet wähnt und sich in seinem Glauben und in der Gnade Christi sonnt, wird an seinem Tag der Entscheidung womöglich schlafend vorgefunden werden.[40] Wer aber sucht, der wird finden und wer auch unter schweren Prüfungen unbeirrbar vertraut und anklopft, dem wird aufgetan.[41] Wer hingegen jene verstößt, die nicht dieselbe Lehre teilen, ist vom Geist der Gemeinde von Thyatira, egal ob sie inbrünstig glauben und in Zungen reden.

In allen sieben Sendschreiben wird immer wieder der Ausspruch wiederholt: »Ich kenne deine Werke.« Hier ist er jedoch von erhöhter Bedeutung: Es kommt weniger darauf an, welcher Lehre wir folgen, als welchen Tatbeweis wir für unsere innere Haltung erbringen. Glaube ohne Werke der Liebe ist tot.[42] DeHaan hält fest, daß es in allen Kirchen auch Menschen der Gemeinde von Philadelphia gebe. Wir wollen noch weiter gehen und behaupten: In jeder Glaubensform und in allen Religionen der Welt gibt es Mitglieder von Philadelphia. Welcher menschengemachten Lehre wir folgen, ist von untergeordneter Bedeutung, solange wir im Geist der allumfassenden Solidarität und Liebe bleiben. Wer im alltäglichen Kleinen mit großem Herzen selbstlos dient, der steht in der Nachfolge Christi, auch wenn er ihn noch gar nicht kennt.

Laodicea

Die Ausgrabungsstätte der antiken Thermenstadt Laodicea liegt in der Nähe des heutigen türkischen Denizli, etwa hundertachtzig Kilometer östlich von Izmir. Allein schon die geographische Lage ist symbolträchtig: Die anderen sechs Gemeinden gruppieren sich um das Zentrum Smyrna, heute Izmir. Laodicea liegt im Vergleich rund doppelt so weit entfernt, vom Zentrum wie von der Küste - symbolisch vom Meer des Geistes.

Laodike (Λαοδίκη) ist eine Kombination von λαός, zu deutsch »Volk« und δίκη zu deutsch Recht, Prozeß oder Urteil; δίκαιος (dikaios) heißt »gerecht«. Laodicea kann also einerseits »Volksurteil« bedeuten, also auf die Demokratie im weiteren Sinn hinweisen: Das Volk regiert, beziehungsweise urteilt und

---

38 Mt 7,21.

39 Mt 16,1–4; Mk 8,11f.

40 Vgl. Mt 24,42; Mk 13,33.

41 Mt 7,7f; Lk 11,9f.

42 Jak 2,26.

konstituiert das Recht. Der Name kann aber auch als »volksgerecht« im Sinne von »angepaßt an das Volk« aufgefaßt werden. Beide Wortinterpretationen sind im geistigen Sinn aufschlußreich.

Das Volksurteil, die Demokratie gilt seit dem zwanzigsten Jahrhundert nicht nur als politisches Ideal, sondern wird auch auf die Religion angewandt. Inspiration und Prophetie im Sinn der Führung durch Gottes jenseitige Boten – die Heilige Schrift ist voll davon[43] – gelten als legendenhaft verzeichnete Mythen längst vergangener Zeiten. Was uns bleibt, ist der abstrakte Heilige Geist. Der Schöpfergott und seine himmlischen Heerscharen treten in den Hintergrund und werden als Dreifaltigkeit in Gott-Christus-Geist sublimiert. Im gleichen Zug wird Christus auf das menschliche Vorbild Jesus reduziert.

Die Mystik lehrt uns dann, die Gottheit in der eigenen Tiefe zu suchen – eine aus dem Neuplatonismus entlehnte Vorstellung. Gott-Vater als Schöpfer, Lenker und Bewahrer und Christus als sein himmlischer Statthalter werden zu Relikten alter Sagen; der innere Gott übernimmt das Zepter. Die Erlösung erfolgt am Ende nur noch durch das Vorbild – den historischen Anführer Jesus. Der Mensch selbst erlöst die Schöpfung, indem er nach dem Beispiel Jesu handelt. Die jenseitige Führung ist Geschichte; geistiges Recht und Gesetz werden demokratisch von unten, das heißt vom Volk gemacht. Nicht Gott regiert die Schöpfung durch Christus, sondern das »Volk Gottes« – nach der jahrtausendealten, von fehlbaren Menschen überlieferten Schrift, denn »zur Lüge hat es der Lügengriffel der Abschreiber gemacht«[44].

Volksgerecht wird der heutige Glaube durch den Mitgliederschwund der Kirchen, vorläufig vor allem der reformierten Landeskirchen. Die Institutionen verlieren an Einfluß und geraten unter Druck. Als Reaktion passen sie sich an. Man gibt sich kundenorientiert – gemacht und gelehrt wird, was die Gemeinde will. Die Kirchen werden volksgerecht statt gottgerecht. Daß dieses Laisserfaire nicht im Sinne des Boten der Offenbarung ist, liegt auf der Hand:

> *Offb 3,14–16: Und dem Engel der Gemeinde in Laodicea schreibe: So spricht der, welcher das Amen ist, der treue und wahrhaftige Zeuge, der Anfang der Schöpfung Gottes:* 15 *Ich kenne deine Werke, daß du weder kalt noch heiß bist. O, daß du kalt oder heiß wärest!* 16 *So aber, weil du lau bist und weder heiß noch kalt, will ich dich aus meinem Munde ausspeien.*

---

43 Vor allem das Alte Testament, denn im Neuen Testament sind die himmlischen Boten aufgrund von Übersetzungsfehlern v.a. des Begriffs Geist fast vollständig verlorengegangen (Burkhard, 1992; Böhm-Mäder, 2016).

44 Jer 8,8.

Daß das antike Laodicea tatsächlich auf lauwarmes, von weit hergeführtes Trinkwasser geringer Qualität angewiesen war und nur lauwarme Thermen in unmittelbarer Nähe hatte, paßt zur vollendeten Symbolik der Stadt. Lauwarme Werke sind Werke der Gedankenlosigkeit, Unentschiedenheit oder Gleichgültigkeit. Ach Laodicea, wären deine Werke doch entschieden, heiß oder kalt! Wärst du geistig kalt und würdest in kühlem, rationalem Kalkül nach irdischer Erkenntnis suchen, so könntest du uns erfrischend auf den Erdboden zurückholen, wenn wir geistig überhitzt und abgehoben sind. Und auf deiner Suche im Materiellen könnte dir unverhofft Geistiges begegnen. Sängest du in heißer Begeisterung mit wogenden Armen das Loblied Christi, so könnten wir uns von deiner Inbrunst beeindrucken und anstecken lassen, sogar wenn wir deinen Glauben reichlich naiv fänden.

Leider gehen so viele Christen brav zur Kirche, ohne ernsthaft zu suchen oder sich über die Nachfolge Christi Gedanken zu machen. Kaum ist das Vaterunser gesprochen und das Schlußspiel der Orgel am Sonntagmorgen vorbei, ist der Alltag wieder da, die Nachfolge vergessen: Schon am Mittag nervt der Nachbar wieder wegen unseres Grills – aber wo gefeuert und gebraten wird, da ist halt Rauch; soll er doch bleiben wo der Pfeffer wächst! Oder die Börse läuft online schon wieder heiß, ob mit Rohstoffpapieren oder Kaffee ist einerlei – wie könnten wir denn Gewinne machen, wenn wir bei jeder Transaktion auch noch ethische Fragen stellen müßten? Wenn nicht ich, macht's ein anderer.

Entschlossen aus der Kirche auszutreten und andere Wege zu gehen, nicht aus Belanglosigkeit und Langeweile oder um Steuern zu sparen, sondern da man deren Credo nicht mehr teilen kann, wäre viel eher im Sinne Christi als solch ein halbherziges Scheinchristentum. Viele von uns glauben aber zu den Guten zu gehören, denen die Verheißung des himmlischen Erbes gilt, nur weil sie sich vordergründig zu Christus bekennen:

> *Offb 3,17–19: Weil du sagst: »Ich bin reich, ja reich bin ich geworden und habe an nichts Mangel«, und weil du nicht weißt, daß gerade du elend und erbarmenswert, arm, blind und nackt bist.*
> *18 So rate ich dir: Kaufe dir Gold von mir, das im Feuer geläutert ist, damit du reich wirst, und weiße Kleider, damit du sie anziehst und die Schande deiner Blöße nicht zutage tritt, und Augensalbe zum Bestreichen deiner Augen, damit du sehen kannst.*
> *19 Ich weise zurecht und züchtige alle, die ich lieb habe. So sei nun eifrig und gehe in dich!*

Die Übereinstimmung der historischen Zeugnisse mit der Symbolik der Stadt ist besonders hier bemerkenswert, da »Laodicea eine Industrie- und Handelsstadt war, deren Wollmanufakturen, Bankwesen und medizinische Schulen bekannt waren«.[45] Insbesondere wird von einem Arzt Namens Papias aus Laodicea berichtet, er habe die entzündliche Augenkrankheit Distichiasis mit einer Salbe aus Froschblut und Eberwurz behandelt.[46] Es wurde aber auch wohlriechende Salbe aus indischer Narde hergestellt, eine der begehrtesten Luxuswaren im Römischen Reich. Wolle aus Laodicea war eine der feinsten und edelsten des ganzen Imperiums, und auch Leinen und Seide wurden gewoben. Die erlesensten Stoffe wurden nicht naturbelassen verkauft, sondern gefärbt, wobei die kostbarsten Farbstoffe Purpur und Scharlach waren.[47] Durch den blühenden Handel lebte die Stadt lange Zeit in hohem Wohlstand. All diese realen Elemente der Stadt finden sich symbolisch in der Offenbarung. Hier geht es aber nicht um irdischen Reichtum, auch wenn dieser als Zeichen herangezogen wird.

Die Farbe Weiß steht im abendländischen Kulturkreis für Reinheit. Weiße Kleider stehen demnach für kleidsame Werke der reinen Gesinnung[48] im Gegensatz zu den als kostbar gehandelten, üppigen Rottönen, die irdische Leidenschaften symbolisieren. Geistig hinterläßt der irdische Purpurwollstoff die Seele nackt und erbärmlich, während weißes Leinen der Bescheidenheit prächtig kleidet. Im Feuer geläutertes Gold steht für selbstlose Taten, für die man auch bereit ist Entbehrungen auf sich zu nehmen, »durchs Feuer zu gehen«. Die Augensalbe soll verhindern, daß wir in unserem Überfluß spirituell erblinden, da wir uns nur für wohlriechende, kosmetische Nardensalbe interessieren. Daß wir all dies kaufen sollen, zeigt an: Wir müssen einen Preis dafür zahlen – unter Umständen einen hohen, denn geistiges Gold ist nicht gratis zu haben. Geistig wieder sehend zu werden, erfordert langwierige Auseinandersetzung und läßt sich nicht einfach als wohlriechendes Kosmetikum einschmieren.

Am Ende läßt Christus ausrichten, er weise zurecht und züchtige, die er liebe. Man schaue sich die Menschen an: Sie verhalten sich wie ungezogene Kinder, die glauben, die Welt in der Tasche zu haben und mit ihren Unarten ungeschoren davonzukommen. Gott und Christus lieben uns alle und lassen sehr lange gewähren, doch der Himmel ist keine antiautoritäre Spielwiese. Wer grundsätzlich beflissen lebt, kann sich in seinen Fehlern ermahnen lassen und zum Besseren finden. Wer aber auf seiner Unart beharrt, sei es nachlässig,

---

45 Aus einer literarischen Analyse der Jakobusbriefe von Manabu Tsuji (1997) S. 164.

46 Magnus (1901) S. 385; Distichiasis: Wimpernartige Härchen, die aus dem Lidrand in Richtung Augapfel wachsen, was zu einer chronischen Entzündung und schließlich Schädigung der Hornhaut führen kann.

47 Speck (1900–06): Nardenherstellung S. 83, Wollmanufaktur S. 724, Weberei S. 727f, Farbstoffe S. 830f.

48 Nach Offb 19,8: »… glänzend weiße Leinwand … bedeutet die Rechttaten der Heiligen«; s. Abschnitt *Babylons Fall* S. 317.

grobfahrlässig oder boshaft, wird Gottes strenge Hand früher oder später zu spüren bekommen.

Derweil wähnen wir uns geistig reich, weil wir brav das Vaterunser sprechen und weil wir an die Heilige Schrift und den von den Kirchen gelehrten dreieinigen Gott glauben und vielleicht sogar mit der geheimnisvollen, Erleuchtung verheißenden Mystik liebäugeln. Das genügt aber bei weitem nicht, denn »die Teufel glauben's auch und zittern«.[49] Der Gesalbte Gottes fordert Taten:[50] »Was nennt ihr mich Herr, Herr, und tut doch nicht, was ich euch sage?« Doch der Erlöser schläft nicht. Er und seine Boten stehen draußen und begehren Einlaß. Leider finden sie allzuoft verschlossene Türen:

> *Offb 3,20f: Siehe, ich stehe vor der Tür und klopfe an; wenn jemand meine Stimme hört und die Tür auftut, so werde ich bei ihm eintreten und das Mahl mit ihm halten und er mit mir.* 21*Wer da überwindet, dem werde ich verleihen, mit mir auf meinem Thron zu sitzen, wie auch ich überwunden und mich mit meinem Vater auf seinen Thron gesetzt habe.*

Wir sollen die Verlockungen und Zwänge der Welt überwinden, wie Christus sie überwunden hat.[51] Seine Stimme hören ist verwandt mit geistig wieder sehend werden. Das geistige »wer Ohren hat der höre« erfolgt in den meisten Fällen nicht spektakulär im Sinn von Stimmen aus dem Jenseits im Wachzustand. Oft werden ermahnende Botschaften in der Form von Träumen empfangen. Die Bibel erwähnt Träume häufig zusammen mit Prophetie.[52] Träume verstehen will aber gelernt und geübt sein. Alle Meisterschaft fängt klein an – aus dem Keim schlichten Interesses.

Die geistige Welt führt uns zudem durch Gedankeneingaben, deren wir uns nicht ohne weiteres bewußt werden, da wir sie von unseren eigenen Gedanken kaum unterscheiden können. Nicht umsonst steht geschrieben:[53] »Sorgt euch nicht was ihr sagen sollt, denn der Heilige Geist wird euch lehren.« Wes Geistes unsere Gedankeneingaben sind, hängt von unserer eigenen Geisteshaltung ab, denn »wie die Vögel sich zu ihresgleichen gesellen, so wird auch die Wahrheit zu denen kommen, die sie üben«[54].

---

[49] Jak 2,19b nach Luther.

[50] Lk 6,46.

[51] Vgl. Joh 16,33b: »In der Welt habt ihr Angst; doch seid getrost: ich habe die Welt überwunden.«

[52] 4Mose 12,6; 5Mose 13,2–6; 1Sam 28,6; Jer 23,28; Apg 2,17 u.a.

[53] Frei nach Lk 12,11f.

[54] Sir 27,9.

Auch wenn Vers 20 oft mit Mystik in Verbindung gebracht wird, hat »eintreten und das Mahl halten« nichts damit zu tun. Hier geht es um geistige Verwandtschaft und Verbundenheit, um die »Gemeinschaft im Geist« im Sinne des Abendmahls.[55] Paulus überliefert uns:

> *Phil 2,1–5: Wenn nun eine in Christus ausgesprochene Ermahnung, wenn ein liebevoller Zuspruch, wenn eine Gemeinschaft des Geistes, wenn inniges Mitgefühl und Erbarmen noch vorhanden sind, ²so macht meine Freude dadurch vollkommen, daß ihr eines Sinnes seid, indem ihr die gleiche Liebe hegt und einmütig dem gleichen Ziel zustrebt ³und nichts aus Selbstsucht oder eitlem Ehrgeiz tut, sondern in Demut einer den andern höher als sich selbst erachtet; ⁴jeder habe nicht nur seinen eigenen Vorteil im Auge, sondern jeder auch den des andern. ⁵Solche Gesinnung wohne in euch allen, wie sie auch in Christus Jesus vorhanden war.*

Wer diesen Geist und diese Werke zu seinem Lebensinhalt macht – selbst jenen gegenüber, die ihm schlecht gesinnt sind – und die damit einhergehenden Herausforderungen annimmt, soll zum Vater eingehen und mit Christus im Himmel thronen, in der Nachfolge unseres Erlösers, der den Tod, das heißt die Gefangenschaft im geistigen Abfall überwunden hat.

Laodicea aber, das für die neuzeitlichen Kirchen des lauwarmen Glaubens steht, ist reich, in üppigen Purpur gekleidet, statt daß es weißes Leinen und im Feuer geläutertes Gold erwerben würde, und es erblindet zusehends, da es sich genüßlich mit Narde einschmiert und die heilsame Augensalbe verschmäht.

Das Buch mit den sieben Siegeln – der Vertrag der Menschheit

Nach den sieben Sendschreiben, das heißt nach dem Beschrieb der sieben Christengemeinden in ihrer zeitlichen Abfolge von der Ausschüttung des Geistes bis zur Kirche der Endzeit, dreht die Vision die Uhr noch einmal zurück zu den Anfängen. Die Erlösungstat wird als Erfüllung eines kosmischen Vertrags erklärt. Die einleitende Szenerie des *himmlischen Thronsaals* bildet einen Rahmen, der illustriert, daß es hier um eine Gerichtsverhandlung geht, um eine Anklage und einen Richtspruch. Sie wird im ersten nachfolgenden Abschnitt besprochen.

Die versiegelte Buchrolle des zweiten nachfolgenden Abschnitts bildet Vertragsgegenstand und Anklageschrift zugleich. Nach der Erklärung der Umstände des kosmischen Abkommens werden dessen Inhalte schrittweise eröffnet.

[55] Apg 2,42.

Gottes Plan im mehrfach versiegelten Vertrag, der vor Äonen, zu Beginn des Abfalls der Menschheit aufgesetzt wurde, enthält nicht die Ereignisse der Endzeit, sondern alle Voraussetzungen und Bedingungen, den ganzen irdischen Weg der Menschheit in Vergangenheit, Gegenwart und Zukunft.

Mit dem Brechen jedes Siegels wird eine neue Phase eröffnet. Die ersten vier Siegel entsprechen den vier apokalyptischen Pferden. Sie umfassen die düstere geistige Geschichte der Menschheit von den Anfängen bis über die zweite Jahrtausendwende hinaus. Sie werden im dritten nachfolgenden Abschnitt ausgelegt. Mit dem fünften Siegel erscheinen die reinen Seelen, die über die vier Weltzeitalter verfolgt wurden (6,9–11). Sie erwarten ungeduldig die Vergeltung für die erlittenen Schandtaten. Zuerst muß aber das Maß der Sünden voll werden. Die Zeit der Trübsal ist nicht die Endzeit, sondern jene der apokalyptischen Pferde, wie im siebten Kapitel der Offenbarung angedeutet.[56]

Die ineinander verwobene Schilderung der letzten Siegel und der ersten Posaunen folgt im nächstfolgenden Unterkapitel. Beim sechsten Siegel beginnt die Endzeit. Es geschehen Erdbeben, und der Himmel wird verfinstert (6,12f). Die reinen Seelen auf der Erde werden an ihren Stirnen versiegelt (7,3), um sie gegen die Geister der Finsternis zu schützen, die in der Folge auftreten sollen (9,4). Erst beim sechsten Siegel ist das Maß voll geworden, und der Schöpfungsplan steht gleichsam einen Augenblick lang still. Beim siebten Siegel schließlich beginnt die Folge der sieben Posaunen. Sie beschreiben nun nicht mehr die sündhafte Geschichte der Menschheit, sondern die Endzeit, die Zeit der Abrechnung.

Der himmlische Thronsaal

In Kapitel 4 der Offenbarung öffnet sich dem entrückten Propheten eine Himmelstür:

> *Offb 4,1: Siehe, eine Tür war aufgetan im Himmel, und die erste Stimme, die ich mit mir hatte reden hören wie eine Posaune, die sprach: Steig herauf, ich will dir zeigen, was nach diesem geschehen soll.*

Dies interpretieren gewisse Ausleger mit Verweis auf die jubelnden Scharen von Kapitel 7 (V. 9) als Entrückung der Erwählten in den Himmel, bevor die große Trübsal beginnt. Das zeugt von vielen Mißverständnissen, nicht nur von der Zeit der Trübsal, wie wir in der Folge sehen werden, sondern bezüglich

---

[56] Offb 7,14: »Das sind die, welche aus der großen Trübsal kommen und ihre Kleider gewaschen und im Blut des Lammes weiß gemacht haben.«

Prophetie im allgemeinen. Der Vers besagt nur, der *Prophet* sei entrückt worden. Johannes wird ein Bereich des Himmels vorgeführt. Von »Erwählten« ist nicht die Rede. Auch Ezechiel berichtet, ihm sei der Himmel aufgegangen, und Paulus erwähnt einen Menschen, der in den dritten Himmel entrückt wurde.[57] Die Entrückung der Übriggebliebenen, von der Paulus an die Thessalonicher schreibt, erfolgt ausdrücklich erst *nach* Christi Wiederkunft.[58]

Auch Jeremia kündigt an, Jakob werde aus der Drangsal errettet werden, nicht aber hinweggenommen. Errettet wird Israel bei der Wiederkunft Christi. An den Engel von Philadelphia läßt Gott ausrichten: »Ich will dich bewahren in der Stunde der Prüfung, die über den ganzen Erdkreis kommen wird« – nämlich durch das Siegel auf der Stirn.[59] Wozu das Siegel, wenn Philadelphia zur Zeit der Heimsuchung entrückt wäre? Schließlich erwähnt Jesus im Zuge seiner Endzeitreden:[60] »Wenn jene Tage nicht verkürzt würden, so würde kein Mensch gerettet werden; aber um der Auserwählten willen werden jene Tage verkürzt werden.« Warum müßten diese Tage um der Auserwählten willen verkürzt werden, wenn sie alle schon in der Seligkeit weilten?

Die Hoffnung auf Entrückung vor der Heimsuchung wird wohl enttäuscht werden: Wir sitzen alle in einem Boot und »was nach diesem geschehen soll« betrifft alle Lebenden, so wie der Herr auch regnen läßt über Gerechte und Ungerechte.[61] Christus wird jene erretten, die ihr Leben hingeben für ihn und seinen Auftrag, gegebenenfalls bis in einen natürlichen, irdischen Tod mit allem was dazugehört.[62] Die den irdischen Tod erleiden, werden die Glücklicheren sein, als jene die den Tod suchen, ihn aber nicht finden.[63]

Die Szenerie im Thronsaal des Himmels wird wie folgt beschrieben:

Offb 4,3–5: Der dort Thronende sah wie Jaspis- und Karneolstein aus, und den Thron umgab rings ein Strahlenkranz, der wie ein Smaragd aussah. [4]Rings um den Thron standen vierundzwanzig Throne, und auf den Thronen sah ich vierundzwanzig Älteste sitzen, die mit weißen Gewändern angetan waren und goldene Kronen auf ihren Häuptern hatten. [5]Dabei gehen aus dem Thron Blitze, Stimmen und Donnerschläge hervor; und sieben Feuerfackeln brennen vor dem Thron, das

---

[57] Ez 1,1; 2Kor 12,2.

[58] 1Thess 4,17.

[59] Ich will dich bewahren: Offb 3,10; Siegel: Offb 7,3.

[60] Mt 24,22; vgl. Mk 13,20.

[61] Mt 5,45.

[62] Vgl. Mt 10,39; 16,25; Mk 8,35; Lk 9,24.

[63] Offb 9,6.

sind die sieben Geister Gottes. ⁶Der Platz vor dem Thron ist wie ein gläsernes Meer, wie Kristall; und inmitten des Thrones, und zwar rings um den Thron, sind vier Lebewesen, die vorn und hinten mit Augen übersät sind. ⁷Das erste Lebewesen gleicht einem Löwen, das zweite einem Stier, das dritte hat ein Gesicht wie das eines Menschen, und das vierte Lebewesen gleicht einem fliegenden Adler. ⁸Die vier Wesen haben ein jedes sechs Flügel und sind ringsum innen und außen mit Augen übersät; …

Jaspis wird in vielen Farbvariationen gefunden; Karneol oder Sarder ist rötlichbraun bis tiefrot.[64] Dies sind die Symbolsteine der Stämme Benjamin (בִּנְיָמִין) mit der Bedeutung »Sohn meiner rechten Hand« oder im übertragenen Sinn »Sohn der Freude«[65] und Ruben (רְאוּבֵן), was soviel heißt wie: »Siehe, der Sohn«.[66] Dies sind der jüngste und der älteste Sohn des jüdischen Stammvaters Josef, die beide auf den Sohn Gottes weisen, als symbolische Zusage: »Siehe, der Sohn meiner rechten Hand, an dem ich Wohlgefallen habe«,[67] »der erste und letzte, das Alpha und Omega«.[68] Das Rot des Karneols steht symbolisch für Liebe und Leiden Christi in seiner Erlösungstat am Kreuz.

Dennoch ist der Thronende selbst vielmehr Gott als Christus, denn »der Löwe aus dem Stamm Juda« erscheint erst später in derselben Szenerie in der Form des Lammes (5,5f). Der grüne Smaragd schließlich, steht als sehr harter und klarer Edelstein für die beständige, lichte Grünkraft Christi und seines Himmelreichs. Grün ist die Farbe von Natürlichkeit, Wachstum und Werden. Vor dem Thron stehen die »sieben Geister Gottes«, die wir im Zuge der Erlöservisionen Jesajas als die sieben Söhne Gottes kennenlernten.[69] Um den Thron stehen vier geflügelte und mit Augen übersäte Wesen in Form eines Menschen, eines Stiers, eines Löwen und eines Adlers: Die vier Evangelisten beziehungsweise Evangelien – oder vielmehr: die vier Aspekte der Vollkommenheit, die oben anhand der Himmelsvision Ezechiels besprochen wurden.[70]

---

64 Gemäß Michael Giengers (1995) *Handbuch der Steinheilkunde* S. 302f.

65 Ben-Jamin = »Sohn der Rechten« oder im übertragenen Sinn »Sohn des Glücks« oder auch »Sohn der Freude«. Letzteres insbesondere als Gegenteil der ersten Namensgebung der sterbenden Mutter Rahel: Ben-Oni, das heißt Sohn meiner Not, meines Unglücks.

66 Zum kultischen Symbolgehalt der Steine vgl. 2Mose 28,17–21 und 39,10–14.

67 Vgl. Mt 3,17b; Mk 1,11b; Lk 3,22b: »Du bist mein geliebter Sohn, an dir habe ich Wohlgefallen!« und Jes 42,1a: »Siehe da, mein Knecht, an dem ich festhalte, mein Erwählter, an dem mein Herz Wohlgefallen hat«.

68 Vgl. Offb 22,13.

69 Abschnitt *Der Starke mit uns* S. 78.

70 Abschnitt *Die himmlische Herrlichkeit bei Ezechiel* S. 41.

Die versiegelte Buchrolle

Nach dem Beschrieb des Thronsaals erscheint das Buch mit den sieben Siegeln:

> *Offb 5,1: Und ich sah in der rechten Hand dessen, der auf dem Thron saß, ein Buch, beschrieben innen und außen, versiegelt mit sieben Siegeln.*

Dieses Buch wird uns begleiten bis ins zehnte Kapitel der Apokalypse. Die rechte Hand ist jene des rationalen Abrechnens, die Hand von Rechtsprechung und Führung. Das Buch ist innen und außen beschrieben. Dies zeigt, daß damit vielmehr eine Schriftrolle gemeint ist. Diese beidseits beschriebene Schriftrolle steht im Zusammenhang mit den altjüdischen Lösungsgesetzen, die im Levitikus aufgeführt sind (25,48–54). Sie wurden im Abschnitt *Erlösungstat, Höllenfahrt und Auferstehung* bereits andiskutiert.

Frischen wir nochmals auf und präzisieren: Die Gesetze des Volkes Israel, mitunter das Lösungsgesetz, wurden Mose von Gott als irdisches Abbild der himmlischen Gesetze vermittelt. Ein praktisches Beispiel eines Lösungsaktes in diesem Sinn findet man im Buch Rut. Wenn ein Israelit sich so verschuldet hatte, daß sein Erbe und sein Ackerland und womöglich auch seine Freiheit verloren waren, so konnte er von einem nächsten Verwandten wieder ausgelöst werden, wenn dieser bereit war, stellvertretend für ihn den Lösungspreis zu zahlen, also den Gläubiger zu entschädigen. Ein solcher Schuldvertrag mit seinen Lösungsbedingungen war als versiegelte Doppelurkunde mit der Unterschrift von mindestens drei Zeugen festgehalten, beschrieben auf der Innen- und Außenseite. Der volle Vertrag stand auf der Innenseite. Befand sich auf der Außenseite ursprünglich eine komplette Abschrift,[71] so waren hier später nur noch die Eckpunkte des Vertragsgegenstands und die Lösungsbedingungen aufgezeichnet. Der Vertrag war auf der Innenseite der versiegelten Rolle abgesichert gegen Fälschung, und auf der Außenseite konnten dessen Gegenstand und Bedingungen jederzeit eingesehen werden, ohne das Siegel zu brechen.[72]

Eine solche, mit sieben Siegeln der sieben Geister oder Söhne Gottes verschlossene Schriftrolle sieht Johannes in seiner Vision. Würdig die Siegel zu brechen und den Schuldvertrag der Menschheit zu öffnen ist nur der geeignete Löser, nach Bezahlung der rechtmäßigen Lösungssumme. Diese Vision ist die verläßlichste Beschreibung des Erlösungswerks Christi: Die Menschheit hat sich durch Schwäche, Nachlässigkeit und Selbstsucht beim Verführer Satan so

---

[71] Vgl. Jer 32,10–12.

[72] Form, historische Entwicklung und Bedeutung der Doppelurkunden s. Koffmahn (1968) S. 10ff.

verschuldet, daß sie ihm in Sklaverei verfiel. Im Rahmen von Gottes unfehlbarer Gerechtigkeit konnte der größte Ankläger und Verleumder immer auf die untilgbare Schuld seiner Leibeigenen pochen und ihnen so die Rückkehr ins Himmelreich verwehren.

Vorerst trauert Johannes, da keiner gefunden wird, der würdig wäre, die Siegel zu brechen und das Buch zu öffnen (5,4). Da der Löser ein naher Verwandter sein müßte und die Menschen alle abgefallen sind, das heißt alle selbst in tiefer Schuld stehen, scheint es unmöglich, einen zu finden, zumal die Auslösungssumme äußerst hoch ist, wie schon in den Psalmen Davids erwähnt:

> *Ps 49,8f: Den Bruder loszukaufen vermag ja doch kein Mensch, noch an die Götter*[73] *das Lösegeld für ihn zu zahlen,* 9*denn unerschwinglich hoch ist der Kaufpreis für ihr Leben: Er muß davon Abstand nehmen für immer.*

Dann erscheint der Löwe Judas in der Vision, jedoch in der Gestalt eines Lammes:

> *Offb 5,5b–6a: Siehe, es hat überwunden der Löwe aus dem Stamm Juda, die Wurzel Davids, aufzutun das Buch und seine sieben Siegel.* 6*Und ich sah mitten zwischen dem Thron und den vier Gestalten und mitten unter den Ältesten ein Lamm stehen, wie geschlachtet.*

Der Löwe ist das Symbol starken Willens und das Lamm jenes von Duldsamkeit und Bescheidenheit. Nur indem Christus Mensch und damit unser naher Verwandter wurde, kam er als Löser überhaupt in Frage. In der vorliegenden Szenerie hat er schon überwunden. Deshalb erscheint Satan nicht. Einerseits ist hier das himmlische Leben, und Satan ist der geistige Tod. Andererseits ist Satan schon besiegt, das Lamm schon »wie geschlachtet«.

Christus hat sich Satan und seinen Höllenfürsten als wehrloses Lamm ausgeliefert. Als schwacher Mensch ist er das ernste Risiko eingegangen, den Verführungskünsten und Gewaltmitteln des mächtigen Gegners zu erliegen und ebenfalls unter seine Herrschaft zu fallen. Hätte Satan Christus mit Zucker und Peitsche dazu gebracht, sein Gottvertrauen in der äußersten Gottverlassenheit preiszugeben und seinen Auftrag zu verwerfen, so hätte er seinen größten Gegner, den Gesalbten Gottes endlich in seiner Gewalt gehabt, wie uns alle. Christus aber ließ sich mit allen Versuchungs- und Machtmitteln nicht von

---

[73] Oder: die Starken. In neusprachlichen Übertragungen steht hier normalerweise »an Gott«, doch die Mehrzahl Elohim (אֱלֹהִים) sollte hier als Mehrzahl übersetzt werden. Die Bezahlung des Lösegelds an Gott-Vater führt zu unlösbaren Widersprüchen; vgl. Fußnote 107 auf S. 118.

seinem Auftrag der Liebe und Solidarität abbringen. Dies mußte sein freier Wille sein und nicht von Gott vorbestimmt. Satan mußte eine faire Chance zugebilligt werden, denn wäre der Erlöser a priori unfehlbar, so wäre der Handel nicht gerecht gewesen. Gott bleibt gerecht, sogar den Schuldigen gegenüber.

Durch Satans Gewalt bis zum Äußersten an einem ganz und gar Schuldlosen, kann nun Christus, der Geschädigte nach Gottes unfehlbarer Gerechtigkeit den Himmelsfürsten nach Gottes Fügung machtvoll gegenübertreten: Da er, der Erste und Letzte, einer von uns wurde, sich aber mit aller Gewalt nicht gefangennehmen ließ, werden nun im Gegenzug all die bisher aussichtslos geketteten Sklaven zu freien Fronarbeitern. Der Löwe mit dem stärksten Willen hat als das duldsamste Lamm gesiegt.

Fortan bleiben die Seelen höchstens noch unter Satans Herrschaft, so sie es immer noch wollen. Gläubiger und Löser sind Satan und Christus, der Richter ist Gott, und die Zeugen sind die sieben Söhne Gottes, mit deren Siegel die Urkunde verschlossen ist. Und durch das anschließende Lob der Schöpfung wird bestätigt, daß da zwei Verschiedene sind und nicht nur Einer, nämlich der Unfehlbare, der auf dem Thron sitzt und das Lamm mit dem stärksten Willen – Gott und Christus:

> *Offb 5,13: Und die ganze Schöpfung im Himmel und auf der Erde und unter der Erde und auf dem Meere und alles, was in ihnen lebt, hörte ich rufen: »Dem, der auf dem Throne sitzt, und dem Lamm gebühren Lobpreis und Ehre, Herrlichkeit und Macht in alle Ewigkeit.«*

Alle Geschöpfe jubeln, denn sie alle sind vom Abfall mitbetroffen und mit uns daraus erlöst.[74] Hier sehen wir außerdem ein Beispiel der landläufigen Übersetzung »von Ewigkeit zu Ewigkeit«[75], wo eigentlich »von Äon zu Äon«, also »von Zeitalter zu Zeitalter« stehen müßte. Die Irrlehre der ewigen Hölle basiert wesentlich auf dieser Art Übersetzungsfehler.

Der Lösungspreis zum Erringen der geistigen Freiheit ist also beglichen. Der Löser, das Lamm, kann beginnen die Siegel des Buchs nach und nach zu brechen, um den verborgenen Plan Gottes zu eröffnen: die detaillierten Vertragsbedingungen des Abfalls der Menschheit und ihrer Rückkehr in ihr altes Erbe. Die Menschen sind mit der Erlösung erst von Leibeigenen zu Fronarbeitern geworden. Die Entscheidung, ihre Freiheit zu nutzen und heimzukehren, müssen sie selber treffen. Sie müssen ihre Schuld eingestehen und den Heimweg des

---

[74] Röm 8,19–23; s. Abschnitt *Der Garten Eden* S. 61.

[75] Εἰς τοὺς αἰῶνας τῶν αἰώνων, wörtlich: in jene Zeitalter der Zeitalter hinein, bzw. sinngemäß: über die Zeitalter der Zeitalter.

Verlorenen Sohnes[76] aus eigener Kraft in Demut unter die Füße nehmen. Die Menschheit und jeder Mensch für sich selbst muß sich von Satans Geist lossagen und sich des Himmelreichs als würdig erweisen.

Das Brechen der sieben Siegel ist wie erwähnt verwoben mit den vier apokalyptischen Pferden und leitet über zur ersten Posaune, die den Beginn der Endzeit markiert. Die sieben Siegel sind der Vertrag und dessen Erfüllung, die Posaunen beschreiben dann Richtspruch und Vollstreckung des Urteils.

Die apokalyptischen Pferde und die vier Weltzeitalter

Die vier apokalyptischen Pferde erscheinen bei Johannes mit je einem der ersten vier Siegel, die das Lamm bricht. Sie werden lediglich erwähnt und als weißes, rotes, schwarzes und fahles, das heißt leichenblasses Pferd bezeichnet (6,1–8). Der Reiter des weißen Rosses trägt einen Bogen und zieht aus um zu siegen. Jener des roten Rosses trägt ein Schwert und bringt Krieg und Mord unter die Menschen. Der des schwarzen trägt eine Waage, und es wird eine große Teuerung angekündigt. Der vierte Reiter schließlich heißt »der Tod«, führt das Totenreich im Gefolge und bringt durch Schwert, Hunger, Pest und wilde Tiere den Tod über den vierten Teil der Menschheit. Das ist schon alles was wir durch Johannes über die vier Pferde erfahren.

Mit diesen dürftigen Informationen könnten wir die Bedeutung kaum ermessen; wir könnten die Reiter höchstens als rätselhafte Heimsuchungen der Endzeit einordnen. Gott sei Dank war Johannes nicht der einzige Prophet. Die Boten Gottes haben uns durch Hildegard von Bingen mehr Klarheit verschafft. Ihre ausgedehntere Darstellung führt uns auf die richtige Spur. Während in der Johannesoffenbarung die vier apokalyptischen Pferde auf den ersten Blick für die Heimsuchungen der Menschheit in den letzten Tagen zu stehen scheinen, beschreibt Hildegard das weiße, rote, schwarze und fahle Pferd als je ein Zeitalter der Menschheit.[77]

Das weiße Pferd bezeichnet die Zeit von Naturverbundenheit, Naivität und Unwissenheit. Der Reiter trägt einen Bogen und eine Krone und zieht aus um zu siegen. Der Mensch wurde auf die Erde gesetzt, um erfolgreich gegen das Böse zu bestehen. Den Bogen sieht man wohl stimmiger als Zeichen für eine einfache Jägergesellschaft und nicht wie in Hildegards Auslegung als das Gericht Gottes in der Sintflut, vor der die Menschen ihre Unschuld wahrlich verloren und gar nicht siegreich bestanden hatten.

---

[76] Lk 15,11–32.

[77] LDO II.1,8.

Danach kommt das rote Pferd, dessen Reiter ein Schwert trägt. Dieses Pferd steht für das Zeitalter des geistigen und irdischen Kampfes, für Leidenschaft, den Aufbruch in die Selbständigkeit, aber auch für Überheblichkeit, Waffengewalt und Krieg und für leibliches wie geistiges Leiden. Mächtige Könige bekämpfen sich und führen die Völker in immer neue vernichtende Schlachten. Das Ende dieser Epoche sieht Hildegard mit der Niederkunft Christi und dem Entstehen der Kirche gekommen.

Während die Klosterfrau im dann auftretenden schwarzen Pferd das Leiden der Märtyrer und die Feinde der katholischen Kirche sieht, liegt dem Verfasser hier eine ganz andere Interpretation viel näher. Der Höhepunkt der roten Epoche liegt wie von der Prophetin angeführt in der Menschwerdung des Erlösers und der Formierung der Urkirche. Das schwarze Pferd der Finsternis jedoch ist mit der Etablierung der römischen Reichskirche ab dem dritten oder vierten Jahrhundert gekommen.[78]

Dies ist der Einbruch der geistigen Nacht: Aberglaube, Götzendienst an Heiligenbildern und kirchlichen Fetischen, Machtkampf um geistliche und weltliche Vorherrschaft, ewige Hölle, Hetze gegen Häretiker und Heiden, Inquisition, Hexenprozesse und was das düstere Mittelalter alles so bereithielt. Mit dem Ende der Antike kommt die Zeit, in der Arme immer ärmer und Reiche immer reicher werden. Der Reiter trägt eine Waage in der Hand, denn geistliche und weltliche Obrigkeiten maßen sich an, die Gerechtigkeit erfunden zu haben. Ein Maß Weizen für einen Golddenar (6,6) bedeutet, daß in der ungeheuren Teuerung der Grundbedarf des Lebens für die kleinen Leute nicht mehr erschwinglich ist, während die unermeßlich Reichen immer noch in Luxus leben können, denn »dem Öl und dem Wein tu keinen Schaden«. Die ersten schrecklichen Inflationen, die die kleinen Bürger ihre Existenz kosteten, gab es schon in der Spätantike, zur Zeit der Konstitution der römischen Kirche.[79] Christi Feuer wird in dieser Epoche zum Schwelbrand; das geistige Reich Christi, das nicht von dieser Welt ist,[80] geht in den immer neu zersplitterten, menschengemachten Kirchen zusehends vergessen.

Das Morgengrauen dieser geistigen Nacht findet sich in der Aufklärung im sechzehnten bis achtzehnten Jahrhundert. Der anbrechende Tag bringt aber kein Licht, sondern das fahle Pferd hervor. Heute galoppiert der Reiter der Leichenblässe. Der Materialismus hat alles Geistige begraben. Seit dem neunzehnten Jahrhundert ist Gott totgesagt (Nietzsche) und wahrer Glaube

---

78 Vgl. Kap. *Die große Trübsal* S. 124.

79 Schubart, 1943 S. 12f; vgl. Abschnitt *Konstantin der Große* S. 156.

80 Nach Joh 18,36.

weitgehend verschwunden. Bekennende Christen und treue Kirchengänger ahnen kaum etwas von der geistigen Welt, und jene die sich Parapsychologie oder Spiritismus widmen, fischen meist im Trüben und haben mit Gott und Christus nichts am Hut. Die Menschheit hat ihr Schicksal selbst in die Hand genommen, steht mit beiden Beinen im Materiellen und hat das geistige Reich vergessen. In dieser Zeit wird dem Reiter »Macht gegeben über den vierten Teil der Erde, zu töten mit Schwert und Hunger und Pest und durch die wilden Tiere« (6,8). Hildegard erweitert diesen Befund:[81] »In dieser Zeit werden auch in allen Gebieten der Erde Kämpfe mit dem Schwert unter ihnen ausbrechen, die Früchte der Erde werden vernichtet werden.«

Davon was dieser Reiter über die Menschheit bringt, können wir den Hunger, das heißt himmelschreiende Armut direkt in Zahlen dokumentieren:[82] 1,4 Milliarden, das heißt jeder fünfte Mensch legt sich jeden Abend hungrig schlafen; jeden Tag sterben 22'000 Kinder an den Folgen der Armut; 500 Milliardäre verfügen zusammen über mehr als doppelt so viel Vermögen wie das ganze ärmste Drittel der Weltbevölkerung; die Hälfte der Menschheit hat keinen Zugang zu sauberem Trinkwasser; für jeden Dollar Entwicklungshilfe, den die armen Länder erhalten, sind ihnen im Gegenzug 25 Dollar Schuldentilgung auferlegt. Und die Armutssituation spitzt sich laufend zu: Nach einer Studie der Entwicklungsorganisation Oxfam besaßen 2010 noch 388 Menschen so viel Vermögen wie die ärmere Hälfte der Weltbevölkerung, und Jahr für Jahr sind es weniger; 2015 waren es nur noch 62 Individuen.[83]

Die heutigen Zivilisationsleiden waren im Altertum nicht bekannt. Nehmen wir hier die Pest im Sinne von Krebs und die wilden Tiere als Viren (Hepatitis, AIDS, Grippeepidemien) oder Bakterien (Infektionskrankheiten wie Malaria), dann haben wir ein treffendes Schreckensbild der gegenwärtigen und kommenden Tage nach Hildegard, »da die Menschen sagen: Wir wissen nicht was wir tun, und diejenigen, die uns das zu tun befahlen, wußten selbst nicht, was sie sagten«[84]. Weltweit werden rund 40 Millionen HIV-positive Menschen und hunderte Millionen Malariafälle geschätzt.[85]

---

[81] LDO II.1,8; letzter Absatz.

[82] Aus einem Bericht des *Human Rights Council* zur Bekämpfung extremer Armut (UN General Assembly, 2013).

[83] In dieser Oxfam-Studie ist auch der Zusammenhang zwischen Steuersystemen und der Verschärfung sozialer Ungleichheit beschrieben (Kalinski, et al., 2016).

[84] LDO I.1,8; zweitletzter Absatz.

[85] Schätzungen der UNO bzgl. HIV: Total 76 Mio. bisher Infizierte und 34 Mio. Opfer, aktuell ca. 37 Mio. Infizierte, wobei gut die Hälfte davon gar nicht wissen, daß sie HIV-positiv sind

Die Schwerter sind heute Schußwaffen und Raketen gewichen, doch daß Kriege seit der Aufklärung bis ins neue Jahrtausend weltweit Jahr für Jahr hunderttausende Menschen das Leben kosten, ist historische Realität. Die jüngsten Kämpfe im Nahen und Mittleren Osten, in Afrika, Osteuropa, Südamerika und der Terror auf der ganzen Welt lassen aufhorchen.

Die von Hildegard prophezeite Zerstörung der natürlichen Lebensgrundlagen durch unsere gierige Maßlosigkeit ist zunehmend unübersehbar und unabwendbar. Die Landwirtschaft sägt an ihrem eigenen Ast durch genmanipulierte und giftunterstützte, riesige Monokulturen, wie auch durch Massentierhaltung, die nur noch mittels Antibiotika aufrechterhalten werden kann – bis die Antibiotika schließlich durch den übermäßigen Einsatz ihre Wirkung verloren haben werden.

Die Maßlosigkeit der Menschen ist schlicht unglaublich, schafft sie es doch sogar, den sprichwörtlichen »Sand am Meer« derart auszubeuten, daß durch den Raubbau mit speziellen Ansaug-Schiffen tausende Strände schrumpfen und ganze Inseln verschwinden. Mittlerweile blüht schon der illegale Handel einer Sand-Mafia mit dem kostbar gewordenen Gut.[86]

Leider werden auch diese Worte wie die eines Rufers in der Wüste ungehört verhallen, denn hemmungsloses Genußstreben und süßer Schlummer in überheblich-optimistischer Illusion sind viel betörender als die bittere Realität.

Von den Siegeln zu den Posaunen – die Endzeit bricht an

Die Offenbarungen bezüglich der sieben Siegel und der sieben Posaunen überschneiden sich und lassen sich kaum sinnvoll trennen. Die ersten Posaunen werden durch die letzten Siegel bereits angekündigt, ja zum Teil gewissermaßen schon vorweggenommen. Zwischen die Posaunen sind weitere Visionen eingeflochten. In den folgenden Unterabschnitten werden nur sechs der sieben Posaunen interpretiert. Die siebte Posaune folgt weiter unten.

(UN General Assembly, 2016 S. 7). Der Menschenrechtsrat der UNO schätze 2013 weltweit rund 500 Millionen Malariafälle (UN General Assembly, 2013). Die WHO kam im Report von 2015 auf 212 Millionen, allerdings mit einer Unschärfe von 148–304 Millionen; die Mortalität wurde auf etwa 500'000 Malariaopfer pro Jahr geschätzt (Chan, 2016 S. XVf).

[86] Artikel von Andreas Flütsch in der Schweizer Zeitung *Tages-Anzeiger* (Der Sand wird knapp, 2015).

Die letzten drei Siegel und die ersten vier Posaunen

Mit dem fünften Siegel erscheinen all die reinen Seelen, die über die Jahrhunderte von den Übeltätern der Menschheit gemordet wurden (6,9–11). Sie schreien zum Himmel, wie lange die Rache für die Schandtaten noch auf sich warten lasse. Die Zeit ist aber erst erfüllt, wenn alle dazugekommen sind, die auch noch getötet werden sollen (V. 11), das heißt wenn das Maß der Sünden voll ist. Die Zeit der Trübsal, das heißt der apokalyptischen Pferde, muß ihren Abschluß finden. Sie bedeutet die oben beschriebenen Jahrhunderte von Krieg und Verwüstung, Mord und Totschlag, von Götzendienst und rücksichtslosem Streben nach Reichtum und Macht, die Zeit der Umweltzerstörung, von Hochmut und blinder Maßlosigkeit. Sie erreichte ihren Höhepunkt mit dem Kreuzestod Christi und dauert seither unvermindert an, bis in die Gegenwart und darüber hinaus.

Die von Engeln geblasenen Posaunen erscheinen erst in Kapitel 8 der Offenbarung, werden aber schon beim sechsten Siegel vorbereitet:

> *Offb 6,12–14: Als das Lamm das sechste Siegel öffnete, da entstand ein gewaltiges Erdbeben; und die Sonne wurde schwarz wie ein härenes Sackkleid (= Trauergewand), und der Mond wurde wie Blut;* **13***die Sterne des Himmels fielen auf die Erde, wie ein Feigenbaum seine unreifen Früchte abwirft, wenn ein Sturmwind ihn schüttelt;* **14***der Himmel verschwand wie eine Buchrolle, die man zusammenrollt, und alle Berge und Inseln wurden von ihrer Stelle weggerückt.*

Schon Jesaja prophezeite in Gottes Strafgericht über Edom, der Himmel werde eingerollt wie eine Buchrolle (34,4), und Ezechiel sah in seinem Klagelied über den Pharao den Himmel verhüllt und Sonne, Mond und Sterne verfinstert (32,8). Dies hört sich an wie die Auswirkungen eines Atomkriegs, bei dem der Himmel von gewaltigen Rauchpilzen quasi eingerollt wird. Daß jedoch auch alle Berge und Inseln hinwegbewegt werden sollen, spricht für ein noch gravierenderes Ereignis.

Das Beschriebene gleicht aufs Haar den Begebenheiten, die Johannes für die ersten vier Posaunen beschreibt: Bei der ersten fällt Hagel und Feuer mit Blut vermischt (Offb 8,7), bei der zweiten fällt etwas wie ein großer Berg ins Meer (V. 8), bei der dritten fällt ein Stern vom Himmel, brennend wie eine Fackel (V. 10), und bei der vierten verfinstern sich Sonne, Mond und Sterne, wie schon beim sechsten Siegel. Das Drittel von Pflanzen, Meeresbewohnern und Schiffen, des Süßwassers und der Himmelskörper, das bei jeder Posaune vernichtet wird, ist nicht mathematisch zu interpretieren, sondern spricht einfach für ein Ereignis mit globalen Auswirkungen, das einen erheblichen Teil des irdischen Lebens auslöscht.

Ob das sechste Siegel und die ersten vier Posaunen ein oder mehrere Ereignisse beschreiben, können wir nicht sicher entscheiden, denn das Beschriebene ist noch nicht geschehen. Der das Kapitel abschließende, wehklagende Adler (8,13) faßt die ersten vier Posaunen aber gleichsam zusammen. All die erwähnten Schilderungen lassen sich ohne weiteres nach naturwissenschaftlichen Gesichtspunkten interpretieren: Sämtliche Details sprechen lückenlos und fehlerfrei dafür, daß hier ein Asteroid auf der Erde einschlägt, ähnlich wie beim Aussterben der Saurier vor rund 66 Millionen Jahren. Betrachten wir hierzu die verfügbaren naturwissenschaftlichen Fakten.

Die Erde wird seit ihrer Entstehung vor rund viereinhalb Milliarden Jahren immer wieder von Brocken aus dem All getroffen. Kleine Körner verglühen als Sternschnuppen in der hohen Atmosphäre. Die größeren, die die Erdoberfläche erreichen, werden als Meteoriten bezeichnet. In den letzten Jahrzehnten konnten durchschnittlich etwa fünf Meteoriten pro Jahr in ihrem Fall beobachtet werden.[87] Tatsächlich werden aber weltweit jährlich gegen 20'000 solche Geschosse schwerer als hundert Gramm geschätzt.[88] Es sind Bruchstücke von Asteroiden, den Überbleibseln der Entstehung des Sonnensystems, die sich nicht als Planeten zusammenballen konnten.

Aufgrund der Vorgänge ihrer Entstehung ist der typische Aufbau der Asteroiden schalenartig, mit einem Kern aus schweren Metallen - insbesondere Eisen und Nickel - und einem Mantel mit viel Kohlenstoff, Schwefel und Silikaten.[89] Die meisten Asteroiden sind aufgrund ihres hohen Kohlenstoffanteils an der Oberfläche dunkel wie die Nacht und daher auch mit neuesten wissenschaftlichen Mitteln nur schwer zu entdecken.

Außer jenen im bekannten Gürtel zwischen Mars und Jupiter gibt es auch viele Asteroiden, die sich auf anderen Bahnen bewegen, namentlich einige, die ein gewisses Kollisionsrisiko mit der Erde bergen. In der Erdgeschichte gab es schon mehrere Kollisionen mit unserem Planeten, unter anderem vor etwa 250 Millionen Jahren und vor etwa 66 Millionen Jahren. Letztere trug wesentlich zum Aussterben der Saurier bei.[90]

---

87 Meteoritical Society (1970–2012).

88 Halliday, et al. (1984).

89 Heide, et al. (1988).

90 Nach einem Bericht der *Large Synoptic Survey Telescope Corporation* in Tucson AR (LSST, 2014).

In ihren Planspielen erdenken die Wissenschaftler technische Möglichkeiten, gefährliche Objekte im All über Monate und Jahre allmählich ablenken zu können, damit es nicht zur Kollision käme. Nach heutigem Kenntnisstand ist dies aber praktisch nur sehr schwer durchführbar, bleibt also intellektuelle Spekulation. Eine Zerstörung oder Ablenkung eines torkelnden[91] Asteroiden durch Sprengung - wie in gewissen Science Fiction Thrillern - wäre kaum prognostizierbar, und die technischen Mittel hierfür könnten auch nicht mit vertretbarem Aufwand bereitgestellt werden.[92] Ziel der heutigen Forschungsaktivitäten ist vielmehr die Vorhersage. Es werden je nach Größe mindestens Monate, wenn nicht Jahre Vorwarnzeit versprochen.[93]

Im November 2011 zog ein vierhundert Meter großer Asteroid innerhalb der Mondbahn an der Erde vorbei.[94] Im April 2029 soll gemäß jüngeren Berechnungen ein etwa 300 Meter großer Asteroid wenig über der Höhe geostationärer Satelliten an der Erde vorbeischießen und sich 2036 erneut annähern.[95] Die anfänglich befürchtete Kollision wird nun ausgeschlossen, doch die Modellrechnungen sind mit großen Unsicherheiten behaftet, da die Bahn der Asteroiden laufend aus vielen Quellen beeinflußt wird. Rufen wir uns die Prophezeiung Hoseas in Erinnerung, die im Abschnitt Tausend Jahre wie ein Tag diskutiert wurde (S. 170). Zwar wissen wir weder Tag noch Stunde[96], doch den Autor würde es nicht sonderlich verwundern, wenn unsere wissenschaftlichen Sterndeuter dereinst für die zweite Hälfte des einundzwanzigsten Jahrhunderts oder wenig später die drohende Kollision eines Asteroiden mit der Erde vorausberechnen würden.

Die verfügbaren Forschungsinformationen zu den Auswirkungen eines Impakts sind zum Beispiel bei der Planetaren Vereinigung Australiens übersichtlich

---

91 Die Rotationsachse von Himmelskörpern schwankt allgemein periodisch um eine mittlere Richtung (Nutation), je kleiner und starrer ein Objekt, desto stärker. Die wenige Kilometer großen Asteroiden auf irregulären Bahnen werden oft als »Tumbler« bezeichnet (Englisch tumble = purzeln, taumeln), denn sie nutieren bisweilen sehr ausgeprägt (Pravec, et al., 2014 S. 51). Zudem ist ihre Massenverteilung und Form oft unregelmäßig asymmetrisch. Selbst ein sehr präziser starker, äußerer Impuls wäre kaum prognostizierbar, da er auch die Gestalt des Objekts verändern würde.

92 Nach interdisziplinären Studien über Asteroideneinschläge im Hinblick auf die menschliche Zivilisation: Über ihre Auswirkungen (Bobrowsky, et al., 2007 S. 154f) bzw. über eine mögliche Schadensbegrenzung (Belton, 2004 S. 175).

93 Heide, et al. (1988).

94 Yeomans, et al. (2011).

95 Giorgini, et al. (2013).

96 Mt 25,13; Lk 12,40.

zusammengefaßt:[97] Der Einschlag eines 1 Kilometer großen Körpers hätte schon die Sprengkraft von ein- bis zweihundert der heute üblichen Thermonuklearsprengköpfe, die rund fünfzigmal stärker sind als die Bomben von Hiroshima und Nagasaki. Dennoch würde dies lediglich zu schweren Verwüstungen im Umkreis von wenigen hundert Kilometern und zu gewaltigen Tsunamis und regionalen Erdbeben führen.

Bei einem 5 Kilometer großen Brocken müßte im Umkreis von bis zu tausend Kilometern mit schlimmsten unmittelbaren Zerstörungen durch Feuerstürme und Flutwellen und mit globalen Erdbeben gerechnet werden. Die Erdbeben wären von Stärken bis 13 auf der Richter-Skala. Das größte bisher beobachtete Erdbeben von 1960 in Chile hatte die Stärke 9.5.[98] Hochgeschleuderte und wiedereintretende glühende Trümmer würden innert weniger Stunden zu einem Feuerhagel im Umkreis von etwa fünftausend Kilometern führen.

Ein 10 Kilometer großer Asteroid entspräche etwa jenem beim Aussterben der Saurier und hätte global vernichtende Auswirkungen über Jahre, so daß wohl neunzig Prozent allen Lebens einschließlich praktisch der ganzen Menschheit von der Erde ausgemerzt würden. Außerdem ist wissenschaftlich belegt, daß der Schwefelgehalt des Asteroiden vor 66 Millionen Jahren zu extrem starkem saurem Regen führte, der – durch aus der Erdatmosphäre gebildete Stickoxide noch verstärkt – alles Leben in den oberen Meeresschichten vergiftete.[99]

Es darf auch angenommen werden, daß durch den hohen Eisengehalt eines Asteroiden erhebliche Mengen Eisenoxid und andere eisenhaltige Verbindungen freigesetzt würden. Eisensalze und Eisenkomplexe sind rot und oft wasserlöslich, doch auch das unlösliche Eisenoxid (Rost) könnte als feines Pulver in Suspension zu einer Rötung von Wasser führen. Diese letzte Aussage ist spekulativ, da dem Autor keine gesicherten wissenschaftlichen Daten vorliegen.

Betrachten wir nun angesichts dieser Erkenntnisse nochmals die Begebenheiten nach dem Öffnen des sechsten Siegels, das die Posaunen einleitet:

*Offb 6,12–15: Als das Lamm dann das sechste Siegel öffnete, da entstand ein gewaltiges Erdbeben; und die Sonne wurde schwarz wie ein härenes Trauergewand, und der Mond wurde wie Blut; **13**die Sterne des Himmels fielen auf die Erde, wie ein Feigenbaum seine unreifen Früchte abwirft, wenn ein Sturmwind ihn schüttelt; **14**der Himmel verschwand wie eine Buchrolle, die man zusammenrollt, und alle Berge und Inseln wurden von ihrer Stelle weggerückt. **15**Und die Könige der Erde,*

---

97 Paine (2004).

98 Kenkmann, et al. (2005) S. 246; Nelson (2012).

99 Bobrowsky, et al. (2007) S. 220; Ingham (2014).

die Würdenträger und obersten Heerführer, die Reichen und Mächtigen, alle Sklaven und Freien verbargen sich in den Höhlen und zwischen den Felsen der Gebirge.

Im siebten Kapitel der Apokalypse erscheinen die Heiligen vor dem Thron Gottes, die in der Zeit der großen Trübsal, das heißt in den vergangenen rund zweitausend Jahren ihre Kleider reingewaschen haben. Die Knechte Gottes werden an ihrer Stirn versiegelt. Ob die Zahl von zwölfmal zwölftausend für jeden Stamm Israels symbolisch ist oder wörtlich genommen werden soll, scheint von untergeordneter Bedeutung (Offb 7,4–8). Der Verfasser erachtet sie als symbolisch. Danach kommt das siebte Siegel, und es wird still:

Offb 8,1: Als das Lamm dann das siebte Siegel öffnete, trat eine Stille im Himmel ein wohl eine halbe Stunde lang.

Als letzte Überleitung werden die Gebete der Heiligen aus der Trübsal auf einem goldenen Altar mit Räucherwerk dargebracht und:

Offb 8,5–7: Hierauf nahm der Engel die Räucherpfanne, füllte sie mit glühenden Kohlen vom Altar und schleuderte sie auf die Erde hinab; da erfolgten Donnerschläge und Getöse, Blitze und Erdbeben. … 7Und der erste Engel stieß in die Posaune: Da entstand Hagel und Feuer, mit Blut vermischt, und wurde auf die Erde geworfen; da verbrannte der dritte Teil der Erde, und der dritte Teil der Bäume verbrannte und ebenso alles grüne Gras.

Dieser Anfang des achten Kapitels mit der ersten Posaune fügt sich nahtlos an die Schilderungen am Ende des sechsten Kapitels: Ein Einschlag eines Asteroiden von etwa drei Kilometern Durchmesser würde von der Erde her hell glühend wie ein niedergehender Stern wahrgenommen, hätte global stärkste Erdbeben zur Folge und würde gewaltige Mengen Staub in die hohe Atmosphäre schleudern. Das Blau des Himmels würde vom Einschlagsort her quasi eingerollt wie eine Buchrolle (6,14a) und die Sterne verborgen (6,13). Sonne und Mond schienen durch eine Rauch- oder Staubdecke, die viel rote Eisenverbindungen enthielte (6,12). Die Menschheit wäre aber durch die Wissenschaft lange vorgewarnt und Reiche wie »Sklaven« würden wo immer möglich unterirdischen Schutz suchen (6,15).

Da die Erde zu über zwei Dritteln von Wasser bedeckt ist, würde der Asteroid mit großer Wahrscheinlichkeit ins Meer einschlagen. Die Folge wären gigantische Tsunamiwellen über die ganze Welt. Nahe am Entstehungsort wären sie hunderte Meter hoch und könnten bis zu hundert Kilometer und mehr ins Landesinnere einbrechen. Gewaltige Bergstürze durch die größten Erdbeben aller Zeiten würden die Berge gleichsam von der Stelle rücken (6,14b). Alle Inseln würden überspült. Danach träte Stille ein am Himmel, beim vorliegenden, noch nicht allzu gigantischen Objekt nicht für mehrere Stunden, sondern vielleicht nur für eine halbe (8,1).

Schließlich kämen die durch die Wucht des Einschlags hochgeschleuderten Bruchstücke immer noch glühend heiß zurück aus der hohen Atmosphäre und führten zu einem verheerenden Feuerhagel im Umkreis von zwei-, dreitausend Kilometern des Einschlagsorts, ohne weiteres über einen ganzen Kontinent hinweg. Die Folge wären vernichtende Wald-, Busch- und Steppenbrände in den ganzen betroffenen Regionen (8,7). Die Erde würde weltweit noch während Wochen bis Monaten immer wieder aufs Heftigste beben (8,5).

Ein Verschwinden der Inseln hat aber noch einen anderen möglichen Grund: Aufgrund der Klimaerwärmung durch übermäßige Verbrennung von fossilen Brennstoffen schmelzen die gigantischen Gletscher der Antarktis und werden mittelfristig den Meeresspiegel um einige Meter erhöhen.[100] Daß es geschieht, ist unabwendbar. Die Frage ist nur wie schnell. Viele Inseln die sich großer touristischer Beliebtheit erfreuen, werden überspült werden, allen voran die paradiesischen, flachen Riffe im indischen Ozean, die Malediven, die Lakkadiven und die Seychellen etc.

Ob der ins Meer stürzende, feuerflammende Berg der zweiten Posaune (8,8), der große Stern der dritten Posaune (8,10) und der vom Himmel fallende Stern der fünften Posaune (9,1) dann neue Einschläge betreffen, scheint eher von akademischem Interesse. Angesichts der Seltenheit niedergehender Asteroiden sind es wohl kaum verschiedene Ereignisse. Daß das Meer durch den stürzenden Berg zu Blut wird, wäre jedenfalls durchaus mit Eisensalzen oder -komplexen und allenfalls auch mit pulverförmigem Eisenoxid in Suspension zu erklären. Aufschlußreich ist auch der Name des Sterns der dritten Posaune:

> *Offb 8,11: Der Name des Sterns lautet »Wermut«. Da wurde der dritte Teil der Gewässer zu Wermut, und viele Menschen starben von dem Genuß des Wassers, weil es bitter (d.h. giftig) geworden war.*

Der Schwefelgehalt des Asteroiden würde wie erwähnt zu äußerst saurem Regen führen, der nicht nur ganze Meeresregionen, sondern auch einen Großteil der Süßwasservorkommen mit erheblichen Konzentrationen von Schwefelsäure (H_2SO_4) und schwefliger Säure (H_2SO_3) vergiften würde. Aus oxidiertem Stickstoff der Erdatmosphäre kämen noch beträchtliche Mengen an Salpetersäure (HNO_3) hinzu. Die vierte Posaune wiederholt im wesentlichen die Schilderungen des sechsten Siegels mit dem Verbergen aller Himmelskörper. Je

[100] Siehe z.B. *Die Flut aus dem tiefen Süden* (2014).

nach Größe des Impakts hielte die globale Verfinsterung einige Monate an und würde gewiß weltweit die ganzen Ernten eines Jahres vernichten – ein globales Jahr ohne Sommer.

Eine weitere logische Folge der Verfinsterung wird bei Johannes nicht erwähnt. Die Unmengen von Staub in der hohen Atmosphäre würden einen wesentlichen Teil der Sonneneinstrahlung absorbieren. Die hohen Luftschichten würden stark erwärmt. Die unteren Schichten blieben im Schatten der Staubschichten kühl, und auch die Erdoberfläche erhielte wesentlich weniger Einstrahlung. Verdunstung an der Erdoberfläche wäre verhindert. Äußerst stabile atmosphärische Schichtungen wären die Folge – sehr großräumige, starke Inversionslagen. Nach den anfänglichen, sehr heftigen und äußerst sauren Niederschlägen bliebe weiterer Regen aus. Hielte dies wie erwartet über einige Monate an, könnten auch größte Flüsse und Ströme zu Rinnsalen werden, selbst wenn sie riesige Einzugsgebiete hätten. Wir erinnern uns an Jesaja, der in seinem Strafgericht über Ägypten prophezeite, der Nil werde zu einer stinkenden Kloake werden, alles Schilf werde verwelken und die Auen am Nilufer zu Staub zerstieben.[101] Genaugenommen bezieht sich dies nicht nur auf den Nil, sondern bedeutet wörtlich:[102] »Weit weg sollen die Ströme versiegen und austrocknen …«

Die fünfte und sechste Posaune – das »Heuschreckenheer«

Was in Kapitel 9 der Offenbarung von der fünften und sechsten Posaune geschildert wird, entrückt uns in geistige Dimensionen, die im heutigen Materialismus verdrängt werden. Die geharnischten Heuschrecken aus den Tiefen des Abgrunds und die berittenen Engel sind nicht mehr naturwissenschaftlich erklärbar. RBC Ministries' Interpretation als Flugzeuge in einem Krieg gleicht einer behelfsmäßigen Verlegenheitserklärung.[103] Auch der Prophet Zefanja läßt Posaunenschall erklingen, vor allem aber Joel, der von einem sehr ähnlichen, vernichtenden und unüberwindlichen, heuschreckenartigen Kriegsheer berichtet, das die Menschheit heimsucht.[104]

---

101 Jes 19,5-7; s. Abschnitt *Ägypten* unter *Jesaja – Gericht über antike Völker oder Gericht der Endzeit?* S. 180.

102 Jes 19,6a: וְהֶאֶזְנִיחוּ נְהָרוֹת דָּלְלוּ וְחָרְבוּ (weit weg – die Ströme – sollen versiegen – und austrocknen); vgl. Jes 42,15: »Berge und Hügel will ich veröden und all ihr Grün verwelken lassen, will Ströme zu trockenem Lande machen und Seen trocken legen.«

103 DeHaan (1982) S. 38.

104 Joel 2,1–11.25; s. Abschnitt *Weltuntergangsvisionen der Zwölf* ab S. 193.

Auf jeden Fall bleiben von diesen Plagen jene verschont, die zuvor an der Stirne versiegelt wurden (7,3). Dies mahnt an die Versiegelung der Haustüren mit dem Blut eines Lammes im Exodus bei der zehnten Plage über Ägypten (12,13), damit der Engel des Herrn an den Israeliten vorübergehe, wenn er alle Erstgeburt tötet. Alles spricht dafür, daß man hier parapsychologische Erklärungen heranziehen müßte, die leider von einer Mehrheit heute nicht ernst genommen werden. An ein materialisiertes Geisterheer mag man glauben oder nicht. Wenn Propheten keine Albdruck-Träumer sind, werden wir, beziehungsweise unsere Nachkommen die Wahrheit dereinst erfahren.

Sollte diese Prophezeiung wahr werden, wie der Verfasser bereit ist zu glauben, dann werden die Menschen denken, sie seien Angriffen von Außerirdischen ausgesetzt. Ein materialisiertes Geisterheer ist für die Menschen des Digitalzeitalters undenkbar. So werden die Armeen der Welt geeint alle verfügbaren militärischen Mittel gegen die Angreifer einsetzen, das heißt die »Könige der ganzen Welt« sich »versammeln zum Kampf am großen Tag Gottes, des Allmächtigen.«[105] Wir rekapitulieren die Worte des Propheten Amos (9,1–4): Nach den Trümmern vom Himmel soll kein Mensch dem Schwert entrinnen, und wenn sie in den Himmel hinaufsteigen, sollen sie hinabgestürzt werden, und auf dem Meeresgrund soll die Seeschlange sie beißen. Weder Kampfflugzeuge noch Raketen, weder Atom-U-Boote noch Panzer oder Maschinengewehre werden etwas ausrichten können, denn »auch durch Pfeilhagel[106] hindurch dringen sie vor, ohne sich aufhalten zu lassen«.

Trotz all dieser Heimsuchungen, seien sie nun naturwissenschaftlich nachvollziehbar oder nicht, bleiben die Menschen hartnäckig in ihrem Verhalten:

> *Offb 9,20f: Und die übrigen Leute, die nicht getötet wurden von diesen Plagen, bekehrten sich doch nicht von den Werken ihrer Hände, daß sie nicht mehr anbeteten die bösen Geister und die goldenen, silbernen, ehernen, steinernen und hölzernen Götzen, die weder sehen noch hören noch gehen können, ²¹und sie bekehrten sich auch nicht von ihren Morden, ihrer Zauberei, ihrer Unzucht und ihrer Dieberei.*

Diese Schilderungen wirken zweitausend Jahre nach der Vision altbacken, doch in ihren geistigen Grundzügen treffen sie voll und ganz zu. Die Wunderwerke unserer Hände und die Zauberei sind die technischen und digitalen Wunder, die wir verehren. Die Götzen sind jene von Reichtum, Luststreben und Vergnügen, vielleicht aber auch die Kruzifixe und Heiligenbilder, die wir

---

105 Offb 16,14, vgl. Abschnitt *Harmagedon – die Versammlung der Könige* S. 309f.

106 Joel 2,8; anstelle von »Pfeilhagel« nach Schlachter: »Wurfgeschosse«.

anbeten. Die metallenen und irdenen Götzen sind digitalen, technischen Wundern aus Halbleitermaterial und Kunststoff gewichen. Die Unzucht darf im Sinn von Sex als Konsumgut oder als Cybersex aufgefaßt werden. Die oben erwähnte Tatsache, daß für jeden Dollar Entwicklungshilfe 25 Dollar Schuldenrückzahlung zurückfließen, ist Raub an den Menschen der Dritten Welt, und die hochgiftige Gewinnung von Rohstoffen für digitale Geräte auf Kosten des Lebens der Ärmsten ist mutwillige Tötung, die an Mord grenzt. Von alldem lassen die Überlebenden auch nach allen Heimsuchungen nicht ab.

Intermezzo – der Engel, die zwei Zeugen, die siebte Posaune

Die Johannesapokalypse ist wie erwähnt ein kunstvolles Geflecht von Visionen. Dies zeigt sich insbesondere bei der siebten Posaune, deren Fanfare lange auf sich warten läßt. Zuvor werden drei andere Gesichte eingeschoben, die in den folgenden Unterabschnitten diskutiert werden. Die siebte Posaune leitet dann weitere Handlungssequenzen ein.

Der Engel mit dem Büchlein

Nach der sechsten Posaune erfolgt in Kapitel 10 der Offenbarung wieder eine Zäsur. Als Abschluß der Heimsuchungen im Rahmen der Posaunen erscheint ein gewaltiger Engel, mit dem einen Fuß auf der Erde und dem andern auf dem Meer. Er ruft mit mächtiger Stimme wie ein Löwe, und sieben Donner erschallen. Der Seher darf das Gehörte aber nicht aufschreiben. Danach verkündet der Engel, nun komme mit der siebten Posaune der geheime Ratschluß Gottes zum Abschluß (V. 7). Er übergibt dem Propheten eine offene kleine Schriftrolle. Dies ist zweifelsohne dieselbe wie im fünften Kapitel der Apokalypse. Das letzte Siegel ist nun gebrochen und das Buch liegt offen da.

Ein entsprechendes, beidseitig beschriebenes Buch sah Ezechiel, Jahrhunderte vor Johannes, allerdings ohne daß eine Versiegelung erwähnt wäre.[107] Johannes erhält den Auftrag die offengelegte Schriftrolle zu essen (10,9f). Schon Ezechiel mußte das Buch essen, doch ihm war es nur süß im Mund, während es Johannes zudem schließlich bitter im Magen wird. Das Buch essen steht für die Aufnahme der Verkündigung. Die Botschaft ist süß wie Honig, da sie nicht nur von den Greueltaten der Menschen und von Heimsuchung berichtet, sondern am Ende auch von Vergebung, Erneuerung der Schöpfung und von der

[107] Ez 2,8–3,3.

künftigen Gottesstadt.[108] Johannes wird das Buch bitter im Magen, da das Verdauen der Botschaft äußerst beschwerlich ist und hier nicht nur das Volk Israel und seine Nachbarn wie bei Ezechiel, sondern die ganze irdische Schöpfung betroffen ist. Ezechiels Vertragsrolle war jene des Volkes Israel, die des Johannes jene der ganzen Menschheit.

Der Engel mit dem Büchlein bildet den Abschluß der Vertragseröffnung Gottes und leitet ein langes Intermezzo mit verschiedenen Motiven ein. Die Zeit dreht erneut zurück zu den Anfängen.

Ausmessung des Tempels und die zwei Zeugen

In Kapitel 11 der Offenbarung beginnt eine neue Szenerie, wieder am Anfang des Erlösungswerks. Johannes soll den Tempel Gottes ausmessen:

> *Offb 11,1f: Man gab mir dann ein Rohr, das einem Meßstabe glich, und gebot mir: »Mache dich auf und miß den Tempel Gottes nebst dem Brandopferaltar und den dort Anbetenden; 2doch den Vorhof außerhalb des Tempels laß unberücksichtigt und miß ihn nicht mit; denn er ist den Heiden preisgegeben; die werden die heilige Stadt zweiundvierzig Monate lang zertreten.«*

Der in den gängigsten Übersetzungen verwendete Begriff »Rohr« in Vers 1 ist nur bedingt richtig.[109] Am überzeugendsten scheint hier die Übertragung Schlachters: »eine Meßrute gleich einem Stab«. Sollte wirklich ein Rohr gemeint sein, könnte dies als Hinweis aufgefaßt werden, daß das Zeugnis Christi seit der Erlösungstat nicht als rechtes Maß angewendet wird. Es gleicht einem Rohr im Wind, das zwar mystische Klänge hervorbringt aber kein gesetzmäßiges und verständliches Maß ist.

Die zweiundvierzig Monate entsprechen wieder den dreieinhalb Jahren oder Zeiten, die für die Periode von der Befreiung des päpstlichen Roms bis zum Untergang der politischen Macht des Kirchenstaates stehen.[110] Solange wird die Heilige Stadt zertreten werden durch die Scheinchristen, das heißt durch die faktischen Heiden, die nie weiter als bis höchstens in den Vorhof des himmlischen Tempels kommen.

Die Ausmessung des Tempels wird nur erwähnt, nicht aber im Detail beschrieben, denn die genauen Maße und die Ordnungen des himmlischen

---

[108] Ez 36; 37; Offb 21; 22.

[109] Griechisch κάλαμος ὅμοιος ῥάβδῳ heißt wörtlich Halm (Schilf), Rohrstab oder Meßrute (κάλαμος) wie ein Stab oder Stock (ῥάβδῳ).

[110] Siehe Abschnitt *Eine Zeit und zwei Zeiten und eine halbe Zeit* S. 140.

Tempels wurden schon von Ezechiel überbracht.[111] Beachtenswert ist, daß Johannes den Auftrag erhält, aufzustehen und den Tempel eigenhändig auszumessen, während bei Ezechiel der Engel Meßrute und Meßband führte und der Prophet nur niederschrieb. Ezechiel erhielt den Auftrag (43,10): »Erstatte dem Hause Israel Bericht über diesen Tempel, damit sie sich ihrer Verschuldung schämen«. Johannes fordert uns nur noch auf, uns endlich an den himmlischen Tempel und seine Ordnungen zu erinnern – das heißt uns in Bewegung zu setzen und selber Maß zu nehmen, – und er stellt fest, daß ein Großteil der Gläubigen die Gebote Gottes und die Überlieferung Ezechiels mit Füssen tritt.

Über die dann auftretenden zwei Zeugen Gottes, die wie Ölbäume oder Leuchter vor dem Herrn der Erde stehen, können wir nur qualifizierte Hypothesen aufstellen (V. 3f). Sie sollen während derselben Dauer weissagen, was die Vermutung nährt, es könnte dieselbe historische Periode gemeint sein. Entsprechende zwei Zeugen Gottes sind schon beim Propheten Sacharja erwähnt,[112] jedoch im Zusammenhang mit dem Wiederaufbau des Tempels durch Serubbabel. Dort waren wohl die zwei Großen des Alten Testaments, Mose und Elia gemeint, die auch in der Verklärung Jesu auf dem Berg erschienen.[113] Hier im Buch der Offenbarung könnte man aufgrund der 1260 Tage mutmaßen, vielleicht seien zwei Größen des Neuen Testaments gemeint, zum Beispiel Johannes von Patmos selbst und Paulus, die beiden großen neutestamentlichen prophetischen Verkünder neben den Schilderungen des Lebens Jesu in den vier Evangelien. Ihnen wird große Macht zugeschrieben:

> *Offb 11,5f: Und wenn jemand sich an ihnen vergreifen will, so geht Feuer aus ihrem Munde hervor und verzehrt ihre Feinde; und wenn jemand sich an ihnen vergreifen will, muß er durch Feuer ums Leben kommen. 6Diese haben die Macht, den Himmel zu verschließen, damit kein Regen während der Tage ihrer prophetischen Rede falle; auch haben sie Macht über die Gewässer, sie in Blut zu verwandeln und die Erde mit Plagen jeder Art zu schlagen, sooft sie wollen.*

Wären diese Aussagen spirituell gemeint, so könnte man all diese Elemente auf die Botschaft der Apostel beziehen. Bis hierher könnte man die beiden Zeugen spekulativ in diesem übertragenen Sinn interpretieren, doch dann endet diese symbolische Interpretierbarkeit jäh:

---

111 Ez 40–47; vgl. Abschnitt *Visionen des ewigen Jerusalems* S. 73.

112 Sach 4,10–14; s. Abschnitt *Der Leuchter und die Olivenbäume* S. 84.

113 Mt 17,3; Mk 9,4; Lk 9,30.

Offb 11,8–10: Und ihre Leichname werden auf der Straße der großen Stadt liegen, die, bildlich geredet, »Sodom und Ägypten« heißt, wo auch ihr Herr gekreuzigt worden ist. 9Und Leute aus den Völkern und Stämmen, den Sprachen und Völkerschaften sehen ihre Leichname drei und einen halben Tag lang und lassen nicht zu, daß ihre Leichname in einem Grabe beigesetzt werden. 10Und die Bewohner der Erde freuen sich über sie und sind guter Dinge und werden einander Geschenke zusenden; denn diese beiden Propheten hatten den Bewohnern der Erde Plagen verursacht.

Die Stadt wo ihr Herr gekreuzigt wurde, deutet klar auf Jerusalem hin. Allerdings wurde gewissermaßen Christus in Rom durch die Christenverfolgungen und die gewaltsame Machtergreifung des Klerus[114] ein zweites Mal gekreuzigt, also könnten die Leichen auch im übertragenen Sinn auf dem Petersplatz liegen. Sodom steht für den Geist von Luststreben und Vergnügungssucht, der schließlich der Vernichtung vom Himmel anheimfällt. Ägypten weist hin auf den faktischen Sklavendienst der Armen in der Gewalt der Reichen der Welt, aus dem sie am Ende durch die Macht Gottes befreit werden.

Daß sich die Menschen über den Tod der Zeugen freuen, wäre nach obiger symbolischer Auffassung noch nachvollziehbar, da im Namen der biblischen Zeugnisse über die Jahrhunderte genug schlimmes Leid über die Menschheit kam. Daß die Zeugen bei ihrem Tod allerdings dreieinhalb Tage lang nicht ins Grab gelegt werden (V. 9), ist in dieser Sichtweise kaum mehr zu verstehen. Und daß nach dem Psalter im Himmel tausend Jahre wie ein Tag seien und dreieinhalb Tage ungefähr 3500 Jahren vom Wirken Moses und Elias bis zur Endzeit entsprächen, wäre hoch spekulativ und kaum mehr ernsthaft zu vertreten. Und wie sollte man erklären, daß die beiden dann auferstehen und in den Himmel auffahren (V. 11f)?

So sind wir wieder auf Feld eins. Wir kommen nicht umhin, das Zertreten der heiligen Stadt und das Zeugnis der beiden Ölbäume trotz der scheinbar entsprechenden Zeitangabe auf ganz verschiedene Ereignisse zu beziehen. Die Zeichen sind deutlich, daß hier Mose und Elia gemeint sind. Auch der letzte Prophet Maleachi schließt seine Worte mit der Ankündigung, Elia werde vor dem großen Tag des Herrn auftreten, und sogar Jesus erwähnt eine Wiederkunft Elias, die noch nicht in Erfüllung ging.[115]

Wollen wir die Prophezeiungen ernst nehmen und ihnen etwas abgewinnen, so müssen wir wohl davon ausgehen, daß in naher Zukunft tatsächlich die

[114] Vgl. Abschnitt *Der Richter mit königlichem Namen* ab S. 149.

[115] Mal 3,23; Mt 17,11; Mk 9,12.

beiden Großen des Volks Israel erneut eine Zeitlang auftreten werden – etwa dreieinhalb Jahre lang. Sie waren die beiden mächtigen Führergestalten des Volkes Israel, Mose bei seiner Formierung und Elia in seiner größten Krise. Die beschriebenen Wundertaten würden sehr gut zu ihrem alttestamentlichen Auftritt passen. Die Macht nicht regnen zu lassen, Wasser in Blut zu verwandeln und die Erde mit Plagen aller Art zu schlagen (V. 6) paßt auch hervorragend zu den anderen angekündigten Auswirkungen der Heimsuchung.

Hinzu kommt die weitere, bisher noch nicht schlüssig interpretierte Periode von 1335 Tagen am Ende des Buchs Daniel.[116] Vielleicht sollen die Tage der Heimsuchung auf insgesamt drei Jahre und 8 Monate beschränkt bleiben, denn »wohl dem, der da wartet und erreicht 1335 Tage!« und »wenn jene Tage nicht verkürzt würden, so würde kein Mensch gerettet werden; aber um der Auserwählten willen werden jene Tage verkürzt werden«[117]. Es mag also sein, wie Gott es fügt; Gewißheit gibt es keine. Bei der Himmelfahrt der beiden schließt sich jedoch der Kreis:

> *Offb 11,13f: Und in jener Stunde erfolgte ein starkes Erdbeben: der zehnte Teil der Stadt stürzte ein, und siebentausend Personen fanden durch das Erdbeben ihren Tod; die übrigen aber gerieten in Furcht und gaben dem Gott des Himmels die Ehre.* **14***Das zweite Wehe ist vorüber; siehe, das dritte Wehe kommt schnell!*

Das zweite Wehe ist vorüber. Dies zeigt an, daß wir wieder am Ende der sechsten Posaune stehen und auf die siebte Posaune warten. Die Ursachen für den Einsturz eines Zehntels der Stadt, wahrscheinlich Jerusalem, vielleicht Rom, ist als unmittelbare oder auch späte Folge des Asteroideneinschlags im Zuge der ersten vier Posaunen interpretierbar.

Endlich erklingt die siebte Posaune, und es beginnt eine ganze Reihe von Handlungssequenzen, die mit jeder Szenerie das Rad der Zeit wieder zurückdrehen.

Die Frau und der Drache

Die Vision der Frau mit dem Drachen kehrt nicht nur wieder zeitlich zum Anfang des irdischen Geschehens zurück, sondern weit darüber hinaus in die Anfänge der Schöpfung. Sie ist eine regelrechte Collage von Abfall und Erlösungswerk, die ineinander verwoben sind. Schon am Ende des elften Kapitels

---

116 Dan 12,12; s. Abschnitt Daniel – »*Die größte Trübsal aller Zeiten*« S. 190.

117 Mt 24,22.

der Apokalypse wird die Lade des Bundes unter Getöse im Tempel Gottes sichtbar - ein Zeichen daß nun das alttestamentliche Volk Israel zur Sprache kommt:

> *Offb 11,19–12,2: Da tat sich der Tempel Gottes im Himmel auf, und die Lade seines Bundes wurde in seinem Tempel sichtbar; zugleich erfolgten Blitze und Stimmen, Donnerschläge, ein Erdbeben und gewaltiger Hagelschlag. [1]Es erschien dann ein großes Zeichen am Himmel: Ein Weib, das mit der Sonne umkleidet war; der Mond war unter ihren Füßen und ein Kranz von zwölf Sternen auf ihrem Haupt; [2]sie war guter Hoffnung und schrie in ihren Geburtsschmerzen und Kindesnöten.*

Diese Frau ist das Volk Gottes, das den Erlöser hervorbringen soll. Vor der Geburt des Kindes entspricht sie dem alten Volk Israel. Dies kommt klar zum Ausdruck, nicht nur durch die zuvor erwähnte Bundeslade, sondern auch durch die Zeichen der Gestirne aus Josefs Traum.[118] Die Frau schreit in ihren Kindsnöten, denn ihr irdischer Weg bis zur Geburt des Erlösers ist leidvoll.

Jetzt taucht auch der große Widersacher auf. Um die Interpretation zu erleichtern, separieren wir im Folgenden die zusammengehörigen Motive des Abfalls unter dem Drachen, die stückweise ins Motiv der Gebärenden eingewoben sind:

> *Offb 12,3–4a.7–9: Dann erschien plötzlich noch ein anderes Zeichen am Himmel: ein großer, feuerroter Drache mit sieben Köpfen und zehn Hörnern und mit sieben Königskronen auf seinen Köpfen; [4]sein Schweif fegte den dritten Teil der Sterne des Himmels weg und schleuderte sie auf die Erde [illegible] [7]Es erhob sich dann ein Kampf im Himmel: Michael und seine Engel kämpften mit dem Drachen; auch der Drache und seine Engel kämpften, [8]doch gewannen sie den Sieg nicht, und ihres Bleibens war nicht länger im Himmel. [9]So wurde denn der große Drache, die alte Schlange, die da »Teufel« und »Satan« heißt, der Verführer des ganzen Erdkreises, auf die Erde hinabgestürzt, und seine Engel wurden mit ihm hinabgestürzt.*

Dieses Motiv beschreibt den ursprünglichen Abfall der Menschheit in der Nachfolge Luzifers alias Satan und hat starke Parallelen zu *Ezechiels Klagelied über den König von Tyrus*, das oben besprochen wurde (S. 47). Der Erlöser selbst erwähnt diesen Sturz beiläufig als vergangenes Ereignis, da er lange vor seinem Auftreten geschah:[119] »Ich sah den Satan vom Himmel fallen wie einen Blitz.«

Die sieben Häupter und zehn Hörner nehmen die Zeichen des ersten typhonischen Tieres vorweg und bringen Satans immense Macht zum Ausdruck.

---

[118] 1Mose 37,9.

[119] Lk 10,18.

Sieben ist die Zahl himmlischer Macht, denn auch das Lamm hatte sieben Hörner (5,6b). Zehn ist hingegen die Zahl irdischer Herrschaft: die Zahl der Finger, das heißt der Machbarkeit, und die Zahl der Berechenbarkeit. Der Drache trägt beide Zeichen, denn er nimmt himmlische und irdische Macht in Anspruch. Die Engel Satans sind die Himmelsfürsten, die mit ihm den Komplott des Abfalls schmiedeten, um die schwachen Menschen zu verführen und so die Herrschaft über sie zu gewinnen.

Daß der Schwanz des Drachens einen Drittel der Sterne des Himmels hinwegfegt, zeigt, daß der Verführer einen großen Teil der anfänglich noch reinen Geister, der Sterne des Himmels, unter seinem Prinzip von Macht, Konkurrenz und Luststreben scharen konnte. Herrmann Menge erwähnt in Vers 4 als Übersetzungsvariante zu »wegfegen« auch die Alternative »nach sich ziehen«. Der Drache riß die Seelen mit sich aus dem Himmel in die Tiefe, in den geistigen Tod, und sie wurden auf die Erde geworfen.

Damit kommen wir zurück zur Schilderung der Gebärenden:

Offb 12,4b–6: Und der Drache trat vor die Frau, die gebären sollte, damit er, wenn sie geboren hätte, ihr Kind fräße. [5]*Und sie gebar einen Sohn, einen Knaben, der alle Völker weiden sollte mit eisernem Stabe. Und ihr Kind wurde entrückt zu Gott und seinem Thron.* [6]*Und die Frau entfloh in die Wüste, wo sie einen Ort hatte, bereitet von Gott, daß sie dort ernährt werde tausendzweihundertundsechzig Tage.*

Satan wollte das Neugeborene fressen, das heißt ebenfalls seiner Macht unterwerfen. Der Sohn, der alle Völker weiden sollte, wurde aber entrückt, am Tage seines Siegs durch duldsamen Widerstand. Alle Völker heißt ganz und gar alle. Wo bleibt da die ewige Hölle mit den Torturen Satans an den Verworfenen?

Die Frau, die viele Jahrhunderte unter der Macht Satans gelitten hatte, konnte nach der Geburt des Sohnes aus der Umklammerung des Drachen entfliehen in eine geistige Wüste, die noch nicht der Fülle des Himmelreichs entspricht, die aber dennoch ein Ort der Erquickung ist, wo sie sorgenfrei ernährt wird: Nach dem Glauben der Ostkirchen stieg nämlich Christus zwischen Kreuzestod und Auferstehung hinab in die Hölle und befreite die dort hoffnungslos auf Erlösung harrenden Seelen, das gefangene Volk Gottes.[120] Dieses gefangene Volk ist die Frau, die den Erlöser hervorgebracht hatte, und sie wurden weg vom Kampfgeschehen ins Paradies entführt, den Ort der Erquickung wo sie auf ihre endgültige Rückkehr ins Himmelreich warten.

Der irdische Teil des Volkes entfloh erst recht in die geistige Wüste, allerdings ohne Erquickung: jene der tausendzweihundertsechzig Tage. Wieder

[120] Vgl. Abschnitt *Erlösungstat, Höllenfahrt und Auferstehung* S. 112.

erscheint die Periode von dreieinhalb Zeiten, die schon von Daniel prophezeite zwölfhundertsechzigjährige Herrschaft der römischen Kurie bis Ende achtzehntes Jahrhundert.[121]

Angesichts des vollbrachten Erlösungswerks erklingt das Lob im Himmel, daß der ewige Ankläger und Sklavenherrscher endlich in seine Schranken verwiesen wurde:

> *Offb 12,10–12: Da hörte ich eine laute Stimme im Himmel rufen: »Jetzt ist das Heil, die Macht und die Königsherrschaft an unsern Gott gekommen und die Herrschergewalt an seinen Gesalbten! Denn hinabgestürzt ist der Ankläger unserer Brüder, der sie vor unserm Gott verklagt hat bei Tag und bei Nacht.* **11***Diese haben ihn um des Blutes des Lammes und um des Wortes ihres Zeugnisses willen überwunden und haben ihr Leben nicht geliebt bis zum Tode.* **12***Darum freuet euch, ihr Himmel und die ihr in ihnen wohnt! Wehe aber der Erde und dem Meer! Denn der Teufel ist nun zu euch hinabgekommen und hegt gewaltige Wut, weil er weiß, daß seine Zeit nur noch kurz bemessen ist.«*

Im gleichen Atemzug mit dem Lob Christi und jener, die ihr Leben hingegeben haben, folgt die Warnung, daß Satan nur das Recht verlor, die Abgefallenen als Sklaven zu binden. Der größte Teil untersteht immer noch seiner Herrschaft, und er ist wild entschlossen, sie nicht kampflos ziehen zu lassen:

> *Offb 12,15–17: Da spie die Schlange aus ihrem Rachen Wasser hinter dem Weibe her wie einen Strom, um sie durch die Flut wegzuschwemmen;* **16***doch die Erde kam dem Weibe zu Hilfe, indem sie ihren Mund auftat und den Strom verschluckte, den der Drache aus seinem Rachen ausgespieen hatte.* **17***Da geriet der Drache in Wut gegen das Weib und ging hin, um Krieg mit ihren übrigen Angehörigen zu führen, die Gottes Gebote beobachten und am Zeugnis Jesu festhalten.*

Die römischen Kaiser wollten die Jünger Christi durch ihre Armeen vernichten lassen, doch alle Repression wurde vom rein irdischen Erfolg verschlungen. Der christliche Geist wurde durch den Strom der Gewalt nicht ausgelöscht und ertränkt, sondern trat nur um so leuchtender hervor. Im Krieg gegen die übrigen Angehörigen der Frau haben dann die weltlichen und kirchlichen Schergen des Drachen dessen Wut allen Nachdruck verliehen: Über die nachfolgenden Jahrhunderte der großen Trübsal haben sie Christen und Juden, Häretiker und Hexen, Protestanten und Täufer blutig verfolgt, die Weltmacht rücksichtslos an sich gerissen, die Heilige Schrift manipuliert, die Kinder Gottes durch die

---

[121] Siehe Abschnitt *Eine Zeit und zwei Zeiten und eine halbe Zeit* S. 140.

Inquisition unterdrückt, Irrlehren und Aberglauben geschürt, Millionen Menschen an Seuchen und Hunger geopfert und die Welt mit endlosen Kriegen überzogen - bis auf den heutigen Tag.

Die typhonischen Tiere

Nach der Frau und dem Drachen folgen die beiden typhonischen Tiere. Bezüglich des ersten dieser Tiere gibt es noch deutliche Parallelen mit der oben besprochenen Traumvision Daniels, doch beim zweiten Tier tappt die Exegese bisher weitgehend im Dunkel, wie auch bezüglich Zahl und Malzeichen des Tiers. Die folgenden Auslegungen aller drei Elemente sind wohl nicht so leicht beiseite zu wischen.

Das erste Tier aus dem Meer

Als Überleitung zum ersten Tier aus dem Meer treten wir »an den Sand des Meeres« (12,18):

> *Offb 13,1f: Da sah ich aus dem Meere ein Tier heraufkommen, das hatte zehn Hörner und sieben Köpfe und auf seinen Hörnern zehn Königskronen und auf seinen Köpfen gotteslästerliche Namen. 2Das Tier, das ich sah, glich einem Panther, doch seine Tatzen waren wie die eines Bären und sein Maul wie ein Löwenrachen. Der Drache gab ihm dann seine Kraft und seinen Thron und große Macht, …*

Der Sand steht für die Völker der Erde, denn Gott versprach Abraham, er wolle seine Nachkommen mehren »wie den Sand am Ufer des Meeres«.[122] Aus dem geistigen Meer der Seelen kommt ein Tier hervor, das als deutlichen Bezug zum Drachen ebenfalls sieben Köpfe und zehn Hörner hat. Diese Vision des Tiers aus dem Meer hat augenfällige Ähnlichkeit mit den vier Tieren in Daniels Traumvision,[123] doch hier sind sie alle vier in ein einziges Tier verschmolzen, als Ausdruck einer einzigen geistigen Macht der Finsternis, die über die irdischen Zeitalter verschiedene Formen annimmt. Auch Daniels letztes Tier hatte zehn Hörner, zudem aber ein weiteres Horn mit einem Maul, das große, lästerliche Reden führte. Das erste Tier der Offenbarung hat statt dessen sieben Köpfe auf denen gotteslästerliche Namen stehen. Die Tiere selbst stehen für die Völker, die Köpfe und Hörner für deren Machthaber.

---

122 1Mose 22,17.

123 Dan Kap. 7; s. Abschnitt *Die Vier-Reiche-Lehre* S. 128.

Der Panther ist der schwarze Leopard und gilt seit dem Altertum als kräftiger, mutiger und gerissener Jäger, als scheuer Einzelgänger und Herrscher seines Reviers, der bisweilen aber auch Menschen angreift und tötet. Jeremia überliefert, der Panther lauere in Steppen und Wäldern und zerreiße jeden, der hinausgeht.[124] Auch der Bär ist ein Einzelgänger, der ein weiträumiges Revier beherrscht. Mythologisch gilt er als Vertreter von Kraft und Nacht. David unterstellt ihm, Schafe von der Herde wegzutragen; Salomo vergleicht den »gierigen Bären« mit einem »Gottlosen, der über ein armes Volk regiert«, und nach Jeremia lauert er im Hinterhalt.[125] Der Löwe ist im Alten Testament unzählige Male als stolzer, mächtiger Herrscher und gefährlicher Räuber der Steppe aufgeführt. Das Tier aus dem Meer ist also ein einsamer, gefährlicher Räuber der Finsternis, der ein weitläufiges Revier beherrscht und Menschen auflauert und tötet. Dabei müssen wir in Erinnerung behalten, daß in der Bibel mit dem Tod in der Regel der geistige Tod gemeint ist. Der Drache ist es, der dem Tier seine Macht verleiht.

Im ersten Tier Johannes' können wir wie erwähnt auch die vereinigten Tiere aus dem Traum Daniels sehen: Der Löwe für Babylon, der Bär für Medo-Persien, der Panther für das griechische Großreich und die zehn Hörner für das spätantike Rom. All diese Reiche dienten demselben Geist von Macht und Unterdrückung. Das Tier mit den sieben Köpfen ist also ein neues Tier, das dennoch nur die Fortsetzung der alten Macht in neuem Kleid darstellt. Die Attribute der alten Großreiche sind nämlich nur am Anfang als Bezug kurz erwähnt und spielen dann keine Rolle mehr. Im weiteren Verlauf der Vision des Tiers aus dem Meer dreht sich alles um einen der sieben Köpfe:

> *Offb 13,3–8: [Ich sah] einen von seinen Köpfen, der wie zum Tode verwundet war, dessen Todeswunde jedoch wieder geheilt wurde. Da sah die ganze Erde dem Tier mit staunender Bewunderung nach, 4und man betete den Drachen an, weil er dem Tiere die Macht gegeben hatte, und man betete das Tier an und sagte: »Wer ist dem Tier gleich, und wer kann den Kampf mit ihm aufnehmen?« 5Und es wurde ihm ein Maul gegeben, das hochfahrende Worte und Lästerungen ausstieß, und es wurde ihm Vollmacht gegeben, es zweiundvierzig Monate lang so zu treiben. 6Da öffnete er sein Maul zu Lästerungen gegen Gott, um seinen Namen und seine Wohnung, nämlich die, welche ihre Wohnung im Himmel haben, zu lästern. 7Auch wurde ihm gestattet, Krieg mit den Heiligen zu führen und sie zu besiegen; und Macht wurde ihm über alle Stämme und Völker, Sprachen und Völkerschaften verliehen.*

---

124 Jer 5,6.

125 1Sam 17,34; Spr 28,15 und Kla 3,10.

8So werden ihn denn alle Bewohner der Erde anbeten, alle, deren Namen nicht im Lebensbuche des geschlachteten Lammes seit Grundlegung der Welt geschrieben stehen.

Ein wichtiger Hinweis, daß dieses Tier aus dem Meer dieselben Mächte symbolisiert wie die vier Tiere und das kleine Horn im Buch Daniel, sind die zweiundvierzig Monate. Sie entsprechen dreieinhalb Jahren beziehungsweise Zeiten oder 1260 Tagen, beziehungsweise Jahren und deuten auf denselben Zeitraum von 538 n.Chr. bis zum Jahr 1798 hin. Wir haben im Abschnitt *Eine Zeit und zwei Zeiten und eine halbe Zeit* gesehen, wie um die neunte Jahrhundertwende das Papsttum seine größte Krise erlebte und um Haaresbreite als Spielball weltlicher Fürsten untergegangen wäre. Auch das dem Papst symbiotisch verbundene Kaisertum war in jener Zeit bedroht. Dies ist die Todeswunde des Kopfes, die wieder heilte.

Zudem sind die Attribute des Kopfes mit dem kleinen Horn in Daniels Traumvision verwandt. Wie das Horn führt dieser Kopf lästerliche Reden gegen die himmlischen Mächte und siegt im Krieg gegen die Heiligen. Über Daniels Vision hinaus erlangt er Macht über alle Völker und wird angebetet. Die Verehrung, die dem »Heiligen Stuhl« über alle Jahrhunderte bis heute entgegengebracht wird, kann tatsächlich als Anbetung aufgefaßt werden. Die Anbetung des Drachens, wie auch des ganzen Tieres entspricht der willigen Unterwerfung unter die teuflischen Gesetze von Luststreben, Konkurrenz und Unterdrückung, die die weltlichen und geistlichen Mächte im Namen des Drachens ausübten und ausüben.

Standen die zehn Hörner bei Daniel für die Könige des zerfallenden Römischen Reiches, scheinen sie hier vor allem als Zeichen der Verbindung zum vierten Tier Daniels zu dienen. Die sieben Köpfe des ersten typhonischen Tiers können als die mitteleuropäischen Mächte zwischen Frühmittelalter und Neuzeit gesehen werden. Insofern ist die Vision des Johannes quasi eine Fortsetzung der Traumvision Daniels. Wie schon bei den Hörnern sollten wir die Zahl der Köpfe vielmehr symbolisch statt allzu wörtlich auffassen, doch wenn wir die führenden Mächte im Lauf der Entwicklung Europas vom Mittelalter bis zur Neuzeit betrachten, können wir tatsächlich deren sieben erkennen: Deutschland, Frankreich, Österreich-Ungarn, England, Spanien, Italien und der Kirchenstaat.[126] Daß das Tier dieselbe Anzahl Köpfe und Hörner wie der Drache

---

126 Rußland fehlt in dieser Aufzählung, weil es in der Entwicklung der abendländischen Kultur eine weniger zentrale Rolle spielte und da es hier zu den »Königen vom Aufgang der Sonne« gezählt wird (Offb 16,12; s. Abschnitt *Die Schalen des Zorns – neue Aspekte der Heimsuchungen* S. 305).

hat, ist gewiß ein Erkennungszeichen – aber nicht nur. Obschon die Zahl beim Drachen rein symbolisch interpretiert wurde, stimmt sie in Bezug auf das Tier mit der Anzahl weltlicher Großmächte überein.

Als Überleitung zum Tier aus der Erde betrachten wir nun die Wandlung der irdischen Macht an der Schwelle zum dritten Jahrtausend. Bis etwa Mitte zwanzigstes Jahrhundert waren es noch politisch-militärische Regenten gewesen, die die Macht des ersten typhonischen Tieres verkörperten. Nach dem Zweiten Weltkrieg stiegen die Wirtschaftsmächte unaufhaltsam auf. Mit der rasanten Beschleunigung und Miniaturisierung der elektronischen Datenverarbeitung und vor allem mit der globalen Computervernetzung im Internet tritt die Autorität der Regenten immer mehr in den Hintergrund.

Im Vergleich zu einstigen Großrechnern speichert man heute auf einem fingernagelgroßen Stücklein Halbmetall viel mehr Daten, und ein schlankes Mobiltelefon hat ein Vielfaches der Rechenleistung. Die Macht ist zunehmend virtuell und vollzieht sich in den Elektronenhirnen. Der ganze Zahlungsverkehr und die Börsen sind elektronisch, Wertpapiere sind nur noch Datensätze. Der Einkauf erfolgt zunehmend über das Internet, die Kommunikation zwischen den Menschen vollzieht sich per E-Mail und SMS oder per WhatsApp, Twitter, Facebook, Instagram und wie sie alle heißen. Die Persönlichkeit eines Menschen steht und fällt mit seinem Profil im Web.

Selbst Besitz ist nun virtuell, denn der Börsenwert einer Firma kann sich innert Tagen und Wochen vervielfachen oder ganz zusammenbrechen; – Vermögen ist nur noch eine Frage von Glauben und vor allem von Macht. Höchste politische Ämter müssen mit vielen hundert Millionen Dollar, ja sogar Milliardenbeträgen an Wahlkampfinvestition erkauft werden; Politiker werden zum langen Arm gewaltiger Financiers. Es ist wohl kein Zufall, daß mit Ronald Reagan in den Achtzigerjahren ein zweitklassiger Schauspieler das mächtigste politische Amt der Welt bekleidete.

Die wahrhaft Mächtigen sitzen nun nicht mehr in den Regierungen und auf dem Heiligen Stuhl – was keinen Unterschied macht, denn auch die Päpste waren jahrhundertelang nur weltliche Tyrannen mit anderen Titeln. Die neuen Herrscher sind die Fürsten der globalen Unternehmen. Zum Ersten sind dies die Informatikkonzerne, wie beispielsweise Amazon, Apple, Google, Facebook, IBM, Microsoft oder Oracle. Sie stehen am Puls der alles bestimmenden Datenverarbeitung und -kommunikation. Der Ausspruch »Wissen ist Macht«, den Francis Bacon (1561–1626) an der Schwelle zur Aufklärung prägte, hat sich an der zweiten Jahrtausendwende gewandelt zu: »Information ist Macht«. Die

Macht hat, wer die Kommunikationswege beherrscht und vor allem wer über die gespeicherten Daten verfügt.

Die zweite Gruppe von wahrhaft Mächtigen sind die international agierenden Asset-Manager, die die weltweiten Vermögen verwalten. Einerseits sind dies die Banken, doch sie sind seit der Finanzkrise schwer angeschlagen. Reine Vermögensverwalter wie zum Beispiel BlackRock, Vanguard, State Street oder Fidelity sind davon weitgehend unbehelligt und verwalten Vermögen von Tausenden von Milliarden, die jene bei den Banken deutlich übertreffen. Hier liegt die wahre Finanzmacht. Unter den zehn größten Finanzverwaltern sind Banken zweitrangig und in der Minderheit.[127]

Damit hat sich das erste typhonische Tier gewandelt. Die sieben Köpfe Europas einschließlich des Papstes sind zwar noch vorhanden, doch die wahre Macht liegt zunehmend bei den IT-Konzernbossen und den großen Vermögensverwaltern.

Den Abschluß findet die Vision des ersten typhonischen Tieres mit Worten der Ermahnung:

> *Offb 13,9f: Wer ein Ohr hat, der höre:* **10**»*Wer andere in Gefangenschaft führt, wandert selbst in Gefangenschaft; wer mit dem Schwert tötet, muß selbst durch das Schwert den Tod finden.« Hier ist das standhafte Ausharren und der Glaube der Heiligen erforderlich.*

Mit der Gefangenschaft ist hier eine geistige gemeint, genau wie der Tod den geistigen Tod bedeutet. Wer andere in den Teufelskreis von Neid, Verachtung, Unterdrückung, Konkurrenz und vor allem Konsum führt, wird selbst in die Gefangenschaft dieser Gesetze geraten, und wer andere in den geistigen Tod führt, wird diesen Tod selbst erleiden. Hier ist standhaftes Ausharren und unerschütterlicher Glaube gefordert, will man in der völlig materialisierten Welt den Glauben an geistige Dimensionen nicht verlieren. Mit den Heiligen können nicht nur tugendhafte Menschen, sondern auch jenseitige Gestalten des Lichts gemeint sein, die im Auftrag Gottes unermüdlich am Erlösungswerk Christi mitarbeiten.

Das zweite Tier aus der Erde

Nach dem ersten typhonischen Tier aus dem Meer, aus jenem der Menschenseelen, erscheint das zweite Tier, das bemerkenswerterweise nicht aus dem Meer aufsteigt, sondern aus der Erde:

---

[127] Relbanksinfo (2017).

Offb 13,11: Weiter sah ich ein anderes Tier aus der Erde heraufkommen, das hatte zwei Hörner gleich einem Lamm, redete jedoch wie ein Drache.

In diesem einzigen Vers finden wir in fast jedem Wort einen wichtigen Hinweis: Ein Tier, das aus der Erde herauskommt, ist rein irdisch materiell und kommt nicht aus dem Meer der Seelen; es ist seelenlos und ohne Leben. Es ist ein »anderes Tier«, in der griechischen Überlieferung »ἄλλο θηρίον« (allo theríon). Das griechische ἄλλο oder ἄλλη (allae) heißt anders, anderswo im Sinne von fremd oder andersartig und findet zum Beispiel Verwendung im zusammengesetzten Wort ἀλληγορέω (allaegoreo), »bildlich reden«, das dem deutschen Fremdwort »allegorisch« Pate steht. Das Tier ist nicht einfach ein »weiteres«, sondern bildhaft andersartig. Es hat zwei Hörner wie ein Lamm. Jungschafe werden bis zum Alter eines Jahres als Lämmer bezeichnet. Ihre Hörner brechen gerade erst hervor, sind also sehr klein und anfangs kaum sichtbar. Auch ist das Lamm die sprichwörtliche Duldsamkeit. Das Tier redet jedoch wie ein Drache, wie das verschlingende Fabeltier, das auch für den irdisch-materiell orientierten Geist von Macht und Berechenbarkeit steht.[128]

Wir suchen also nach einer irdisch-materiellen, seelenlosen, fremdartigen Intelligenz, charakterisiert durch zwei kaum erkennbare winzige Machtzeichen, eine Intelligenz die zwar sprichwörtlich duldsam ist aber dennoch gewaltige, berechenbare Macht entfaltet. Präziser hätte man den Computer vor fast zweitausend Jahren nicht in wenigen Worten symbolisch umschreiben können. Der Computer ist rein materiell, seelenlos und erzeugt fremdartiges, nur scheinbares Leben. Seine ganze Intelligenz entfaltet er durch die Verarbeitung der beiden Ziffern Null und Eins – die kleinen, kaum erkennbaren Hörner. Der Computer ist duldsamer als ein Lamm, denn er beklagt sich nie und tut immer ganz genau das, was ihm aufgetragen wurde, auch wenn es fehlerhaft oder völlig falsch ist. Seine Berechnungen mögen so komplex werden, daß sie kein Mensch mehr im Detail nachvollziehen kann, doch sie sind grundsätzlich immer logisch kalkuliert und damit auch zumindest theoretisch nachvollziehbar.

Macht und Anspruch auf Berechenbarkeit sind die wichtigsten Attribute des Drachens, des kosmischen Widersachers. Ideal sklavischer Gehorsam entspricht dem Willen der Finsternis. Das Lamm ist aber nicht nur Symbol der Duldsamkeit, wie oben erwähnt, denn das wahre Lamm ist in der Bibel der Heilsbringer Christus. Der Computer ist das falsche Lamm, der neue Heilsbringer, denn er vollbringt scheinbar Wunder und macht fast alles möglich: Roboter verstehen die gesprochene menschliche Sprache und können sich schon fast

[128] Vgl. Abschnitt *Die Frau und der Drache* S. 274.

wie Menschen weitgehend frei im Raum bewegen. Sie werden sich in naher Zukunft äußerst intelligent verhalten können. Indem er verführende und verschlingende Macht ausübt, redet der Computer wie ein Drache: Er macht die Menschen unfrei und verführt sie zu Passivität, Konsum, Abhängigkeit, Vergnügungssucht und Stumpfsinn.

> *Offb 13,12: Und es übt die ganze Macht des ersten Tieres vor dessen Augen aus und bringt die Erde und ihre Bewohner dahin, daß sie das erste Tier anbeten, dessen Todeswunde geheilt worden war.*

Wer Information oder Finanzmittel kontrolliert, hat die Macht – die Macht des ersten Tieres. Der durchschnittliche Erdenbürger macht sich keine Vorstellung der unermeßlichen Datenmengen, die in rasend schnell wachsendem Maß täglich und wahllos über alles und jedes gesammelt werden.[129] Der Mensch kann sie nie und nimmer durch seine eigene Intelligenz direkt verwerten, ja noch nicht einmal annähernd auch nur in groben Zügen sichten. Das Meer der Daten kann nur noch durch Computerprogramme analysiert werden, durch im selben Maß wie die Datenmengen wachsende Rechenleistungen, durch »künstliche Intelligenz«. Der Mensch behält die Kontrolle über den Computer, indem er über dessen Einsatz bestimmt und die Resultate begutachtet. Die unmittelbare Ausübung der Macht obliegt jedoch dem Tier aus der Erde, den vernetzen Computern. Sie üben die ganze Macht der neuen Mächtigen *vor deren Augen aus.*

In welche Richtung dies führt, zeigen bedenkliche Entwicklungen der letzten Jahre: Der britische Psychologe Michal Kosinski entwickelte 2008–2012 eine Methode, aus Facebook-Likes Psychogramme von Internet-Benutzern zu ermitteln:[130] Vorlieben, Bedürfnisse, Neigungen, Ängste, Offenheit, Gewissenhaftigkeit, Extraversion etc. Schon ein paar Dutzend Likes genügen für ein grobes Profil, und mit jedem zusätzlichen Like wird die Aussage präziser. Daß sich Ähnliches aus den Gesichtszügen eines Portraits ermitteln läßt, weiß man schon lange; neu ist nur, daß dies nun auch mittels Computerprogrammen möglich ist. Kosinski hat diese Methoden nur entdeckt und immer weiter verfeinert, selbst aber nie kommerziell verwertet.

---

[129] Wer heute zum Beispiel ein Gmail-Konto und einen neuen Fernseher mit Internetverbindung verwendet, überläßt Google nicht nur seinen gesamten Mail-Verkehr und sein Internet-Suchverhalten, sondern auch eine lückenlose Spur seiner Fernsehgewohnheiten – ein umfassendes Profil seiner Persönlichkeit (Machan, 2016).

[130] Hintergrundartikel im *Magazin*, einer Wochenbeilage mehrerer renommierter Schweizer Tageszeitungen (Grassegger, et al., 2016 S. 10–16).

Ein Unternehmen, das sie vermarktet, ließ nicht lange auf sich warten. Erstmals zur gezielten Beeinflussung der Stimmbürger verwendet wurden sie 2016, im denkwürdigen britischen Referendum zum Ausstieg aus der Europäischen Union. Das Resultat der Volksabstimmung überraschte die Experten. Im Zuge der amerikanischen Wahlen desselben Jahres rühmte sich der CEO des besagten Unternehmens in einem Vortrag, sie verfügten über Psychogramme von 220 Millionen erwachsenen Amerikanern, das heißt von praktisch allen Wahlberechtigten – einschließlich Wohnadressen. Diese Informationen sollen dem republikanischen Wahlbüro dazu gedient haben, ihre Wähler an die Urne zu locken, Wechselwähler für Donald Trump einzustimmen und womöglich sogar, um politische Gegner von der Wahl abzuhalten.[131] Nicht nur im Internet wurden Wähler gezielt anhand ihrer Neigungen adressiert. Trumps Wahlhelfer hatten für ihre Hausbesuche individuell zugeschnittene Unterlagen zur Hand, mit welchen Argumenten die Bewohner am effektivsten zu überzeugen wären. Das deutliche Wahlresultat widersprach am Ende allen Prognosen. Mittlerweile bekunden weitere europäische Politiker und Parteien reges Interesse. Auch in der konservativen Schweiz geben Parteien und Verbände an, in den letzten Jahren vermehrt mit individualisierter Politwerbung auf der Basis von Facebook-Likes und Twitter-Retweets zu operieren.[132]

Was aber bedeutet, daß wir das Tier anbeten? Martin Luther schreibt in seinem Großen Katechismus:[133] »Ein ›Gott‹ heißt etwas, von dem man alles Gute erhoffen und zu dem man in allen Nöten seine Zuflucht nehmen soll. … Woran du nun, sage ich, dein Herz hängst und [worauf du dich] verlässest, das ist eigentlich dein Gott.« Anbeten ist gläubig verehren, uneingeschränktes Vertrauen schenken, sich ausliefern.

Sollte ich einmal das Pech haben, daß die weltweit vernetzten Computer aufgrund einer zufälligen Kombination meiner trotz allem lückenhaft aufgezeichneten Verhaltensweisen ein Muster eines Terroristen erkennen, so stehe ich unwiederbringlich unter Verdacht. Durch die vermehrte, ängstliche Beobachtung, die ich dann erfahre, wird jede meiner erfaßten Handlungen zur suspekten Vorbereitung eines potentiellen Verbrechens. Das ist aber das kleinere Übel, denn jeder ist verdächtig und in einer von Angst regierten Welt mit Diktatoren und Terroristen geht Sicherheit vor. Wenn man nur eines von zehn

---

131 Das Unternehmen bestreitet, daß ihre Methoden dazu verwendet wurden, Wähler von der Wahl abzuhalten.

132 Artikel von Barnaby Skinner und Linda Burg in der Schweizer Zeitung *Tages-Anzeiger* (Economiesuisse geht mit Big Data auf Stimmenfang, 2016).

133 Luther (1998), Kapitel 4, Das erste Gebot: Du sollst nicht andere Götter haben neben mir.

großen Attentaten verhindern und damit hundert irdische Menschenleben erhalten kann, so ist der Verlust der menschlichen Integrität des Einzelnen eine Nebensache. Im materiellen Weltbild der Mächtigen und Ohnmächtigen spiele ich als Mensch keine Rolle. Das Klima von Angst und Sicherheitsstreben führt dazu, daß dem Tier aus der Erde und damit den neuen Mächtigen alles mitmenschliche Vertrauen und jede geistige Freiheit geopfert wird, auf daß das Leben berechenbar werde. Das Tier mit den sieben Köpfen wird angebetet, indem wir ihm via Tier aus der Erde mehr oder weniger willig unsere soziale Gemeinschaft und unsere freie Mitmenschlichkeit opfern.

Die nächste Auswirkung des Tiers aus der Erde liegt in der Sphäre von Bildung und Kultur. Noch um die Jahrtausendwende war es schwierig, im Internet Informationen zu finden, da in der Regel viel zu viele Treffer angezeigt wurden. Aus einer Million unsortierten Resultaten kann der Mensch nicht sinnvoll wählen. Man mußte die Begriffskombination aufwendig und sorgfältig präzisieren, um die Anzahl Treffer wenigstens auf etwa hundert zu reduzieren. Wenn ich gestern und heute, nur zehn bis fünfzehn Jahre später, im Internet Informationen suche, so kann die Suchmaschine mit intelligenten Algorithmen schon während meiner Eingabe »erraten«, was ich vielleicht will. Sie hat von den Millionen Nutzern gelernt, was sie bei dieser Kombination von Begriffen in der Regel suchen.

Die Suchmaschinen entfalten damit große Macht über die Meinungsbildung, denn durch die aus dem Teilnehmerverhalten erlernten Algorithmen gleichen sie die Interessen der Nutzer aus. Gleichzeitig wird aber auch ein persönliches Interessenprofil von mir erstellt. Die Suchmaschinen merken sich, welche Treffer ich anwähle, welche Art von Informationen ich bevorzuge. So werden mir bei künftigen Suchen (sofern ich am selben Computer sitze) wieder ähnliche Resultate angezeigt. Ich werde mit dem gleichen Futter wie gestern zufriedengestellt. Eine mentale und geistige Entwicklung wird unterdrückt. Wir beten also das Tier an, da wir ihm unsere Kultur und unsere geistige Entwicklung ausliefern. Die Mächtigen steuern via Computer zunehmend unser Denken und unseren Glauben.

Eine weitere Seite des Tiers aus der Erde ist die Kontrolle der Arbeits- und Konsumwelt. Aus den über jede vernetzte Person gesammelten Daten werden nicht nur Interessen-, sondern vor allem auch Verbraucherprofile erstellt. So kann jeder Mensch mit passender Werbung berieselt werden. Ich habe meine Vorlieben für bestimmte Produktgruppen oder Dienstleistungen signalisiert, also verspricht es hohen Umsatz und Gewinn, mir diese und ähnliche weiter anzubieten. Ein guter Rang unter den Treffern in einer Suche nach Gütern und

Dienstleistungen läßt sich kaufen. Wer eine Anzeige schaltet und den höchsten Preis bezahlt, wird zuoberst angezeigt. Die Milliardenkapitalien der Suchmaschinenbetreiber stammen aus Werbeeinnahmen und aus dem Verkauf von Benutzerinformationen.

Ein eindrückliches Beispiel ist der Fall einer Amerikanerin, die von ihrem Supermarkt eine E-Mail erhielt: »Gratuliere, Sie sind schwanger!« Die Frau wußte es nicht. Der Computer hatte es aus der Veränderung ihres Kaufverhaltens erraten, bevor sie selber es bemerkte.[134] Dieselbe Quelle berichtet, daß Krankenkassen ihre Mitglieder zu Schlankheitsprogrammen aufforderten, da sie große Kleidernummern bestellt hatten oder daß sich die sexuelle Ausrichtung aus Internetprofilen ablesen läßt, auch wenn keine offensichtlichen Informationen vorliegen. Bei einer Stellenbewerbung durchforsten die potentiellen Arbeitgeber das Internet. Was einmal im Netz ist, läßt sich nie mehr zurücknehmen oder löschen, denn selbst wenn wir zum Beispiel unser Online-Profil entfernen, bleibt es beim Anbieter gespeichert; nur der öffentliche Zugriff entfällt. Wir beten das Tier mit den sieben Köpfen an, da wir ihm unsere Entscheidungen überantworten und ihm via Tier aus der Erde unsere intimsten Angelegenheiten anvertrauen, ob wir es wollen oder nicht.

Offb 13,13f: Auch vollführte es große Wunderzeichen, so daß es sogar Feuer vor den Augen der Menschen vom Himmel auf die Erde herabfallen machte; **14***und es verführte die Bewohner der Erde durch die Wunderzeichen, die es infolge der ihm verliehenen Gabe vor den Augen des ersten Tieres vollführt, indem es die Bewohner der Erde dazu beredet, dem Tiere, das die Schwertwunde hat und wieder aufgelebt ist, ein Bild anzufertigen.*

Der Computer tut große Wunderzeichen oder wird sie sehr bald tun: Er belebt Roboter, steuert Autos und Flugzeuge, spricht und versteht unsere Sprache; er erkennt unsere innersten Neigungen und Absichten, ohne daß wir sie bewußt offenbart hätten – und er steuert Raketen oder Kampfflugzeuge, die Feuer vom Himmel fallenlassen. Dadurch verführt er die Bewohner der Erde, dem ersten Tier, das heißt den Mächtigen ein Bild anzufertigen. Ein Bild in diesem Sinn ist ein Wahrzeichen, dem gläubige Verehrung entgegengebracht wird. Es ist nicht die verehrte, unsichtbare Gottheit selbst, sondern ein stellvertretendes, sichtbares, im Auftrag der Gottheit sprechendes Abbild.

Rufen wir uns hierzu den geradezu massenhysterischen Run in Erinnerung, den die Ankündigungen der neuesten technischen Gadgets in jüngerer Zeit

---

[134] Artikel von Beat Metzler in der Schweizer Zeitung *Tages-Anzeiger* (Gratuliere, Sie sind schwanger!, 2013).

auszulösen vermochten. Mit raffinierten, psychologisch wohldurchdachten Methoden wird ein schillerndes Marken-Image von langer Hand vorbereitet und neue Produkte mit gezielt eingeworfenen, frühen Vorankündigungen und Halbinformationen aufgebauscht, so daß sich die Wünsche von Scharen von Konsumenten darum drehen. Jeder will zu den Ersten gehören. Für die neuesten Ausgaben von Smartphones oder Tablets campieren Kunden bisweilen nächtelang vor den Shops, um ein Objekt der Begierde aus der ersten Serie zu ergattern. Die heutigen Götzenbilder sind Firmensymbole und Markenzeichen, die für viele Menschen zum Ausdruck ihrer Persönlichkeit unentbehrlich werden. Und hinter diesen Markenzeichen stehen die milliardenschweren Drahtzieher.

> *Offb 13,15: Auch wurde ihm verliehen, dem Bilde des Tieres Leben[135] zu verleihen, so daß das Bild des Tieres sogar redete, und es erreichte auch, daß alle getötet wurden, die das Bild des Tieres nicht anbeteten.*

Die manipulierte Verehrung, die materiellen Objekten entgegengebracht wird, haben wir charakterisiert, doch ein Bild des Tieres im Sinn dieses Verses ist heute noch nicht direkt auszumachen. Hier bleiben wir im visionären Bereich. Wenn es dereinst ein solches Bild gibt, so ist es sicher virtuell. Man könnte sich eine imaginäre Führergestalt vorstellen, die aus dem Netz zu den Menschen spricht.

Wer die Propagandamaschinerie gewisser Regimes Anfangs des dritten Jahrtausends beobachtet, kann sich im politischen Umfeld eine Vorstellung machen, was dies allenfalls bedeuten könnte: Die Politiker, die sich öffentlich exponieren, sind angreifbar und bald kaum mehr als Marionetten der Wirtschafts-, Kommunikations- und Finanzmacht. Die wahrhaft Mächtigen der Welt verstehen es, diskret im Hintergrund zu bleiben und die Fäden zu ziehen. Schon heute können mächtige Konzerne eine Nation oft weitgehend kontrollieren, weit über Lobbying und allfällige verborgene Korruption hinaus. Wenn zum Beispiel in der kleinen Schweiz als Vorzeigedemokratie ein großes, international agierendes Unternehmen wegen irgendwelcher unliebsamer Beschränkungen droht, seine Produktion ins Ausland zu verlegen, so geht ein Aufschrei des Entsetzens durchs ganze Land, weil tausende Arbeitsplätze verloren gingen. Das Volk ist erpreßbar durch die schiere Macht der Konzerne. Die Politiker werden zu Galionsfiguren, zu Vorzeigegestalten der Macht. Ihre Auftritte haben mit der Realität oft wenig gemein.

---

135 Wörtlich: Lebensgeist oder Odem.

Ein aktuelles Lehrstück in dieser Beziehung ist die amerikanische Präsidentschaftswahl von 2016, in der Donald Trump seinen Wahlkampf mit aus der Luft gegriffenen Behauptungen führte, die die Ängste der Menschen berührten. Im Anschluß an diese Wahl wurde der Begriff »postfaktisches Zeitalter« geprägt, das nun angebrochen sei: Behauptungen, sogenannte »alternative Fakten«, sind erfolgreicher als Tatsachen. Wenn der Führer öffentlich auftritt, dann spricht er über elektronische Medien oder in der Öffentlichkeit vor riesigen Volksmengen, so daß bestenfalls eine elektronisch übertragene Stimme gehört und vielleicht ein projiziertes Riesenbild gesehen wird.

Daß zumindest heute hinter dieser Propagandagestalt noch eine reale Persönlichkeit steht, spielt nur noch eine untergeordnete Rolle. In einer zunehmend virtuellen Welt kann die idealisierte Führungsgestalt rein virtuell sein, erfunden oder lange verstorben. Dies wäre die politische Variante des Bildes des Tiers. Vorläufig bleibt sie sehr spekulativ und würde wohl noch einige Jahrzehnte Entwicklung erfordern, denn die Menschheit scheint noch nicht bereit für eine rein virtuelle Führungsfigur.

Mindestens so überzeugend wie eine virtuelle politische Machtfigur scheint jedoch eine Personifizierung des Tiers aus der Erde, das unter der Kontrolle des Tiers mit der ehemaligen Todeswunde agiert. Apple hat schon vor Jahren für ihre Mobiltelefone und Tablet-Computer eine virtuelle Gestalt Namens »Siri« eingeführt. Sie ist die Assistentin des Benutzers und Netzteilnehmers, die fast jeden praktischen Rat erteilen kann. Ich kann sie zum Beispiel mittels Texteingaben nach Angeboten in meiner Umgebung befragen. Die Software versteht aber auch meine gesprochene Sprache und lernt mit meiner Benutzung laufend dazu. Wenn sie etwas nicht gleich versteht, fragt sie mit sanft-erotischer Stimme nach und merkt sich die Bedeutung meiner Worte für künftige Fälle. Männer mit Spieltrieb fordern Siri bisweilen auch mal mit anzüglichen Bemerkungen und Fragen heraus. Für Siri ist das kein Problem, denn sie ist für alles vorbereitet und hat immer eine humorvolle aber sanft bestimmte Antwort parat.

Heute ist das noch ein markträchtiger Gag, doch namhafte Anbieter wie Amazon, Google Microsoft oder Samsung haben bereits nachgezogen. Mit jedem emotionalen Spiel, das die Benutzer mit diesen Figuren treiben, werden sie lebensnaher und menschenähnlicher. Für den Autor besteht kein Zweifel, daß sie in naher Zukunft eine graphische Erscheinung erhalten werden. Vielleicht wird es männliche und weibliche Varianten geben, doch die Werbung hat schon seit vielen Jahren erkannt, daß Frauen die besseren Verführerinnen sind, auch gegenüber Frauen.

Welches Potential in solchen Entwicklungen steckt, zeigen alarmierende Befunde der letzten Jahre. Der Psychologieprofessor Manfred Spitzer publizierte 2012 ein Buch mit dem Titel »Digitale Demenz«.[136] Er warnt, durch den ungebremsten Konsum digitaler Medien schon im Kindesalter würden Kinder »dumm, aggressiv und dick«, dies führe zu Abhängigkeit, Verhaltensstörungen und geistiger Verarmung. Im Februar desselben Jahres ging durch die Klatschpresse, eine zunehmende Zahl Eltern stelle schon Kleinkinder mit Smartphones und Tablet-Computern ruhig.[137] Die Kinder entwickeln eine emotionale Bindung ans Gerät. Was, wenn dieses Gerät nicht nur eine mütterlich sanfte Stimme hätte, sondern auch ein schönes, einnehmendes Gesicht? Barbie belebt und überwacht ja bereits das Kinderzimmer.[138]

Zudem wird im dritten Jahrtausend alles zum Spiel. Im Marketing werden zunehmend Spielelemente eingesetzt, und junge Game-Designerinnen arbeiten an sogenannten »Serious Games«, in denen ernsthafte Kontexte spielerisch aufgemischt werden, um lernmüde Kids des Digitalzeitalters zu motivieren. Dieselben jungen Frauen programmieren auch »Opinion Games«, durch die junge Erwachsene ermutigt werden sollen, sich an der Politik zu beteiligen.[139]

Siri ist die erste virtuelle Repräsentantin der Religion des 21. Jahrhunderts: Konsum und Vergnügen. Sie und die Konkurrentinnen der anderen Anbieter sind der personifizierte, kokette lange Arm der Internetgiganten, deren markteffiziente Verführungsdienste man kaufen kann. Sie werden die intimsten Regungen und Wünsche der Menschen kennen und Scharen von Konsumenten von den neuesten Gadgets und den coolsten Vergnügen und Dienstleistungen überzeugen.

Die Art und Weise wie jene, die das Bild nicht anbeten, getötet werden, wurde oben bereits angedeutet: Die meisten Menschen sind erschreckend freizügig bezüglich ihrer intimsten Daten und Interessen und stellen fast alles bedenkenlos ins Facebook-Profil oder auf Instagram oder YouTube. Wer sich weigert dies

---

[136] Spitzer (2012).

[137] Artikel von Janko Skorup in der Schweizer Gratiszeitung *20Minuten* (Schon Babys leiden an iPad-Entzug, 2012).

[138] Artikel von Michèle Binswanger in der Schweizer Tageszeitung *Tages-Anzeiger* (Die Wanze mit Blondhaar, 2015).

[139] Nach einem Artikel von Ralph Hofbauer in der Schweizer Tageszeitung *Tages-Anzeiger* (Sie schreiben die Spielregeln, 2015). Jost Schweinfurter (2017) sieht in dieser »Gamification« (Übertragen von Spielmechaniken in spielfremde Zusammenhänge) eine regelrechte »Ausbeutung des Spieltriebs«, u.a. durch »Surveytainment« in Forschung und Kultur: Spielende Teilnehmer enträtseln Enzyme durch dreidimensionales falten von Proteinmolekülen, katalogisieren Galaxien oder versehen Kunstwerke mit Schlagwörtern.

zu tun, macht sich verdächtig: Was hat sie oder er denn zu verbergen? Wer dazugehört und begeistert mit dem Strom schwimmt, will gerne seine coolsten Bilder, Filmsequenzen und Geschichten im Internet verbreiten und vielleicht sogar damit angeben. Wer etwas vertuscht, ist verdächtig, führt etwas im Schilde. Wer sich nicht virtuell präsentiert, agiert undercover, ist ein potentieller Attentäter oder Verbrecher. Damit läuft er Gefahr von Behörden oder Geheimdiensten verfolgt zu werden. In diktatorischen Staaten bedeutet das fast schon Gefangenschaft auf unbestimmte Zeit, wenn nicht gar den Tod. Vor allem aber wird die verdächtige Person wirtschaftlich und sozial ausgestoßen. Wer sich digital verbirgt oder gar auf der schwarzen Liste steht, erhält keinen Job, keinen Kredit, er ist nicht mehr vertrauenswürdig und verliert seine Bankbeziehungen; er kann nichts mehr kaufen oder verkaufen. Der oder die Ausgestoßene ist in der virtuellen Welt des Digitalzeitalters nicht sichtbar und damit sozial und wirtschaftlich inexistent – tot.

Was das bedeuten kann, zeigen Beispiele von Jugendlichen, die in einen sogenannten Shit-Storm gerieten, die in Facebook und Twitter von irgendwelchen Widersachern bloßgestellt und schlechtgemacht wurden, sei es mit fragwürdigen Geschichten oder anrüchigen Bildern. Ihr Leben ist zerstört, denn sie sind in der virtuellen Gemeinschaft gebrandmarkt und erfahren dort Verachtung. Eine reale Gemeinschaft spielt für junge Menschen oft nur noch eine untergeordnete Rolle, die Online-Community ist alles. Konkrete zwischenmenschliche Kontaktfähigkeit haben sie weitgehend verlernt, denn wenn sie Zeit mit Menschen verbringen, dann in gedrängten, überlauten Partylokalen, in denen eine normale Unterhaltung kaum möglich ist. Vom virtuellen Totschlag zum physischen Selbstmord ist da nur noch ein kleiner Schritt.

Zahl und Malzeichen des Tiers

Für die Interpretation der 666, der berühmten Zahl des Tiers wird seit Jahrhunderten meist die Gematrie herangezogen, in der Worte als Zahlwerte interpretiert werden. Das ist nicht aus der Luft gegriffen, denn in der Antike, namentlich im Althebräischen und -griechischen gab es keine eigenen Zahlzeichen. Die Buchstaben des Alphabets wurden als Zahlwerte benutzt: die ersten zehn als Einer-, die zweiten zehn als Zehner- und die folgenden als Hunderterwerte.[140] Infolgedessen erscheinen antike Zahlen oft wie kryptische Worte. Umgekehrt kann auch jedem griechischen oder hebräischen Wort ein Zahlenwert zugeschrieben werden, indem die Quersumme über alle seine

[140] Nach der Zahlenhistorie von George Ifrah (1987) S. 319ff.

Buchstaben berechnet wird. Hebräische Gematrie wurde bisweilen als Verschlüsselung verwendet, da die Christen zwar oft Hebräisch verstanden, nicht aber die römischen Staatsbeamten – revolutionärer Okkultismus wurde seit Tiberius mit dem Tode bestraft.[141] Der Rückschluß aus einer Zahl auf einen Schriftzug, einen Namen oder ein Wort ist natürlich bei weitem nicht eindeutig. Die vielfältigen gematrischen Spielarten lassen fast beliebige Interpretationen zu.

Von der Spätantike bis in die Postmoderne wurden für die Zahl 666 Dutzende Möglichkeiten präsentiert, unter anderen zum Beispiel Julius Caesar, Domitian, Vespasian, Caligula oder die Deutschen Kaiser sowie Mohammed, Papst Benedikt IX., Luther, Titan, Trajan oder Hadrian. Im Internet findet man gematrische Turnübungen zu Adolf Hitler oder Ronald Reagan.[142] Wahrscheinlich deshalb kommt der kommunistische Revolutionär Friedrich Engels (1820–1895) zum Schluß:[143] »All dies hat jetzt jegliche Bedeutung verloren, ausgenommen für einfältige Personen, die noch immer versuchen mögen, den Tag des letzten Gerichts auszurechnen.« Nein, ausrechnen können wir diesen Tag nicht. Wahrsagerei ist in Gottes Plan nicht vorgesehen. Aber beachten und ernst nehmen sollen wir die Zeichen sehr wohl.

Bezüglich Gematrie kann man wohl am ehesten der gängigen historisch-kritischen These folgen, die die Zahl des Tiers mit Kaiser Nero in Verbindung bringt – oder allenfalls mit der mythischen Figur des »Nero redivivus« (wiedererstandener Nero), der als Kaiser Hadrian aufgefaßt wird.[144] Die jüngeren Ansätze sind zum Teil geradezu absurd, doch findet man auch hier durchaus bedenkenswerte Ideen. Auch wenn alle Interpretationsversuche spekulativ bleiben müssen, wollen wir dennoch einen vielversprechenden Ansatz aufgreifen.

Die Zahl 666 wurde in Althebräisch als תרסו (Taw-Resch-Samech-Waw, 400+200+60+6)[145] und in Altgriechisch als χξϝ (Chi-Xi-Digamma, 600+60+6) geschrieben. Der sechste Buchstabe des Alphabets, der für die Zahl 6 steht,

---

141 Gematrie im Zusammenhang mit dem Neuen Testament s. Vincenzo Petracca (2005) S. 242; Tiberius war Kaiser 14–37 n.Chr.

142 Angaben zusammengestellt aus diversen Quellen: Woods (2003) S. 247; Beckwith (2001) S. 404f; Uni-Passau.de (2005).

143 Aus Friedrich Engels Schrift über das Buch der Offenbarung (Engels, 1975 S. 15).

144 Witulski, 2007 S. 212f, 236; Nero: 37–68 n.Chr., Imperator ab 54 n.Chr.; Hadrian: 76–138 n.Chr., Imperator ab 117.

145 Traditionelle Schreibweise ohne Werte über 400. Die alternative Schreibweise mit Finalbuchstaben für die Werte ab 500, hier םסו mit dem Finalbuchstaben Mem (ם) als Wert 600, war nicht weitverbreitet (Ifrah, 1987 S. 547ff).

ist das hebräische Waw (ו) beziehungsweise das griechische Digamma (ϝ). Letzteres hatte ursprünglich wie Waw den phonetischen Lautwert »w«, wie im englischen »world«. Der aus dem phönizischen stammende Laut kam im Altgriechischen schon bald nicht mehr vor, blieb aber als Zahlzeichen bestehen. Eine andere antike Schreibweise von Zahlen als Summe von mehreren Zahlzeichen ist heute noch in den lateinischen Zahlen erhalten, die man bisweilen auf Uhren oder als Seitenzahlen findet.

Mit den heute gebräuchlichen arabischen Zahlen tun wir etwas sehr ähnliches, doch es werden dieselben Zeichen für Hunderter, Zehner und Einer geschrieben. Der Zahlenwert des Zeichens wird hier bestimmt durch die Position in der Zeichenfolge. Projizieren wir nun das heutige Zahlenverständnis zurück auf die Antike, so würde 666 hebräisch als »ווו« und griechisch als »ϝϝϝ« geschrieben. Im Lautwert wäre beides www, das allseits bekannte Zeichen für das World Wide Web, das Internet. Diese Interpretation setzt zwar eine Vor- und Rückprojektion des Zahlenverständnisses über zwei Jahrtausende voraus, doch spekulativer als die unzähligen Namensberechnungen ist sie nicht. Vor allem angesichts der obigen Interpretation des zweiten Tiers als die vernetzte digitale Welt leuchtet sie ein und ist vergleichsweise direkt, einfach und ohne kognitive Verrenkungen.

Viel wichtiger als die spekulative Verbindung zum Kürzel www für World Wide Web ist aber die genaue Betrachtung der Wortwahl des Johannes im Zusammenhang mit der Zahl des Tiers. Hierzu müssen wir den vorangehenden Vers ebenfalls berücksichtigen, denn die Zahl des Tieres steht in engem Zusammenhang mit dessen Malzeichen:

> *Offb 13,16–18: Weiter bringt es alle, die Kleinen und die Großen, die Reichen wie die Armen, die Freien wie die Sklaven, dazu, sich ein Malzeichen an ihrer rechten Hand oder an ihrer Stirn anzubringen, 17und niemand soll etwas kaufen oder verkaufen dürfen, der nicht das Malzeichen an sich trägt, nämlich den Namen des Tieres oder die Zahl seines Namens. 18Hier kann sich wahre Klugheit (d.h. Weisheit) zeigen. Wer Verstand besitzt, rechne die Zahl des Tieres aus; sie ist nämlich die Zahl eines Menschen, und seine Zahl ist sechshundertsechsundsechzig.*

Besonders die präzise Übersetzung des Verses 18 ist wichtig für die Auslegung, denn hier liegt wie im Vers angezeigt die Klugheit oder Weisheit. Wo im griechischen Text ψηφισάτω (psephisato) steht, finden wir oben »der rechne aus«. Diese Übersetzung suggeriert einen gematrischen Ansatz. Das altgriechische ψηφίσ (psephis) heißt »Steinchen« und ψηφίσω (psephiso) wurde im Sinne von »seinen Stimmstein abgeben« beziehungsweise »abstimmen« oder

»beschließen« verwendet. Demnach scheint anstelle von »ausrechnen« eine Auslegung im Sinne von »herausfinden was die Zahl bedeutet« wesentlich passender, wie es in den Bibeln »Hoffnung für alle«, »Neuen Genfer« oder »Gute Nachricht« steht. Es geht nicht darum die Zahl zu berechnen, sondern ihre Bedeutung zu erkennen. Interessanterweise heißt ψηφιακός (psephiakos) in Neugriechisch sogar »digital«. Beachtenswert ist auch, daß die Zahl des Tieres nicht als griechische Zahl mit drei Zeichen, sondern in Worten geschrieben ist.

Wovon aber kündet das Malzeichen an den Menschen, das den Namen des Tieres oder die Zahl seines Namens trägt? Um einem Verständnis näherzukommen, müssen wir ein Stück weit in die digitale Welt eintauchen.

Begriffe wie »Internet of Things«, »Big Data« und »Mobile Computing« werden in der Informatik im noch sehr jungen dritten Jahrtausend intensiv und begeistert diskutiert. Jedes technische Produkt, zum Beispiel ein Auto, ein Kühlschrank oder eine Kaffeemaschine, soll bald mit einem individuellen, eindeutigen Code versehen und kabellos ans Internet angebunden werden, so daß es im Netz aufgefunden werden kann (»Internet of Things«). So kann die Herstellerfirma das Gerät aus der Ferne erkennen und Service-Empfehlungen abgeben oder im Fall eines Defekts gar elektronische Reparaturen ausführen.

Autos können mittelfristig selbständig ihren Weg finden und ohne Eingreifen des Menschen aufeinander reagieren – bei jedem Wetter unfallfrei durch den dichtesten Verkehr.[146] Daher ist »Big Data« ebenso im Gespräch – riesige Speicherkapazitäten für Objekt- und Kundendaten – die »Cloud«. In dieser »Wolke« draußen im Netz soll alles gespeichert werden: Nicht nur Produkt- und Landschaftsdaten, sondern auch Firmenarchive oder private Dokumente bis hin zu intimen sozialen, gesundheitlichen oder rechtsrelevanten Informationen aller Teilnehmer im Netz.

Auch die einzelnen Computer-Benutzer sollen ihre Daten nicht mehr zu Hause speichern, denn das ist riskant – sie könnten verlorengehen, indem sie durch technische Defekte nicht mehr lesbar sind. Und die Privatsphäre? Nun, wenn ich kein Verbrechen plane, sollte ich auch kein Problem damit haben, wenn meine Daten unter fremder Kontrolle da draußen liegen. Wenn wir nur noch das Endgerät in der Hand halten und auf alle unsere Daten übers Internet zugreifen, so liegen sie dort gesichert in der Verantwortung von erfahrenen Experten, die wissen wie man Daten gegen unbefugten Zugriff und Verlust schützt. Zudem sind sie nicht nur auf dem Heim-Computer verfügbar, sondern

[146] Seit Mitte 2016 führen z.B. der *Kanton Wallis* (Schweiz) und die *ETH Lausanne* Tests mit autonomen Kleinbussen durch, die zentimetergenau durch die schmalen Gassen des Städtchens Sion kursieren (Rimle, 2017).

gleichermaßen unterwegs vom Smartphone oder Tablet her – »Mobile Computing«.

Bereits 1990 wurde in den USA ein Patent eingereicht, das einen in ein Produkt eingesetzten Mikrochip betrifft, ein sogenannter passiver Transponder, eine RFID (Radio Frequency Identification).[147] Er verhält sich passiv, bis er von außen durch elektromagnetische Wellen angeregt wird. Dann gibt er als Frequenzmuster eine unverwechselbare Zahl zurück, die das Produkt identifiziert. Man stelle sich vor, man könnte im Supermarkt mit dem Einkaufswagen einfach in die Kassenschleuse fahren und seine Zahlungskarte einstecken, worauf alle im Wagen liegenden Produkte fast augenblicklich erfaßt, das Total auf Knopfdruck von der Karte abgebucht und damit die Schranke geöffnet würde. Praktisch, nicht? Das bräuchte kein gestreßtes Kassenpersonal mehr und wäre blitzschnell erledigt, so daß man kaum mehr Schlange stehen müßte. Voraussetzung wäre, daß alle Produkte mit einem Mikrochip markiert sind.

Ganz ähnlich wie bei den markierten Produkten ist es heute völlig normal und gesetzliche Pflicht, Hunde mit elektronischen »Marken« zu versehen, die den Hund identifizieren. In Deutschland ist dies auch für Kleinvieh, das heißt für Ziegen und Schafe schon seit Jahren obligatorisch.[148] Für Katzen werden solche implantierte Mikrochips empfohlen, um sie wieder zu finden, sollten sie entlaufen.

Dieser elektronische »Objektcode«, sei es für Dinge oder Tiere, ist aber nicht fälschungssicher, denn wer über die technische Infrastruktur verfügt, könnte einen Chip nachbauen und damit die »Identität« eines fremden Objekts kopieren – für ein Haustier oder Alltagsprodukt natürlich kaum ein Thema. Ganz anders sähe es aus, wollte man Menschen auf diese Weise rechtsgültig identifizieren. Auch wenn implantierte RFID-Chips in Schweden bereits als Türöffner eingesetzt werden, steht diese Technologie genau deshalb noch in den Kinderschuhen.[149]

Ein Zahlencode kann aber absolut sicher gemacht werden – durch Verschlüsselungstechnologie, wie sie im Internet seit einigen Jahren völlig selbstverständlich im Einsatz ist.[150] Mittels komplexer Berechnungen kann ein Paar

---

147 Patent Nummer US516676A (http://www.google.com/patents/US5166676).

148 Pressemitteilung des deutschen *Bundesministeriums für Ernährung und Landwirtschaft* (BMELV, 2009).

149 Artikel der Schweizer Tageszeitung *Zürcher Oberländer* (Der Chip, der unter die Haut geht, 2015).

150 Immer wenn »https://« in der Adreßzeile des Browsers steht, anstelle des normalen »http://«.

zusammengehörige, sehr große Zahlen dazu dienen, jeweils einen Computer oder ein Benutzerkonto zu identifizieren. Die eine Zahl des Paars muß geheim bleiben, die andere ist öffentlich frei zugänglich, zum Beispiel im Internet publiziert.

Wird ein Datensatz, wie ein digitales Dokument oder Bild, mit der einen Zahl verschlüsselt, so kann sie nur mit der zugehörigen anderen Zahl wieder entschlüsselt werden (siehe Abbildung 6). Verschlüssele ich etwas mit meiner persönlichen geheimen Zahl, so kann der Empfänger verläßlich überprüfen, ob wirklich ich es bin, der das Ding verschlüsselt hat.[151] Nur wenn ich der Urheber bin, kann der Datensatz mit meinem öffentlichen Zahlenschlüssel entschlüsselt werden. Zwar können alle es lesen, denn meine öffentliche Zahl ist allgemein zugänglich, doch ich habe das Dokument mit meiner privaten Zahl digital unterzeichnet, verläßlicher als eine Unterschrift von Hand – solange mein privater Schlüssel nur mir zugänglich bleibt.[152]

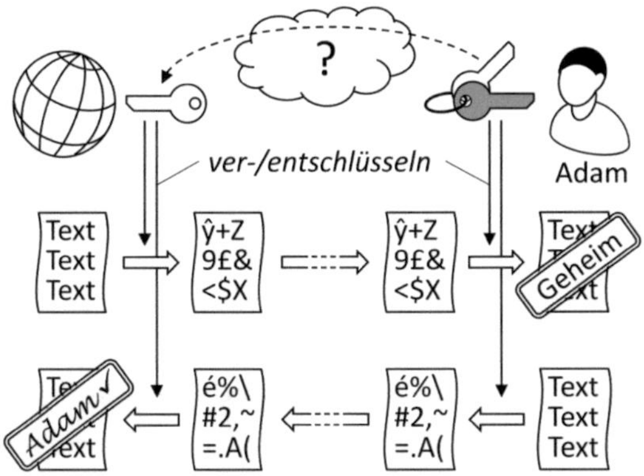

Abbildung 6: Verschlüsselungstechnologie – vertrauliche Zustellung (Mitte) und digitale Signierung (unten): Der private Zahlenschlüssel (grau) bleibt bei Adam. Verschlüsselt jemand ein Dokument mit Adams öffentlichen Schlüssel (weiß), so kann es nur noch mit Adams privaten Schlüssel gelesen werden; das Dokument ist nur für seine Augen. Verschlüsselt Adam ein Dokument mit seinem privaten Schlüssel, so kann es nur noch mit dem zugehörigen öffentlichen Schlüssel gelesen werden; Adam ist als Urheber überprüfbar, das Dokument signiert. Problem: Fälschungssichere Zustellung des öffentlichen Zahlenschlüssels über das Internet.

---

151 Eigentlich ist noch ein Hash-Code involviert, eine Art komplexe Quersumme über das zu signierende digitale Objekt, doch dies spielt hier eine untergeordnete Rolle.

152 Diese Verschlüsselungstechnologie kann noch anderen Zwecken dienen, zum Beispiel der Absicherung gegen unbefugte Manipulation, doch das ist hier nicht von Belang.

Diese Form der Signierung wäre aber sehr umständlich, denn für jede andere Person im Netz, dessen digitale Unterschrift ich prüfen will, müßte ich deren öffentlichen Zahlenschlüssel bereits besitzen – völlig unmöglich im Internet mit Millionen von Nutzern, die ich zumeist noch gar nicht kenne (gestrichelter Pfeil durch die Wolke in Abbildung 6). Würde mein öffentlicher Zahlenschlüssel einfach mit meinem Dokument zusammen zugestellt, so würden quasi Schlüssel und Schloß miteinander geliefert, und alles wäre wieder manipulierbar, die Sicherheit dahin.

Um das zu umgehen, signiert eine zentrale Stelle meinen öffentlichen Zahlenschlüssel zusammen mit meinen Personendaten und bestätigt damit, daß die Zahl wirklich zu mir gehört. Meine »Unterschrift« wird auf genau dieselbe Weise digital unterzeichnet, das heißt von der verläßlichen, zentralen Stelle beglaubigt. Diese Kombination nennt man digitales Zertifikat. Jetzt müssen alle andern nur noch den öffentlichen Zahlenschlüssel der zentralen Vertrauensstelle im voraus besitzen und können damit jedes beglaubigte Zertifikat auf seine Echtheit prüfen (Abbildung 7). So können die digitalen Unterschriften von Millionen Teilnehmern mit den unterzeichneten Daten zusammen übermittelt werden und bleiben dennoch immer verifizierbar.

Angesichts des verbreiteten Terrors in der Welt nach der zweiten Jahrtausendwende wird der Ruf nach Sicherheit immer lauter. Der tiefsitzende, abgründige Haß islamistischer Extremisten auf den Westen hat gute Gründe: Erstens hat das selbstherrliche und eigennützige Eingreifen der Industriestaaten in den arabischen Ländern großen Schaden angerichtet und zweitens schreit die geistlose Konsummentalität der ersten Welt tatsächlich zum Himmel. Der jahrtausendealte Haß auf das Judentum und die Ablehnung der spätantiken

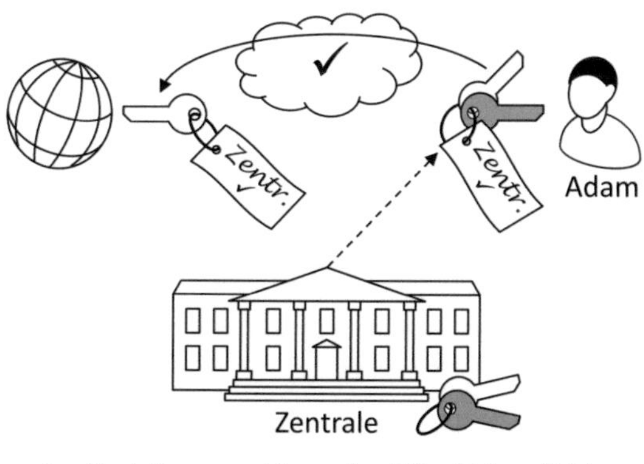

Abbildung 7: Lösung des Zustellungsproblems des öffentlichen Zahlenschlüssels: Signierung durch eine zentrale Stelle, der alle vertrauen müssen.

Trinitätslehren im Christentum kommen hinzu. Im schier aussichtslosen Machtgefälle sehen die Islamisten nur eine Chance: Partisanenkampf. Die Anschläge in den abendländischen Staaten geschehen scheinbar aus dem Nichts und werden oft sogar von im betroffenen Land Geborenen verübt, die in der Aussichtslosigkeit ihrer Jugend im kämpferischen Islamismus ihre Erfüllung suchen. Die vermeintliche Lösung des Heils ist: Nur mit Früherkennung und Repression können wir den Terror verhindern; wir müssen jede Person überwachen, um die Gefährlichen rechtzeitig ausschalten zu können.

Als erste Nation der Welt haben die USA verlangt, daß neue Paßdokumente einen elektronischen Chip enthalten müssen, einen Transponder, der alle persönlichen Daten des Passes enthält. So kann der Ausweis in Sekundenschnelle gelesen und elektronisch überprüft werden. Natürlich werden die Daten am Zoll auch gespeichert und für alle Fälle aufbewahrt. In der EU gibt es zahlreiche Projekte für zertifikatsbasierte Identifikation.[153] Ein solcher biometrischer Paß oder eine digitale Identitätskarte sind zwar praktisch, aber immer noch nicht absolut sicher, denn sie können verlorengehen oder gestohlen werden.

Was liegt also näher, als diese Daten untrennbar mit dem Menschen zu verbinden, den sie identifizieren sollen? Ein Schweizer Informatiker tüftelt mit einem in seinen Handrücken injizierten Transponder ähnlich jenem von Tieren herum und entsperrt damit sein Mobiltelefon. In seiner Vision kann man damit künftig seinen Auto- oder Hausschlüssel ersetzen oder an der Kasse bezahlen.[154] In Schweden lassen sich wie oben erwähnt schon seit Jahren hunderte Personen mit Transpondern versehen, um sich an den automatischen Türen ihres Arbeitsplatzes zu identifizieren.[155]

Somit ist absehbar, daß in naher Zukunft der politische, gesellschaftliche und wirtschaftliche Druck zunehmen wird, daß sich Menschen in ähnlicher Weise wie heute Haustiere oder Kleinvieh mit einem elektronischen Chip versehen lassen. Dieser Chip hat derzeit noch die Größe einer langen, dünnen Kapseltablette, ist aber schon klein genug, daß er nicht operativ implantiert

---

153 Nach Thomas Dübendorfer (2017): Belgien stellt für seine Bürger eine zertifikatsbasierte Identitätskarte mit digitaler Signaturfunktion aus. Die entsprechende estnische ID-kaart unterstützt neben digitaler Unterschrift auch das Abstimmen übers Internet, was in den Parlamentswahlen 2014 von fast einem Drittel der Stimmberechtigten benützt wurde. In der EU gibt es zahlreiche weitere Projekte für digitale Personenidentifikation. Dübendorfer folgert: »Optimal wäre, wenn jeder Mensch ab Geburt eine standardisierte, sichere digitale Identität erhalten würde.«

154 Fernsehsendung 10vor10 auf SRF1 vom 3. Februar 2015.

155 Artikel der Schweizer Tageszeitung *Zürcher Oberländer* (Der Chip, der unter die Haut geht, 2015).

werden muß, sondern mittels einer speziellen Spritze unter die Haut injiziert wird. Er wird noch winziger werden können. Aus chemisch neutralem Material wird er in der Haut warten und nichts tun, bis er von außen elektromagnetisch angeregt wird – soweit ganz harmlos. Der Mikrochip wird mindestens folgende Informationen enthalten müssen:

- Die persönliche geheime Schlüsselzahl (um digital zu unterzeichnen),
- die persönliche öffentliche Schlüsselzahl (um sie zur Überprüfung zu übermitteln),
- die wichtigsten Daten zur Person, neben Namen und Vornamen vielleicht das Geburtsdatum und die Nationalität, und eventuell die Paß- oder Sozialversicherungsnummer (sofern diese nicht durch den öffentlichen Zahlenschlüssel abgelöst ist),
- die öffentliche Schlüsselzahl der Zertifizierungsstelle, deren Web-Adresse und deren Namen.

Detaillierte Informationen über die Person, wie medizinische Daten oder Kreditwürdigkeit werden wohl eher in der Cloud gespeichert. In Sachen Kreditwürdigkeit führen die Finanzinstitute ja heute schon zentrale, übers Netz abgefragte Register, zumindest bezüglich schwarzer Schafe.[156]

Ich erhalte also ein digitales Zertifikat in Form eines winzigen Mikrochips unter die Haut injiziert, vorzugsweise an einer normalerweise nicht bedeckten Körperstelle, die auch den größtmöglichen praktischen Nutzen verspricht. Der Handrücken oder das Handgelenk bieten sich an, denn so kann ich meinen implantierten Ausweis leicht an eine elektronische Prüfstelle halten, um mich identifizieren zu lassen – so wie jene Schweden, die sich dergestalt an der Tür ihres Arbeitgebers ausweisen. Die andere einleuchtende Körperpartie ist die Stirn. Wird der Chip zwischen die Augenbrauen gesetzt, so fällt er nicht auf, auch wenn er noch eine winzige Unebenheit zur Folge hätte, und er ist an einer wohldefinierten Stelle, ideal für die Integration mit einer elektronischen Brille.

Google und Microsoft überbieten sich in jüngster Zeit in der Ankündigung der jüngsten Gadgets: Brillen, die elektronische Bilder und Texte direkt ins Auge projizieren – ein Bildschirm entfällt. Im Juni 2014 kam die »Google Glass« auf den amerikanischen Markt. Das brillenartige Gerät ist sprachgesteuert. Auch wenn diese Beta-Version im Januar 2015 wieder zurückgezogen wurde – das Konzept wird von Google mit neuen Verantwortlichen

---

[156] Zum Beispiel die Schweizer *Zentralstelle für Kreditinformationen* ZEK, www.zek.ch.

weiterentwickelt.[157] Da die reine Sprachsteuerung wohl nicht in jeder Lebenssituation passend und leistungsfähig genug ist, wird mittelfristig wohl ein Teil der Elektronik ans Handgelenk verlegt werden, in eine Armbanduhr ähnlich der »Apple Watch«, die im März 2015 auf den Markt kam,[158] natürlich kabellos verbunden. Vielleicht werden feine Fingerelektroden, zum Beispiel in der Form eines Handschuhs, die Steuerung ermöglichen und eine Tastatur ersetzen. So kann mittelfristig die ganze mobile Technik abgelöst werden: Armbanduhr, Navigationsgerät, Mobiltelefon und Notebook oder Tablet-Computer.

Wenn der miniaturisierte Computer in einem modischen, schlanken Headset Platz findet, sich über kleine Bewegungen von Kopf und Hand und mittels Sprachbefehlen steuern läßt und seine Informationen direkt in meine Augen projiziert, dann bin ich permanent online. Ich kann unterwegs im Stehen oder Gehen, ja sogar beim Joggen im Internet surfen, die Zeitung oder Dokumente lesen, mich über meine Umgebung informieren, Filme schauen, Internet-Games spielen, mit meinen Freunden chatten, meine Posts online stellen oder meine allerneuesten und coolsten Filmsequenzen aus der integrierten Mikrokamera in mein Internet-Profil hochladen. Ich bin immer orientiert über die besten Restaurants in der Nähe, den Fahrplan des öffentlichen Verkehrs oder das Telefonverzeichnis. Wird ein neues Konzert meiner Lieblingsband publiziert, so bin ich einer der ersten, der es erfährt – Sekunden entscheiden über die besten Tickets.

Und meine Hände bleiben immer frei! Während all dieser Tätigkeiten sind die Bilder und Texte aus der Brille meinem normalen Gesichtsfeld überlagert; ich kann mich in meiner Umgebung orientieren, ohne mich ganz von meinen digitalen Aktivitäten lösen zu müssen, und permanent, blitzschnell zwischen virtueller und realer Welt hin und her zappen. Ein technisches Schlaraffenland für Digital Natives, die in die digitale Welt hineingeboren und mit der Informationstechnik aufgewachsen sind. Oder für permanent aktive Geschäftsleute, die keinen Börsenticker verpassen dürfen. Jeder Informationsvorsprung ist bares Geld wert, und die virtuelle Persona im Chatroom oder Busineß-Netzwerk wird zur neuen Persönlichkeit. Die digitalen Brillen werden wohl ein Statussymbol werden – ein »Must Have«.

Jedem Menschen wird also ein digitales Zertifikat zugewiesen, signiert von einer Zentrale im Internet. Es wird wohl keine staatliche Stelle sein, sondern

---

[157] Online-Test der Zeitschrift *Computer Bild* (Engelien, 2014) und Online-Artikel der Wochenzeitung *Die Zeit* (Wendt, 2015).

[158] Pressemitteilung von Apple (Bessette, 2015).

eher ein großer Internet-Provider, doch das spielt je länger je weniger eine Rolle, denn die Macht konzentriert sich auf immer weniger Hände und wird durch die Kommunikations-, Speicher- und Rechenleistung der Computerwelt ausgeübt. Jederzeit und überall kann dann anhand des öffentlichen Zahlenschlüssels des Tiers aus der Erde via kabelloses Internet überprüft werden, ob ich bin, wer ich vorgebe; eine Fälschung ist unmöglich.

Der Herausgeber des Schlüsselpaars kontrolliert meine Identität, denn der Urheber meines Zertifikats hat für mich auch meinen geheimen Schlüssel generiert. Der bleibt dort gespeichert – selbstverständlich »aus Sicherheitsgründen«. Denn man stelle sich vor, mein geheimer Zahlenschlüssel wäre technisch defekt und nicht mehr lesbar: Meine vertraulichen, verschlüsselt abgelegten Dokumente wären auch für mich selbst unlesbar, und die Unmengen von Daten, die in der Cloud über mich eingelagert wurden, könnten nicht mehr meiner Person zugewiesen werden. Müßte mein Zahlenpaar durch ein neues ersetzt werden, gäbe es fortan quasi zwei von mir. Wenn die zentrale Stelle eine Kopie meines geheimen Schlüssels für mich aufbewahrt, kann der Mikrochip an meiner Hand oder Stirn jederzeit ersetzt werden. Fast wichtiger noch als meine eigene Sicherheit ist jedoch: Die zentrale »Vertrauensstelle« behält die Aufsicht über alles, was ich kommuniziere und speichere, sogar wenn es verschlüsselt übermittelt oder abgelegt ist, so daß es nur noch mit meinem geheimen Schlüssel dekodiert werden kann.[159]

Da die Identifikation mittels meines implantierten Mikrochips die verläßlichste Methode der Personenkontrolle überhaupt ist, wird selbstredend auch der Zahlungsverkehr darauf aufbauen. Meine heutige Zahlungskarte ist ja nur ein Speichermedium für meine Kartennummer und meinen Sicherheits-Code, den ich bei ihrer Verwendung allenfalls eingeben muß. Die Telekommunikationsanbieter haben schon verschiedene Anläufe unternommen, das Mobiltelefon als Zahlungsmittel der Zukunft zu lancieren. In Schwellenländern ist dies schon weit verbreitet, doch in den Industrienationen tut man sich vorerst noch schwer damit.[160] Das Smartphone in seinen neuen Formen einer Uhr oder Brille wird bleiben. Der mich identifizierende Mikrochip wird aber die neue Zahlungssicherheit werden, denn er ist ungemein viel praktischer: Ich kann ihn nicht zu Hause vergessen oder irgendwo steckenlassen oder verlieren; er braucht keinen Pin, den Unbefugte ergaunern könnten, er kann mir nicht

---

[159] In stichfester Verschlüsselungstechnologie wird das Schlüsselpaar vom Eigentümer generiert und nur der öffentliche Schlüssel zur Signierung an die Zentrale übergeben.

[160] Hintergrundartikel von Simon Schmid in der Schweizer Tageszeitung *Tages-Anzeiger* (Das Smartphone ist noch kein smartes Ersatzportemonnaie, 2014).

gestohlen und meine Kartennummer nicht im Internet mißbraucht werden – die absolute digitale Sicherheit. Bargeld wird nur noch von Dealern und Geldwäschern benötigt. Folglich wird je länger je mehr nur noch ein implantierter Chip als Identifikations- und Zahlungsmittel akzeptiert werden, sei es im Internet oder im Supermarkt. Wenn ich nicht verläßlich identifiziert werden kann, hat auch niemand Vertrauen in meine Zahlungsfähigkeit. Ohne Mikrochip kann nichts gekauft oder verkauft werden.

Lassen wir also die oben aufgeführte Bibelstelle über das Malzeichen und die Zahl des Tieres nochmals Revue passieren:

> *Offb 13,16: Weiter bringt es alle, die Kleinen und die Großen, die Reichen wie die Armen, die Freien wie die Sklaven, dazu, sich ein Malzeichen an ihrer rechten Hand oder an ihrer Stirn anzubringen, …*

Wer ungehindert in ein fremdes Land reisen, sich unterwegs ausweisen oder sich bei seinem Internet-Provider oder der Online-Community anmelden will, muß einen Mikrochip mit Zertifikat am Handrücken oder an der Stirn haben.

> *Offb 13,17a: … und niemand soll etwas kaufen oder verkaufen dürfen, der nicht das Malzeichen an sich trägt, …*

Wer nicht mittels implantierten Zertifikats identifizierbar ist, kann an keiner elektronischen Kasse bezahlen und nichts über das Internet bestellen oder anbieten. So wie es heute selbst in kleinen Geschäften, in Amerika sogar beim fahrenden Händler, Kreditkartenlesegeräte gibt, wird es Identifikations- und Buchungsterminals im Dorfladen geben. Ohne implantierten Mikrochip habe ich ein ernstes Problem bezüglich meines täglichen Lebensunterhalts.

> *Offb 13,17b: … nämlich den Namen des Tieres oder die Zahl seines Namens.*

Das Zertifikat im Mikrochip trägt sowohl den Namen des Tieres, das heißt der Vertrauensinstanz aus dem Internet, als auch die Zahl seines Namens – den öffentlichen Zahlenschlüssel des zentralen Unterzeichners.

> *Offb 13,18b: … die Zahl des Tieres … ist nämlich die Zahl eines Menschen, und seine Zahl ist 666.*

Das durch die Internet-Zentrale beglaubigte Zertifikat ist eine digitale Datensequenz, also eigentlich eine einzige lange, strukturierte Zahl. Diese Zahl ist aber nicht nur zugleich Zahl und Name des Tiers, sondern auch die Zahl eines Menschen – meiner selbst, mein Zahlenschlüssel. Für die Überprüfung von Zertifikaten muß sogar die Internetadresse der Vertrauensinstanz im Zertifikat gespeichert sein,[161] so etwas wie »www.zertifizierungsstelle.net«. Und die Zahl des Tieres ist 666 – zu lesen als ebendieses »www« für die digitale Vernetzung, die die Überprüfung meines Zertifikats erst möglich macht.

Die Übereinstimmungen gehen aber noch weiter. In den nachfolgenden Kapiteln der Offenbarung wird das Malzeichen wieder erwähnt:

> *Offb 14,11b: … und sie haben keine Ruhe Tag und Nacht, die das Tier anbeten und sein Bild und wer das Zeichen seines Namens annimmt.*

Die das Internet und seine verführerischen Dienste – die besten und interessantesten Verkaufsangebote, spannende Spiele und Filme, die Chatrooms und Busineß-Netzwerke, die sekundenaktuellen Börsen- oder Presseinformationen von rund um den Erdball und vieles andere mehr –, die all dies anbeten, das heißt ihr ganzes Denken und Streben danach ausrichten, die sind permanent online und haben Tag und Nacht keine Ruhe mehr. Je aktueller und origineller die Informationen, desto cooler oder busineßträchtiger sind sie. Der Schnellste hat am meisten Followers, oder er macht das Rennen am Markt.

> *Offb 16,2b: … da kamen schlimme und bösartige Geschwüre an die Menschen, die das Malzeichen des Tieres an sich trugen und sein Bild anbeteten.*

Wenn ein Haustier einen Mikrochip implantiert hat, so wird dieser nur verwendet, um es im Notfall zu identifizieren. Der Chip bleibt harmlos. Hat ein Mensch so ein Ding implantiert und verwendet es permanent, um sich zu identifizieren – zum Beispiel für die Anmeldung bei der Online-Gemeinschaft, zum Einkaufen, für sein Zeitungsabonnement, seine Bankverbindung oder um Börsengeschäfte zu verfolgen, so wird der Chip laufend mittels elektromagnetischer Wellen durch die Haut abgefragt und antwortet seinerseits mit solchen Strahlungen. Damit wird der menschliche Organismus um Größenordnungen stärker strahlenbelastet als das Haustier. Diese implantierten Chips werden wohl vorab bei Intensivnutzern zu Krebs führen, zu schlimmen und bösartigen Geschwüren.

Zum Abschluß betrachten wir noch eine aktuelle Vision der Millenniumsgeneration über die Welt in zehn Jahren:[162]

---

161 Für die sogenannte »Revocation«-Abfrage nicht mehr gültiger Zertifikate, hier der Einfachheit halber nicht behandelt.

162 Peter Diamandis vom *NASA Research Park* der *Singularity University* in Kalifornien (Diamandis, 2015).

- Durch die ungebremste Entwicklung von Leistung und Preiszerfall wird ein Computer mit der Rechenkapazität eines menschlichen Gehirns für 1000 Dollar verfügbar sein.
- Das »Internet of Things« wird hundert Milliarden verbundene Geräte zählen, jedes mit mindestens einem Dutzend Sensoren – ein Busineß mit einem Potential von 19 Billionen Dollar.
- Mit einer Billion Daten erfassender Sensoren in autonomen Fahrzeugen, Satelliten, Drohnen, tragbaren Gadgets und Kameras wird man jederzeit über alles Bescheid wissen können.
- Die Online-Communities werden 8 Milliarden Menschen über ungeahnte individuelle Übertragungsleistungen miteinander und mit den zentralen Informationsverwaltern verbinden.
- Biometrische Sensoren an und in uns werden das Gesundheitswesen revolutionieren: Künstliche Intelligenz macht die Diagnose, im Labor gezüchtete Organe sind auf Bestellung verfügbar, und Roboter operieren spottbillig – ein Busineß-Potential von 3.8 Billionen Dollar.
- Modisch-elegante, schlanke Brillen für die virtuelle Realität werden den Dienstleistungs- und Immobiliensektor, Bildung, Reiseindustrie und Unterhaltung fundamental verändern.
- Die nächste Generation von Siri wird so intelligent sein, daß wir ihr aufgrund des immensen persönlichen Nutzens und Komforts bedenkenlos all unsere Unterhaltungen, Mails und biometrischen Daten anvertrauen werden.
- Digitale Verschlüsselungstechnologien werden den Zahlungsverkehr revolutionieren.

Fazit der Begeisterung: Wir leben in der aufregendsten Zeit aller Zeiten, in der der Wandel mit zunehmendem Tempo wächst. Der britische Technologie-Pionier Kevin Ashton (*1968), der den Begriff »Internet of Things« prägte, erkannte schon um die Jahrtausendwende:[163] »Wenn alle Konsumgüter, Gebrauchsgegenstände, ja selbst natürlichen Organismen ohne unsere Hilfe Daten sammeln und diese ins Internet stellen könnten, würde aus dem Netzwerk

[163] Aus einem Hintergrundartikel der Neuen Zürcher Zeitung über »Smart Cities«, die auf das Internet angewiesen sind (Frei, 2015).

privater Computer ein weltumspannender Supercomputer, der alles über die reale Welt wüßte.«

Wie lückenlos treffend und präzise hat Prophetie über zwei Jahrtausende zu sein? Erwarten wir noch mehr Übereinstimmung, um zu glauben, daß das Tier aus der Erde die übermächtige, vernetzte Computerwelt ist und Zahl und Malzeichen des Tiers ein implantiertes, persönliches Zertifikat unter Kontrolle aus dem Internet? Und das alles ohne irgendwelchen Hokuspokus, geradlinig und vernünftig, naturwissenschaftlich und technisch einleuchtend begründet. Daher die dringende Empfehlung aus der Offenbarung des Johannes an uns und unsere Kinder: Laßt euch um Himmels Willen keinen Mikrochip implantieren, geschehe was wolle …

Die Schalen des Zorns – neue Aspekte der Heimsuchungen

In Kapitel 15 der Apokalypse erscheinen noch einmal sieben Engel mit sieben neuen Plagen, die nun die letzten sein sollen (V. 1). Die Reihenfolge der Erwähnung der Heimsuchungen ist wohl zweitrangig. Daß die Schalen nach den Posaunen aufgeführt sind, muß nicht heißen, daß sie in der Abfolge der Ereignisse später geschehen. Sicher ist nur, daß sie im Gegensatz zu den sieben Siegeln nur die Endzeit betreffen. Diesmal sind es goldene Schalen voll vom Zorn Gottes (V. 7):

> *Offb 16,2: Da ging der erste hin und goß seine Schale auf die Erde aus; da kamen schlimme und bösartige Geschwüre an die Menschen, die das Malzeichen des Tieres an sich trugen und sein Bild anbeteten.*

Daß das Mal des Tieres, das heißt der injizierte Mikrochip wohl zu Krebs führen wird, wurde im vorangehenden Abschnitt bereits erwähnt. Die nächsten beiden Schalen lassen sich im Sinne der Folgen des Asteroideneinschlags interpretieren, der im Abschnitt *Die letzten drei Siegel und die ersten vier Posaunen* diskutiert wurde:

> *Offb 16,3f: Dann goß der zweite seine Schale in das Meer aus; da wurde es zu Blut, wie Leichenblut, und alle lebenden Wesen im Meere starben. [4]Weiter goß der dritte seine Schale in die Flüsse und die Wasserquellen aus; da wurden sie zu Blut;*

Das »Blut« ist durch lösliche, rote Eisenverbindungen und Eisenoxid-Staub zu erklären und das Sterben aller Wesen im Meer durch den äußerst starken sauren Regen. Einen neuen Aspekt bringt dann aber die vierte Schale:

Offb 16,8f: Hierauf goß der vierte seine Schale auf die Sonne aus; da wurde ihr die Kraft verliehen, die Menschen mit Feuerglut zu versengen. 9So wurden denn die Menschen von gewaltiger Glut versengt, lästerten aber trotzdem den Namen Gottes, der die Macht über diese Plagen hat, und bekehrten sich nicht dazu, ihm die Ehre zu geben.

Der erwähnte Asteroideneinschlag hätte weltweit eine weitgehende Vernichtung des Ozonschildes zur Folge.[164] Die Ultraviolettstrahlung der Sonne könnte praktisch ungehindert bis zur Erdoberfläche vordringen. Der Index der hautschädigenden Strahlung würde gegenüber den stärksten heute üblichen tropischen Werten rund verfünffacht. Die Sonne hätte im wahrsten Sinn des Wortes die Macht, die Menschen zu versengen. Diese Auswirkung träte zunehmend hervor, indem die Verdunkelung der Himmelskörper nachließe.

Die fünfte Schale scheint wieder die Elemente der Posaunen aufzunehmen:

Offb 16,10f: Nun goß der fünfte seine Schale auf den Thron des Tieres aus; da wurde sein Reich verfinstert, und die Menschen zerbissen sich die Zungen vor qualvollem Schmerz, 11 lästerten aber trotzdem den Gott des Himmels wegen ihrer qualvollen Schmerzen und wegen ihrer Geschwüre und bekehrten sich nicht von ihrem bösen Tun.

Hier ist der »Thron des Tieres« angesprochen, dessen Reich verfinstert wird. Diese Verfinsterung paßt nicht zur Verdunkelung des Himmels, die schon von Jesaja prophezeit wurde. Hier bei den Zornesschalen wird nicht mehr zwischen dem Tier aus dem Meer und jenem aus der Erde unterschieden. Wenn wir Vers 10 auf letzteres beziehen, so kommen wir zu einer sehr stimmigen Interpretation: Die gigantische Explosion eines einschlagenden Asteroiden hätte nicht nur einen gewaltigen Lichtblitz und Feuerball zur Folge, sondern auch einen sehr starken elektromagnetischen Impuls aufgrund der Ionisierung der Luft.[165] Dies hätte einen augenblicklichen Ausfall elektronischer und elektrischer Anlagen im Umkreis von Tausenden von Kilometern zur Folge. Wenn das Reich des Tieres die vernetzte Computerwelt ist und sein Thron die wichtigen Speicher- und Kommunikationszentralen, so wird sein Thron der Macht geschlagen und sein Reich – die digitale Scheinwelt – augenblicklich verfinstert. Auch die Energie- und Wasserversorgung und viele andere elektronisch gesteuerten Dienste wären betroffen.

---

164 Bobrowsky, et al. (2007) S. 233ff; Pierazzo, et al. (2010).

165 Bobrowsky, et al. (2007) S. 422ff.

Schwieriger zu interpretieren ist die sechste Zornesschale:

> *Offb 16,12: Hierauf goß der sechste seine Schale auf den großen Strom Euphrat aus; da vertrocknete sein Wasser, damit den Königen vom Aufgang der Sonne her der Weg offenstände.*

Die gewaltigen Erdbeben könnten vielleicht tatsächlich eine große geologische Veränderung der Quellregion des Euphrats in der Türkei bewirken, so daß der Fluß künftig Richtung Norden abflösse. Doch warum sollte dadurch den Königen vom Aufgang der Sonne so der Weg bereitet werden? Der Fluß wäre ja heutzutage kein großes Hindernis. Die Wasser des Euphrats könnten jedoch symbolisch für die Seelen der Völker am Euphrat stehen. Diese Interpretationsvariante finden wir ausdrücklich bei Jesaja:

> *Jes 8,7: Darum, siehe, läßt der Allherr die gewaltigen und starken Wasser des Euphratstroms über sie heraufsteigen, nämlich den König von Assyrien und seine ganze Heeresmacht; der wird über alle seine Flußbetten emporsteigen und über alle seine Ufer daherströmen.*

Dieser Tage werden Syrien und der Irak, die Länder des Euphrats, von Kriegen erschüttert. Die USA und Europa hatten die einstmaligen Herrscher wie jene von Libyen und Ägypten gestützt, bis sie übermütig wurden und die ungeschriebenen Regeln der westlichen Hegemonie nicht mehr mitspielen wollten. Sogleich wurde die Opposition politisch und militärisch unterstützt und die zuvor sorgsam gehegten Machthaber verteufelt. Nun entpuppt sich der arabische Frühling als arabische Wüste, jede Kontrolle ist verloren, das labile Gleichgewicht der Repression zerstört. Jede der Stammeskulturen kämpft nur für sich selbst und will an die Macht. Zusammen mit ähnlichen Auseinandersetzungen in Nordafrika schwächt dies die ganze arabisch-islamische Welt des Vorderen Orients.

Steht die Austrocknung des Euphrats für die Lähmung der zerstörerischen Kraft der islamistischen Diktaturen und verfallen diese Völker auch den Verführungen des Digitalzeitalters, so würde dies tatsächlich den »Königen vom Aufgang der Sonne« den Weg ebnen. Hier denken wir weniger an die unberechenbaren islamistischen Machthaber des Iran, die im geistigen Sinn ja auch zum Euphrat gehören. Die »Könige vom Aufgang der Sonne« sind wohl eher Mächte wie Rußland, China oder Nordkorea und ihre Verbündeten, die jegliche Religion unterdrücken und gefühlskalt pragmatisch ihren materiellen Vorteil suchen. Im Jahr 2001 wurde die *Shanghaier Corporation Organisation (SCO)* mit Sitz in Peking gegründet, ein politisches Bündnis von Oststaaten zur politischen, wirtschaftlichen und militärischen Stabilisierung und Entwicklung der Region. Ihr gehören die Großmächte China, Rußland, Indien und verschiedene Kleinstaaten der ehemaligen Sowjetunion und des Mittleren Ostens an. In jährlichen Treffen wird die Freundschaft der Mitgliedstaaten und Assoziierten öffentlich zelebriert. Militärische Großmanöver stellten die Kampftüchtigkeit Rußlands und Chinas international zur Schau.

Rußland ist vor allem mächtig aufgrund seines Reichtums an fossilen Brennstoffen. Zerfällt der Ölpreis, so zerfällt auch Rußlands Reichtum, wie jüngste Entwicklungen vor Augen führen: Die Vereinigten Staaten beschlossen, Ölschiefer mit der hochgradig umweltschädigenden Methode des Frackings zu fördern. Damit werden sie bezüglich Öl autark und können sogar zum bedeutenden Exportland werden. Daß die globalen Klimaziele nur schöne Worte sind, konnte man schon lange wissen, doch mit diesen neuen Quellen sind sie endgültig dahin. Der Ölpreis zerfällt, und die russische Wirtschaft kommt unter Druck. Rußland zeigt damit Anzeichen, als König des Ostens außer Betracht zu fallen. Doch das russische Volk hat jahrhundertelang bewiesen, daß es zäh und duldsam ist, und seine Regierung ist kaltblütig und rücksichtslos. Abgesehen davon sind die russischen Oligarchen Pragmatiker und investieren schon seit langem auch im Ausland. Trotz all seiner Schwierigkeiten darf Rußland nicht unterschätzt werden.

Bezüglich des Tiers aus der Erde gehören zu den »Königen vom Aufgang der Sonne« gewiß die Elektronik produzierenden Wirtschaftsmächte China und Korea.[166] Wenn der militante, religiös-fanatische Geist der arabisch-islamistischen Völker sich im seichten Vergnügungsstreben des Internets auflösen würde, so wäre diesen »Königen vom Aufgang der Sonne« der Weg zur Weltmacht eröffnet. China, das ameisenhaft arbeitsame Milliardenvolk unter totalitärem Regime, ist die aufstrebende Wirtschaftsmacht, die zunehmend globale Bedeutung erlangt. Nach allen Medienberichten über Menschenrechtsverletzungen und Umweltkatastrophen ist Rücksichtslosigkeit gegenüber Mensch und Natur das Geheimnis des chinesischen Erfolgs. Und die Investoren der Welt halten die Steigbügel: Wo soll man denn in einer serbelnden Weltwirtschaft noch Gewinn machen, außer im skrupellos prosperierenden China? Auf China als aufstrebende Macht der Weltwirtschaft deutet auch hin, daß mehr und mehr Firmen von chinesischen Milliardären aufgekauft werden.[167]

---

166 Japan würde auch dazu gehören, wäre es nicht Mitglied des westlichen Wirtschaftsbündnisses G7.

167 Zum Beispiel das Schweizer Pharmaunternehmens Syngenta 2016/17 (Syngenta steht vor dem Verkauf, 2016).

Der Thron des Tiers aus der Erde muß im Silicon Valley vermutet werden, der unbestrittenen Technologieschmiede von »Internet of Things«, »Mobile Computing« und »Big Data«. Wenn der prophezeite Asteroid im Westen der USA einschlüge, so träfe er das Nervenzentrum des Internets und demnach den Thron des Tieres. Gleichzeitig würde der nordamerikanische Kontinent in weiten Teilen zerstört und die USA als unbestrittene Weltmacht des digitalen Universums schwer geschädigt. Europa ist uneins und hat global wenig Durchschlagskraft. Rußland scheint in den wirtschaftlichen Ruin zu steuern. Japan und in erheblichem Maß wohl auch Korea wären durch gigantische Tsunamis schlimm betroffen. China hingegen bliebe in wichtigen Teilen der Küste durch die vorgelagerten, großen Inseln vor den schlimmsten Auswirkungen der Tsunamis geschützt. Als mächtige Könige des Ostens kämen also vor allem China, eventuell aber auch Rußland in Frage.

Harmagedon – die Versammlung der Könige

Am Ende der Zornesschalen tun die Mächtigen sich zusammen:

> *Offb 16,13f: Und ich sah aus dem Maul des Drachen und aus dem Maul des Tieres und aus dem Munde des falschen Propheten drei unreine Geister wie Frösche hervorkommen – **14**sie sind nämlich Teufelsgeister, welche Wunderzeichen verrichten –; diese begeben sich zu den Königen des ganzen Erdkreises, um sie zum Kampf am großen Tage Gottes, des Allmächtigen, zu sammeln.*

Hier ist erstmals der falsche Prophet erwähnt, der in Kapitel 19 der Offenbarung wieder erscheint als »der die Zeichen getan hatte, durch welche er die verführte, die das Zeichen des Tieres angenommen und das Bild des Tieres angebetet hatten«. Man ist versucht, den falschen Propheten im religiösen Umfeld zu suchen. Als Verführer derer, die das Zeichen des Tieres angenommen hatten, liegt er jedoch vielmehr im Umkreis der mächtigen Drahtzieher und Financiers des Internet-Marketings. Frösche sind sprungkräftige Kaltblüter aus dem Teich, die als schlüpfrig gelten und auch in den Plagen Mose eine wichtige Rolle spielten.[168] Symbolisch mögen sie stehen für herzlose, kaltblütige Geister aus der Finsternis, die aufgrund ihrer Sprungkraft und Schlüpfrigkeit kaum zu fassen sind.

Aus der Weltelite sollen also drei Mächte erstehen, die die Länder der Welt zum Kampf einigen werden. Zum Drachen, dem Symbol der Satansgemeinde

---

[168] 2Mose 7,26–8,10.

würde vordergründig eine geistige oder geistliche passen und zum siebenköpfigen Tier eine politische. Zum falschen Propheten des Tiers aus der Erde, das heißt zu den vernetzten Computer-Giganten, paßt eine wirtschaftliche Machtfigur.

Politische Mächte sind am ehesten große Nationen wie heutzutage die USA, China oder Rußland ausmachen. Als wirtschaftliche Machtfigur käme ein Internetgigant in Frage. Bei der Interpretation der geistlichen Macht hingegen kommen wir auf schwieriges Terrain. Religiöse Einigung wird die Welt nicht erleben, höchstens religiösen Terror und Krieg. Eine Figur oder eine Vereinigung, die Christen, Muslime und Juden zusammenführen könnte, ist undenkbar. Letztere können wir als Weltmacht ohnehin ausklammern, denn zahlenmäßig ist das Judentum im Vergleich zu den anderen beiden vernachlässigbar. Die Gemeinde Laodicea wiederum steht im Verfall und scheint ihre Kraft verloren zu haben. Es bliebe der Islam, der geistig auch in der jüngsten Zeit enorme Energien freisetzt, sehr militante Energien. Wenn der Euphrat aber wirklich austrocknet, das heißt die gefährlichen Scharia-Kalifen mit ihren anachronistischen Stammesgesetzen in die Schranken verwiesen werden, dann wäre von der Religion im ursprünglichen Sinn allgemein nichts mehr zu erwarten. Es blieben nur noch die weltlichen und vor allem wirtschaftlichen Mächte in Ost und West.

Als neue, unbestrittene Religion haben wir die computergesteuerte, vernetzte Technologie identifiziert. Sie scheint wertneutral und hat das Potential alle zu verführen. Materielles Eigentum und irdische Ressourcen sind immer begrenzt. Unerschöpflich ist allein die virtuelle Welt. Hier sind Besitz und Vergnügen innert Mikrosekunden kopierbar und zu absoluten Spottpreisen zu haben – augenblicklich. Bezahlt wird im Internet viel weniger in Dollar als mit unserer Seele. Die neue Währung ist die Opferung von persönlicher Integrität und Unabhängigkeit. Wenn schließlich der Gottesglaube in allen Religionen zugunsten der seichten Unterhaltung mehrheitlich verworfen wird, dann hat der ultimative Konsumtempel Internet die religiöse Weltmacht übernommen, und die Menschheit ist geeint im materiellen Geist von Luststreben und Konkurrenz.

Die Macht aus dem Rachen des Drachens kann am Ende nur aus den globalen Finanzdrahtziehern bestehen. Sie können als Inkarnation des Drachens gesehen werden, der kaum offen in Erscheinung tritt, aber alle Fäden im Hintergrund in der Hand hält. Die drei Mächte sind also vermutlich eine politische Weltmacht des siebenköpfigen Tiers, ein Internetgigant des falschen Propheten und ein Billionen Dollar schwerer Finanzverwalter, der die eigentliche Macht diskret im Verborgenen ausübt.

Auf die Versammlung der Völker im Geiste des Drachens folgt die berühmte Stelle mit dem Bezug zu Harmagedon.

Offb 16,16 (Luther): Und er versammelte sie an einen Ort, der heißt auf hebräisch Harmagedon.

Für den als hebräisch bezeichneten Namen sind uns verschiedenste griechische Schreibweisen überliefert, doch die wichtigsten Quellen schreiben Ἁρμαγεδών, phonetisch Harmagedon.[169] Der Vers nimmt offenbar Bezug auf das Hebräische Har Megiddō (הַר מְגִדּוֹ), das den »Berg von Megiddo« bezeichnet, ein südlicher Ausläufer des Karmel-Gebirges im Norden Israels. In der Ebene von Megiddo nordöstlich des Gebirges liegt das klassische Schlachtfeld Kanaans.[170] Die letzte große Schlacht fand hier gegen Ende des ersten Weltkriegs 1918 statt. Daß einige wichtige Textzeugen auch Μαγεδών (Magedon) überliefern, liegt vielleicht daran, daß das legendäre Schlachtfeld nicht auf dem Berg, sondern in der Ebene liegt, so wie die gleichnamige Stadt.

Magedon oder Harmagedon läßt sich aber auch griechisch interpretieren, obschon im Bibeltext ausdrücklich auf den hebräischen Namen verwiesen wird: Μάγος (Magos) heißt Zauberer oder Gaukler; ἕδος (edos) heißt Wohnsitz, Tempel oder Ratsversammlung. Zauberer und Gaukler sind sehr passende Synonyme für den falschen Propheten. Μάγου ἕδος, kurz μάγ-ἕδος (mag-edos) kann also für »des falschen Propheten Wohnsitz« oder »des falschen Propheten Tempel« stehen. Die Vorsilbe »Har« weist auf ἀρά (hará) hin, das unter anderem Fluch, Verderben oder Unheil bedeutet. Ἀράω (haráo) heißt mitunter »fluchen« im Sinn von »jemandem etwas anwünschen«. Ἀρά μάγου ἕδου, kurz ἀρ-μάγ-ἕδου (harmagedou) hieße dann »Fluch des Tempels des falschen Propheten« und ἀράω μάγου ἕδον, in Kurzform ἀρ-μάγ-ἕδον (harmagedon) »ich verfluche den Tempel des falschen Propheten«. Die Mächtigen werden sich also im Tempel des falschen Propheten versammeln, der von Gott verflucht ist.[171] Dieser Tempel ist nach der Meinung des Verfassers das weltweit angebetete Internet und vor allem seine schier allmächtigen Computerzentralen, die zunehmend Kontrolle über die Menschen gewinnen.

---

[169] Gemäß dem Kommentar zum griechischen NT von Bruce Metzger (Metzger, 1994 S. 681).

[170] Ri 5,19; 1Kön 20,26 (Aphek liegt in der Ebene Megiddō); 2Kön 23,29; 2Chr 35,22; Sach 12,11.

[171] Vgl. Abschnitt *Die fünfte und sechste Posaune – das »Heuschreckenheer«* S. 268 .

Die siebte Schale des Zornes nimmt dann wieder ziemlich genau jene Begebenheiten auf, die beim Übergang vom siebten Siegel zur ersten Posaune beschrieben sind. Hinzu kommt vor allem ein neues Ausmaß: »Ein großes Erdbeben, wie es noch nicht gewesen ist, seit Menschen auf Erden sind«, der Einsturz der Städte der Heiden, das Verschwinden aller Inseln und Berge und Hagel wie Zentnergewichte. Dies alles paßt bestens zu einem Asteroideneinschlag mit Erdbeben der nie gesehenen Stärke 13, Flutwellen von hunderten Metern Höhe und dem Wiedereintritt von ausgeschleuderten Felsbrocken. Das Verschwinden der Inseln wäre auch durch die erwähnte Klimaerwärmung mit der Erhöhung des Meeresspiegels erklärbar.

Babylon die Große

Die berühmte Hure Babylon wird in Kapitel 17 der Apokalypse prominent vorgestellt:

> *Offb 17,1–6: … »Komm, ich will dir das Gericht über die große Buhlerin zeigen, die an vielen Wassern thront, ²mit der die Könige der Erde gebuhlt haben und von deren Unzuchtswein die Bewohner der Erde trunken geworden sind.« ³… und ich sah dort [in der Wüste] ein Weib auf einem scharlachroten Tier sitzen, das mit gotteslästerlichen Namen übersät war und sieben Köpfe und zehn Hörner hatte. ⁴Das Weib war in Purpur und Scharlach gekleidet und mit Gold, Edelsteinen und Perlen reich geschmückt; in ihrer Hand hielt sie einen goldenen Becher, der mit Greueln und mit dem Schmutz der Buhlerei der ganzen Erde gefüllt war; ⁵und auf ihrer Stirn stand ein Name geschrieben, ein Geheimnis: »Groß-Babylon, die Mutter der Buhlerinnen und der (götzendienerischen) Greuel der Erde. ⁶Ich sah das Weib trunken vom Blut der Heiligen und vom Blut der Zeugen Jesu; …*

Die Hure ist trunken vom Blut der Zeugen Jesu und trägt die Insignien des römischen Adels. Purpur und Scharlach wurden im Rahmen des Sendschreibens an *Laodicea* als die edelsten Farben und Stoffe der Antike identifiziert, und die Frau ist mit Kostbarkeiten üppig geschmückt. Im anbrechenden Frühmittelalter wurde die »große Buhlerin« mit weltlicher Macht assoziiert.[172]

Die Reformatoren verbanden die Hure mit der römisch-katholischen Kirche.[173] Auch heute wird sie in freikirchlichen Kreisen oft mit der römischen

---

172 Zum Beispiel im Apokalypsen-Kommentar des Andreas von Caesarea (563–637; Bousset, 1906 S. 64).

173 Das kommt bei Luther z.B. in seinem Traktat *Adversus execrabilem Antichristi bullam* und in den *Schmalkaldischen Artikeln* sehr deutlich zum Ausdruck (Eickmeyer, 2012 S. 350).

Kurie identifiziert, doch daß sie das Blut der Zeugen Jesu trinkt, erweist sie als das Römische Reich nach der Mitte des ersten Jahrhunderts. Die unermeßlichen Reichtümer und Monumente der Kaiser, wie die Zehntausenden Ermordeten, um Machtansprüche und Götzenglauben durchzusetzen, sind wahrlich ein Greuel. Groß-Babylon entspricht dem antiken und spätantiken Weltreich Rom.

Die Bezeichnung »Babylon« verweist zudem auf die babylonischen Mysterien, auf denen die römischen Mysterien beruhten. Zugleich ist »Groß-Babylon« die »Mutter der Buhlerinnen« – durch Konstantin, Theodosius und Justinian, die Gregor dem Großen und den mittelalterlichen Päpsten den Weg bereiteten. In der Folge haben die Könige der Erde jahrhundertelang mit ihr gebuhlt, denn Kaiserreiche und Pontifikat standen bis Ende achtzehntes Jahrhundert in gegenseitiger Abhängigkeit und agierten ganz im Geist der römischen Antike.

Damit wird Groß-Babylon aber auch zur Mutter der Greuel der Erde, denn das römische Recht der Spätantike stand Pate für die Menschensatzungen aller Zeiten bis in die Gegenwart. Die Hure Babylon ist also gleichsam das geistige Fundament von über zwölf Jahrhunderten päpstlicher Macht aber mehr noch: Das römische Recht ist das Recht des Stärkeren, das Recht der Eingeweihten, die sich durchsetzen können über jene, die draußen stehen. Einst schützte es den Besitz der reichen Patrizier, heute schützt es das Kapital der Topmanager und Oligarchen. Die vielgepriesenen Demokratien sind nur scheinbar frei. Wir alle sind Gefangene der Lobbyisten und Propagandamaschinerien jener, die sich die Politik kaufen können.

Das Tier ist mit gotteslästerlichen Namen übersät, weil all die geistlichen und weltlichen Herrscher sich mit den unglaublichsten Titeln schmückten und schmücken, die allen Mächten des Himmels hohnlachen. Dies macht auch vor den Informatikkonzernen nicht halt: Ein Leiter einer Innovations- oder Strategieabteilung wird bisweilen als »Chief Evangelist« bezeichnet, als oberster Verkünder der Frohen Botschaft. Die Hure Babylon ist der Geist der Götzenverehrung, Ausbeutung und Üppigkeit, der auf den nachfolgenden kirchlichen und weltlichen Mächten mitreitet.

Nach dem ersten Auftreten der großen Buhlerin wird die Offenbarung zum sphinxischen Rätsel, das wir nur noch mit wohlbegründeten Vermutungen lösen können. Bei dieser anspruchsvollen Aufgabe verwenden wir wieder die weitgehend wortgetreue Übersetzung Herrmann Menges und lassen zudem seine erklärenden Einschübe weg, um den Text in möglichst ungestörtem Fluß betrachten zu können:

Offb 17,8–14: Das Tier, das du gesehen hast, ist dagewesen und ist nicht mehr; doch wird es aus dem Abgrund wieder heraufsteigen und ins Verderben fahren; da

werden dann die Bewohner der Erde sich verwundern, die, deren Name nicht eingeschrieben steht im Buch des Lebens seit Grundlegung der Welt, wenn sie sehen, daß das Tier dagewesen war und nicht mehr da ist und wieder da sein wird.
⁹Hier ist Verstand erforderlich, der mit Weisheit gepaart ist. Die sieben Köpfe sind sieben Berge, auf denen das Weib thront,
¹⁰und bedeuten sieben Könige: fünf von ihnen sind zu Fall gekommen, der eine ist da, der andere ist noch nicht gekommen, und wenn er gekommen ist, darf er nur eine kurze Zeit bleiben.
¹¹Ferner das Tier, das gewesen war und nicht mehr da ist, ist selbst der achte und gehört trotzdem zu den sieben und fährt dahin ins Verderben.
¹²Und die zehn Hörner, die du gesehen hast, sind zehn Könige, welche die Herrschaft noch nicht empfangen haben, sondern ihre königliche Gewalt zu derselben Stunde zugleich mit dem Tier erhalten.
¹³Diese haben einmütigen Sinn und stellen ihre Macht und Gewalt dem Tier zur Verfügung.
¹⁴Diese werden mit dem Lamm kämpfen, aber das Lamm wird sie besiegen …

Das ganze Rätsel handelt nur noch vom Tier, das mit der Hure durch seine scharlachrote Adelsfarbe verbunden bleibt. Die Hure, die wir als den raffgierigen, machtorientierten, götzendienerischen Geist der Spätantike auffassen, gerät aus dem Blickfeld. Beginnen wir mit einem Aspekt, der einigermaßen verläßlich identifizierbar ist: Bei den »Erdbewohnern deren Name nicht eingeschrieben steht im Buch des Lebens seit Grundlegung der Welt« geht es nicht um die ewig Verworfenen gegenüber den Erwählten. Dies ist die Lehre des Durcheinanderwerfers. Die Welt ist sicher die materielle Welt, in die hinein wir einst als Abgefallene verstoßen wurden. Ihre Grundlegung ist die Erschaffung dieser Welt, die erst aufgrund des geistigen Abfalls notwendig wurde. Die seit dieser Grundlegung nicht im Buch des Lebens Eingeschriebenen sind demnach wir alle, die wir dem geistigen Tod verfielen. Wir fielen alle aus dem Buch des Lebens und sind bis zu unserer Rückkehr ins Himmelreich nicht mehr dort eingetragen. Das sind die Ungerechten und Gerechten, die Erschlagenen und die in den Feuersee Geworfenen, wie auch die am Tag der Entscheidung ins Himmelreich eingehenden.[174]

Das Tier ist gewiß jenes aus dem Abschnitt *Das erste Tier aus dem Meer,* denn es trägt genau dieselben Kennzeichen. Die zehn Hörner wären demnach die Fürsten am Übergang zwischen Spätantike und Frühmittelalter. Die zehn Könige dieser Hörner haben zur Zeit des Johannes »ihre Herrschaft noch nicht empfangen« (V. 12), denn sie herrschten erst, als das Tier in dieser Form erschien, gegen Ende sechstes Jahrhundert. All die Fürsten der europäischen Barbarenvölker des zerfallenden weströmischen Reiches wollten nach antikem

---

174 Feuersee: Offb 19,20; 20,14f; 21,8. Himmelreich: 21,7.

Vorbild als Herrscher von Gottes Gnaden gelten. Folglich buhlten sie um die Gunst des Stuhles Petri, der die Kompetenz in Anspruch nahm, die Könige im Auftrag Christi zu legitimieren (V. 13). Sie stellten also einmütig ihre Gewalt dem Papst zur Verfügung, indem sie im Gegenzug seinen Anspruch legitimierten. Die sieben Berge sind ein Hinweis auf die sieben Hügel Roms, wo der Thron dieses Tieres steht. Gleichzeitig bezeichnen sie sieben Mächte, wie auch die sieben Köpfe.

Das Tier bezeichnet also nicht nur die Völker Europas. Durch die in einem einzigen Tier vereinten sieben Köpfe (die Regierungen) bezeichnet es die gegen Ende der Spätantike entstehende Symbiose zwischen weltlicher und geistlicher Macht, die von der Befreiung Roms um 538 bis zur Absetzung des Papstes durch Napoleon im Jahre 1798 andauerte, dreieinhalb Zeiten oder 1260 Jahre lang.[175] Die sieben Köpfe wurden oben als die mitteleuropäischen Mächte vom Mittelalter bis zur Neuzeit identifiziert.

Ebenfalls sehr wichtig scheint die Aussage, daß das Tier gewesen war, nicht mehr ist und zum Erstaunen des Erdkreises wieder sein wird, denn sie erscheint dreimal hintereinander ausdrücklich. Diese Aussage läßt sich historisch nicht abschließend einordnen, schon gar nicht in der Zeit des verkündenden Propheten, um das Ende des ersten Jahrhunderts unserer Zeitrechnung. Es spricht einiges dafür, daß sie auch um die zweite Jahrtausendwende noch teilweise in der Zukunft liegt.

Das Tier, das heißt die mächtige Symbiose zwischen Kirche und Regierungen, bestand bis Ende achtzehntes Jahrhundert. Seit über zweihundert Jahren ist es nicht mehr, denn vom Heiligen Stuhl eingesetzte Regierungen sind Geschichte, und die Kurie hat ihre politische Macht weitgehend verloren. Der Kirchenstaat zerfiel spätestens im neunzehnten Jahrhundert endgültig. Der Vatikan ist derzeit kein Staat im Sinne einer Weltmacht und hat auch keinen starken politischen Rückhalt. Österreich-Ungarn, der zweite Kopf, fiel im Ersten Weltkrieg. Das ganze europäische Festland, insbesondere auch Frankreich, Italien und Spanien gingen im Zweiten Weltkrieg im Hitlerdeutschland unter, seien sie nun Verbündete oder Eroberte gewesen. Mit dem Fall dieser weiteren drei Köpfe ist Vers 10 erfüllt: Fünf der sieben Könige sind bis etwa 1940 zu Fall gekommen; England ist als einziges schon seit Jahrhunderten da; Deutschland war vor dem Zweiten Weltkrieg noch nicht richtig gekommen und konnte im Krieg als Weltmacht nur eine kurze Zeit bleiben.

---

175 Vgl. die obige Interpretation von V. 2 und Abschnitt *Eine Zeit und zwei Zeiten und eine halbe Zeit* S. 140.

Das Tier, das aus der Symbiose aller europäischen Mächte einschließlich der Kirche besteht, ist selbst der achte König (V. 11). Spontan kommt einem die Europäische Gemeinschaft in den Sinn, doch eine andere Interpretation scheint viel stichhaltiger: Nach der Entdeckung Amerikas Ende fünfzehntes Jahrhundert wurde der neue Kontinent zum Mekka Europas und zum Fluchtort aller aus der alten Welt Verstoßenen: Wagemutige, wirtschaftlich Gescheiterte und politisch, rechtlich oder religiös Verfolgte suchten da ihr neues Glück. Die Vereinigten Staaten von Amerika sind ein Abkömmling aller europäischen Völker und damit das ganze Tier der sieben Köpfe. Und als Wiege der modernen Dekadenz tragen sie den Geist der Hure Babylon auf ihrem Rücken:

Amerika, Amerika! Du bist das Land der unbegrenzten Möglichkeiten, der Wilde Westen. Durch deinen Raub des Landes der amerikanischen Urbevölkerung wurdest du zur Kornkammer der Welt. Du bist die Mutter der neuzeitlichen Sklaverei, mit der du deinen Reichtum jahrhundertelang aufbautest. Du bist die Erfinderin der wirtschaftlichen Verführung zur Abhängigkeit: John D. Rockefeller war der erste, der billige Öllampen verkaufte oder gar verschenkte und dann am Kerosin für deren Betrieb einer der reichsten Männer der Welt wurde.[176] Du bist der unerschöpfliche Quell an Sekten aller Art und an fundamentalistisch-christlichen Gruppierungen. Die seichte Unterhaltung, die uns alle Sorgen des Alltags vergessen macht, entspringt dem Schoß deiner Filmwerkstatt Hollywood. Du bist die Wiege der appetitanregenden Kalorienbomben: des Junk-Foods und der Süßgetränke. Daß du damit auch das erste und größte Lazarett von Übergewichtigen bist, ist unvermeidlich. Du bist die stärkste Nation der Welt und kannst jedes Volk deiner Gunst mit Waffen beliefern. Als mächtigste Technologieschmiede bist du nicht nur die größte Raumfahrerin, sondern betreibst auch das Silicon Valley, den hochgelobten Thron der modernsten Informationsverarbeitung. Die fahrlässige Effizienz deiner Erdölgewinnung ist durch die Zerstörung eines ganzen Meeres sprichwörtlich geworden.[177] Und du hast selbstlos mitgeholfen, Europa von den Nationalsozialisten zu befreien! Nun ja, ganz so selbstlos war es nicht, denn es ging gegen die Sowjetrepubliken und um die Hegemonie über die ganze Welt.

Die Vereinigten Staaten sind die neue Weltmacht, der achte König, der dennoch zu den sieben gehört. Zugleich sind sie das ganze Tier, »das gewesen war und nicht mehr da ist« (V. 11a). Nach der Prophezeiung wird das Tier der weltlich-religiösen Symbiose wieder erstehen, um »ins Verderben dahinzufahren«

---

176 Aus Sherman Cochrans Untersuchungen zur chinesichen Wirtschaft im 19. und 20. Jahrhundert (Cochran, 2000 S. 38).

177 Ölkatastrophe im Mexikanischen Golf von 2010.

(V. 11b). Wir erwarten gespannt die Segnung eines amerikanischen Präsidenten durch den Papst, denn »die Bewohner der Erde werden sich verwundern« (V. 8).

Babylons Fall

Der Abschluß des siebzehnten Kapitels der Offenbarung beginnt mit der Erklärung der »Wasser, die du gesehen hast, wo die Buhlerin thront« (V. 15a). Daß sie »an vielen Wassern thront« wurde schon im ersten Vers erwähnt. Dies sind »Völker und Scharen und Nationen und Sprachen« (V. 15b) – wohl weniger die über die ganze Welt verteilten 1.3 Milliarden Angehörigen der katholischen Kirche, sondern vielmehr die begeisterten Anhänger unseres römischen Rechts. Die käufliche Hure ist nach der vorliegenden Deutung die Mutter von beiden.

> *Offb 17,16: Und die zehn Hörner, die du gesehen hast, und das Tier, die werden die Hure hassen und werden sie ausplündern und entblößen und werden ihr Fleisch essen und werden sie mit Feuer verbrennen.*

Das Tier ist die Summe der Mächte der Ersten Welt. Es trug die Hure der Antike jahrhundertelang mit sich, doch am Ende soll es sie hassen. Das »Fleisch essen« und »mit Feuer verbrennen« entspricht der alttestamentlichen Opferhandlung. Die Hure wird also zuerst geplündert und bloßgestellt und dann geopfert. Ob Monarchen oder Parlamente – bis ins zwanzigste Jahrhundert waren es politische Mächte, die das Zepter trugen. Ein König mußte die Öffentlichkeit zumindest im Schein von Ehrbarkeit führen; sonst wurde er bald im Haß der Untertanen aufgerieben. Eine offen agierende Persönlichkeit ist verletzlich.

Seit einigen Jahrzehnten erobern zunehmend Wirtschaftsmächte das Feld. Nicht nur die Staatskirchen haben politisch an Bedeutung verloren. Auch Recht und Gesetz kann man mit guten Anwälten und dem nötigen Lobbying zum eigenen Vorteil biegen. Das ist die Plünderung und Bloßstellung nicht nur der Kirchen, sondern auch der nach römischem Recht urteilenden Gerichte. Die neuen Mächtigen sind liberal, sie rufen nach mehr Freiheit und weniger Staat und lehnen Traditionelles und Emotionales ab. Ob etwas erlaubt ist, ist nur eine Frage der Kosten. Heute stehen die Akteure diskret im Hintergrund und geben möglichst nichts von sich preis. Die Üppigkeit der Hure ist verpönt. Der stilvolle Mächtige bewegt sich hinter getönten Scheiben und trägt zwar eine sündhaft teure Uhr aber einen schlichten, grauen Anzug. Seine Machenschaften bleiben verborgen. Aufgrund seines gigantischen wirtschaftlichen Hebelwerks ist er unantastbar, es sei denn, es käme einer mit einem noch schnelleren und größeren Revolver. Zusammen mit Kirche und Recht werden alle angestammten Formen von politischer oder religiöser Regulation und Kontrolle ausgehöhlt und geopfert. Zurück bleibt diskrete Macht.

Das Gericht über Babylon erscheint erstmals im Intermezzo zwischen den letzten Siegeln und der ersten Posaune (14,8): Drei Engel fliegen über die Menschen. Der erste ruft zur Gottesfurcht auf, die anderen beiden verkünden das Gericht über Babylon, die alle Völker mit dem Zorneswein ihrer Hurerei getränkt hat, und über jene, die das Malzeichen des Tiers tragen. Die Ruhelosigkeit derer, die das Tier anbeten (14,11b) wurde schon am Ende des Abschnitts *Zahl und Malzeichen des Tiers* besprochen. Die danach beschriebene Ernte und Weinlese, bei der »die Kelter draußen vor der Stadt getreten« wird und »das Blut bis an die Zäume der Pferde reicht« und sich »1600 Stadien weit ergießt« (etwa 250 Kilometer; 14,20), ist wohl nur eine plakative Auffrischung der Heimsuchungen, die schon im Rahmen der sieben Siegel und sieben Posaunen beschrieben wurden.

Der Fall Babylons wird im achtzehnten Kapitel der Apokalypse wiederaufgenommen. Die Überheblichkeit der Hure wird nochmals hervorgehoben (V. 7b): »Ich throne hier als Königin und bin keine Witwe und werde niemals Trauer erleben.« Dann werden die zuvor vielfach erwähnten Plagen nochmals kurz angesprochen, die über sie hereinbrechen: Pest, Trauer, Hunger, Feuer. Hier wird direkt nur die Hure angesprochen. Wie wir gesehen haben, sind Babylon und die sie verkörpernde Hure der Geist der Götzenverehrung, Ausbeutung und Üppigkeit, der auf den kirchlichen und weltlichen Mächten mitreitet.

> *Offb 18,9–11: Und weinen und wehklagen werden um sie die Könige der Erde, die mit ihr gebuhlt und Üppigkeit getrieben haben, wenn sie den Rauch von ihrem Brande sehen;* **10***von ferne werden sie aus Furcht vor ihrer Qual stehen und ausrufen: »Wehe, wehe, du große Stadt Babylon, du mächtige Stadt! In einer einzigen Stunde ist nun das Gericht über dich gekommen!«* **11***Auch die Kaufleute der Erde weinen und trauern um sie, weil jetzt niemand mehr ihre Waren kauft.*

Der Rest des achtzehnten Kapitels ist nur noch eine Fortsetzung des Wehklagens all jener, die den Fall Babylons betrauern. Die gewaltigen Naturereignisse haben den gesamten Protz der Mächtigen vernichtet, und so trauern alle Nutznießer der Macht. Die ökonomischen Systeme sind global zerschlagen, und die Weltwirtschaft ist zum Erliegen gekommen. Damit wird wohl Faustrecht jede geregelte Rechtsprechung ablösen.

Im neuzehnten Kapitel der Apokalypse schließlich folgt der himmlische Jubel über die Erfüllung aller Prophezeiungen, daß endlich Gottes Gerechtigkeit erfüllt wurde und über die Hochzeit des Lammes mit der Braut Christi:

Offb 19,7f: Laßt uns fröhlich sein und jubeln und ihm die Ehre geben! Denn die Hochzeit des Lammes ist gekommen, und seine Braut hat sich gerüstet, [8]und ihr ist verliehen worden, sich in glänzend weiße Leinwand zu kleiden«; die Leinwand nämlich, die bedeutet die Rechttaten der Heiligen.

Unter den »Heiligen« sind hier natürlich nicht Schlächter wie Konstantin, Justinian und Gregor zu verstehen, die von verschiedenen Kirchen als heilig verehrt werden, sondern höchstens solche wie Franziskus oder Hildegard, die auch wirklich Gutes getan haben. Vor allem aber sind damit all jene gemeint, die ihre Kleider reingewaschen haben mit selbstlosem Dienen an ihren Nächsten. Und als Johannes sich vor dem mächtigen Boten niederwerfen will, wird er von diesem zurechtgewiesen, er sei nur ein Mitknecht jener, die das Zeugnis Jesu hätten; Gott sei der Eine, der angebetet werden solle (V. 10, vgl. Abschnitt *Das neue Jerusalem* unten).

Die Wiederkehr Christi

Der lichte Höhepunkt der Apokalypse ist die Erscheinung Christi auf seinem weißen Roß mit den himmlischen Heerscharen, ebenfalls auf weißen Pferden und in glänzend weißer Leinwand. Jetzt kommt die Zeit der Abrechnung, der Scheidung der Geister, das Jüngste Gericht.

Die Erde ist ein Ort der Begegnung von Bösen und Guten, von Gerechten und Ungerechten.[178] Sie wurde, nach allem was wir gesehen haben, aufgrund des großen Abfalls geschaffen, beziehungsweise mußte geschaffen werden, um die abgefallenen Seelen unter schweren Prüfungen zu läutern und auf die Heimkehr ins Himmelreich vorzubereiten. Durch Gottes Gnade bietet die Erde Gelegenheit, daß das Böse dem Guten begegnen und es sich zum Vorbild nehmen kann. Zum Zeitpunkt der Wiederkehr Christi hat die Erde ihre Aufgabe dieses Zeitalters vollendet. Nun werden jene, die dem Ganzen dienten und das Licht suchten, getrennt von jenen, die sich selbstsüchtig der materiellen Wohlfahrt hingaben.

Offb 19,17–21: Dann sah ich einen Engel in der Sonne stehen, der rief mit lauter Stimme allen Vögeln zu, die hoch oben am Himmel fliegen: »Kommt her,

[178] Vgl. Mt 5,45.

versammelt euch zu dem großen Mahle Gottes! [18]Ihr sollt Fleisch fressen von Königen, Fleisch von Kriegsobersten, Fleisch von Starken, Fleisch von Rossen und ihren Reitern, Fleisch von Leuten aller Art, von Freien und Sklaven, von Kleinen und Großen!« … [20]Da wurde das Tier gefangengenommen und mit ihm der Lügenprophet, der die Wunderzeichen vor seinen Augen getan und dadurch die verführt hatte, welche das Malzeichen des Tieres trugen und sein Bild anbeteten; bei lebendigem Leibe wurden beide in den Feuersee geworfen, der mit Schwefel brennt. [21]Die übrigen aber wurden mit dem Schwerte getötet, das aus dem Munde des auf dem Rosse sitzenden Reiters hervorging; und alle Vögel sättigten sich an ihrem Fleisch.

Das Schicksal der Könige und Hauptleute und jenes des Tiers und des falschen Propheten sind vermischt. Die großen Verführer, das heißt die oberste Elite des Tiers und der falsche Prophet werden in den Feuerpfuhl geworfen, in dem sie geläutert werden sollen. Sie tragen die gravierende Schuld der Bosheit wider besseres Wissen. Dies ist die Sünde wider den Geist, die nicht vergeben werden kann, sondern vollständig gesühnt werden muß. »Die andern«, das heißt die Unterdrücker und Nutznießer unter ferner liefen, die Könige und Hauptleute, die den geistigen Tod von vielen Seelen mitverantworten, erleiden als gedankenlose und selbstsüchtige Mitläufer den irdischen und geistigen Tod, doch sie fallen nicht in den Feuerpfuhl.

Die erste Auferstehung und das tausendjährige Reich

Errettete Seelen werden in der Johannesapokalypse an verschiedenen Stellen erwähnt: Schon im siebten Kapitel erscheinen die symbolische Zahl von zwölfmal Zwölftausend, die vor dem Erschallen der Posaunen[179] versiegelt wurden, und die große Schar aus allen Völkern, die vor dem Thron Gottes stehen (V. 9). Sie sind es, die in der großen Trübsal vom Tod Christi bis ins dritte Jahrtausend ihre Kleider in der Nachfolge Christi reingewaschen haben (V. 14).

Im vierzehnten Kapitel der Offenbarung erscheinen die zwölfmal Zwölftausend wieder, diesmal als die Erretteten, als die »Erstlingsgabe« an Gott und das Lamm (V. 4). Als »Erstlinge« sind dies kaum dieselben Hundertvierundvierzigtausend, wie im siebten Kapitel. Es handelt sich vielmehr um die reinen Seelen, die in vorchristlicher Zeit auf Erden geweilt hatten und die durch Christus im Jahr 33 unserer Zeitrechnung aus der höllischen Gefangenschaft befreit wurden.[180] Hier hat die Schilderung also wie so oft in der Johannesapokalypse

---

[179] Vers 4–8; s. Abschnitt *Die letzten drei Siegel und die ersten vier Posaunen* S. 262.

[180] Abschnitt *Erlösungstat, Höllenfahrt und Auferstehung* S. 112.

das Rad der Zeit wieder bis zum Anfang der Geschehnisse nach Christi Kreuzigung zurückgedreht. Die Seelen der Erstlingsgabe singen ein Lied, das bisher außer ihnen niemand im Himmel erlernen kann, denn sie bringen die Erfahrung des Abfalls mit. Sie verfügen über Erkenntnisse aus dem bitteren Leid, das die nie abgefallenen Seelen, die zu Hause geblieben Söhne und Töchter nicht kennen.[181] Das ist ein klarer Hinweis, daß kein Leiden auf dieser Welt zwecklos ist. Allem Schmerz darf auch ein Funke Hoffnung innewohnen, denn er wird im Himmel zu Gold umgeschmolzen.

Nachdem die Anführer in die Hölle geworfen sind, wird Satan für tausend Jahre im Abgrund gebunden und versiegelt, auf daß er in dieser Zeit niemanden mehr verführe. Wir rufen uns nochmals in Erinnerung, daß Gott gemäß Jesaja »das Heer der Höhe in der Höhe« zusammen mit den »Königen der Erde auf der Erde« zur Rechenschaft ziehen werde, auf daß sie lange Zeit eingeschlossen würden.[182]

> *Offb 20,4b–5: … Dann sah ich die Seelen derer, die wegen ihres Zeugnisses für Jesus und um des Wortes Gottes willen enthauptet worden waren und die das Tier und sein Bild nicht angebetet und das Malzeichen an Stirn und Hand nicht angenommen hatten; sie wurden wieder lebendig und herrschten als Könige zusammen mit Christus tausend Jahre lang. 5Die übrigen Toten aber lebten bis zum Ablauf der tausend Jahre nicht wieder auf. Dies ist die erste Auferstehung.*

Die im jüngsten Gericht Erschlagenen werden nicht wieder lebendig, sondern verbleiben vorerst im geistigen Tod, nach dem Verständnis des Autors unter ihresgleichen an die geistigen Sphären ihrer Stufe gebunden. In der ersten Auferstehung kehren nur jene zurück, die das Tier nicht anbeteten: die Hundertvierundvierzigtausend der Erstlingsgabe (14,4), die zwölfmal Zwölftausend an der Stirn Versiegelten (7,4–8) und vielleicht auch die Scharen der Völker, die vor den Posaunen vor Gottes Thron standen (7,9). Sie werden tausend Jahre unter Christi Leitung ein irdisches aber glückliches Leben führen, um das Gute weiter einüben und festigen zu können, um ihre Liebesfähigkeit zu stärken und zu höherer Erkenntnis zu kommen.

Die »erste Auferstehung« jener, »die ihre Kleider reingewaschen haben«[183] ist also genaugenommen die zweite, denn die »Erstlinge« wurden Gott schon zwei Jahrtausende zuvor dargebracht, im Zuge der Erlösungstat Christi. Die

---

[181] Vgl. Gleichnis vom verlorenen Sohn, Lk 15,11–32.

[182] Jes 24,21f; vgl. Jesajas Gericht über antike Völker, Abschnitt *Fazit der Richtsprüche* S. 184.

[183] Offb 20,5; vgl. Offb 7,14.

das Bild nicht anbeteten sollen mit Christus tausend Jahre regieren, zusammen mit den Märtyrern für das Zeugnis Christi. Das heißt wohl, daß sie die auf Erden Weilenden anführen werden, ihrerseits spirituell geführt durch Gott und Christus, ähnlich wie die Urchristen oder das alte Volk Israel. Der wichtigste Unterschied ist, daß im tausendjährigen Reich die Erdenmenschen keine finstere Satansbrut um sich haben werden. Sie können sich ungehindert entfalten und glücklich leben.

Der letzte Kampf und das Weltgericht

Nach dem tausendjährigen Friedensreich fällt die nächste große Entscheidung. Satan und seine Fürsten der Finsternis werden noch einmal losgelassen, die geistig Toten kehren nochmals mit Kriegsgerassel zurück, doch es fällt Feuer vom Himmel und verzehrt sie (20,7–9). Dieser letzte Kampf dient wohl dazu, die Geister nochmals zu scheiden. Wer wird sich doch wieder dem Geist Satans unterwerfen, und wer wird sich als würdig erweisen?

Dann schwinden Erde und Himmel (20,11), da die irdische Schöpfung ihren Dienst endgültig erfüllt hat. Welche Art kosmisches Ereignis dies sein wird, ist für uns von untergeordnetem Interesse; in interstellaren Dimensionen gibt es viele Möglichkeiten einen ganzen Planeten zu vernichten. Im letzten Gericht wird das Buch des Lebens aufgeschlagen, und jene, die aufgrund ihrer Werke darin eingetragen sind, werden ins Himmelreich eingehen. Die anderen, das heißt die im geistigen Tod verharrenden, fallen nun zu Satan und den Seinen in den Feuersee, der mit Schwefel brennt.[184] Und wiederum finden wir die landläufige Fehlübersetzung »sie werden gequält werden Tag und Nacht, von Ewigkeit zu Ewigkeit«. Der griechische Text sagt »von Zeitalter zu Zeitalter«. Wie bereits erwähnt, wurzelt hier der Irrglaube der ewigen Hölle, der zum Beispiel durch den großen Propheten Jesaja und durch den Apostel Paulus widerlegt wird:

> *Röm 14,11 (Jes 45,23): »So wahr ich lebe«, spricht der Herr, »mir wird jedes Knie sich beugen, und jede Zunge wird Gott bekennen.«*

Alle Knie werden sich dereinst beugen, ausnahmslos. Die nach den irdischen Prüfungen im geistigen Tod verharren, gelangen in eine neue, nochmals verdichtete Schöpfungsform, um weiter im »Feuer« geläutert zu werden, auf daß sie nach neuen Äonen der Prüfung schließlich ebenfalls ins Himmelreich heimkehren werden. Nach der Überzeugung des Verfassers gibt Gott keines seiner

---

[184] V. 10; vgl. Offb 19,20.

Geschöpfe verloren. Schwefel als Leitsubstanz paßt zu einer anaeroben Stoffwechselchemie unter Ausschluß von Licht, wie sie am finsteren Beginn des Lebens auf der Erde vorherrschend war und wie sie zum Beispiel in Sümpfen bis auf den heutigen Tag weiterbesteht. Welche genauen Lebensformen diese neue Schöpfung hervorbringen soll, wissen wir nicht, doch die Leitsubstanz Schwefel läßt vermuten, daß sie dunkel und noch höher verdichtet, das heißt noch stärkeren Beschränkungen unterworfen sein wird.

Nach dem Boten Bernhard Forsbooms ist es eines der ewigen Gesetze Gottes, daß alles Leben durch alle Stadien seiner Reife von der Nahrung und Atmosphäre umgeben wird, die notwendig und beseligend für seine Entwicklung sind.[185] Wenn die »Kinder der Welt« oder »Söhne Luzifers« am Ende der irdischen Schöpfung in den Feuersee geworfen werden, so ist das also nicht einfach Gottes gerechte Strafe für ihre unbelehrbare Bosheit, sondern vor allem liebende, notwendige Gesetzmäßigkeit. Nur durch diesen weiteren Fall in eine Schöpfung noch höherer Dichte und noch stärkerer Trübung können die betreffenden Geschöpfe die Gesetze von Liebe und Freiheit erkennen lernen. Ohne diesen weiteren Fall in eine neue Finsternis könnten sie das erforderliche Verantwortungsgefühl nicht verinnerlichen, und ihre Rückkehr in die lichte geistige Freiheit wäre nicht möglich. Das ist wahrhaftige, göttliche Weisheit und Liebe!

Das neue Jerusalem

In Kapitel 21 und 22 der Offenbarung wird das neue, himmlische Jerusalem beschrieben, das absolut nichts Materielles oder Irdisches mehr hat, denn »der erste Himmel und die erste Erde sind vergangen« (Offb 21,1). Dieses »neue« ist aber das alte, das seit Anbeginn der ersten Schöpfung bestand. Als »unvergängliches und unbeflecktes und unverwelkliches Erbe, das aufbewahrt wird im Himmel für euch«[186] kommt nur etwas in Frage, das schon von Beginn an immer da war. Jetzt erstrahlt es aber in neuer Herrlichkeit, da unzählige Abgefallene nach Hause kommen und wieder in ihr angestammtes Erbe eingesetzt werden können.[187] Wenn der verlorene Sohn heimkommt, wird ein besonderes Fest gefeiert.[188] Da wird es nicht Tag und Nacht geben, denn »die Herrlichkeit

[185] Eine Aussage von Forsbooms Jenseitskontakt, dessen Botschaften von liebender Weisheit zeugen (Forsboom, 2010 S. 34).

[186] 1Petr 1,4.

[187] Apg 20,32; Röm 8,17 etc.

[188] Lk 15,22–24.

Gottes erleuchtet sie« und »die Völker werden wandeln in ihrem Licht« (21,23f). Hier spenden lebendiges Wasser und die Bäume des Lebens Nahrung und Heilung (22,1f).

Zum Abschluß will Johannes der verkündenden Lichtgestalt wieder zu Füssen fallen, doch sie spricht zu ihm:

> *Offb 22,9.13 (Luther): Tu es nicht! Denn ich bin dein Mitknecht und der Mitknecht deiner Brüder, der Propheten, und derer, die bewahren die Worte dieses Buches. Bete Gott an! …* 13*Ich bin das A und das O, der Erste und der Letzte, der Anfang und das Ende.*

Der Sprechende weist sich in Vers 13 unmißverständlich als Jesus Christus aus, das unanfechtbare Alpha und Omega. Im selben Atemzug verbietet er unmittelbar davor dem Johannes, ihn anzubeten, da er nur ein Mitknecht sei. Johannes überliefert uns das Wort Jesu:[189] »Ich fahre auf zu meinem Vater und eurem Vater, zu meinem Gott und eurem Gott.« Christus ist der rechtmäßige Herrscher des Himmelreichs, der ebenbildliche Statthalter Gottes und unser aller Erlöser. Aber er ist nicht Gott und läßt sich nicht anbeten.[190] Deshalb auch sagte Jesus:[191] »Der Sohn vermag von sich selber aus nichts zu tun, als was er den Vater tun sieht.« Satan ist es, der sich als ein Gott sieht und angebetet werden will.

Darum, wenn du betest, bitte Gott im Namen Jesu Christi, deines Erlösers und Herrn – oder bitte vielleicht Jesus, deinen mächtigen Bruder und Lehrer im Geist des Vaters. Aber bete niemals Jesus als Inkarnation Gottes an. Daß dennoch alle gängigen Konfessionen die Dreieinigkeit predigen und unzählige Christen Jesus anbeten, kann nur daran liegen, daß kaum ein Mensch die Johannesapokalypse gründlich liest, nicht einmal unsere theologischen Anführer.

---

189 Joh 20,17.

190 Vgl. Fußnote 16 auf S. 39.

191 Joh 5,19.

Epilog

Mit der vorliegenden umfassenden Interpretation der biblischen Prophetie einschließlich Hildegards von Bingen breitet sich ein ganz neues, uraltes Schöpfungsbild vor uns aus. Der Glaube an eine übergeordnete Geistschöpfung, von der wir herkommen, die uns führt und begleitet und in die wir dereinst zurückkehren werden, macht mit einem Schlag die ganze Heilige Schrift plausibel erklärbar. Alle offenen Fragen bezüglich des Dogmas der Erbsünde, der göttlichen Gerechtigkeit und der Theodizee oder des Schauermärchens der ewigen Hölle, biblische Wunder wie zum Beispiel Engelerscheinungen, die angekündigte große Heimsuchung der Menschheit und das beängstigende Jüngste Gericht, all diese existentiellen Stolpersteine des Glaubens lösen sich mit einem Schlag in Luft auf. Könnten wir mehr erwarten? Was es uns abfordert, ist einzig die Preisgabe unserer rein materiellen Weltsicht und das Wagnis, eine geistige Schöpfung anzuerkennen, die die allermeisten von uns nicht sehen können. Das aus den Visionen der Propheten zusammengesetzte Schöpfungsbild ist in unserer Welt schwer zu begründen, scheint blühende Phantasie zu sein. Nicht umsonst schrieb Paulus an die Korinther:[1] »Wir wandeln im Glauben, nicht im Schauen.«

Alles was wir als Belege haben, sind Zukunftsgesichter, die sich erfüllt haben und im Begriff sind sich zu erfüllen, vorausgesetzt wir haben Augen des Geistes und können sie verstehen. Die Übereinstimmung der Johannesapokalypse mit den aktuellen Entwicklungen – bis ins letzte Detail! – ist frappant. Auch wenn es angesichts dessen nur noch schwer zu halten ist – jene, die eine geistige Welt als Hirngespinst ablehnen, können die Bilder immer auch mythisch, tiefenpsychologisch oder metaphorisch deuten, womit ihre Beweiskraft wieder dahin ist, wie es im oben bereits zitierten zweiten Petrusbrief geschrieben steht:

> *2Petr 3,3f: Ihr müßt dabei aber vor allem bedenken, daß am Ende der Tage Spötter voll Spottsucht auftreten werden, Menschen, die nach ihren eigenen Lüsten*

[1] 2Kor 5,7.

wandeln 4und sagen: »Wo bleibt denn seine verheißene Wiederkunft? Seitdem die Väter entschlafen sind, bleibt ja alles doch so, wie es seit Beginn der Schöpfung gewesen ist.«

Warum wissen wir denn seit Jahrtausenden außer diesen paar phantastisch anmutenden Visionen nichts über die jenseitige Welt? Die Erklärung ist einfach: Hätten wir eine konkrete Erinnerung an unsere einstige himmlische Herrlichkeit oder auch nur an die nächsthöhere Stufe des Lichts, so wären wir nicht frei in unserer inneren Haltung. Wir würden zwangsläufig alles tun, bis hin zur Opferung unserer eigenen Integrität, um der entbehrungsreichen Trübsal zu entrinnen und ins Licht zurückkehren zu können. Gott will aber keine braven, willenlosen Marionetten, sondern liebende, aus innerstem Herzen verantwortliche Mitstreiterinnen und Mitstreiter für das Ganze. Darum haben wir in unserer weltlichen Schule notgedrungen jede Erinnerung an unser Dasein vor unserer Geburt verloren. Erst wenn wir uns als unbeschriebene Blätter, nur mit unserer bisherigen Geisteshaltung im Gepäck, in den leidvollen Herausforderungen der Trübsal als würdig erweisen, können wir ins geistige Licht zurückkehren.

Als Leitfaden für unsere Heimkehr haben wir die Offenbarungen Gottes in den seit Jahrtausenden bewahrten heiligen Schriften. Kein anderes religiöses Schriftwerk der Welt reicht nachweislich so weit zurück wie das jüdische, die Grundlage des Alten Testamentes. Daß diese Offenbarungen schon vor zweitausend Jahren mehrheitlich zugunsten einer rein materiellen Sichtweise verworfen wurden, lesen wir im Buch der Weisheit, einer spät-alttestamentlichen Schrift, die vielen heutigen Bibelausgaben fehlt. Der Weisheitslehrer beklagte schon in der Antike den gottlosen Materialismus, der in unserer Zeit unter dem Diktat von Naturwissenschaft und Technik zunehmend grassiert. Die Ermahnung umfaßt das ganze zweite Kapitel, wird aber schon im letzten Vers des ersten Kapitels mit einer Aussage zum geistigen Tod eingeleitet:

Weish 1,16: Die Gottlosen aber rufen den Tod herbei durch ihre Taten und Reden; sie halten ihn für einen Freund und verzehren sich in Sehnsucht nach ihm; sie schließen einen Bund mit ihm, weil sie es wert sind, ihm als Beute zuzufallen.

»Mein Joch ist sanft, und meine Last ist leicht«, sagte Jesus.[2] Da sind sehr wohl ein Joch und eine Last. Sie sind aber nicht erdrückend, denn sie werden füreinander und miteinander getragen. Die Gottlosen lassen sich verleiten, Joch und Last abschütteln zu wollen. Die Konsequenz ist Gottferne, der geistige

---

[2] Mt 11,30.

Tod, der die Illusion von Freiheit verspricht. Deshalb halten sie ihn für einen sehnsüchtig begehrten Freund. Der geistige Tod gewinnt Macht über sie; sie werden ihm zur Beute.

Die dann angeführten Reden der Gottlosen klingen uns so vertraut, daß man fast meinen könnte, sie seien im zwanzigsten Jahrhundert verfaßt worden:

> *Weish 2,1–5: Sie sagen nämlich bei sich selbst, indem sie verkehrt urteilen: »Kurz und mühselig ist unser Leben; wenn es mit dem Menschen zu Ende geht, gibt es kein Heilmittel, und bekannt ist uns keiner, der aus der Unterwelt gerettet hätte. [2]Denn durch Zufall sind wir entstanden, und nachher werden wir sein, als wären wir nie dagewesen; denn Dunst ist der Odem in unserer Nase und das Denken nur ein Funke, der durch die Bewegung unseres Herzens entsteht; erlischt dieser Funke, so wird der Leib zu Asche, und der Geist verfliegt wie dünne Luft. [4]Selbst unser Name gerät mit der Zeit in Vergessenheit, und niemand gedenkt mehr unserer Taten; unser Leben geht vorüber wie die Spur einer Wolke und wird verweht wie Nebel, den die Strahlen der Sonne verscheuchen und den ihre Wärme zum Sinken bringt. [5]Ein Schatten, der vorüberzieht, das ist unser Leben, und eine Wiederkehr unseres Endes gibt es nicht; denn fest versiegelt ist's, und zurück kommt keiner.«*

Von Staub sind wir gekommen, und zu Staub kehren wir zurück, glaubten die Menschen schon in der Antike. Das Leben ist kurz, der Tod unausweichlich und endgültig. Unser Leben atmet nur die Luft unserer Nase, das Bewußtsein ist ein elektrochemischer Funke in unserem Gehirn. Erlischt dieser Funke, so verflüchtigt sich unser Geist im Nichts. Wer nicht zu den wenigen gehört, die unter den Menschen berühmt wurden, da sie die Welt mit Krieg überzogen oder literarische oder wissenschaftliche Glanzleistungen brachten, bleibt bestenfalls für ein oder zwei Generationen in Erinnerung. Dann erlöscht auch sein Name. Das Leben ist ein vorüberziehender Schatten, der mit dem irdischen Ende für immer verschwindet.

Die Folge dieser Sinnentlehrung ist zügelloser Hedonismus:

> *Weish 2,6–9: »So kommt denn und laßt uns die Güter genießen, die uns zu Gebote stehen, und laßt uns eifrig die Welt ausnützen, da wir noch jung sind! [7]Mit kostbarem Wein und mit Salben wollen wir uns reichlich bedenken, und keine Frühlingsblume soll ungepflückt bleiben; [8]mit Rosenknospen wollen wir uns bekränzen, ehe sie verblühen! [9]Keiner von uns halte sich fern von unserm Wohlleben; überall sollen die Spuren unseres Frohsinns zurückbleiben; denn das ist unser Teil und unser Los.«*

Unsere Konsumlust erfordert Reichtum. Wir bewundern die Mächtigen, die sich nehmen, was sie wollen und strafen Selbstlose und Schwache mit Verachtung:

> *Weish 2,10f: »Laßt uns gegen den armen Gerechten gewalttätig vorgehen, gegen keine Witwe Schonung üben und dem grauen Haar des hochbetagten Greises keine Achtung beweisen!* [11]*Nein unsere Kraft soll der Maßstab für unser Rechtsverfahren sein, denn was schwach ist, erweist sich als wertlos.*

Die Machtlosen sind der Beachtung nicht wert, also können wir sie auch ausnützen. Wenn ich es nicht tue, tut es ein anderer, und warum sollte ich ihm die Vorteile überlassen, die ich selber genießen kann? Die wenigen gottesfürchtigen Gerechtigkeitsfanatiker sind Asketen ohne Sinn für Genuß und Lebenslust. Mit ihren Ermahnungen werden sie uns zum enervierenden Feind, denn sie appellieren an die Stimme unseres Gewissens, die wir längst erstickt haben:

> *Weish 2,12–20: »Dem Gerechten wollen wir aufsässig sein, weil er uns unbequem ist und unserem Tun entgegentritt, weil er uns Übertretungen des Gesetzes vorhält und uns Verfehlungen gegen die Zucht zum Vorwurf macht.* [13]*Er rühmt sich, Gotteserkenntnis zu besitzen, und nennt sich selbst einen Gottesknecht.* [14]*Er ist für uns eine beständige Anklage unserer Denkweise geworden, lästig ist er uns schon durch seinen Anblick;* [15]*denn seine Lebensweise weicht von der aller anderen ab, und sein ganzes Verhalten ist völlig verschieden.* [16]*Wir gelten ihm als falsche Münze, und er hält sich fern von unserm Tun und Lassen wie von Schmutz. Er preist das Endlos der Gerechten glücklich und prahlt mit Gott als seinem Vater.* [17]*Nun, wir wollen sehen, ob er mit seinen Worten recht hat, und wollen abwarten, wie sein Ausgang sich gestalten wird.* [18]*Denn ist der Gerechte wirklich ein Kind Gottes, so wird der ihm Beistand leisten und ihn aus der Gewalt seiner Widersacher erretten.* [19]*Mit Hohn und Mißhandlung wollen wir ihn auf die Probe stellen, um seine Sanftmut kennen zu lernen und seine Standhaftigkeit in Leiden zu prüfen;* [20]*zu schmachvollem Tode wollen wir ihn verurteilen, denn Rettung wird ihm ja, wie er behauptet, zuteil werden.«*

Wir sehen nicht über diese Welt hinaus und können nicht zwischen irdischem und geistigem Tod unterscheiden. Und Gottes Langmut ist sehr groß. Er läßt das Kraut zur Blüte und die Saat zur Frucht kommen, bevor er erntet. Darum können die Gottlosen sich jahrhundertelang austoben und in ihrer irdischen Blindheit die Gottesfürchtigen verhöhnen und die Schwachen unterdrücken und ausbeuten.

Doch dieses Buch wäre nicht das Buch der Weisheit, würde es uns nicht eines Besseren belehren:

> *Weish 2,21–24: So denken sie und gehen dabei irre, denn ihre Bosheit macht sie blind; [22]sie haben keine Kenntnis von Gottes geheimen Ratschlüssen, haben keine Hoffnung auf einen Lohn für die Frömmigkeit und wollen nichts wissen von einem Ehrenpreis für unsträfliche Seelen. [23]Denn Gott hat den Menschen zur Unvergänglichkeit geschaffen und ihn zum Abbild seines eigenen Wesens gemacht; [24]aber durch den Neid des Teufels ist der Tod in die Welt gekommen, den die zu schmecken bekommen, welche dem Teufel angehören.*

Gottes Ratschlüsse sind geheim, nur den Gottesfürchtigen in den heiligen Schriften offenbart, in bildhafter Sprache. Dem blinden Gottlosen scheinen sie so töricht, daß er sie gar nicht erst zur Kenntnis nimmt: Der Mensch ist unvergänglich erschaffen, als Abbild Gottes. Am Anfang der Schöpfungskatastrophe stand der Neid des Teufels auf Gottes Gesalbten. Damit brachte er den geistigen Tod in die Schöpfung, und die Gottlosen gehören ihm an. Sie werden den Fluch der Finsternis schmecken müssen, bis sie den Segen friedfertiger Solidarität und Hilfsbereitschaft wieder erlernt haben.

Zum Abschluß fassen wir im folgenden den Schöpfungsbogen anhand von ein paar Aussagen Pauli nochmals kurz zusammen. Im Abschnitt *Philosophisches* interpretieren wir das Erlösungswerk aus der Sicht begrenzter irdischer Erkenntnis, um aufzuzeigen, daß da nichts ist, was unerklärlich oder völlig unfaßbar wäre. Danach wagt der Autor eine persönliche Vision der nahen Zukunft, um schließlich in einem hoffnungsvollen Ausblick aufzuzeigen, wie wir mit den voraussichtlichen Herausforderungen umgehen können.

Die Schöpfung von Alpha bis Omega bei Paulus

Zum Abschluß unserer Betrachtungen zitieren wir ein paar Aussagen Pauli, die das ganze Erlösungswerk bis zu seiner Vollendung vortrefflich umschreiben:

> *1Kor 15,22–27: Wie nämlich in Adam alle sterben, so werden entsprechend in Christus alle wieder zum Leben gebracht werden, [23]ein jeder aber in seiner besonderen Abteilung: als Erstling Christus, hierauf die, welche Christus angehören, bei seiner Wiederkunft, [24]danach das Endergebnis, wenn er Gott, dem Vater das Reich übergibt, sobald er jede Herrschaft und jede Gewalt und Macht vernichtet hat; [25]denn er muß als König herrschen, »bis er ihm alle Feinde unter die Füße gelegt hat«. [26]Der letzte Feind, der vernichtet wird, ist der Tod; [27]denn »alles hat er ihm unter*

> *die Füße gelegt«. Wenn er dann aber aussprechen wird: »Alles ist unterworfen!«, so ist doch selbstverständlich der ausgenommen, der ihm alles unterworfen hat.*[3]

Nach der vorliegenden Analyse brauchen diese Worte kaum mehr Erklärung: In Adam sind wir alle, die wir einst im Himmel in Reinheit erschaffen wurden, abgefallen und den geistigen Tod gestorben, doch in Christus, durch seine Erlösungstat, werden alle wieder lebendig im Geist. Der erste Auferstandene aus dem geistigen Tod ist Christus. Dann, bei seiner Wiederkunft nach der großen Trübsal, werden all jene auferstehen, die ihm auch unter schweren Entbehrungen treu blieben. Danach – das heißt Äonen danach – wird Christus alle Gewalt und Macht vernichtet haben und Gott alle Feinde unter die Füße legen. Der letzte aber wird Satan sein, der geistige Tod in Person. Der einzige, der niemals unterworfen werden muß, ist der eingeborene Sohn selbst, Gottes gesalbter Statthalter, unser aller Erlöser, das Alpha und Omega, der immer und allezeit ganz in Gottes Willen stand.

Dieses Pauluswort faßt alle biblische Prophetie und alle außerbiblische Prophetie des Lichts in einem kurzen Bogen zusammen, zumindest vom Abfall von Engeln und Menschen bis hin zur All-Erlösung. Die Schöpfung begann mit Christus, dem eingeborenen Sohn Gottes, durch den alles Übrige aus Gottes Geistkraft geschaffen wurde. Luzifer, der Zweite der Schöpfung wurde ob seiner himmlischen Herrlichkeit überheblich und zettelte aus Neid und Eifersucht auf den Gesalbten Gottes einen Aufstand an. Er wollte entgegen Gottes Willen selber herrschen.

Ein erheblicher Teil der Himmelsgeister ließ sich verführen, wir Menschen eingeschlossen. Damit fielen wir mit Adam, dem menschlichen Urvater und ersten Anführer, in den Garten Eden des zweiten Schöpfungsberichts.[4] Dann, aufgrund unseres neuerlichen Ungehorsams, fielen wir auf die Erde, in die materielle Welt. Wir alle folgten erneut dem Verführer und wurden Kinder der Finsternis, Satans Sklaven.[5]

Gott und Christus gaben uns aber nicht verloren und entsandten Abraham, der zum Urvater des Volkes Gottes wurde. Es sollte zum Partisanentrupp werden, der im Reich der Finsternis einen Brückenkopf bereitet – kein Zuckerschlecken, denn das widerspenstige Volk Gottes ließ sich immer wieder zum

---

[3] Vgl. Psalm 22, den Jesus am Kreuz zu zitieren beginnt: »Mein Gott, warum hast du mich verlassen …«, v.a. Vers 28–32.

[4] Das Paradies, vgl. Abschnitt *Der Garten Eden* S. 61.

[5] Vgl. 1Joh 1,8: »Wenn wir behaupten, keine Sünde zu haben, so betrügen wir uns selbst, und die Wahrheit ist nicht in uns.«

Götzendienst an den Schergen des Durcheinanderwerfers[6] verführen und mußte durch die Mahnworte und Wundertaten der Gesandten Gottes und durch strafende Heimsuchungen wieder auf den rechten Weg gebracht werden.

Als die Zeit reif war, konnte aus diesem »dürren Erdreich«[7], dem immer wieder abtrünnigen Volk, Christus als unser Bruder in diese Welt geboren werden. Satan hoffte, den Gesalbten Gottes als schwachen Menschen endlich besiegen zu können, doch Jesus wurde zum listigen Köder. Er ließ sich mit allen Gewalt- und Verführungsmitteln nicht gefangennehmen, und so wurde in seiner beispiellosen Hingabe der Lösungspreis für uns alle beglichen. Wir wurden frei, wie dies zum Beispiel im Segensgruß Pauli an die Galater zum Ausdruck kommt:

> *Gal 1,3f: Gnade sei mit euch und Friede von Gott, unserm Vater, und dem Herrn Jesus Christus, 4der sich für unsere Sünden hingegeben hat, um uns aus dem gegenwärtigen bösen Zeitalter[8] zu erretten, nach dem Willen unseres Gottes und Vaters.*

Mit Christi kosmischer Erlösungstat kehren wir aber nicht automatisch heim in den Himmel. Auch wenn die Tür geöffnet wurde – hineingehen müssen wir aus eigenem Willen, durch unseren Herzens- und Tatbeweis. In der Zeit der großen Trübsal werden nun die Schafe von den Böcken geschieden. Die Menschen werden Mal für Mal zwischen Mächten der Finsternis und des Lichts herausgefordert. Der Triumph Christi über Satan vor zweitausend Jahren war nur die Entscheidungsschlacht eines großen Krieges. Der Widersacher ist bei weitem noch nicht vollends geschlagen: Er geht seither »wie ein brüllender Löwe umher und sucht, wen er verschlingen kann«[9]. In allen Religionen hat er sein Unkraut gesät, auch und besonders im Christentum, und es wächst und blüht prächtig – Jahrtausende lang, so daß man wirklich zweifeln könnte, wären da nicht die bereits erwähnten Zusicherungen der Heiligen Schrift:

> *2Petr 3,9: Der Herr ist mit der Erfüllung seiner Verheißung nicht säumig, wie manche Leute in seinem Verhalten eine Säumigkeit sehen, sondern er übt Langmut*

---

[6] Lat. Luzifer, »der Lichtträger« war er vor seinem Sturz; Satan (שָׂטָן), hebräisch der »Ankläger« oder »Verleumder«, wurde er durch den großen Abfall; Diabolos (διάβολος), griechisch der »Durcheinanderwerfer« ist ein anderer Aspekt Satans, des Widersachers.

[7] Jes 53,2; s. Abschnitt *Durchbohrt um unserer Missetaten willen* S. 80.

[8] Nach Menge: »aus der gegenwärtigen bösen Welt«. Im Griechischen steht ἐκ τοῦ αἰῶνος τοῦ ἐνεστῶτος πονηροῦ, d.h. wörtlich »aus dem Zeitalter, das gegenwärtig böse geworden ist«.

[9] 1Petr 5,8.

gegen euch, weil er nicht will, daß einige verlorengehen, sondern daß alle zum Gesinnungswechsel gelangen.

Aber zweitausend Jahre Trübsal sind genug. Am Ende dieser Periode der Mißwirtschaft wird in einer großen Vernichtungs- und Umwandlungsaktion abgerechnet und neu begonnen. Wir »wissen weder Tag noch Stunde«[10], doch »im Morgenlicht des dritten Tages«[11], das heißt nach himmlischen Zeitmaßstäben im Übergang zum dritten Jahrtausend nach der Erlösungstat, wird alles Teufelswerk vernichtet. Als Zeichen der Endzeit haben wir nicht nur die unglaublich präzisen Prophezeiungen in der Offenbarung des Johannes, sondern zudem die inspirierten Aussagen Pauli:

2Tim 3,1–5: Das sollst du aber wissen, daß in den letzten Tagen schlimme Zeiten eintreten werden; ²denn da werden die Menschen selbstsüchtig und geldgierig sein, prahlerisch und hochmütig, schmähsüchtig, den Eltern ungehorsam, undankbar, gottlos, ³ohne Liebe und unversöhnlich, verleumderisch, unmäßig, grausam, allem Guten feind, ⁴verräterisch, leichtfertig und dünkelhaft, mehr dem Genuß als der Liebe zu Gott ergeben; ⁵sie werden wohl noch den äußeren Schein der Gottseligkeit wahren, aber deren eigentliche Kraft nicht erkennen lassen. Von solchen Menschen wende dich ab!

Wer solches in der heutigen Zeit beobachtet, darf hoffen, daß die letzten Tage schon angebrochen sind. Die mächtige Umwandlung wird aber kommen »wie ein Dieb in der Nacht«, wenn sich alle in Sicherheit wiegen:

1Thess 5,2f: Der Tag des Herrn kommt so wie ein Dieb in der Nacht. Wenn sie (die Kinder der Nacht) sagen: »Jetzt herrscht Friede und Sicherheit«, (gerade) dann überfällt sie das Verderben plötzlich wie die Wehen eine schwangere Frau, und sie werden sicherlich nicht entrinnen.

Mt 24,37–39: Denn wie es einst mit den Tagen Noahs gewesen ist …: sie aßen und tranken, sie heirateten und verheirateten ihre Töchter…, ³⁹und wie sie nichts merkten, bis die Sintflut kam und alle hinwegraffte, ebenso wird es auch mit der Zeit der Wiederkunft des Menschensohnes der Fall sein.«

Danach wird Christus wiederkehren, »auf den Wolken des Himmels«[12]. Daß die ersten Verantwortlichen des Abfalls und die unverbesserlichen Abtrünnigen dann noch einmal für ein, zwei Äonen an die Kandare müssen, soll uns

---

[10] Mt 25,13; vgl. Mk 13,33–37.

[11] Hos 6,1–3; s. Abschnitt *Tausend Jahre wie ein Tag* S.170.

[12] Mt 24,30; 26,64; Mk 13,26; 14,62; Lk 21,27; Offb 1,7; vgl. Dan 7,13.

weder mit Schadenfreude noch mit Betrübnis erfüllen. Es ist unausweichlich. Doch sogar sie werden dereinst heimkehren, wie zum Beispiel die obigen Zitate aus dem ersten Korintherbrief und dem zweiten Petrusbrief uns lehren.

Philosophisches

Die hier beschriebene Erlösungsbotschaft offenbart den kosmischen Kampf zwischen dem Geist Christi und dem Geist Luzifers. Daß sie den Charakter einer Saga hat, ist nicht erstaunlich, sondern folgerichtig. Die nordischen Sagen sind intuitiv erfaßte Abbilder der kosmischen Auseinandersetzung.

Christus, erstes Geschöpf und Mitgründer der Schöpfung, ist der Gesalbte Gottes, das personifizierte Prinzip der liebenden Verantwortung. Luzifer, der Zweite der Schöpfung, ist das personifizierte Prinzip des ehrgeizigen Durchsetzungswillens. Er ist der Lichtträger mit der Aufgabe, den Strom von Lebenskraft und Kreativität in die Schöpfung hinaus zu strahlen. Der Urquell dieser schöpferischen Lebenskraft ist Gott, der Vater, der jenseits der Schöpfung zeitlos und ewig Seiende, die vollkommene Weisheit.

Beide geschaffenen Prinzipien sind in einer vollendeten Schöpfung nicht nur daseinsberechtigt, sondern erforderlich, auch ehrgeiziger Durchsetzungswille. Wird er jedoch zum Selbstzweck und steht nicht mehr im Dienst liebender Verantwortung, so degeneriert er zum rücksichtslosen Erfolgsstreben. Entbehrte anders herum die liebende Verantwortung des Ehrgeizes, Neues zu Schaffen und des Willens, es auch durchzusetzen, so erstürbe die Lebenskraft. Dies soll an drei aktuellen Beispielen aus Gesellschaft und Kultur veranschaulicht werden.

Der erfolgreiche Unternehmer hat einerseits Ambition und Durchsetzungswillen, - sonst droht der Zerfall. Er sieht sich aber auch in der Verantwortung für seine Angestellten und für die Kundschaft. Als der legendäre Patron führt er eine Arbeitsgemeinschaft im Dienste der Kunden. Entbehrt der Unternehmer dieses Verantwortungsgefühls, so wird er zum Manager. Ein Manager setzt seine Macht gegen andere Machtstrebende durch, um in einer möglichst marktbeherrschenden Firmengruppe zu seinem persönlichen Erfolg zu kommen. Der Archetyp des beherzten Unternehmers zeichnet solidarisch verantwortlich. Der Archetyp des ehrgeizigen Managers strebt rücksichtslos und ohne Gewissen nach Marktmacht.

Ein gestalterisch talentierter Mensch, der seine Kreativität und sein Können in den Dienst tiefgründiger Aussage stellt, hat das Potential eines großen Künstlers, der ein bedeutendes Opus mit langfristiger Bedeutung hinterläßt.

Entbehrt er oder sie jedoch der schöpferischen Durchsetzungskraft, so gelingt kaum ein Werk; die Kreativität geht im künstlerischen Chaos unter. Unter dem Diktat ehrgeizigen Erfolgsstrebens andererseits, wird Kunst zur Originalität um jeden Preis. Sie wird zur intellektuell losgelösten Abstraktion mit gekünstelter Tiefgründigkeit, wie nach Meinung des Autors zum Beispiel Sol LeWitts »Cube«, ein aus Backsteinen gemauerter Würfel in der Größe eines Einfamilienhauses.

Strebt ein Musiker nach einer bewegenden Balance zwischen Harmonie und Disharmonie, so berührt er die Seelen seiner Zuhörer. Musik darf in ihrer geistigen Wirkung nicht unterschätzt werden. Der oder die Darbietende trägt Verantwortung. Ist egal, was die Musik um ihrer selbst willen bewirkt und geht es in erster Linie darum, die Massen mitzureißen und zum Star zu werden, so wird Musik zur Show und schließlich zur reinen Provokation. Die gewalttätig verschlingende Wirkung solcher Musik läßt sich unmittelbar nur im Bewußtsein geistiger Sphären erfassen. Mittel- und langfristig sind auch irdisch-diesseitig die Auswirkungen auf die menschliche Natur und Kultur fatal.

Luzifers Prinzip ist nicht grundsätzlich falsch, sondern nur katastrophal irregeleitet und verstiegen. Er wurde zum Satan, zum Diabolos. Um die Schöpfung wieder von dieser Krankheit zu heilen, darf nicht das Prinzip des Ehrgeizes oder dessen höchster Träger der Vernichtung anheimfallen. Der Ehrgeiz muß vielmehr in gute Bahnen gelenkt werden. Das geht nicht ohne die schmerzliche Erfahrung der Konsequenzen, die das irregeleitete Machtstreben nach sich zieht. Nicht nur der höchste Träger dieses Prinzips, sondern der ganze Anteil der bewußten Geschöpfe, die sich vereinnahmen ließen, muß diese Erfahrung durchstehen.

Gesund ist die Schöpfung als Gesamtorganismus erst, wenn alle verantwortlichen Geschöpfe aufgrund der abgründigen Erfahrung des Untergangs nie wieder gefahrlaufen, in dieses abwegige Verhaltensmuster zu verfallen. Daß wir in jüngster Zeit in den drei oben beispielhaft genannten Bereichen eine zunehmende Verwilderung beobachten, ist ein allgemeines Indiz für die Zuspitzung des Prinzips Erfolgsstreben in der irregeführten Welt. Wenn diese Zuspitzung ihre volle Ausprägung erreicht hat, muß sie scheitern und zerbrechen, um einer neuen, heilsameren Ordnung Platz zu machen.

Auch ein unvollkommenes Geschöpf wie der Mensch kann intuitiv nachvollziehen, daß der höchste Träger der liebenden Verantwortung den abgestürzten höchsten Träger der ehrgeizigen Durchsetzungskraft wieder in Bahnen der Vernunft zurückführen muß. Aufgrund des unerreichten Wirkungsvermögens des verfehlten kosmischen Erfolgsprinzips ist das nicht ohne Scherben möglich, soll dessen höchster Träger an den Folgen seines eigenen Willens scheitern können. Ihm kann nicht eine ebensolche Kraft entgegengestellt werden, denn keine andere Macht der Schöpfung könnte Satan, den Stärksten seiner Disziplin überwinden. Das mußte er wohl wissen. Christus konnte nur als mächtigster Träger der liebenden, duldsamen Langmut siegen. Was Satan wohl verkannte, war die fundamentale Überlegenheit von Liebe gegenüber Gewalt. Ist das ganze Arsenal der repressiven Macht ausgeschossen und weder die langmütige Widerstandskraft überwunden, noch die umfassende Liebe in bohrenden Haß umgeschlagen, so haben Liebe und Duldsamkeit gesiegt.

Der einzige, der dieses Überlegenheitsverhältnis zweifelsfrei wissen konnte, war Gottvater selbst, der Urheber der Schöpfungsgesetze. Da wir von vollkommener Gerechtigkeit Gottes ausgehen, durfte als Teilnehmer des Kampfes auch das Geschöpf Christus diesen Grundsatz nicht a priori wissen. Er mußte seinen Verantwortungswillen aus eigener Kraft und im Vertrauen auf den Vater bewähren.

Die alles überragende Weisheit Gottes ist schließlich, daß mit dem Sieg Christi der Widersacher nicht einfach aus dem Verkehr gezogen wurde. Das Prinzip erfolgsstrebende Durchsetzungskraft ist in der Schöpfung ja grundsätzlich willkommen. Es geht auch nicht nur um den Lichtträger und seinen freien Willen, sondern auch um all jene, die seinen Verführungskünsten verfielen. Jedes einzelne abgefallene Geschöpf muß das Scheitern des Lust- und Konkurrenzprinzips am eigenen Leib erfahren können. Mit der vollbrachten Erlösungstat wurden erst jene frei, die sich von der irregeleiteten Maxime bereits aus innerstem Herzen losgesagt hatten. Die andern sollen weiterhin an die Mächte der Finsternis gebunden bleiben dürfen, solange dies ihrem Willen entspricht.

Gottes Geschenk des freien Willens macht sogar unausweichlich, daß viele Schwache ohne eigene Schuld große Entbehrungen und Mißhandlungen erdulden müssen, da die Mächtigen ihren freien Willen ausleben. Gott kann die Fehlbaren den schlimmen Konsequenzen ihres Handelns aussetzen, das Leiden lindern und die betroffenen Seelen am Ende besonders belohnen. Verhindern kann er ihr Leiden auch in aller Weisheit und Allmacht nicht. Er müßte das Geschenk des freien Willens zurücknehmen.

Die *Basis* Satans ist es, die zusehends abbrechen wird, denn nur wer am Ende der Konsum- und Wettkampfkette hängt, ist endgültig gescheitert und findet neue Wege. Die erfolgreichen Nutznießer des Systems bleiben gebunden. So wird Satan seine Rolle als Widersacher bis zum bitteren Ende durchspielen müssen, selbst wenn er es längst nicht mehr wollte: Als erste Ursache der

Katastrophe und als Kapitän des sinkenden Schiffs muß er auch der letzte Heimkehrer sein. »Die ersten werden die letzten sein«, und »der letzte Feind, der vernichtet wird, ist der [personifizierte] Tod«.[13] Vernichtet wird aber nur das *irregeleitete* Prinzip. Dessen Träger wird am Ende als der letzte verlorene Sohn geheilt in seine alte Verantwortung heimkehren dürfen, denn genau hierfür wurde er im Anfang geschaffen.

Wie viele Äonen überspannende Zyklen diese Schöpfung in immer neuen Formen noch brauchen wird, weiß Gott allein. Die gegenwärtige, irdische Daseinsform ist sicher nicht die letzte, wie am Ende der Johannesapokalypse klar zum Ausdruck kommt. Am Ende aller Zeiten aber, wenn alle Geschöpfe wieder im Geist des Vaters vereint sein werden, wird sich der große Abfall als Segen erweisen, für den Erlöser, wie auch für die ganze Schöpfung. Davor war Christus der aus Gottes weisem Ratschluß eingesetzte Stellvertreter über all seine Geschwister - der vom Vater begünstigte Erstgeborene. Danach, wenn er »ihm alles wieder unter die Füße gelegt« hat,[14] wird Christus der aus eigener Willenskraft bewährte Verantwortliche sein, der sich im äußersten Leiden selbstlos für das Wohl des Ganzen hingegeben hat, bis in den leiblichen Tod *und* die äußerste Gottverlassenheit. Zuvor war er nur der aus dem weisen Willen des Vaters *vorbestimmte,* danach ist er der in unerreichter Liebe und größter Leidensbereitschaft *verdiente* Herr über die Schöpfung.

Gewagte Vision eines Wissenschaftlers

Anhand der oben besprochenen Prophetenworte und der ihm zuteil gewordenen Botschaften und Informationen, wäre es billig und feige, würde der Exeget und Autor nicht eine eigene, konkrete visionäre Prognose wagen. Dies um so mehr angesichts der Ereignisse im Spätherbst 2015: Am Freitagabend, 14. November geschahen sechs koordinierte Terroranschläge in Paris mit insgesamt rund 130 Toten und 350 Verletzten. Es sollten nicht die letzten bleiben. Am 22. Mai 2017 riß ein Selbstmordattentäter beim Konzert des Jugendidols Ariana Grande in Manchester 22 Unschuldige mit in den Tod, 59 wurden zum Teil lebensgefährlich verletzt. Der Anschlag war besonders verwerflich, da er auf Kinder und Jugendliche zielte. Unter den Toten war auch ein achtjähriges Mädchen.[15] Die Terrormiliz »Islamischer Staat« bekannte sich zu beiden Attentaten.

---

13 Mt 19,30; 20,16; Mk 10,31; Lk 13,30 sowie 1Kor 15,26.

14 Ps 8,7; 1Kor 15,27; Hebr 2,8.

15 Nach einem Artikel von Christian Zaschke in der Schweizer Tageszeitung *Tages-Anzeiger* (In der Finsternis, 2017).

Diese Vorfälle und die Reaktionen darauf in der Öffentlichkeit erweisen sich als im Einklang mit den prophezeiten Entwicklungen.

Schon Stunden nach den Pariser Anschlägen stellte sich heraus, daß die Geheimdienste im Prinzip wohl recht viele Kenntnisse im Vorfeld gehabt hätten. Hinterher kann man sagen, die Informationen zur Verhinderung der Anschlagserie wären vorhanden gewesen, doch es gelang nicht, sie richtig zu verwerten. In einem Interview der »Tagesschau Spezial« des Schweizer Fernsehens[16] erklärte der Sicherheitsexperte Kurt Spillmann dies mit einem »Pearl Harbor-Effekt«: Der vernichtende japanische Luftangriff auf den Marinestützpunkt »Pearl Harbor« von 1941 löste den Eintritt der USA in den Zweiten Weltkrieg aus. Der amerikanische Geheimdienst hätte im Vorfeld Informationen in der Hand gehabt, die Attacke vorherzusehen, womit die Katastrophe hätte abgewendet werden können. Die Flut an gesammeltem Material verunmöglichte jedoch eine sinnvolle Auswertung; der Geheimdienst sah vor lauter Bäumen den Wald nicht. Genau dasselbe Problem hatten die Geheimdienste auch über fünfzig Jahre später im November 2015. Wenn es gelänge, folgert Spillmann, aus der Fülle an verfügbaren Daten die relevanten zu extrahieren und analysieren, könnten viele Terrorzellen schon im Vorfeld unschädlich gemacht und blutige Attentate verhindert werden. Tatsächlich sollen die Geheimdienste schon vor dem Pariser Attentat mehr als einmal gewisse Terrorzellen ausgehoben haben, bevor diese aktiv werden konnten.

Natürlich hat der »Islamische Staat« mit dem muslimischen Glauben nichts zu tun, sondern wurzelt vielmehr in den alten arabischen Stammeskulturen, assimiliert von einer in Aussichtslosigkeit versinkenden jungen Generation. Er ist auch nicht nur eine territoriale Macht im Nahen Osten, die man militärisch endgültig besiegen könnte. Der »Islamische Staat« ist darüber hinaus eine über die Welt verteilte, vernetzte Organisation, die junge Männer und durchaus auch Frauen in aussichtsloser Lebenslage ködert und so globale Macht entfaltet. Der verständliche Standardreflex, um solchen Terror zu verhindern, ist: mehr Kontrolle.

Die Geheimdienste werden die nötigen Mittel zugeteilt erhalten, und ihre Computerexperten werden emsig an Programmen arbeiten, die mit komplexen, assoziativen Algorithmen Verhaltensmuster im immensen Meer der Daten suchen. Auch verschlüsselte Kommunikation läßt sich ein Stück weit kontrollieren: Wer Nachrichten übermittelt mit digitalen Schlüsseln, die den Geheimdiensten nicht verfügbar sind, ist verdächtig, und die Herkunft solcher Daten

[16] Tagesschau Spezial vom 14. Nov. 2015 zum Terror in Paris (Spillmann, et al., 2015).

kann weitgehend nachverfolgt werden.[17] Viele Attentate werden schon in ihrer Planung entlarvt und verhindert werden, denn ohne Internet kann die Organisation der Verbrechen nicht gelingen, und das Internet wird sie oft rechtzeitig aufdecken.

Die Organisation »Islamischer Staat« wurde in Bagdad am Tigris gegründet, östlich des Euphrat. Dies ist »das auf der anderen Seite des Euphrat gedungene Schermesser«[18]. Es wird der abendländischen Kultur »das Haupt und die Haare an den Beinen abscheren, ja sogar den Bart wird es wegraffen«. »Zu vertilgen hat er im Sinn, der Assyrer, und Völker auszurotten in nicht kleiner Zahl.«[19] Durch die Attentate in Paris und Manchester und all die anderen Morde, die der Islamische Staat für sich reklamiert, werden die Mächtigen der Welt zusammenrücken und ihre Anstrengungen gegen die Terrormiliz verstärken. Sogar Rußland, einer der potentiellen »Könige vom Aufgang der Sonne«, wird zu einem gewissen Grad mitspielen, auch wenn es eine Vorherrschaft des Westens im Zweistromland nie tolerieren wird. Im Vorfeld der Pariser Attacken wurde nämlich zum Beispiel auch ein russisches Passagierflugzeug abgeschossen beziehungsweise in der Luft gesprengt, und Anfang April 2017 geschah im russischen St. Petersburg ein Selbstmordattentat, das gemäß offiziellen Informationen von Dschihadisten verübt wurde.

Die Folge der Terrorattacken ist: Die besten Mathematiker und Informatikexperten werden jene Algorithmen und Programme entwickeln, die es erlauben, die politischen, kulturellen und alle andern Arten von Neigungen aller Internetnutzer anhand ihres Verhaltens im Netz zu klassifizieren. Den Geheimdiensten dient das zur Aufdeckung von versteckten Terroraktivitäten, den globalen Konzernen zum zielgerichteten Marketing, der Entfaltung ihrer Marktmacht.

Damit sind wir wieder mitten in der Johannesapokalypse. Die individuelle Zuordnung und Speicherung all dieser Informationen wird erreicht, indem

---

[17] Schwierig ist das nur im sogenannten Darknet, dem Internet der TOR-Browser, wo die Kommunikation abschnittweise Punkt zu Punkt verschlüsselt und randomisiert wird, um Quelle und Ziel zu verschleiern. Möglich bleibt es dennoch, z.B. mit einer Vervielfältigungs-Attacke. Andererseits sind Betriebssysteme und andere zentrale Software sowie viele Schlüsselkomponenten der Hardware von amerikanischen Herstellern, die mit der National Security Agency NSA Abkommen haben (müssen), daß sie verborgene Hintertüren einbauen, so daß der Geheimdienst jederzeit in einen Computer oder eine Netzwerkkomponente eindringen kann. Mit Zugriff auf die Schaltstellen unterwegs bleibt alles nachvollziehbar. Und bei Verdacht kann anstelle des Kommunikationswegs auch der Computer des Verdächtigen ausspioniert werden.

[18] Jes 7,20.

[19] Jes 10,7.

jeder Mensch ein unverwechselbares digitales Zertifikat zugeteilt erhält, die Zahl, die ihn zweifelsfrei identifiziert – die Zahl des Tiers. Nur die Mächtigsten und Reichsten der Welt an den Schaltzentralen der Macht werden ihre Privatsphäre noch schützen können. Sie haben die Mittel dazu. Wer kennt die Namen der Kinder des Google-Gründers Larry Page? Richtig: niemand.[20] Alle andern werden zunehmend jeglicher Privatsphäre verlustig gehen; wir werden digital transparent. Doch das ist unvermeidlich, wollen wir den Terror einzudämmen versuchen. Vor allem aber ist es unvermeidlich, da der Durchschnittsbenutzer bedenkenlos jegliche »Gratisdienste« im Internet konsumiert und sogar aktiv alle erdenklichen Informationen über seine Person und seine Angehörigen und Freunde veröffentlicht.

Wie viele Jahrzehnte diese Entwicklung noch in Anspruch nehmen wird, können wir nicht sagen. Daß es beim gegenwärtigen Stand der Dinge nicht mehr Jahrhunderte sein werden, dafür legt der Verfasser sinngemäß die Hand ins Feuer. Die Zeichen dieser prophezeiten Entwicklung sind deutlich genug, daß wir annehmen dürfen, die Zeit sei schon sehr weit fortgeschritten. Da einige Prophezeiungen noch ihrer Erfüllung harren, sind wir gespannt, wann und wie sich die nächste bewahrheitet:[21] »Haltet die Augen offen!«

Auf jeden Fall werden diese Kontrollmechanismen der digitalen Welt dazu führen, daß die Dschihadisten eingedämmt werden können und die gefährlichen Wasser des Euphrats austrocknen.[22] Die sinnentleerten Amokläufe auf Ziele in beliebigen Nationen werden die ansonsten bis aufs Messer zerstrittenen Mächtigen in eine unheilige Allianz gegen den Terror führen. Mit vereinten Kräften werden sie den Quell dieses militanten Geistes im Zweistromland zum Versiegen bringen und alte oder neue diktatorische Vasallen an die Spitze der Nahoststaaten befördern. Aus den blutigen Attentaten werden vor allem Rußland und China gestärkt hervorgehen, »die Könige vom Aufgang der Sonne«[22]. Sie können sich darin als Freunde der arabischen Diktatoren gebärden. Der bisher die Welt dominierende Westen leidet als das größte Feindbild viel mehr unter Attentaten und wird geschwächt sein.

Am Ende werden die Oligarchen Rußlands, die Neureichen Chinas und die Topmanager der amerikanischen Weltkonzerne die Erde unter sich aufteilen. Die Reichen werden weiterhin immer reicher werden. In der Bekämpfung

---

[20] Interview mit dem Schweizer Juristen und Politiker Hanspeter Thür in der Schweizer Tageszeitung *Tages-Anzeiger* (Privatsphäre wird zum Luxusgut, 2015).

[21] Mk 13,33a.

[22] Offb 16,12.

absoluter Armut werden zwar in letzter Zeit Erfolge verzeichnet, wenn auch mit ungewisser Beständigkeit. Dennoch werden wohl weiterhin mindestens zehn Prozent der Weltbevölkerung hungern und weitere zwanzig bis dreißig Prozent an der Armutsgrenze leben.[23] In der Buchhaltung der Ausbeuter sind sie nur Verbrauchsmaterial. Solange sie überleben, bleiben sie nützlich; sterben sie an Hunger, Krankheit oder wegen todbringender Arbeitsbedingungen an Vergiftungen, so kommen unzählige neue nach.

In diesem düsteren Szenario wird die Welt in einem trügerischen Gleichgewicht stehen, in dem die am raffiniertesten und kaltblütigsten Agierenden die weniger Kaltblütigen gnadenlos aus dem »Top 500«-Zirkel der Macht ausbooten. Gesetze und Rechtsprechung wird es auch dannzumal noch geben, doch schon heute gilt wie seit ehedem: Auch in einem Wohlstandsland kann sich nur der reichere Teil eine Prozeßführung überhaupt leisten.[24] Alle anderen fallen durch die Maschen. Das gilt auch im amerikanischen Recht, wo sogar der Ärmste einen Top-Anwalt für seine Sache gewinnen kann, wenn nur die Geldforderung hoch genug ist. Der Anwalt bedient sich anteilmäßig aus der erstrittenen Summe. Läßt sich das Rechtsproblem des Klienten nicht vergolden, so geht er unauffällig unter. Das römische Rechtssystem der Hure Babylon ist damit geschlachtet und von den Mächtigen aufgezehrt.

In dieser Situation der Scheinsicherheit, in der wenigstens die eine Hälfte, vielleicht sogar zwei Drittel der Menschen ein bedenkenloses, einigermaßen unbehelligtes Konsumleben führen kann und die Mächtigen mittels des Tiers aus der Erde die Welt kontrollieren, soll eine Schreckensnachricht die Menschheit erschüttern, denn »wenn die Kinder der Nacht sagen: ›Jetzt herrscht Friede und Sicherheit‹, gerade dann überfällt sie das Verderben«[25]. Unsere wissenschaftlichen Weltraum-Auguren werden den drohenden Impakt eines Asteroiden vorausberechnen. Angesichts dessen wird jede Menschenmacht zum Papiertiger. Natürlich wird dies lediglich als Naturgewalt erkannt werden, nicht als das Gericht Gottes, wie in Psalm 77 angekündigt.[26] Nach Nietzsche haben wir Gott ja getötet. Man wird es mindestens einige Monate im voraus wissen, denn »die Reichen und Mächtigen, alle Sklaven und Freien« werden die Gelegenheit erhalten »sich in den Höhlen und zwischen den Felsen der Gebirge zu

---

[23] Zahlen nach einer Studie des *Pew Research Centers* in Washington, DC (Kocher, 2015), vgl. Abschnitt *Die apokalyptischen Pferde und die vier Weltzeitalter* S. 258.

[24] Artikel der Wochenzeitschrift *Der Schweizerische Beobachter* (Vetterli, et al., 2015).

[25] 1Thess 5,3.

[26] Ps 77,17–20; insbes. V. 20b; s. Abschnitt *Die große Drangsal im Psalter* S. 202.

verbergen«[27]. Dann werden die Posaunen und die Schalen des Zorns ihren prophezeiten Lauf nehmen, und schließlich wird die Erde eine neue Gestalt erhalten.[28]

Die Zeit der Heimsuchung wird zwar heftig aber relativ kurz; nach etwa dreieinhalb Jahren beziehungsweise drei Jahren und acht Monaten wird der Spuk wohl vorbei sein.[29] Dann soll die lange angekündigte Wiederkunft Christi folgen – für die einen ein Ereignis bangen Schreckens, für die andern die erlösende Befreiung aus der Trübsal in der Gewalt der Finsternis. Wer wo dazugehört, steht uns nicht an zu beurteilen. Als mitmenschlich Pflichtbeflissene dürfen aber hoffen, für würdig befunden zu werden.

Unser Auftrag

Sollte die vorliegende Analyse zutreffen, so sind die großen Pfeiler der Weltgeschichte gesetzt und der bedrohliche Fels, der unsere menschliche Zivilisation vernichten soll, bereits im interplanetaren Raum unterwegs. Wir stehen in einem schrecklichen Dilemma: Das Ziel ist verheißungsvoll, die Herausforderungen jedoch gewaltig, und »wehe denen, die den Tag des Herrn herbeiwünschen«[30]. Was sollen wir tun? Den Kopf in den Sand stecken und das Leben genießen, solange wir noch können? Es geht ja ohnehin alles vor die Hunde? Sicher nicht, wenn wir den Prophezeiungen vertrauen und in der Heimsuchung bestehen wollen. Sollen wir andererseits auf die Straße eilen und den Passanten voller Energie unsere Botschaft aufdrängen, damit sie endlich erwachen? Auch das nicht, denn nur wer sucht, kann auch finden;[31] nur wer Ohren hat kann auch hören.[32] Sie würden das Heilige in ihrem Spott zertreten oder sich gegen uns wenden und uns zerreißen.[33] Wir können uns nur im Vertrauen auf höhere

---

[27] Offb 6,15.

[28] Hildegard, Zitat im Abschnitt *Hildegards Wissenschaftskritik* auf S. 164.

[29] Rein naturwissenschaftlich gesehen würden die Verheerungen wohl wesentlich längere Zeit ihre Spuren hinterlassen, doch »wenn jene Tage nicht verkürzt würden, so würde kein Mensch gerettet werden« (Mt 24,22). Nach Offb 11,3 sollen die zwei Zeugen der Endzeit, nach vorliegender Interpretation Mose und Elia, während dreieinhalb Jahren weissagen (s. Abschnitt *Ausmessung des Tempels und die zwei Zeugen* S. 271), und »wohl dem, der da wartet und erreicht 1335 Tage«, d.h. etwa 3 Jahre und 8 Monate (Dan 12,12; s. Abschnitt *Daniel – »Die größte Trübsal aller Zeiten«* S. 192).

[30] Am 5,18.

[31] Mt 7,8; Lk 11,10.

[32] Ausspruch am Ende vieler Aussprüche und Gleichnisse Jesu, z.B. Mt 11,15; 13,9 etc.

[33] Mt 7,6.

Mächte den Herausforderungen unseres Alltags stellen und verantwortungsvoll handeln, immer im Blick auf den kommenden Tag – und trotz allem unser Licht nicht unter den Scheffel stellen![34]

Heimfinden wird wohl nicht, wer sich nach dem Himmel sehnt und schöne Gebete verrichtet. Wir sollen um das Gute ringen, uneigennützig wirken und auf der unermüdlichen Suche nach Wahrheit alle, wirklich alle Zeichen an unserem Weg ernst nehmen. Auf diesem Weg hilft lesen – nicht nur die Heilige Schrift, doch besonders, wenn wir in ihr lesen, dann sollen wir uns nicht allzuleicht zufrieden geben. Man lese mit ernsthaft forschendem Respekt und bitte vorab um Gottes Segen und darum, er möge uns seine Botschaft neben der Saat der Finsternis offenbaren. Sogar an die Bibel hat Satan punktuell seine Hand gelegt, seine Saat ist auch im Heiligsten. Vor allem aber hat er uns blind geschlagen, so daß wir Gottes Botschaft gar nicht mehr in ihrem ursprünglichen Sinn verstehen können.

Wer also wirklich aus ganzem Herzen will, kann umkehren und zurück zu Gott und Christus kommen. Was heißt aber »umkehren« und »von Herzen wollen«? In den Himmel eingehen können wir, wenn wir nicht nur im Wollen, sondern vor allem in unseren Taten vom Geiste Christi sind. Das ist kein Leistungswettbewerb, doch es erfordert unseren beherzten, liebenden, hingebungsvollen Tatbeweis:

> *Jak 2,26: Denn ebenso wie der Leib ohne Geist tot ist, ebenso ist auch der Glaube ohne Werke tot.*

Nur als Handelnde im Geist Christi können wir eingehen. »Vor dem Menschen liegen Leben und Tod: was ihm beliebt, wird ihm gegeben.«[35] Wer die Worte hört und nicht danach handelt, hat auf Sand gebaut und bleibt ein Übeltäter.[36] Wir müssen das Gute nicht nur beten, sondern auch tun, und zwar nicht nur aus Gottesfurcht oder Pflichtbewußtsein, sondern aus ureigenem, innerstem Antrieb, aus der Erkenntnis, daß es das einzig Richtige ist und aus dem Wunsch, dem Nächsten und damit der ganzen Schöpfung zu dienen. Die Aufforderung »bete und arbeite« der Benediktiner heißt im Idealfall: Mach dein ganzes Leben und Wirken zu einem einzigen Gebet, das heißt, vollbringe möglichst jede Handlung im Bewußtsein der Gegenwart Gottes und im Hinblick auf *seinen*

---

[34] Vgl. Vaterunser (Mt 6,11) und Gleichnis vom Licht: Mt 5,15; Mk 4,21; Lk 8,16; 11,33.

[35] Sir 15,17.

[36] Gleichnisse vom Hausbau (Mt 7,24–27; Lk 6,47–49) und von der verschlossenen Tür (Lk 13,24–28; vgl. Mt 7,13f).

Willen der vollendeten Weisheit, soweit wir diesen als fehlbare Sterbliche erkennen können. Bete Gott an und nur ihn, denn Christus untersagte Johannes von Patmos ausdrücklich, ihn anzubeten: »Tu es nicht!« Wenn du auf deinem persönlichen Weg Hilfe brauchst, so bitte Gott im Namen Christi, deines Herrn und Erlösers, der zugleich dein großer Bruder ist.[37] Verehre keinen außer Gottvater, egal wie lichtvoll er erscheint, und hasse kein Wesen in der ganzen Schöpfung, sei es noch so finster.

Am Ende werden *alle* zu Gott und Christus zurückkehren. In freiem Willen! Das ist die froheste aller Botschaften.

[37] Joh 14,14: »Wenn ihr (mich) um etwas in meinem Namen bitten werdet, so werde ich es tun.« Das für die Aussage wesentliche »mich« gilt als möglicherweise nachträglich hinzugefügt und wird verschiedentlich weggelassen, so z.B. in der Übersetzung Schlachters.

Stellenregister

Kursive Seitenzahlen bezeichnen Orte, bei denen die betreffende Stelle explizit zitiert und ausführlich behandelt ist.

Altes Testament

Spätschriften des Alten Testaments

Neues Testament

Frühchristliche Schriften

Frühjüdische Schriften

Hildegard von Bingen

LITERATURVERZEICHNIS

afp/aerzteblatt.de. 2013. New York: Verbot riesiger Softdrink-Becher gekippt. *aerzteblatt.de.* [Online] 12. März 2013. [Zitat vom: 18. März 2013.] http://www.aerzteblatt.de/nachrichten/53702/New-York-Verbot-riesiger-Softdrink-Becher-gekippt.

Albertz, Rainer. 2002. Die Zerstörung des Jerusalemer Tempel 587 v.Chr. – Historische Einordnung und religionspolitische Bedeutung. [Buchverf.] Johannes Hahn. *Zerstörungen des Jerusalemer Tempels: Geschehen - Wahrnehmung - Bewältigung.* Tübingen : Mohr Siebeck, 2002, S. 23–39.

Althoff, Gerd. 2006. *Heinrich IV.* Darmstadt : Wissenschaftliche Buchgesellschaft, 2006. ISBN 978-3-53411-273-9.

Bargeldaufstand in Schweden. **Mäkeler, Hendrik. 2015.** Ausgabe 19. Mai, Frankfurt a.M. : Frankfurter Allgemeine Zeitung GmbH, 2015, Frankfurter Allgemeine Zeitung.

Barth, Karl. 2012. *Der Römerbrief (Zweite Fassung) 1922.* 19. Aufl. Zürich : Theologischer Verlag Zürich, 2012. ISBN 978-3-290-11363-6.

Beckwith, Isbon T. 2001. *The Apocalypse of John.* Eugene, OR : Wipf and Stock Publishers, 2001.

Bedrohtes Bargeld. **Finke, Björn und Zyndra, Markus. 2015.** Ausgabe 19. Mai, München : Süddeutscher Verlag, 2015, Süddeutsche Zeitung.

Bellinger, Gerhard J. 2009. *Jesus: Leben – Wirken – Schicksal.* Norderstedt : Books on Demand, 2009. ISBN 978-3-8370-3964-1.

Belton, M. J. S., [Hrsg.]. 2004. *Mitigation of Hazardous Comets and Asteroids.* Cambridge : Cambridge University Press, 2004. ISBN 0-521-82764-7.

Bessette, Amy. 2015. Apple Watch Available in Nine Countries on April 24. *Apple Press Info.* [Online] Apple, Inc., 09. 03 2015. [Zitat vom: 14. 05 2015.] http://www.apple.com/pr/library/2015/03/09Apple-Watch-Available-In-Nine-Countries-on-April-24.html.

Bibelgesellschaft, Deutsche. 1812–2013. Online-Bibeln. *Die-Bibel.de – Das Bibelportal der Deutschen Bibelgesellschaft.* [Online] Deutsche Bibelgesellschaft, Stuttgart, 1812–2013. [Zitat vom: 16. Jan. 2013.] http://www.die-bibel.de.

Biblos.com. 2004–2014. Interlinear Bible – Greek, Hebrew, Strongs. *Bible Hub.* [Online] Biblos.com, Glassport, PA 15045, 2004–2014. [Zitat vom: 24. 03 2015.] http://biblehub.com/interlinear/.

Bin Gorion, Micha Josef. 1997. *Die Sagen der Juden.* Köln : Parkland Verlag, 1997. ISBN 3-88059-882-7.

Binswanger, Daniel. 2013. Geträumte Politik. [Hrsg.] Tamedia AG. *Das Magazin.* 2013, 11.

BMELV. 2009. Pressemitteilung Nr. 288: Elektronische Kennzeichnung von Schafen und Ziegen ab 1. Januar 2010. *Deutsches Bundesministerium für Ernährung und Landwirtschaft.* [Online] 14. 12. 2009. [Zitat vom: 02. 06. 2014.] http://www.bmelv.de/SharedDocs/Pressemitteilungen/2009/288-%20MUE-Elektronische-Kennzeichnung-von-Schafen_Ziegen.html.

Bobrowsky, Peter T. und Rickman, Hans, [Hrsg.]. 2007. *Comet/Asteroid Impacts and Human Society: An Interdisciplinary Approach.* Berlin/Heidelberg : Springer, 2007. ISBN 978-3-540-32708-7.

Böhm, Thomas. 1991. *Die Christologie des Arius.* St. Ottilien : EOS-Verlag, 1991. ISBN 3-88096-907-8.

Böhm-Mäder, Johannes. 2016. *Die Früchte der Mystik – Ein Orientierungsversuch zwischen Geheimnis und Offenbarung.* Münster : LIT Verlag – Ed. Glauben+Leben, 2016. ISBN 3-944804-04-0.

Boll, Franz. 2013. *Sternglaube und Sterndeutung: Die Geschichte und das Wesen der Astrologie.* [Hrsg.] W. Gundel. 3. Auflage. Wiesbaden : Springer Fachmedien, 2013. ISBN 978-3-663-15246-0.

Börm, Henning. 2008. Das weströmische Kaisertum nach 476. [Buchverf.] Henning Börm, Norbert Ehrhart und Norbert Wiesehöfer. *Monumentum et instrumentum inscriptum.* Stuttgart : Franz Steiner Verlag, 2008, S. 47–68.

Bormann, Lukas. 2013. *Bibelkunde: Altes und Neues Testament.* Göttingen : Vandenhoeck & Ruprecht, 2013. Bd. UTB Nr. 2674. ISBN 978-3-8252-4068-4.

Bornkamm, Heinrich, [Hrsg.]. 1989. *Luthers Vorreden zur Bibel.* Göttingen : Vandenhoeck & Ruprecht, 1989. ISBN 3-525-33564-4.

Boulad, Henri. 2002. *Die tausend Gesichter des Geistes.* 2. Aufl. Salzburg : Otto Müller, 2002. ISBN 9-783-7013-1042-5.

Bounama, C., Bloh, W. v. und Franck, S. 2004. Das Ende des Raumschiffs Erde. *Spektrum der Wissenschaft.* Okt. 2004, 10, S. 100–107.

Bousset, Wilhelm. 1906. *Die Offenbarung Johannis.* Göttingen : Vandenhoeck & Ruprecht, 1906.

Brandt, Hartwin. 1998. *Geschichte der römischen Kaiserzeit: Von Diokletian und Konstantin bis zum Ende der konstantinischen Dynastie (284–363).* Berlin : Akademie Verlag, 1998. ISBN 3-05-003281-2.

—. 2006. *Konstantin der Große: der erste christliche Kaiser; eine Biographie.* 2. München : C. H. Beck, 2006. ISBN 978-3-406-61809-3.

Brandt, Reinhard. 2008. *Lasst ab vom Ablass: ein evangelisches Plädoyer.* Göttingen : Vandenhoeck & Ruprecht, 2008. ISBN 978-3-525-61910-0.

Brenk, Beat. 2007. Zur Apsis als Bildort. [Buchverf.] Antony Cutler und Arietta Papaconstantinou. *The Material and the Ideal: Essays in Medieval Art and Archaeology in Honour of Jean-Michel Spieser.* Leiden : BRILL, 2007.

Brouwer, Rebekka. 2014. *Repetitorium Altes Testament.* Berlin : LIT Verlag, 2014. ISBN 978-3-643-12017-5.

Burger, Kathrin. 2014. Fakten auf den Tisch! *Bild der Wissenschaft.* 2014, 04.

Burkhard, Dietrich. 1992. *Widersprüche und Fälschungen in der Bibel.* München : Peter Erd, 1992. ISBN 3-8138-0234-5.

Busink, Theodor A. 1970. *Der Tempel von Jerusalem, von Salomo bis Herodes – Eine archäologisch-historische Studie unter Berücksichtigung des Tempelbaus.* Leiden : E. J. Brill, 1970. Bd. 2: Von Ezechiel bis Middot. ISBN 90-04-06047-2.

Callahan, Michael P., et al. 2011. Carbonaceous meteorites contain a wide range of extraterrestrial nucleobases. *PNAS (Proc. National Academy of Sciences of the USA).* 23. Aug. 2011, Bd. 108, 34, S. 13995–13998.

Casanova, Brigitte. 2005. Hohe Medikamentenpreise. [Hrsg.] Forum Managed Care, CH-6314 Neuägeri. *Managed Care.* 2005, 5, S. 39–41.

Castritius, Helmut. 2007. *Die Vandalen: Etappen einer Spurensuche.* Stuttgart : W. Kohlhammer Verlag, 2007. ISBN 978-3-17-018870-9.

Centurio, N. Alexander. 1966. *Nostradamus – Prophetische Weltgeschichte.* 10. Aufl. Bietigheim : Turm, 1966. ISBN 3-7999-0178-7.

Chan, Margaret. 2016. *World Malaria Report 2016.* Cyberjaya, Malaysia : WHO Global Service Centre, 2016. ISBN 978-92-4-151171-1.

Christ, Karl. 2009. *Geschichte der römischen Kaiserzeit: Von Augustus bis zu Konstantin.* 6. Aufl. München : C.H. Beck, 2009. ISBN 978-3-406-59613-1.

CIC, Codex Iuris Canonici. 1983. Buch IV – Heiligungsdienst der Kirche. [Hrsg.] Papst Johannes Paul II. Rom : codex-iuris-canonici.de, 1983.

Clauss, Manfred. 2003. *Alexandria - Schicksale einer antiken Weltstadt.* Stuttgart : Klett-Cotta Verlag, 2003. ISBN 3-608-94329-3.

Clementz, Heinrich. 1900. *Flavius Josephus – Geschichte des Jüdischen Krieges.* Halle a.d.S. : Otto Hendel, 1900.

Cochran, Sherman Gilbert. 2000. *Encountering Chinese Networks – Western, Japanese, and Chinese Corporations in China, 1880-1937.* Berkeley, Los Angeles : University of California Press, 2000. ISBN 0-520-21625-3.

Das Smartphone ist noch kein smartes Ersatzportemonnaie. **Schmid, Simon. 2014.** Ausgabe 10. Juli, Zürich : Tamedia AG, 2014, Tages-Anzeiger, S. 40.

DeHaan, Martin Ralph. 1982. *Die Offenbarung.* [Hrsg.] RBC Ministries / Grand Rapids MI. [Übers.] Heinz E. Müller. Übersetzte Mitschrift von 35 Radiosendungen der Sendung "Our Daily Bread". Esslingen : Kopie beim Autor erhältlich, 1982. 74 Seiten DIN A4.

Denzler, Georg. 2009. *Das Papsttum: Geschichte und Gegenwart.* 3. Aufl. München : C.H.Beck, 2009. ISBN 978-3-406-59216-4.

Der Chip, der unter die Haut geht. **Anwar, André. 2015.** Ausgabe 6. März, Wetzikon : ZO Medien AG, 2015, Zürcher Oberländer, S. 32.

Der Sand wird knapp. **Flütsch, Andreas. 2015.** Ausgabe 11. Mai, Zürich : Tamedia AG, 2015, Tages-Anzeiger.

Dermandt, Alexander. 2008. *Geschichte der Spätantike: Das Römische Reich von Diocletian bis Justinian 284–565 n. Chr.* München : C.H. Beck, 2008. ISBN 978-3-406-57241-8.

Deschner, Karlheinz. 1994. *Kriminalgeschichte des Christentums: Frühmittelalter.* Reinbek : Rowohlt, 1994. ISBN 3-498-01300-9.

Diamandis, Peter. 2015. The World in 2025: 8 Predictions for the Next 10 Years. *Singularity Hub.* [Online] Singularity University, NASA Research Park, Moffett Field, CA 94035-0001, 11. Mai 2015. [Zitat vom: 18. Mai 2015.] http://singularityhub.com/2015/05/11/the-world-in-2025-8-predictions-for-the-next-10-years/.

Die Flut aus dem tiefen Süden. **Laukenmann, Joachim. 2014.** Ausgabe 6. Juli, Zürich : Tamedia AG, 2014, SonntagsZeitung, S. 50f.

Die Wanze mit Blondhaar. **Binswanger, Michèle. 2015.** Ausgabe 8. Nov., Zürich : Tamedia AG, 08. 11. 2015, Tages Anzeiger, S. 13.

Dopffel, Hermann. 1889. *Kaisertum und Papstwechsel unter den Karolingern.* Freiburg i. Br. : Mohr, 1889.

Dübendorfer, Thomas. 2017. Identitätskrise - wer bist du wirklich? [Hrsg.] Thomas Wüst und Martin (ti&m AG) Fabini. *Computerwoche.* Beilage »ti&m Special«, 2017, 8-9, S. 6–7.

Düren, Peter Christoph. 2003. *Der Ablass in Lehre und Praxis, Die vollkommenen Ablässe der Katholischen Kirche.* 3. Augsburg : Dominus-Verlag, 2003. ISBN 978-3-934225-04-6.

Dyma, Oliver. 2009. *Die Wallfahrt zum zweiten Tempel: Untersuchungen zur Entwicklung der Wallfahrtsfeste in vorhasmonäischer Zeit.* Tübingen : Mohr Siebeck, 2009. ISBN 978-3-16-149772-8.

Eck, Werner. 1969. Die Eroberung von Masada und eine neue Inschrift des L. Flavius Silva Nonius Bassus. [Hrsg.] Matthias Konradt. *Zeitschrift für die neutestamentliche Wissenschaft.* Jan, 1969, Bd. 60, Heft 3–4.

Economiesuisse geht mit Big Data auf Stimmenfang. **Skinner, Barnaby und Burg, Linda von. 2016.** Ausgabe $9. Dez., Zürich : Tamedia AG, 2016, Tages-Anzeiger.

Ehgartner, Bert. 2010. Wenn Ärzte krank machen: Die absurden Folgen des Gesundheitswahns. *Profil Online.* [Online] 10. 04. 2010. [Zitat vom: 05. 06. 2014.] http://www.profil.at/articles/1014/560/266158/wenn-aerzte-die-folgen-gesundheitswahns.

Eickmeyer, Jost. 2012. *Der jesuitische Heroidenbrief: Zur Christianisierung und Kontextualisierung einer antiken Gattung in der Frühen Neuzeit.* Berlin/Boston : Walter de Gruyter, 2012. ISBN 978-3-11-02606-7.

Elliott, Edward Bishop. 1846. *Horae Apocalypticae; or, A commentary on the Apocalypse, critical and historical; including also an examination of the chief prophecies of Daniel.* London : Seeley, Burnside, and Seeley, 1846. Bd. I.

Embrach, Michael und Klaes-Hachmöller, Monika. 2013. *Das Leben der heiligen Hildegard von Bingen (Vita sanctae Hildegardis).* [Hrsg.] Abtei St. Hildegard Rüdeheim/Eigingen. Beuron : Beuroner Kunstverlag, 2013. ISBN 978-3-87071-262-4.

Engelien, Marco. 2014. Google Glass: Test der bekanntesten Datenbrille. *ComputerBild.de.* [Online] COMPUTER BILD Digital GmbH, Hamburg, 25. 06 2014. [Zitat vom: 14. 05 2015.] http://www.computerbild.de/artikel/cb-Tests-Handy-Google-Glass-7329363.html.

Engels, Friedrich. 1975. Das Buch der Offenbarung. [Buchverf.] Karl Marx und Friedrich Engels. *Karl Marx/Friedrich Engels - Werke.* 5. Aufl. Berlin : Dietz Verlag, 1975, Bd. 21, S. 9–15.

Ensslin, Wilhelm. 1959. *Theoderich der Große.* 2. Aufl. München : F. Bruckmann, 1959.

Ernst, Josef. 1989. Johannes der Täufer: Interpretation, Geschichte, Wirkungsgeschichte. [Hrsg.] Erich Grässer. *Beihefte zur Zeitschrift für die neutestamentliche Wissenschaft und die Kunde der älteren Kirche.* Berlin : De Gruyter, 1989, Bd. 53.

Ferrari-D'Occhieppo, Konradin. 1989. The Star of the Magi and Babylonian Astronomy. [Buchverf.] Jack Finegan. *Chronos, Kairos, Christos: Nativity and Chronological Studies Presented to Jack Finegan.* Winona Lake : Eisenbrauns, 1989, S. 41–54.

Forsboom, Bernhard. 2010. *Emanuel – Botschaften aus dem Urlicht.* 2. Aufl. Grafing : Aquamarin, 2010. ISBN 978-3-89427-531-0.

Francis, James. 2008. Dekret von Sydney. *Der Heilige Stuhl.* [Online] Apostolische Pönitentiarie, 28. Juni 2008. [Zitat vom: 17. Juni 2014.] http://www.vatican.va/roman_curia/tribunals/apost_penit/documents/rc_trib_appen_doc_20080628_xxiii-gmg_ge.html.

Frei, Hans. 2015. Effizient – aber nicht städtisch. *Neue Zürcher Zeitung – Feuilleton.* [Online] 12.. 07. 2015. [Zitat vom: 31.. 07. 2015.] http://www.nzz.ch/feuilleton/effizient--aber-nicht-staedtisch-1.18577769.

Funk, Joseph. 1933. *Gregor der Große, Vier Bücher Dialoge (Dialogi de vita et miraculis patrum Italicorum).* [Hrsg.] Gregor Emmenegger. München : Bibliothek der Kirchenväter, 1933. 4. Buch, Kap. 39.

Gese, Hartmut. 1991. *Alttestamentliche Studien.* Tübingen : Mohr Siebeck, 1991. ISBN 3-16-145699-8.

Gienger, Michael. 1995. *Die Steinheilkunde – Ein Handbuch.* Saarbrücken : Neue Erde, 1995. ISBN 3-89060-015-8.

Gietenbruch, Felix. 2010. *Höllenfahrt Christi und Auferstehung der Toten: Ein verdrängter Zusammenhang.* Zürich : Lit Verlag, 2010. ISBN 978-3-643-80040-0.

Giorgini, J. D., et al. 2013. Predicting Apophis' Earth Encounters in 2029 and 2036. *NASA/JPL Near-Earth Object Program Office.* [Online] 16. 04. 2013. [Zitat vom: 27. 06. 2014.] http://neo.jpl.nasa.gov/apophis/.

Gössmann, Elisabeth. 1989. Der Brief Hildegards von Bingen an den Kölner Klerus zum Problem der Katharer. [Hrsg.] Albert Zimmermann. *Die Kölner Universität im Mittelalter: Geistige Wurzeln und soziale Wirklichkeit.* Berlin/New York : Walter de Gruyter, 1989, Bd. 20, S. 312–320.

Gottlieb, Günther und Barceló, Pedro. 1993. Das Glaubensedikt des Kaisers Theodosius vom 27. Februar 380: Adressaten und Zielsetzung. [Hrsg.] Adolf Lippold, et al. *Klassisches Altertum,.* Würzburg : Selbstverlag des Seminars für Alte Geschichte, 1993, S. 409–423.

Graetz, Heinrich. 1908. Dritter Zeitraum der jüdischen Geschichte vom Untergang des jüdischen Staates bis zum Abschluss des Talmud. *Geschichte der Juden.* 4. Aufl. Leipzig : Oskar Leiner, 1908, Bd. 4.

Grassegger, Hannes und Krogerus, Mikael. 2016. Trump, Brexit: Wie die britische Firma Cambridge Analytica die Politpropaganda auf den Kopf gestellt hat. *Das Magazin.* 2016, 48 (12. März).

Gratuliere, Sie sind schwanger! **Metzler, Beat. 2013.** Ausgabe 25. Sept., Zürich : Tamedia AG, 2013, Tages-Anzeiger, S. 8.

Greber, Johannes. 2001. *Das Neue Testament.* [Hrsg.] Oskar Bareuther. Göppingen : Johannes Greber- und Arbeitskreis / Spirituelle Christen e.V., 2001.

—. 1983. *Der Verkehr mit der Geisterwelt Gottes – seine Gesetze und sein Zweck.* 7. Aufl. Teaneck, N.J. : Johannes Greber Memorial Foundation, 1983.

Guinness, Henry Grattan. 1887. *Romanism and the Reformation from the Standpoint of Prophecy.* Toronto : S. R. Briggs, 1887.

Guthrie, Donald, [Hrsg.]. 2003. *Kommentar zur Bibel: AT und NT in einem Band.* 6. Aufl. Wuppertal : R. Brockhaus, 2003. 3-417-24740-3.

Hachfeld, David, Pohl, Christine und Wiggerthale, Marita. 2013. Mit Essen spielt man nicht! Die deutsche Finanzbranche und das Geschäft mit dem Hunger. *Oxfam.de.* [Online] 2. Aufl., 2013. [Zitat vom: 05. 06. 2014.] http://www.oxfam.de/sites/www.oxfam.de/files/o_nms_2013_mb_web.pdf.

Halliday, Ian, Blackwell, Alan T. und Griffin, Arthur A. 1984. The Frequency of Meteorite Falls on the Earth. *Science.* 30. March, 1984, Bd. 223, 4643, S. 1405–1407.

Häuser, Phil., [Übers.]. 1932. *Eusebius, Ausgewählte Schriften Band II: Kirchengeschichte (Historia Ecclesiastica).* München : Bibliothek der Kirchenväter, 1932. Bd. 1 (2. Reihe).

Heide, Fritz und Wlotzka, Frank. 1988. *Kleine Meteoritenkunde.* 3. Berlin : Springer, 1988. ISBN 978-3-540-19140-7.

Heieck, Mechthild, [Übers.]. 2012. *Hildegard von Bingen – Das Buch vom Wirken Gottes (Liber Divinorum Operum).* 1. Aufl. Beuron : Beuroner Kunstverlag, 2012. ISBN 978-87071-272-3.

—. 2012b. *Hildegard von Bingen – Wisse die Wege (Liber Scivias).* 2. Aufl. Beuron : Beuroner Kunstverlag, 2012b. ISBN 978-3-87071-215-0.

Hilprecht, Hermann Vollrat und Clay, Albert Tobias. 1898. Business Documents of Murashû Sons. Dated in the Reign of Artaxerxes I (464–424 B.C.). [Buchverf.] Hermann Vollrat Hilprecht. *The Babylonian Expedition of the University of Philadelphia S A/IX.* Philadelphia : University of Pennsylvania, 1898. Ser. A: V.9.

Hudleston, Gilbert Roger. 1913. Pope St. Gregory I (the Great). [Buchverf.] Charles George Herbermann. *The Catholic Encyclopedia, Knight Of Columbus Special Edition.* New York : Knights of Columbus Catholic Truth Committee, 1913, Bd. 6, S. 780–787.

Ifrah, Georges. 1987. *Universalgeschichte der Zahlen.* 2. Aufl. Frankfurt a.M. : Büchergilde Gutenberg, 1987. ISBN 3-593-33666-9.

In der Finsternis. **Zaschke, Christian. 2017.** Ausgabe 24. Mai, Zürich : Tamedia AG, 2017, Tages-Anzeiger, S. 2f.

Ingham, Richard. 2014. Dinosaur-killing impact acidified oceans. *The Sydney Morning Herald – Technology.* [Online] 10. March 2014. [Zitat vom: 28. 06. 2014.] http://www.smh.com.au/technology/sci-tech/dinosaurkilling-impact-acidified-oceans-20140309-34g6v.html.

INTF (Institut für Neutestamentliche Textforschung). 2012. *Novum Testamentum Graece: Nestle-Aland.* 28. Aufl. Münster : Hendrickson Publishers, 2012. ISBN 978-3-438-05140-0.

Israel, Thomas. 2008. Wie Heinrich IV. "den Leib Christi", die Einheit der heiligen Kirche, zu spalten versuchte. [Buchverf.] Marian Nebelin und Sabine Graul. *Verlierer der Geschichte: von der Antike bis zur Moderne.* Berlin : Lit Verlag, 2008.

Ist Bargeld bald teurer als elektronisches Geld? **Fatzer, Simone. 2015.** Ausgabe 18. Mai, Zürich : Multimedia SRF, 2015, SRF News.

Jastrow, Marcus. 1903/1926. *A Dictionary of the Targumim, the Talmud Babli and Yerushlami, and the Midrashic Literature.* London / New York : Luzac & Co. / G. P. Punam'ssons, 1903/1926.

Jeremias, Joachim. 1962. *Jerusalem zur Zeit Jesu.* Göttingen : Vandenhoeck & Ruprecht, 1962.

Jung, Carl Gustav. 1984. *Erinnerungen, Träume, Gedanken.* Zürich, Düsseldorf : Walter Verlag, 1984. ISBN 978-3-53040-734-1.

Kaiser, Gottlieb Philipp Christian. 1813–21. *Die biblische Theologie, oder, Judaismus und Christianismus nach der grammatisch-historischen Interpretation und nach einer freymüthigen Stellung in die kritisch-vergleichende Universalgeschichte der Religionen, und in die universale Religion.* Erlangen : Johann Jacob Palm, 1813–21. Bde. 1–3.

Kaiser, Otto. 1983. *Der Prophet Jesaja: Kapitel 13–39.* 3. Aufl. Göttingen : Vandenhoeck & Ruprecht, 1983. ISBN 3-525-51189-2.

—. 1991. *Studien zu Tritojesaja.* Berlin / New York : Walter de Gruyter, 1991. Bd. 203 v. Beihefte zur Zeitschrift für die alttestamentliche Wissenschaft. ISBN 3-11-013434-9.

Kalinski, Jörn, Küßner, Steffen und Nowak, Jörg. 2016. Ein Wirtschaftssystem für die Superreichen – Wie ein unfaires Steuersystem und Steueroasen die soziale Ungleichheit verschärfen. *Oxfam Deutschland.* [Online] 18. 01. 2016. [Zitat vom: 31. 01. 2016.] https://www.oxfam.de/system/files/20160118-wirtschaftssystem-superreiche.pdf.

Kaltwasser, Johann Friedrich Salomon. 1806. Marcus Antonius. *Die Biographien des Plutarchs, Neunter Theil.* Wien und Prag : Franz Haas, 1806, Bd. 9, S. 105–266.

Keil, Carl Friedrich. 1985. *Die zwölf kleinen Propheten.* Giessen/Basel : Brunnen-Verlag, 1985. ISBN 3-7655-9204-8.

Kellner, K. A. Heinrich, [Übers.]. 1912. *Tertullian: Adversos Iudaeos (Gegen die Juden).* BKV 7, I. Band – Tertullians private und katechetische Schriften. Kempten/München : Verlag der Köselschen Buchhandlung, 1912.

Kenkmann, Thomas, Hörz, Friedrich und Deutsch, Alexander, [Hrsg.]. 2005. *Large Meteorite Impacts III.* Boulder, CO : Geological Society of America, 2005. Bd. 384 of Geological Society of America Special Paper. ISBN 0-8137-2384-1.

Kezbere, Ilze. 2007. *Umstrittener Monotheismus: wahre und falsche Apotheose im lukanischen Doppelwerk.* Göttingen : Vandenhoeck & Ruprecht, 2007. ISBN 978-3-7278-1573-6.

Kidger, Mark R. 1999. *The Star of Bethlehem: An Astronomer's View.* Princeton : Princeton University Press, 1999. ISBN 0-691-05823-7.

Kitchen, K. A. 2009. *The Third Intermediate Period in Egypt. 1100–650 B. C.* 4. Aufl. Warminster : Aris & Phillips, 2009. ISBN 978-0-85668-298-8.

Klebba, Ernst, [Übers.]. 1912. *Des heiligen Irenäus fünf Bücher gegen die Häresien.* München : Bibliothek der Kirchenväter, 1912. Bd. 3 (1. Reihe).

Kocher, Kathrin (kko). 2015. Historischer Rückgang der globalen Armut. *Tages-Anzeiger.* [Online] 09. 07. 2015. [Zitat vom: 16. 11. 2015.] http://www.tagesanzeiger.ch/leben/gesellschaft/Historischer-Rueckgang-der-globalen-Armut/story/20888838.

Kocher, Kathrin. 2015. Historischer Rückgang der globalen Armut. *Tages Anzeiger.* [Online] Tamedia, 09. 07. 2015. [Zitat vom: 16. 11. 2015.] http://www.tagesanzeiger.ch/leben/gesellschaft/Historischer-Rueckgang-der-globalen-Armut/story/20888838.

Koelzka, Leo. 1934. *Das Leben des Hl. Fulgentius, von Diakon Ferrandus von Karthago.* Kempten/München : Kösel, 1934.

Koffmahn, Elisabeth. 1968. *Die Doppelurkunden aus der Wüste Juda: Recht und Praxis der jüdischen Papyri des 1. und 2. Jahrhunderts n. Chr. samt Übertragung der Texte und deutscher Übersetzung.* [Hrsg.] A. S. van der Woude. Leiden : E. J. Brill, 1968. Bd. 5 v. Studies on the Texts of the Desert of Judah. ISBN 9-004-03148-0.

Köster, Helmut. 1980. *Einführung in das Neue Testament.* Berlin : Walter de Gruyter, 1980. ISBN 3-11-002452-7.

Leppin, Volker. 2012. *Geschichte des mittelalterlichen Christentums.* Tübingen : Mohr Siebeck, 2012. ISBN 978-3-16-150677-2.

Liebs, Detlef. 2006. Recht und Gesetzgebung. [Hrsg.] Alexander Demandt und Josef Engemann. *Konstantin der Große. Geschichte - Archäologie - Rezeption.* Trier : Konstantin-Ausstellungsgesellschaft, 2006, S. 97–107.

Lippold, Adolf. 1968. *Theodosius der Große und seine Zeit.* Stuttgart : W. Kohlhammer, 1968.

Lohse, Eduard. 1993. *Die Offenbarung des Johannes.* Göttingen : Vandenhoeck & Ruprecht, 1993. ISBN 3-525-51378-X.

LSST. 2014. Near-Earth Objects. *Large Synoptic Survey Telescope.* [Online] April 2014. [Zitat vom: 27. 06. 2014.] http://www.lsst.org/lsst/public/neo1.

Luther, Martin. 1998. *Der Große Katechismus.* Gütersloh : Gütersloher Verlagshaus, 1998. ISBN 3-579-05142-3.

Machan, Matthias M. 2016. TV-Geräte senden Daten an Google und Microsoft. *Saldo Konsumentenmagazin.* 14. Sept. 2016, Nr. 14, S. 35.

Mackert, Angela. 2011. *Astrologie-Ausbildung.* Noderstedt : BoD – Books on Demand, 2011. Bd. 1. IBSN 978-3-8423-6323-6.

Magnus, Hugo. 1901. *Die Augenheilkunde der Alten.* Breslau : J. U. Kerns Verlag (Max Müller), 1901.

Maier, Paul L. 1989. The Date of the Nativity and the Chronology of Jesus' Life. [Buchverf.] Jack Finegan. *Chronos, Kairos, Christos: Nativity and Chronological Studies Presented to Jack Finegan.* Winona Lake : Eisenbrauns, 1989.

Marek, Christian und Frei, Peter. 2010. *Geschichte Kleinasiens in der Antike.* München : C.H.Beck, 2010. ISBN 978-3-406-59853-1.

Meier, Mischa. 2004. *Justinian: Herrschaft, Reich und Religion.* München : C. H. Beck, 2004. ISBN 3-406-50832-4.

Menge, Hermann. 1994. *Die Heilige Schrift.* 15. Stuttgart : Deutsche Bibelgesellschaft, 1994. ISBN 978-3-438-01452-8.

Mesnage, Robin, et al. 2014. Major Pesticides Are More Toxic to Human Cells Than Their Declared Active Principles. *BioMed Research International.* 2014, Article ID 179691.

Meteoritical Society. 1970–2012. Meteoritical Bulletin, Archive, Bd. 49ff. *Meteoritical Society.* [Online] 1970–2012. [Zitat vom: 27. 06. 2014.] http://meteoriticalsociety.org/?page_id=57.

Metzenthin, Christian. 2010. *Jesaja-Auslegung in Qumran.* Zürich : Theologischer Verlag Zürich, 2010. ISBN 978-3-290-17545-0.

Metzger, Bruce M. 1994. *A Textual Commentary On The Greek New Testament.* 2. Aufl. Stuttgart / New York : Deutsche Bibelgesellschaft, 1994. ISBN 3-438-06010-8.

Moody, Raymond A. 2011. *Das Licht von drüben.* 7. Aufl. Reinbek b. Hamburg : Rowohlt, 2011. ISBN 978-3-499-61532-0.

—. 1977. *Leben nach dem Tod.* Reinbek b. Hamburg : Rowohlt, 1977. ISBN 3-498-04252-1.

—. 1978. *Nachgedanken über das Leben nach dem Tod.* Reinbek b. Hamburg : Rowohlt, 1978. ISBN 3-498-04253-x.

Müller, Barbara. 2009. *Führung im Denken und Handeln Gregors des Großen.* Tübingen : Mohr Siebeck, 2009. ISBN 978-3-16-149534-2.

Müller, Max. 1879. *Essays – Beiträge zur vergleichenden Religionswissenschaft.* 2. Leipzig : Wilhelm Engelmann, 1879. Bd. 1.

Müller, Ulrich B. 1995. *Die Offenbarung des Johannes.* 2. Gütersloh : Gütersloher Verlagshaus, 1995. Bd. 19 v. Ökumenischer Taschenbuchkommentar zum NT. ISBN 3-579-00510-3.

Napier, John. 1593. *A Plaine Discovery, of the whole Revelation of Saint John: set down in two treatises: the one searching and proving the true interpretation thereof: the other applying the same paraphrastically and historically to the text.* Edinburgh : Robert Waldegrave, 1593.

NASA. 2013. JPL Small-Body Database Browser. *Jet Propulsion Laboratory.* [Online] California Institute of Technology, 05. 09. 2013. [Zitat vom: 27. 06. 2014.] http://ssd.jpl.nasa.gov/sbdb.cgi?sstr=1036.

Nelson, Stephen A. 2012. Meteorites, Impacts, and Mass Extinction. *Natural Disasters.* [Online] 17. Jul. 2012. [Zitat vom: 1. Jul. 2014.] http://www.tulane.edu/~sanelson/Natural_Disasters/impacts.htm. EENS 3050.

Newman, Barbara. 1995. *Hildegard von Bingen: Schwester der Weisheit.* [Übers.] Annette Esser und Mónica Priester. Freiburg/Basel/Wien : Herder, 1995. ISBN 3-451-23675-3.

Nissen, Hans-Jörg. 1999. *Geschichte Altvorderasiens.* München : Oldenbourg, 1999. (Oldenbourg Grundriss der Geschichte, Bd. 25). ISBN 978-3-48656-373-3.

Paine, Michael. 2004. Environmental Damage from Asteroid and Comet Impacts. *The Planetary Society – Australian Volunteer Co-ordinators.* [Online] 27. May 2004. [Zitat vom: 28. 06. 2014.] http://users.tpg.com.au/users/tps-seti/climate.htm#blast_effects.

Päpstlicher Fehltritt. **Doerfler, Kordula. 2009.** Ausgabe 20. März, Zürich : Tamedia AG, 2009, Tages-Anzeiger.

Passian, Rudolf. 2002. *Licht und Schatten der Esoterik: Eine objektiv-kritische Lebens- und Orientierungshilfe.* St. Goar : Reichl Verlag, 2002. ISBN 978-3-876-67729-3.

Pauly-Wissowa, (Pauly, August Friedrich & Wissowa, Georg). 1893-1980. *Paulys Realencyclopädie der classischen Altertumswissenschaft.* Stuttgart : J. B. Metzler, 1893-1980.

Pellegrini, Silvia. 2016. Die Offenbarung des Johannes: Kommunikation im Konflikt. [Hrsg.] Thomas Schmeller, Rudolf Hoppe und Martin Ebner. Freiburg : Herder, 2016, S. 186–230.

Petracca, Vincenzo. 2005. Zahlenmystik und Gematrie. [Hrsg.] Kurt Erlemann, et al. *Neues Testament und antike Kultur: Weltauffassung, Kult, Ethos.* Neukirchen : Neukirchener Verlag, 2005, Bd. 3, S. 240–243.

Pfeiffer, Henrik. 2005. *Jahwes Kommen von Süden: Jdc 5, Hab 3, Dtn 33, und Ps 68 in ihrem literatur- und theologiegeschichtlichen Umfeld.* Göttingen : Vandenhoeck & Ruprecht, 2005. ISBN 3-525-53075-7.

Pfeilschifter, Georg. 1896. Der Ostgotenkönig Theoderich der Große und die katholische Kirche. [Hrsg.] Knöpfler, Schrörs und Sdralek. *Kirchengeschichtliche Studien.* Münster i.W. : Schöning, 1896, Bd. 3, Heft 1/2.

Pierazzo, E., et al. 2010. Ozone perturbation from medium-size asteroid impacts in the ocean. *Earth and Planetary Science Letters.* 2010, Bd. 299, S. 263–272.

Pohlmann, Karl-Friedrich. 2002. Religion in der Krise – Krise einer Religion. Die Zerstörung des Jerusalemer Tempels 587 v.Chr. Tübingen : Mohr Siebeck, 2002, S. 40-60.

Pravec, P., et al. 2014. The tumbling spin state of (99942) Apophis. *Icarus.* 233, 2014, S. 48–60.

Privatsphäre wird zum Luxusgut. **Valda, Andreas. 2015.** Ausgabe 11. Nov., Zürich : Tamedia, 2015, Tages Anzeiger, S. 12. Interview mit Hanspeter Thür.

Quint, Josef, [Hrsg.]. 1963. *Meister Eckehart – Deutsche Predigten und Traktate.* München : Carl Hanser Verlag, 1963. ISBN 3-446-10662-6.

Reinke, Laurentz. 1856. *Der Prophet Maleachi. Einleitung, Grundtext und Uebersetzung nebst einem vollständigen philologisch-kritischen und historischen Commentar.* Giessen : Ferber'sche Universitätsbuchhandlung (Emil Roth.), 1856.

Relbanksinfo. 2017. Top Asset Management Firms. *Banks around the World.* [Online] Kontakt: relbanksinfo@gmail.com, 2017. [Zitat vom: 14.. 07. 2017.] http://www.relbanks.com/rankings/largest-asset-managers.

Reumont, Alfred von. 1867. *Geschichte Stadt Rom.* Berlin : Verl. der Königlichen Geheimen Ober-Hofbuchdruckerei, 1867. Bd. 3 Teil 2.

Reventlow, Graf Henning. 1993. *Die Propheten Haggai, Sacharja und Maleachi.* Göttingen : Vandenhoeck & Ruprecht, 1993. ISBN 3-525-51238-4.

Riha, Ortrun, [Übers.]. 2012. *Hildegard von Bingen – Heilsame Schöpfung – Die natürliche Wirkkraft der Dinge (Physica).* Beuron : Beuroner Kunstverlag, 2012. ISBN 978-3-87071-271-6.

—. 2012b. *Hildegard von Bingen – Ursprung und Behandlung der Krankheiten (Causae et Curae).* 2. Beuron : Beuroner Kunstverlag, 2012b. ISBN 978-3-87071-248-8.

Rimle, Simon. 2017. Autonome Postautos: unterwegs mit der Zukunft. [Hrsg.] Thomas Wüst und Fabini Martin (ti&m AG). *Computerwoche.* Beilage »ti&m Special«, 2017, 8–9, S. 40–41.

Rosen, Klaus. 2014. *Konstantin der Große – Kaiser zwischen Machtpolitik und Religion.* Stuttgart : Klett-Cotta, 2014. ISBN 978-3-608-94050-3.

Roth, Martin. 2005. *Israel und die Völker im Zwölfprophetenbuch: eine Untersuchung zu den Büchern Joel, Jona, Micha und Nahum.* Göttingen : Vandenhoeck & Ruprecht, 2005. ISBN 3-525-53074-9.

Ruf, Martin G. 2011. *Die heiligen Propheten, eure Apostel und ich – Metatextuelle Studien zum zweiten Petrusbrief.* Wiss. Untersuchungen zum NT, 2. Reihe. Tübingen : Mohr Siebeck, 2011. Bd. 300. ISBN 978-3-16-150592-8.

Schalit, Abraham. 2001. *König Herodes: der Mann und sein Werk.* 2. Aufl. Berlin, New York : Walter de Gruyter, 2001. ISNB 3-11-017036-1.

Schimmelpfennig, Bernhard. 1996. *Das Papsttum: von der Antike bis zur Renaissance.* 4. Darmstadt : Wiss. Buchges., 1996. ISBN 3-534-80199-7.

Schipperges, Heinrich, [Hrsg.]. 1972. *Hildegard von Bingen – Der Mensch in der Verantwortung – Das Buch der Lebensverdienste (Liber Vitae Meritorum).* 3. Aufl. Salzburg : O. Müller, 1972. ISBN 3-7013-0467-X.

Schmid Noerr, Friedrich Alfred, [Hrsg.]. 1984. *Meister Eckehart – Vom Wunder der Seele.* Stuttgart : Reclam, 1984. ISBN 3-15-007319-7.

Schmid, Alfred. 2005. *Augustus und die Macht der Sterne: antike Astrologie und die Etablierung der Monarchie in Rom.* Köln : Böhlau Verlag, 2005. ISBN 3-412-10205-9.

Schmid, Konrad. 2002. Die Zerstörung Jerusalems als Heilsparadox. [Buchverf.] Johannes Hahn. *Zerstörungen des Jerusalemer Tempels: Geschehen - Wahrnehmung - Bewältigung.* Tübingen : Mohr Siebeck, 2002, S. 183–206.

Schmidt-Kaler, Theodor. 2005. Der Stern und die Magier aus dem Morgenland - Der Stern von Bethlehem im Lichte der historischen Astronomie. *Univ. Ulm.* [Online] Nov. 2005. [Zitat vom: 15. 01. 2018.] https://www.uni-ulm.de/fileadmin/website_uni_ulm/nawi.inst.220/publikationen/Stern_von_Bethlehem_nov05.pdf.

Schmitt, Armin. 1996. *Wende des Lebens: Untersuchungen zu einem Situations-Motiv der Bibel.* Berlin/New York : Walter de Gruyter, 1996. ISBN 3-11-014757-2.

Schnell, Urs. 2011. *Bottled Life.* [Interpr.] Urs Schnell und Res Gehriger. [Prod.] Urs Schnell, Christian Drewing und Dodo Hunziker. DokLab GmbH, 2011. http://www.bottledlifefilm.com.

Schnelle, Udo. 2016. *Die ersten 100 Jahre des Christentums 30–130 n.Chr.* 2. Auflage. Göttingen/Bristol CT : Vandenhoeck & Ruprecht, 2016. ISBN 978-3-8252-4606-8.

Schnitzer, Karl Friedrich. 1835. *Origenes über die Grundlehren der Glaubenswissenschaft (De principiis).* Stuttgart : Imle und Kraus, 1835.

Schon Babys leiden an iPad-Entzug. **Skorup, Janko. 2012.** Ausgabe 7. Feb., Zürich : Tamedia AG, 2012, 20 Minuten.

Schormann, Gerhard. 2004. *Der Dreißigjährige Krieg.* 3. Aufl. Göttingen : Vandenhoek & Ruprecht, 2004. ISBN 3-525-33596-7.

Schubart, Wilhelm. 1943. *Justinian und Theodora.* Hildesheim : Georg Olms Verlag, 1943. ISBN 978-3-487-41335-8.

Schweinfurther, Jost. 2017. Es lebe der Spieltrieb! [Hrsg.] Thomad Wüst und Martin (ti&m AG) Fabini. *Computerwoche.* Beilage »ti&m Special«, 2017, 8–9, S. 12–13.

Schwemer, Anna Maria. 1996. *Studien zu den frühjüdischen Prophetenlegenden – Vitae prophetarum.* Tübingen : Mohr (Paul Siebeck), 1996. Bd. 2; Die Viten der kleinen Propheten und der Propheten aus den Geschichtsbüchern. ISBN 3-16-146440-0.

Schwerhoff, Gerd. 2011. *Die Inquisition: Ketzerverfolgung in Mittelalter und Neuzeit.* 3. Aufl. München : C.H.Beck, 2011. Bd. 2340 von Beck'sche Reihe. 978-3-406-62311-0.

Seppelt, Franz Xaver und Löffler, Klemens. 1933. *Papstgeschichte von den Anfängen bis zur Gegenwart.* München : Kösel & Pustet, 1933.

Sie schreiben die Spielregeln. **Hofbauer, Ralph. 2015.** Ausgabe 11. Mai, Zürich : Tamedia AG, 2015, Tages-Anzeiger.

Smith, Francis. 1916. Die Schlacht bei Carrhä. *Historische Zeitschrift.* 1916, Bd. 115, S. 237–262.

Smith, Uriah. 2005. *Daniel and the Revelation.* Hagerstown : Review and Herald Pub. Assoc., 2005. ISBN 978-0-8280-1946-0.

Speck, Ernst. 1900–06. *Handelsgeschichte des Altertums.* Leipzig : Friedrich Brandstetter, 1900–06.

Spillmann, Kurt Robert, et al. 2015. Terror in Paris – Sondersendung von SRF zu den Anschlägen in der vergangenen Nacht. [Befragte Person] Franz Fischlin. *Tagesschau Spezial 20:05 Uhr.* SRF 1, Zürich : Schweizer Radio und Fernsehen, 14. 11. 2015.

Spitzer, Manfred. 2012. *Digitale Demenz: Wie wir uns und unsere Kinder um den Verstand bringen.* München : Droemer HC, 2012. ISBN 978-3-426-27603-7.

Stauffer, Ethelbert. 1964. *Christus und die Caesaren: Historische Skizzen.* 6. Aufl. Hamburg : Wittig Verlag, 1964. ISBN 3-797-00059-6.

Stern, Menahem. 2007. Die Zeit des Zweiten Tempels. [Buchverf.] Ḥayim Hilel Ben-Śaśon. *Geschichte des jüdischen Volkes: von den Anfängen bis zur Gegenwart.* München : C.H.Beck, 2007, 1. Buch, 3. Teil, S. 229–376.

Storch, Walburga, [Übers.]. 2012. *Hildegard von Bingen – Briefe (Epistolae).* Beuron : Beuroner Kunstverlag, 2012. ISBN 978-3-87071-285-3.

Strickerschmidt, Hildegard. 2006. *Geerdete Spiritualität bei Hildegard von Bingen: Neue Zugänge zu ihrer Heilkunde.* Berlin : Lit Verlag, 2006. ISBN 3-8258-9739-7.

Struve, Tilman. 2006. *Salierzeit im Wandel: zur Geschichte Heinrichs IV. und des Investiturstreits.* Köln : Böhlau Verlag, 2006. ISBN 978-3-412-08206-2.

Stühlmeyer, Barbara, [Übers.]. 2012d. *Hildegard von Bingen – Lieder (Symphoniae).* Beuron : Beuroner Kunstverlag, 2012d. ISBN 978-3-87071-263-1.

Stuiber, Alfred. 1957. Refrigerium interim: die Vorstellungen vom Zwischenzustand und die frühchristliche Grabeskunst. *Theophaneia. Beiträge zur Religions- und Kirchengeschichte des Altertums.* [Buchreihe]. Bonn : P. Hanstein, 1957. Bd. 11.

Syngenta steht vor dem Verkauf. **Niederberger, Walter. 2016.** Ausgabe 3. Feb., Zürich : Tamedia AG, 2016, Tages-Anzeiger, S. 11.

Theissen, Gerd und Merz, Annette. 2011. *Der historische Jesus.* 4. Aufl. Göttingen : Vandenhoeck & Ruprecht, 2011. ISBN 978-3-525-52198-4.

Tsuji, Manabu. 1997. *Glaube zwischen Vollkommenheit und Verweltlichung: eine Untersuchung zur zur literarischen Gestalt und zur inhaltlichen Kohärenz des Jakobusbriefes.* Tübingen : Mohr Siebeck, 1997. ISBN 3-16-146620-9.

UN General Assembly. 2016. Political Declaration on HIV and AIDS: On the Fast-Track to Accelerate the Fight against HIV and to End the AIDS Epidemic by 2030. *UNAIDS.* [Online] 22.. June 2016. [Zitat vom: 01. 05 2017.] http://www.unaids.org/en/resources/documents/2016/2016-political-declaration-HIV-AIDS.

UN General Assembly, Human Rights Council. 2013. Eradicating extreme poverty. *United Nations.* [Online] 11. 09. 2013. [Zitat vom: 05. 06. 2014.] http://daccess-ods.un.org/access.nsf/Get?Open&DS=A/HRC/24/NGO/144&Lang=E. A /HRC/24/NGO/144.

Uni-Passau.de. 2005. Gematrie - oder wer verbirgt sich hinter "666"? *Tutorium die geheime Nachricht.* [Online] Inst. Historische Hilfswissenschaften, Universität Passau, 2005. [Zitat vom: 29. 05. 2014.] http://wwws.phil.uni-passau.de/histhw/TutKrypto/tutorien/Gematrie.htm.

Verhoef, Pieter A. 1987. *The Books of Haggai and Malachi.* Neuaufl. Michigan : William B. Eerdmans Publishing Co., 1987. ISBN 0-8028-2533-8.

Vetterli, Martin und Benz, Daniel. 2015. Recht nur für Reiche. *Der Schweizerische Beobachter.* 2015, 23.

Walser, Martin. 2012. *Über Rechtfertigung, eine Versuchung.* 4. Aufl. Reinbeck bei Hamburg : Rowohlt, 2012. ISBN 978-3-498-07381-7.

Weinreb, Friedrich. 1994. *Schöpfung im Wort: die Struktur der Bibel in jüdischer Überlieferung.* München : Thauros-Verlag, 1994. ISBN 978-3-884-11028-7.

Weippert, Manfred. 1997. *Jahwe und die anderen Götter: Studien zur Religionsgeschichte des antiken Israel in ihrem syrisch-palästinischen Kontext.* Tübingen : Mohr Siebeck, 1997. Bd. 18 von Forschungen zum Alten Testament. ISBN 3-16-146592-X.

Wendt, Johannes. 2015. Datenbrille wird gestoppt und weiterentwickelt. *Google Glass.* [Online] Zeit Online GmbH, Hamburg, 16. 01 2015. [Zitat vom: 14. 05 2015.] http://www.zeit.de/digital/mobil/2015-01/google-glass-datenbrille-neuanfang-fadell.

Wer vom Ende des Bargeldes profitieren würde. **Kahler, Franziska. 2015.** Ausgabe 18. Mai, Zürich : Tamedia AG, 2015, Tages-Anzeiger.

Werth, Jürgen, Rüsch, Ulrich und Vach, Udo. 2012. bibelserver.com. *bibelserver.com.* [Online] ERF mediaservice GmbH, DE-35576 Wetzlar, 2012. [Zitat vom: 5. 4 2012.] http://www.bibleserver.com/start.

Whybray, R. Norman. 2004. *The Second Isaiah.* London / New York : A&C Black, 2004. ISBN 0-567-08424-8.

Wimmer, Otto und Melzer, Hartmann. 2002. *Lexikon der Namen und Heiligen.* [Hrsg.] Josef Gelmi. 6. Aufl. Hamburg : Nikol, 2002. ISBN 3-933203-63-5.

Witulski, Thomas. 2007. *Die Johannesoffenbarung und Kaiser Hadrian: Studien zur Datierung der neutestamentlichen Apokalypse.* Göttingen : Vandenhoeck & Ruprecht, 2007. ISBN 978-3-525-53085-6.

Wolf, Hubert. 2015. *Krypta – Unterdrückte Traditionen der Kirchengeschichte.* 2. Aufl. München : C.H. Beck, 2015. ISBN 978-3-406-67547-8.

Woods, Andy. 2003. Revelation 13 and the First Beast. [Hrsg.] Tim LaHaye und Thomas Ice. *The End Times Controversy.* Eugene, OR : Harvest House Publishers, 2003, S. 237–250.

Yeomans, Don, Benner, Lance und Giorgini, Jon. 2011. Asteroid 2005 YU55 to Approach Earth on November 8, 2011. *JPL Near-Earth Object Program Office.* [Online] 10. 03. 2011. [Zitat vom: 27. 06. 2014.] http://neo.jpl.nasa.gov/news/news171.html.

Zahn, Franz Ludwig. 1830. *Das Reich Gottes auf Erden: Handbuch zur biblischen und Kirchen-Geschichte.* Dresden : Walthersche Hofbuchhandlung, 1830. Bd. 1 (Das Alte Testament).

Zeller, Franz, [Übers.]. 1918. *Die Apostolischen Väter.* München : Joseph Kösel und Friedrich Pustet, 1918. (Bibliothek der Kirchenväter, 1. Reihe, Bd. 35).

Zenger, Erich. 2008. *Einleitung in das Alte Testament.* 7. Aufl. Stuttgart : W. Kohlhammer, 2008. Bd. 1 v. Studienbücher Theologie. ISBN 978-3-170-20695-3.

Zuckerindustrie täuschte die Konsumenten. **Fossgreen, Anke. 2016.** Ausgabe 14. Sept., Zürich : Tamedia AG, 2016, Tages-Anzeiger.

Zwierlein, Otto. 2014. *Die Urfassungen der Martyria Polycarpi et Pionii und das Corpus Polycarpianum, Bd. 2: Textgeschichte und Rekonstruktion. Polykarp, Ignatius und der Redaktor Ps.-Pionius.* Berlin/Boston : Walter de Gruyter, 2014. ISBN 978-3-11-037100-0.

Und die Nacht wurde zum Tag – Die gute alte, unglaublich neue Weihnachtsgeschichte

Johannes Böhm-Mäder, Eristes Verlag, 2019, 108 Seiten

Soll man unter dem Jahr die Weihnachtsgeschichte lesen? Unbedingt, zumindest diese. Wir wagen einen mutigen Blick in die nicht-materielle Welt hinaus und finden so einen ganz neuen Zugang zur Heiligen Nacht. Die Rahmenhandlung im fiktiven Kloster bietet die passende Stimmung in einer fließenden Erzählung. Das zieht die Leserinnen und Leser in das Geschehen hinein und überstrahlt, daß der Autor kompromißlos auf historischen Fakten und neuesten Erkenntnissen aufbaut.

Dies ist zwar eine Weihnachtsgeschichte, darüber hinaus aber viel mehr als das. Ohne den heiligen Glanz der Nacht der Nächte zu schmälern wird sie historisch eingeordnet, von fragwürdigen Legenden befreit und mit der Vernunft versöhnt.

Zürich, Schweiz, 2019

www.eristes.ch

www.eristes.de

www.eristes.com